法律公益之光

王凤梅 主编

上海社会科学院出版社

图书在版编目(CIP)数据

法律公益之光 / 王凤梅主编 .—上海：上海社会科学院出版社，2022
ISBN 978-7-5520-3884-2

Ⅰ.①法… Ⅱ.①王… Ⅲ.①法律援助—概况—中国 Ⅳ.①D926.5

中国版本图书馆 CIP 数据核字(2022)第 093043 号

法律公益之光

主　　编：王凤梅
责任编辑：王　勤
策　　划：上海律新文化传播有限公司
特约编辑：苏少波
设计排版：葛怡冰
出版发行：上海社会科学院出版社
　　　　　上海顺昌路 622 号　邮编 200025
　　　　　电话总机 021-63315947　销售热线 021-53063735
　　　　　http://www.sassp.cn　E-mail:sassp@sassp.cn
印　　刷：上海雅昌艺术印刷有限公司
开　　本：710 毫米×1010 毫米　1/16
印　　张：24.75
字　　数：395 千
版　　次：2022 年 10 月第 1 版　2022 年 10 月第 1 次印刷

ISBN 978-7-5520-3884-2/D·651　　　　　　　　定价:98.00 元

版权所有　翻印必究

《法律公益之光》编委会

主　编　　王凤梅

编委会　　沈宏山　吕红兵　张建华　朱树英
　　　　　高子程　周琦琦　许海霞

编写组　　骆云苹　唐文奇　赵颖欣
　　　　　谢珊娟　倪璐窈

（排序按姓名笔画）

序 言

付出爱，成为爱

律新社创立 7 年，我们一直坚持举办公益主题论坛和活动。很多人都不太理解，律新社为什么如此热衷于公益研究、公益宣传和公益活动，这似乎无法成为商业模式。

是的，公益确实无法成为商业模式，但是公益是我们对世界的一种认知和态度。

如果说我们对世界的认知，来源于所看到的事物以及对事物的定义，那真的非常感恩我们在法律圈看到的很多温暖的公益故事，让我们对世界有了一个温暖的定义。

法律天然与公益相关。法治的精神代表公平正义，《律师法》对律师的职责也有定义，维护社会公平和正义是律师的法定义务。

法律的温度是由法律人来传递的，因此关注法律人的公益，也是在传递法律的温度。

律新社每年都收集、研究和撰写法律服务行业的公益及各类社会责任报告，跟踪全国许多家法律服务机构组织的公益服务，见证了具有时代风范的新法律公益精神。

2020—2021 年，疫情之下，我们体验了什么是百年未有之大变局。我们看到太多生命的危机和生存的考验，也看到了更多的守望相助和闪耀着人性光辉的法律公益之光。

在疫情防控阻击战中，中国律师群体自觉践行社会责任，参与筑起了全民抗击疫情的巍峨长城。律界抗疫公益带来的不仅是善款和物资，更是法治信心！

"乔木亭亭倚盖苍，栉风沐雨自担当。"防控新冠肺炎疫情大考，无疑将成为中国律师行业发展史中刻骨铭心的一章，也再次彰显了中国律师行业旺盛的生命力及强大的凝聚力！

2021年夏季的一场大雨让河南陷入水灾之困，当地遭遇突发困境的律师在最危急的时候挺身而出，上演了生命接力。很快，全国律界再次掀起爱心接力热潮。守望相助中，大家看到了法律人的担当。

2021年，律新社联合多家机构发布了《中国律界公益法律服务发展报告（2021年度）》和《中国律界公益法律服务指南（2021年度）》。撰写报告和指南的初稿素材有近200万字，我们可以从中看到爱与责任在延续，在生长。

2019年，上海交大凯原法学院与律新社曾发布过律界十大感动公益故事，其中一个故事的主人公是出身于聋哑家庭的唐帅律师，他打造了中国首个专门为聋哑人提供法律服务的平台。那年他没能来上海领奖，他说，太忙了，实在走不开，而且团队里都是聋哑人，不敢出远门。后来，我们看到他的团队不断成长。唐帅陆续招收聋哑人来律所学习、工作，聋人女孩谭婷就是其中一个。经过3年努力，2020年，谭婷通过了司法考试，成为一名准律师，她也是中国首位聋哑人律师。

我们看到"断臂维纳斯"的故事年年更新——来自北京市盈科（呼和浩特）律师事务所的专职律师郭二玲没有手，但她却把关爱之"手"伸向了需要帮助的人！她说，除了系扣子做不了，其他的她都能做。每年她都坚持做公益与法律援助。坚持和信任可以让一个人迸发出巨大的潜能投入公益事业，还有什么能比这种精神更加珍贵的？

因为有了热爱的信念，我们可以让专业公益更有力量！

2021年7月13日，2021年度"1+1"中国法律援助志愿者行动在北京启动。来自北京、上海、山东、广东、江苏、安徽、湖北、河北、河南等20个省（区、市）的131名律师志愿者、120名大学生志愿者和基层法律服务工作者再次吹响"出征"的号角，奔赴新疆、青海、甘肃、内蒙古、贵州、广西、云南等13个省（区）的131个县（区、市）开展法律援助服务。

他们中的很多人已经援助了不止一年。是什么让他们自愿放弃优越生活、暂离家庭亲人而奔赴中西部开展法律援助服务？当你听到那些质朴的话语，看着那些明亮的眼睛，你会理解这个世界上有一些选择超越了"商业模式"，难以用"值得"来衡量。

法律公益行动不仅实现了律师职业的最高价值，而且与家国情怀紧密结合。诚如一位志愿者所说："我们每个人都像一盏灯，虽不能照亮所有地方，但只要能发出一点光，照亮一寸角落，那也是有贡献、有价值的。当我们这些灯通通点亮，汇聚在一起，必定能为远方的路带来光明。"

如果说世界上有一种英雄主义，就是看清生活的真相之后依然热爱生活，那么世界上还有一种公益精神，就是知道付出未必有回报，但只要能帮助别人就会持续付出。因为，奉献与利他是法律人的根基，也是人与人之间思维品质的分水岭。

2021年是中华人民共和国第一部《律师法》通过25周年，中国律师行业经过艰苦奋斗，已成为一股有实力的公益力量。中国大所、精品所层出不穷，为社会经济发展、治理与建设做出了专业贡献，也创造了很多财富。但是财富的意义远不止于物质和金钱，还包含着沉甸甸的道义和责任。很多律所和律师认识到，既然财富来自社会，就要善用这些财富来服务和回馈社会。从小处讲，这是知识与财富之间的良性循环；从大处看，这是为了让个人价值与造福人类的终极目标相一致。

赠人玫瑰，手有余香。因为深受感动，我们将这些公益故事收录到《中国律界公益法律服务发展报告（2021年度）》和《中国律界公益法律服务指南（2021年度）》中，并择优将其编写成这本《法律公益之光》。这也是我们继《没法不爱——中国律界公益责任与梦想》之后的又一本律界公益之书。

2021年初发布的《法治中国建设规划（2020—2025年）》，提出到 2035 年，法治国家、法治政府、法治社会基本建成，中国特色社会主义法治体系基本形成，人民平等参与、平等发展权利得到充分保障，国家治理体系和治理能力现代化基本实现。由此可见，未来 15 年是中国社会治理法治化的黄金期，公益法律服务作为其中的一股力量必然大有用武之地。2021 年也是建党 100 周年，"党建＋公益"成为律界公益创新发展的新风尚。

中华民族自古就有乐善好施、守望相助的优良传统。法律公益将发善念、行善举的朴素意识进一步升级，在社会主义法治不断完善的进程中，又将社会文明向前推进了一步。

随着元宇宙等新科技的发展，世界更多元，空间更多维。在不确定的环境中，我们唯一能确定的是，我们所有的追求目标是内心的平和喜乐。

"现代经济学之父"、《国富论》作者亚当·斯密说："我们在世界上辛苦劳作，归根结底是为了获得他人的爱与认同。"如果获得他人的爱与认同是我们人生的重要目标，那么公益是实现这一目标的一条"捷径"。

感恩一直关注、支持法律公益并且付诸行动的朋友，感谢你们带给世界的光和爱！人不可能给出自己没有的东西，所以，付出是获得的另外一种"捷径"。

让我们一起继续努力——付出爱，成为爱！

律新社创始人、CEO 王凤梅

目录

序言　付出爱，成为爱　　　　　　　　　　　　　王凤梅　001

第一章　法律公益之光

251位"1+1"中国法律援助志愿者挥旗出发　　　　　　003
"上瘾"的上海法律援助志愿者　　　　　　　　　　　011
让专业成就律界公益新模式　　　　　　　　　　　　018
2020年中国律界抗疫公益大爱　　　　　　　　　　　023
律师以专业公益参与社会治理　　　　　　　　　　　056

第二章　爱心成就公益

国浩：贡献专业力量，助力依法抗疫　　　　　　　　063
盈科：万人级"航母"的抗疫之战　　　　　　　　　　072
天达共和：利他文化助力硬核战疫　　　　　　　　　080
金诚同达：风雨同舟，公益文化助力抗疫　　　　　　086
君合：君合之道，与子同袍　　　　　　　　　　　　094
海华永泰：众智之所为，则无不成　　　　　　　　　100
德恒：没有人是一座孤岛　　　　　　　　　　　　　107
建纬：匠心战疫，回馈社会　　　　　　　　　　　　114
海普睿诚：利他、利众是律师最好的服务模式　　　　121
君悦：与君同行，共靖时艰　　　　　　　　　　　　128

汇业：云上公益跑出"汇业速度" 134
瀛东：当最强组织"一起上"时 140
锦天城："城"承众志，驰援武汉加速度 148
李小华所：雪中送炭，共筑抗疫之门 155
中夏：让"逆行者"感受法律人的温度 161
隆安：以大家风范，为"大家"担当 168
北京律协：35000多名律师联合抗疫 176
许海霞律师：学习做感恩社会的陪读生 184

第三章 专业支持公益

天达共和：用专业为抗疫注入正能量 193
海普睿诚：用专业拥抱公益 199
盈科：专业是最好的抗疫方式 206
君悦：专业价值，独一无二 215
海华永泰：专业赢得尊重 221
德恒北京总部：为市场主体做好参谋 227
德恒上海：以专业警示疫情背景下融资对赌的法律风险 235
新闵：为疫情防控提供突发事件应对专业服务 246
申蕴和：持续助力中小企业复苏 253
建纬：因专注而专业，为社会贡献才智 257
汇业：用专业为企业保驾护航 266
隆安：用专业帮助企业度过寒冬 272
北京律协：奋战三昼夜提供法律支援 276
从遗嘱到慈善信托的"明天方案" 282

第四章　党建引领公益

隆安上海：营造"细水长流"律所党建公益格局　291

盈科：党建引领创伟业，公益先行献大爱　296

天达共和：心有所信，方能行远　303

国浩：用良法善治滋养人心　308

海普睿诚赵黎明：公益就像一盏灯，温暖着前方的路　312

瀛东：党旗引领下的"瀛法帮"　316

博和汉商：打造品牌助行业，履行责任献爱心　323

李小华所：党建引领做公益，敬业专业促发展　328

申蕴和：我们都是追梦人　335

海华永泰：心怀公益赤忱，传承海华情怀　340

建纬：立己达人，兼济天下　346

锦天城：探索新时代规模化大所党建公益之路　353

君悦：党建公益无疆界，君悦党员勇担当　360

新闵：党建引领"三融合"，"五全机制"新探索　366

中夏：兼具温度、亮度、广度的"夏之光"　371

金诚同达：党建统战共融互促，创新律所党建模式　377

第一章

法律公益之光

251位"1+1"中国法律援助志愿者挥旗出发

当2020年"1+1"中国法律援助志愿者代表将志愿者会旗交回司法部部长唐一军，唐部长又把志愿者大旗授予2021年"1+1"中国法律援助志愿者代表时，全场掌声雷动，共同见证爱与公益精神的薪火相传。

2021年7月13日，2021年度"1+1"中国法律援助志愿者行动（以下简称"'1+1'行动"）在北京启动。"1+1"行动由司法部、团中央发起，司法部公共法律服务管理局、司法部律师工作局、司法部法律援助中心、中华全国律师协会、中国法律援助基金会实施。第十届全国人大常委会副委员长顾秀莲出席会议并发表讲话，司法部部长唐一军向志愿者代表授旗。

来自北京、上海、山东、广东、江苏、安徽、湖北、河北、河南等20个省（区、市）的131名律师志愿者、120名大学生志愿者和基层法律服务工作者再次吹响"出征"的号角。他们整装待发，即将奔赴新疆、青海、甘肃、内蒙古、贵州、广西、云南等13个省（区）的131个县（区、市）开展法律援助服务。

是什么让他们自愿放弃优越生活？是什么让他们选择暂离家庭亲人？又是什么让一批又一批志愿者奔赴中西部开展法律援助服务？

在现场的人们可以深切感受到，一项法律公益行动不仅实现了律师职业的最高价值，而且与家国情怀紧密结合。诚如一位志愿者所说："我们每个人都像一盏灯，虽不能照亮所有地方，但只要能发出一点光，照亮一寸角落，那也是有贡献、有价值的。当我们这些灯通通点亮，汇聚在一起，必定能为远方的路带来光明。"

用青春传递法援之光

"1+1"中国法律援助志愿者行动2020年度总结暨2021年度启动仪式，由中国法律援助基金会理事长张彦珍担任主持人，并由她介绍了该项活动的历史。

出席会议的还有全国政协社会和法制委员会、共青团中央青年志愿者行动指导中心、中央军委政法委政治工作局、国家乡村振兴局政策法规司、中国慈善联合会以及司法部相关厅局的负责同志，中国法律援助基金会理事、监事和名誉理事，中国政法大学国家法律援助研究院的负责同志，相关省（区、市）司法厅（局）的负责同志和律师管理部门、法律援助管理部门、法律援助中心以及律师协会的负责同志，各地法律援助基金会的负责同志，社会爱心企业、律师事务所代表和个人，参加2020年度和2021年度"1+1"行动的律师、大学生志愿者，以及长期以来关注、支持"1+1"行动和法律援助事业发展的新闻媒体。

据悉，"1+1"行动是由一名律师志愿者加一名大学生志愿者或基层法律服务工作者，到中西部法律服务匮乏地区，无偿为当地困难群众提供法律服务，并为当地培养法律服务人才。

"1+1"行动自2009年启动以来，已连续实施12年，共向中西部地区19个省（区、市）的400多个县（区）派出法律援助志愿者2000余人次，共办理法律援助案件8万余件，为困难群众挽回经济损失或取得合法经济利益达47亿余元。

这些工作都离不开每一位志愿者的无私奉献。会上，志愿者代表依次上台发言，讲述了自己从事法律援助工作的心路历程。

来自广东的龙翔是一名"90后"律师。作为去年启动仪式上的旗手，从唐一军部长手中接过"1+1"行动志愿者旗帜的那一刻起，他就立志要成为一名守初心、担使命、讲奉献的社会主义法治建设者。

龙翔的援助地在青海省河南蒙古族自治县，这里平均海拔3800米，最低气温能达到零下30摄氏度，常年干燥、寒冷、缺氧。对于一个在超低海拔、四季如春的岭南长大的广东人来说，这的确是一个不小的挑战。他努力克服高原反应带来的各种不适,到该县的第二天就上岗工作,立志要把火热的青春挥洒到这片寒冷的土地上。

来自湖北的郑进东律师已连续担任志愿者服务了8年,是一名不折不扣的"老兵"。他多次成功调解群体信访、春节讨薪事件,服务期满还要继续留在海南省保亭县服务,自愿为保亭县的乡村振兴再努力干上几年。

郑进东说:"总有亲朋好友问我,撇家舍业,老婆孩子都顾不上,律师业务都荒废了,为什么还在外面不回来?这个被问了多年的问题其实并不难回答,因为那里需要我!当受援人把这辈子的希望都寄托在我身上的时候,当迟来的正义因为我的努力终究没有缺席的时候,面对那种被需要的价值感,我还怎么能轻易转身离开呢?"

来自新疆乌鲁木齐县的别尔托古丽·哈非别克是一名哈萨克族姑娘,大学毕业才3年的她,在资深志愿者的"传帮带"下顺利完成了普法教育、纠纷调解等工作。

她表示志愿者的工作并不轻松,每天都要在外面跑。她利用自己的语言优势和法律基础修养,进机关、进学校、进农牧民家讲解法律,现场解决法律纠纷,受到了少数民族群众的欢迎。虽然很劳累很辛苦,但她感到很充实很自豪。

这种自豪感、成就感、被需要感是激励他们工作的精神力量。

向志愿者代表授旗

虽然三位志愿者服务的地区不同，经历也不一样，但他们的初心是相同的。作为"1+1"行动志愿者，他们牢记使命，不负韶华，不负时代，把新时代律师的追求和抱负努力践行在法律援助工作岗位上，给每一个受援人送上公平正义的法治温暖和力量。

活动中，当百余位志愿者全体起立举起右手宣誓时，我们看到了他们眼里坚定而闪耀的光。

这就是他们用青春传递的法援之光，这就是所有志愿者心里的答案。

用法律援助为扶贫保驾护航

2020年是全面建成小康社会的决胜之年，也是脱贫攻坚决战之年。

如期打赢脱贫攻坚战，不仅需要各级党委政府凝神聚力、社会各界众志成城，还需要发挥法治在脱贫攻坚中的保障作用。

2021年度"1+1"行动的主题为"乡村振兴·法律援助志愿者在行动"。《弘扬脱贫攻坚精神 奋战乡村振兴——"1+1"行动服务脱贫攻坚》宣传片，总结了"十三五"期间"1+1"行动服务脱贫攻坚工作，积极开展法律扶贫，累计投入项目资金4793.81万元，向中西部地区15个省（区）的400多个县（区、市）派出法律援助志愿者1200人次，紧紧围绕精准扶贫办理案件2.8万余件，化解群体性矛盾纠纷1万多起，为困难群众挽回经济损失或取得合法经济利益19亿余元，700万余人直接受益。

在成果汇报视频中，大家听到很多人的感谢。不少村民表示，"有你们这些志愿者到家里来帮我们解决纠纷，太感谢了！感谢政府的好政策！"脱贫攻坚一线对法律服务的需求远比想象的要大，精准扶贫需要法治扶贫保驾护航。

不少志愿者不但在提供法律援助、调解矛盾纠纷等方面给出了专业性指导意见，而且通过多形式、接地气的法治宣传活动，使当地逐渐形成了人人学法、办事依法、遇事找法、解决问题用法、化解矛盾靠法的良好法治氛围。

"1+1"行动的志愿者通过普法将法律送到村民手中，让他们感受到"法在身边"。法治扶贫，让人民群众切实感受到党和政府的温暖，感受到全面依法治国带来的法治获得感和幸福感。

第十届全国人大常委会副委员长顾秀莲在发言中谈到，"1+1"行动历经12年的发展，已经成为践行党的群众路线、密切党和人民群众血肉联系的法治民生工程，为解决法律服务资源短缺县人民群众急难愁盼问题作出了积极贡献。广大"1+1"志愿者听从以习近平同志为核心的党中央号令，弘扬志愿者精神，在不断深化全面依法治国的生动实践中，践行社会主义法治，把自己的青春奋斗融入党和人民事业，彰显了法律工作者拥护中国共产党的领导、拥护社会主义法治的坚定信念。志愿者们一定要深刻领会习近平总书记"七一"重要讲话的重大意义、丰富内涵和核心要义，紧紧围绕实现中华民族伟大复兴的主题，大力弘扬伟大建党精神，牢牢把握"九个必须"的根本要求，自觉把思想和行动统一到重要讲话精神上来，努力为全面建成社会主义现代化强国、实现中华民族伟大复兴的中国梦提供有力法治保障。要打造高素质法律援助工作队伍，坚持以人民为中心的思想，高质量满足人民群众日益增长的法治需求，推动法律援助服务乡村振兴取得更大实效。

司法部政治部主任、党组成员郭文奇就进一步推进"1+1"行动提出工作要求。他强调，要深入学习贯彻习近平法治思想，强化政治担当，把"1+1"行动作为贯彻党中央决策部署的政治任务、践行初心使命的重要载体和服务保障大局的实际举措，以更高站位持续推进"1+1"行动高质量发展；要突出把握主题，聚焦助力乡村振兴，着力推动完善乡村公共法律服务体系，着力保障困难群众获得优质法律服务，着力抓好多元化专业化法律服务，着力推进法治乡村建设，以更实举措开创"1+1"行动新局面；要抓好队伍建设，深入推进党史学习教育，努力打造一支政治坚定、业务精通、服务群众、敬业奉献、严以律己的法律援助志愿者队伍。

安徽省司法厅厅长姜明代表志愿者派出地司法行政机关发言，介绍了安徽省司法厅招募、选拔、管理"1+1"行动志愿律师的经验和做法。

会上，中国法律援助基金会副理事长王俊峰宣读《关于开展向"1+1"中国法律援助志愿者行动中涌现的优秀共产党员律师志愿者学习活动的决定》，号召大家向优秀共产党员律师志愿者学习，以他们为榜样，在困难面前不退缩，在成绩面前不自满，在工作面前不懈怠，保持"咬定青山不放松"的韧劲，推进国家法律援助事业向前发展。

为社会各界的爱心和责任点赞

法律援助离不开援助志愿者的主动奉献，更离不开社会各界的共同支持。

活动中，与会领导向2020年度优秀志愿者代表和2021年度"1+1"行动志愿者代表颁发证书，同时也向捐赠单位和爱心人士代表颁发证书。

社会各界奉献爱心，为"1+1"行动捐赠资金。在现场的捐助展示中可以看到，中原海运慈善基金会捐赠600万元，中国烟草总公司捐赠300万元，中国海油海洋环境与生态保护公益基金会捐赠100万元，中国石油化工集团公司捐赠100万元，新中国刑法学主要奠基者高铭暄教授个人捐赠100万元，北京市浩天信和律师事务所捐赠58万元，中国民生银行捐赠50万元，北京银行捐赠20万元，广东国亮律师事务所主任叶进国个人捐赠20万元，中国律师协会副会长吕红兵个人捐赠10万元，德恒律师事务所党委书记王丽个人捐赠10万元。

这些捐赠单位和爱心人士秉持高度的社会责任感，积极为中国法律援助基金会捐赠资金，为法律援助事业发展作出了突出贡献。

除了这些捐赠单位和爱心人士，还有很多平台也为"1+1"行动深入实施创造了有利条件，提供了有力支持。

央视《今日说法》栏目拍摄的纪录片《民之法典》，深入展示了"1+1"行动志愿者在学习、宣传、贯彻《民法典》中的生动实践；《法制日报》开设专栏，为"1+1"行动和法律援助工作搭建起一个常态化宣传平台；法律援助志愿者培训基地在司法行政学院挂牌成立。

践行社会责任，社会各界都在行动。

服务有期，援助无期

由"1+1"行动延伸出的法律公益精神正在生长，犹如一座灯塔照亮了很多人。

有人说，志愿者是赠人玫瑰，手有余香。

"余香"是什么？是予人帮助后的心安，是能够拥有一份强大的信念能量。

志愿者刘勇作为广东一家律师事务所北京分所的主任,志愿服务期结束后,在援助地设立了一个办事处,为当地培养律师人才,给当地村民继续提供法律支援。

类似的案例还有很多。

随着"1+1"行动不断深化,"1+1"行动志愿者精神得到了有力的弘扬。"十三五"时期,加入"1+1"行动志愿者队伍的共产党员越来越多,达到50多人;2021年度新招募的志愿者中,党员志愿者比例较上一年度又提高了20%;博士、海归学者、律师事务所主任、高级合伙人越来越多,达到40多人;服务期满后,留下来继续支援当地法治建设或回到执业所在地创办法律援助公益机构的律师越来越多,达到60多人。今年又有49名律师选择继续留在志愿者队伍中,为"乡村振兴、法治同行"做出新贡献。

利他,是最高境界的利己。真正能坚持长久的,往往是在利他中实现精神的利己,在利人中完成真正的自立,是利己与利他的和谐统一。

专业成就更完美的公益,公益成就更专业的律师。

律师行业除了"1+1"行动外,也一直积极探索并开展各类党建公益项目,将党建工作与社会责任相结合,充分发挥党支部战斗堡垒作用和党员先锋模范

志愿者宣誓

作用。越来越多的律所用党建工作引领律师队伍建设，把党的领导贯穿到律师业务、律所发展的全过程和各环节；秉持"源于社会，回报社会"的理念，坚持以专业知识和高度的责任感投身社会公益，积极履行社会责任。

此次会议，很多热爱公益的律所代表也派员参加，参会者在现场被志愿者感染，感悟良多，深刻意识到肩负的法律人的社会责任。

公益之路从来不孤单，因为前行的路上总能遇见一些志同道合的同行者，他们用爱和善心践行着自己的公益理想，影响着身边一批又一批人，引领和感染更多人参与其中。

面对"1+1"行动展现出来的公益活力，中国政法大学国家法律援助研究院院长吴宏耀在活动结束后接受采访时表示，大多律师志愿者都来自经济相对富裕的地区，到了新的工作环境，在生活、工作等方面肯定会遇到这样那样的困难和挑战。但是，如果能够认识到，这就是当地人民群众真实的生活，这就是国家为什么要实施法律援助"1+1"行动的原因，这就是国家派律师来这些地方的价值和意义所在，那么，律师志愿者就能够在点点滴滴的法治实践中感受到自己心灵的成长、法治信念的提升。

其实这也是中国法治事业所需人才必须具备的视野和情怀，只有根植于中国社会基层建设，才能找到法治报效祖国的根本路径。法律公益的灯塔精神，不止于公益，不止于法律，而且是一个人家国情怀的最大担当。希望更多人深入理解并积极参与公益，在利他中找到人生和事业的最大价值。

"上瘾"的上海法律援助志愿者

> 有这样一群律师,包括"90后"、合伙人、法学博士,他们放弃城市优渥的工作、生活环境,忍受着高原反应,为当地困难群众送去法治阳光……他们就是"1+1"中国法律援助志愿者行动的志愿者们。
>
> 2021年7月13日,2021年度"1+1"中国法律援助志愿者行动(以下简称"'1+1'行动")在北京启动。第十届全国人大常委会副委员长顾秀莲出席会议并发表讲话,司法部部长唐一军向志愿者代表授旗。共有131名律师志愿者、120名大学生志愿者和基层法律服务工作者参加2021年度"1+1"行动。
>
> 13年来,上海市律师协会积极配合"1+1"中国法律援助志愿者行动的相关工作,此次共有6名上海律师志愿者参与2021年度"1+1"中国法律援助志愿者行动,而且这6名上海律师志愿者中,有4名是连续多年参与"1+1"行动的"老兵"。
>
> 在参与"1+1"行动的131名律师志愿者队伍中,这6名志愿者是普通的成员,也是所有志愿者们奉献的缩影。今天,让我们一起走近他们,走进他们的法援生活,感受他们的"逆行之路"。

第一时间开展法律援助工作

2021年7月13日,2021年度"1+1"中国法律援助志愿者行动在北京启动。"1+1"行动由司法部、团中央发起,司法部公共法律服务管理局、司法部律师工作局、司法部法律援助中心、中华全国律师协会、中国法律援助基金会实施。

启动仪式后,中国法律援助基金会与司法行政学院共同举办的第1期"1+1"中国法律援助志愿者行动律师志愿者培训班,为志愿者们开展了一系列系统的培训。

来自北京、上海、山东、广东、江苏、安徽、湖北、河北、河南等20个省(区、市)的131名律师志愿者、120名大学生志愿者和基层法律服务工作者吹响"出征"的号角,奔赴新疆、青海、甘肃、内蒙古、贵州、广西、云南等13个省(区)的131个县(区、市)开展法律援助服务。

"1+1"行动自2009年启动以来,共向中西部地区19个省(区、市)的400多个县(区)派出法律援助志愿者2000余人次,共办理法律援助案件8万余件,为困难群众挽回经济损失或取得合法经济利益达47亿余元。

13年来,上海市律师协会积极配合"1+1"中国法律援助志愿者行动的相关工作。此次,131名律师志愿者中共有6名上海律师参与,他们申请到中西部欠发达地区开展为期一年的法律援助志愿服务。在援助地履行办理法律援助案件、化解矛盾纠纷、开展普法宣传和法治讲座、培养当地法律服务人才、应邀担任服务地政府法律顾问等项目职责。

7月22日,6名志愿者都已经到达援助地,在放下行李的第一时间,就开始积极参与当地的法律援助工作。

第一次参与"1+1"行动的张霁雨律师,是此次上海志愿者中最年轻的"90

上海律师参加2021年度"1+1"中国法律援助志愿者行动名单

姓名	性别	服务地
黄维青	男	青海达日县
张霁雨	男	内蒙古新巴尔虎左旗
云新中	男	宁夏石嘴山市大武口区
潘耐荣	女	兵团2师乌鲁克垦区
李雷	男	青海茫崖市
李宪明	男	内蒙古包头市固阳县

后",他到内蒙古新巴尔虎左旗的第一件事就是走访调研。经过为期一周的走访调研,张霁雨注意到,当地牧民的法治意识较为薄弱,在遇到法律问题时,没有通过法律途径解决问题的习惯。

也许是受传统风俗等影响,当地女性权益受到侵害的案件比例较高。他希望通过普法讲座让当地群众慢慢地了解和认识到自己的合法权益,在他们的合法权益受到侵害时,能够运用法治思维,通过法律途径寻求有效的解决之道。同时,他也根据当地实际情况,更多侧重女性群体的维权普法工作,让更多人沐浴到法律阳光。

李雷律师在2019年和2020年连续两年参加了"援藏律师服务团",作为法学博士、律所合伙人,他有深厚的理论功底和丰富的实际办案经验。对于李雷参加法律援助工作,不少人曾经抱有疑问:"你明明可以在大城市过得很舒服,为什么要去西部地区做法律援助?"李雷说:"法律援助的意义重大。维护弱势群体的合法权益,这既是法律人对自己的要求,更是国家法治的体现。帮助遭受不幸的弱势群体,这也是我自己作为律师的价值追求。"

李雷律师这次法律援助的服务地是青海省海西州下属的县级市茫崖。这里处于可可西里、阿尔金山和罗布泊三大无人区之间,周边黄沙漫漫,200公里内无人烟,被称为"大漠孤城",平均海拔3000米以上,雨水较少,气候干燥。在到达茫崖市后,李雷每天起床时头晕脑胀,鼻子内有血块,但即使这样,他依然对法律援助工作抱有极高的热情。由于当地是无律师地区,茫崖市政府持续几年一直在申请援助律师,李雷的到来让大家倍感亲切。

为什么持续做志愿者

2021年7月23日,青海省果洛州达日县法律援助中心的办公室内,54岁的黄维青律师正在伏案工作,今年已经是他参加"1+1"行动的第六个年头了。从夏到秋,从冬到春,六年来,他走遍了青海省达日县的山山水水。

回忆起2016年第一次来到达日县,黄维青感概良多。当时他的高原反应很严重,持续不断的高烧伴随着呕吐,这让身体一向健康的黄维青感到无奈。可即便如此,黄维青也没有因为病情过多耽搁工作,他在确保没有更严重高原反应的情况下，披上了大衣，戴上了帽子和口罩，毅然决然地投入到法律援助的工作中去。黄维青告诉律新社："把基层的法律援助事业做大做强，为困难群众提供更优质的法律援助服务是我一直以来的心愿，现在愿望要实现了，不能因为小事耽误大事。"

达日县地处青海海拔最高的地区，县城海拔 4200 米。高原气候多变，前一分钟万里无云，后一分钟突然就下起雨雪，甚至到夏季还会下雪。为了方便当事人咨询，黄维青实行"7 天 24 小时预约制"，有的群众工作时间不方便预约，可以预约在工作日的晚上或周末。黄维青曾经调解成功的一个工伤赔偿案子，就是在工作日晚上加班办好的。当包工头带着 5 万元现金，来达日县法律援助中心直接交付给农民工时，黄维青觉得一切付出都是值得的。

通过长期参与"1+1"行动，黄维青认为，达日县并非不需要律师，只不过是没有律师而已。他来到达日县做法律援助，工作的重点不是打几场官司，写几份诉状，审几份合同，而是帮助大家树立起法律意识、法治理念；遇到纠纷，懂得如何依法维权。作为一名律师，应通过和达日百姓认真深入沟通，渐渐培养起他们对法治的正确认知和对律师的信任。政府和群众的法律意识提高了，法律援助的目的也就达到了。

李宪明律师是一位有着多年执业经历的"老律师"，也是一位爱好广泛、有情怀的律师。李宪明的人生经历十分丰富，最早从事过新闻工作，随后长期供职于山东省某中级人民法院，任期内曾参与审理过千余起商事案件与经济犯罪案件。这次是李宪明第一次参加"1+1"行动，他的援助地是内蒙古包头市固阳县，该县总人口 21.3 万人。到达以后，经过走访调研，他发现在偏远山区，法治宣传力度远远不够，大部分群众的法律意识淡薄，案件中较多的是故意伤害、酒驾、拖欠工资劳务费纠纷、工伤事故等。李宪明准备用之前在法院及律师行业的工作经验、专业知识、实操案例等策划一些普法讲座，进一步增强辖区群众的法治意识，充分发挥法治宣传教育的作用。

李宪明认为，只有让基层群众知法懂法、信法守法，打通法治"最后一公里"，基层法治才会走上轨道，这也是他参与"1+1"行动的主要目的。

随着"1+1"行动不断深化，"1+1"行动志愿者精神得到了有力弘扬。"十三五"时期，加入"1+1"行动志愿者队伍的共产党员越来越多，达到 50 多人；

2021年度新招募的志愿者中，党员志愿者比例较上一年度又提高了20%；博士、海归学者、律师事务所主任、高级合伙人越来越多，达到40多人；服务期满后，留下来继续支援当地法治建设或回到执业所在地创办法律援助公益机构的越来越多，达到60多人。今年又有49名律师选择继续留在志愿者队伍中，为乡村振兴法治同行做出新贡献。

在这49名律师中，包括上海6名志愿者中的4名。对于坚持，他们有着不一样的理解。

潘耐荣律师今年是第五次参与"1+1"行动，是一名志愿者"老兵"了。2011年，在报社从事媒体工作的她转行加入律师行业，那时她已45岁。潘耐荣告诉律新社，一开始转行的初衷是跟一个好朋友的约定——31年前，她与好友约定一起转行做律师，去帮助需要帮助的人。但世事无常，好友的不幸离世让他们没办法一起完成这个约定，潘耐荣则通过努力一步一步地完成了当初对好友的承诺。成为律师后，她长期从事志愿者工作，尽可能地帮助他人。"1+1"行动对她来说，是一个期盼了很久的机会。

从一开始遵守约定加入到后面的坚持，潘耐荣表示，坚持走下来的动力来自父亲的言传身教及受援人的鼓励。潘耐荣的父亲5岁时就失去双亲，吃百家饭长大，一直教育潘耐荣对社会要怀有感恩的心，在力所能及的范围内帮助他人。潘耐荣做志愿者时，很多受援人会把自己种的瓜果蔬菜送到办公室，那种真诚让她感动不已；听到受援人的孩子流着泪说"谢谢阿姨"，她心都化了。正是这一点一滴的感谢，让她觉得自己被需要，觉得自己做的事有价值；这种帮助别人的成就感、获得感成为强大的内驱力，让她一直坚持到现在。

今年，潘耐荣又"抢到"了"1+1"行动的"车票"，她将用自己的实际行动，去持续践行自己的初心。

志愿者云新中律师也告诉律新社，在六年的法律援助过程中，他辗转云南、贵州、山西、陕西、宁夏等地，在祖国西部的贫困地区留下了法律人的足迹。今年，云新中的法律援助服务地是宁夏石嘴山市大武口区，他表示："'1+1'行动除了给当地带去法律援助，还肩负了传、帮、带的责任与义务。认真开展培训工作，做好传、帮、带，向服务地法律服务工作者传授法律知识、办案经验和办案技巧，提高他们的能力和水平，培养优秀的法律人才，也是'1+1'

行动工作中的重要一环。"

在过去的六年里，但凡条件允许，云新中在办案时都会带着大学生志愿者，尽可能地为他们提供实际办案的旁听机会。遇到疑难案件时，云新中也会在下班时间为志愿者们耐心讲解分析，帮助他们反复推演案情。在云新中的影响下，他带过的志愿者里有半数都考取了法律职业资格证，在他离开后，他们继续留在当地为偏远地区的人民群众提供法律服务。

"爱不仅是彼此凝望，更是望向相同的远方。"

"捐献时间，分享快乐。"

"只要饿不死，就勇敢做自己喜欢的事。"

这一句句回答，虽然语言朴实，但令人动容；

这一句句回答，虽然语气从容淡定，但满含拳拳盛意；

这一句句回答，让我们感受到了一颗颗赤诚之心。

诚如志愿者李雷所说，做志愿者真的会上瘾，一旦开始，就想做下去！当你步入志愿圈，就会在这里面发现生命活泼泼地闪耀着光芒，这种光芒照耀着自己，也照耀着他人……

不断延伸的上海律师法援之光

多播撒一粒法治的种子，社会就多一份安宁与和谐。

中国政法大学国家法律援助研究院院长吴宏耀表示，国家十几年如一日地推动法律援助"1+1"行动，初衷是为了有效解决律师匮乏地区的法律服务问题。十几年的实践经验表明，法律援助"1+1"行动有力地支援了律师匮乏地区的法治发展。更重要的是，应该把法律援助"1+1"行动放在全面推进依法治国、全面建设小康社会这样一个大的时代背景之下，去思考它的价值和时代意义。只有这样，才能理解国家投入这么大的人力、物力、财力实施法律援助"1+1"行动的时代使命和长远价值。

就全面依法治国来看，国家提出了"法治国家、法治政府、法治社会"三位一体的实施战略。在律师匮乏地区，法律援助"1+1"行动的实施，对于当地法治社会建设、法治政府建设都具有显著的推动作用。

上海市司法局一直把积极促进律师参与公益法律服务当作重点工作部署落实，上海律协、各区律师工作委员会、律师事务所多层级联动，组织推动律师参与信访化解、纠纷调解、处理突发事件及法律援助。

截至 2020 年底，上海全市共有法律援助机构 17 家，在库法律援助律师 2422 名；2020 年，市、区两级法律援助中心的法律援助服务业务量共计 46501 件；997 名律师参与 12348 平台法律咨询工作；近 1600 名律师担任村居法律顾问，为弱势群体提供免费法律服务 4 万余件。

为了让更多人沐浴到法治阳光，不断扩大援助范围，将"应援尽援"做到极致，上海在法律援助方面颁布了更多的便民惠民措施：扩大法律援助范围；开展法律援助专项行动；积极参与帮贫扶困；用心用情服务农民工；创新法律援助服务方式；持续推进开展"1+1"行动、援藏律师团、西部基层法律援助志愿服务行动；完善便民服务措施；提高法律援助质量，出台案件质量同行评估标准；加强"智慧法援"建设；等等。

法律援助关系社会稳定，是社会治理的基础工作。期待愈来愈多的社会力量加入，发挥合力，共同推进法律援助的开展，助力法治社会的建设！

让专业成就律界公益新模式

2021年5月，有一个名字在那些灾难性的救援报道中被反复提及：蓝天救援队。

5月21日，大理白族自治州漾濞县发生6.4级地震。

5月22日，甘肃山地马拉松事故21人遇难。

5月22日，青海果洛州玛多县发生7.4级地震。

蓝天救援队总是第一时间出现在救援现场，还被写入法律圈的新闻：湖北和开胜律师事务所与武汉市蓝天救援队签约，为其提供公益法律服务。涉及专业领域包括刑事辩护、交通事故、合同债务、婚姻继承领域等。

新闻中提及，湖北和开胜律师事务所愿意为武汉市蓝天救援队，在公益活动重大决策方面提出法律意见，参与草拟相关的规章制度，参与涉及队内法律权益的各项活动，代理武汉市蓝天救援队的诉讼及非诉讼活动，解答法律咨询，为武汉市蓝天救援队的公益合法活动提供建议和帮助。

湖北和开胜律师事务所主任胡穆律师说，合作两年来，主要对社会上侵犯蓝天救援队商标的侵权、社会捐助的合同起草，以及救援队员涉及的民事纠纷和法律咨询等提供公益法律服务，至今已处理了五六起相关法律问题和事件。胡主任说："他们从事着公益救援，当他们需要法律服务时，我们欣然愿意提供帮助。我们不想高调做宣传，低调做公益是本心。"

其实这并非个例。今年3月，湖北兴湖律师事务所与洪湖蓝天救援队也签订了常年法律顾问合同，为洪湖蓝天救援队提供公益法律服务。

公益游侠的"违法尴尬"

蓝天救援队成立于2007年，是国内第一个注册的民间公益救援机构。自成立以来，参与了包括汶川地震、天津港爆炸、援鄂抗疫、尼泊尔地震等国内外大型救援。

无论是在国内还是国外，只要是在同一片蓝天下，蓝天救援队都是纯公益救援，甚至是自掏腰包，国人戏称他们是"公益游侠"。

然而，公益游侠在遇到合法合规问题时，却常陷入违法的尴尬处境。

2021年5月20日，从四川省民政厅获悉，在开展打击整治非法社会组织专项行动中，已劝散非法社会组织11家，其中就有四川省江油市蓝天救援队。

这是怎么回事？公益游侠怎么成了非法组织？

事实上，虽然蓝天救援队有全国救援电话，可以做到及时响应，但协调该体系的北京蓝天救援队只是一个在北京市民政局注册的地方性非企业社会组织。2016年中共中央办公厅、国务院办公厅下发的《关于改革社会组织管理制度促进社会组织健康有序发展的意见》明确规定，禁止社会组织形成上下级、垂直或变相垂直的关系。

所以，全国各地的蓝天救援队其实是北京蓝天救援队采用《阜阳公约》规定下的"北京队—督导官—各地蓝天队"结构维持的全国体系。北京队向各地蓝天救援队进行"蓝天"品牌授权，并在各省设立品牌督导官，负责监督该省各地的蓝天救援队是否按照北京队规定的制度开展活动，不合格则予以除名。

四川省江油市蓝天救援队显然还没有通过合法注册成为民间组织，只能被劝散。事实上，这已经显示出民间的社会公益组织，在不懂法以及缺乏专业的法律服务时所表现出来的局限与短板。

据《中国慈善发展报告（2020）》显示，截至2019年底，全国共有社会组织86.7万个，其中社会团体37.2万个，民办非企业单位（社会服务机构）48.7万个，基金会7580个。随着社会公益组织数量与细分程度的不断增加，外部监管与内部治理的需求也日益增强。

2021年，北京蓝天救援队就发生过有人在网上兜售北京蓝天救援队企业微信号的事件，这与其"去商业化，远离利益"的核心理念有所背离。事后经核查，此事是人为恶意破坏。虽然相关责任人已离职，此事已移交警方，但社会公益组织由于内部管理上的问题，导致矛盾、纠纷甚至违规违法的情况发生，从而影响其公益活动的开展和公益使命的履行，这样的情况并不鲜见。加强对社会公益组织的正确引导和规范就显得格外重要，而为公益组织提供公益法律援助，不失为避免上述违规违法现象发生的一大良策。

社会公益组织助力社会治理稳步推进

我们不可否认社会公益组织对参与社会治理的贡献。社会公益组织一般是指依法设立的，致力于社会公益事业和解决各种社会性问题的非营利性民间志愿组织，大部分社会公益组织以民办非企业的形式运作。但业界对社会公益组织尚未形成一个统一且完整的定义。

《中国慈善发展报告（2020）》显示，2019年，中国社会公益资源总量为3374亿元，中国慈善事业总体稳中向好，但同时也存在着慈善资产管理工作长期严重滞后、志愿者组织经费不足（其中，志愿者自行中断服务占22.22%，志愿人员出现人身伤害和财产损失占20.63%)、志愿者遭遇人身伤害却缺乏有效善后等问题。

这些问题同样出现在蓝天救援队中。

2019年，深圳蓝天救援队队员在救助被困驴友时，遭遇山洪遇难；2020年，苏州蓝天救援队队员许鹏在运送物资支援武汉抗疫途中，遭遇车祸罹难。

这群庞大的"公益游侠"，因为长期处于保险不足的尴尬状态，志愿服务中一旦发生意外，志愿者往往只能利用公开募捐和申请荣誉称号等途径，来争取救治或给予家属抚恤。

早在2013年，民政部就在《中国社会服务志愿者队伍建设指导纲要（2013—2020年）》中提出，推动建立志愿者保险制度，明确志愿者保险的责任主体、涉险范围和风险承担机制。但落实效果并不理想，因为能主动为公益社会组织长期、定向提供公益法律援助对接的专业法律服务机构并不多，或者说大家的意识都还在升级中。

司法部曾下发文件，倡导每名律师每年参与不少于50个小时的公益法律服务或者至少办理2件法律援助案件，这是社会责任的体现。执业律师们在助残、助困、助弱、助穷上已经做了很多。而公益互助，以公益法律服务助公益性社会组织，从湖北那两家律师事务所的举措来看，显然是个非常好的开端。

"为众人抱薪者，不可使其冻毙于风雪。"不能够让心怀奉献精神的人，在奉献的道路上被阻碍，应该帮助他，或者与他一路同行。

让专业成就更好的公益

上海律协社会公益与法律援助业务研究委员会主任、上海市震旦律师事务所党支部书记、高级合伙人郑祺律师曾说："法律援助，发端于恻隐之心，落实于专业技能。法援不能仅靠一腔热血，它需要过硬的本领。"

全面推进依法治国，更好地满足人民群众日益增长的法律服务需求，公益法律服务的重大意义在于：由律师提供公益法律服务，是填补法律服务缺口的有效手段，也是政府法律援助制度之外的重要辅助和补充，更是专业法律服务提供的表现。

公益法律服务需要借力

法律援助与社会公益事业息息相关，但由于法律援助对象具有一定限制，一部分需要法律服务的人群无法得到援助。实践中，一些社会公益组织如公益法律服务中心、调解机构，在做法律援助的补充性工作，或者为不符合法律援助条件的人群提供帮助。

目前，各类创新法律服务的社会组织不断涌现，通过第三方来组织运营专业公益服务，是一个不错的尝试。2006年成立的恩派公益，是中国领先的支持性公益组织；2013年成立的深圳维德志愿法律服务中心，也在做破解矛盾的一些尝试。

类似这种自发组成的律师（律所）公益团体正在越来越多涌现，唯一的不足是合作的覆盖面还不够广泛，只是行业间的供方与需方的单线联系，缺乏社会更多元主体的参与，例如媒体、企业等，因此能触及的社会层面还不够深入。

到2022年，国家要基本建成覆盖城乡、便捷高效、均等普惠的现代公共法律服务体系。这要求进一步发展公益法律服务事业，更好发挥律师在公益法律服务中的作用。

如何进一步发展公益律师队伍，拓展更多法律公益服务渠道，打造公益法律服务品牌与规模，提高公益法律服务专业化、职业化水平？同时，如何更进一步利用好"互联网+"法律新技术，使公益法律服务更加智能精准、便捷高效、触手可及？

2021年5月30日，第五届中国律界公益法律服务高峰论坛在上海举行，来自全国的300多位律界公益人士齐聚一堂，律新社公益法律服务项目——律新帮专家团启动招募，律新帮公益伙伴启动招募。这是共同探索一种具有双向激励意义的公益服务评价机制，对接受公益服务的公益伙伴也进行培训和评估，以确保公益服务的高效进行。

疫情之下，一切都在重构！商业机制、运营模式、媒体渠道、思维方式、消费形态……所有一切都在嬗变！而公益，作为社会责任的体现，作为全社会增强法治观念的积极行动，将赋予社会企业更多创新与互融的机会。

在武汉蓝天救援队的公众号上，律新社看到这样一句话：同在蓝天，携手公益；善行天下，爱满人间！

公益，不仅仅是一个人、一群人的公益，更是一种公益精神，一种可以传递和发扬的正能量。将社会责任转化为社会价值，专业参与社会治理，那才是公益的应有之义。

一如律新社及律新帮所倡导的：让专业法律服务不再难找。

用爱感动爱，用心温暖心，用生命影响生命。

2020年中国律界抗疫公益大爱

　　庚子之年，冬春之交，新型冠状病毒肺炎突然降临，给人类的生命健康带来了严重威胁。这一前所未见的流行病一经发现，立即成为一次全球性危机，让人类面临空前考验。

　　在这场全人类与新病毒的战争中，诡异难测的病毒叫人恐慌，突然流逝的生命令人恐惧，而四面八方汇聚而来的爱与关怀又让人倍感温暖。

　　中国果断打响疫情防控阻击战，坚定地把人民生命安全和身体健康放在第一位，让每个中国人感受到了生命之光！

　　国家兴亡，匹夫有责。生命至上的价值观和伟大力量创造了一个又一个奇迹——10天建成拥有1000张病床的火神山医院，12天建成拥有1600张病床的雷神山医院……

　　在这场与严重疫情的殊死搏斗中，14亿中国人民坚韧团结、和衷共济，以敢于斗争、敢于胜利的大无畏气概，铸就了生命至上、举国同心、舍生忘死、尊重科学、命运与共的伟大抗疫精神，凝聚起抗击疫情的磅礴力量。中华民族顽强的生命力和众志成城的团结精神令世界赞叹。

　　中国律师作为抗疫战中的一股专业性力量，担当起了应有的使命，发挥了特殊的作用。中国律师的社会责任共识、专业服务能力、组织应对能力以及资源调配能力，也在疫情中得到了充分展现。

　　我们欣喜地看到，中国律界的精神能量巨大，震撼人心；那些善言善行善举在特定历史时刻留下的印迹，意义非凡；这幅真情抗疫的恢宏画卷，将彪炳史册，激励后人。

应急公益争当先锋

面对突如其来、来势汹汹的疫情,中国果断打响疫情防控阻击战。中国共产党和中国政府高度重视、迅速行动,国家领导人统揽全局、果断决策,为中国人民抗击疫情坚定了信心、凝聚了力量、指明了方向。

抗击疫情的第一阶段迅即应对突发疫情(2019年12月27日至2020年1月19日),第二阶段初步遏制疫情蔓延(2020年1月20日至2月20日),那是一段异常艰辛的应急抗疫经历。

2020年春节前后,全国新增确诊病例快速增加,疫情防控形势异常严峻。中国采取阻断病毒传播的关键一招,坚决果断关闭离汉、离鄂通道,武汉保卫战、湖北保卫战全面打响。

激增的患病人数,导致医护人员人手紧缺。在与病毒赛跑的过程中,每分每秒都面临着生与死的考验。

在最吃紧的特殊应急状况下,疫情就是命令,防控就是责任。到最需要的地方去,到最危险的地方去,驰援武汉。一封封"请战书",一组组"送别行",让我们目睹了"逆行"的最美身影。54万名湖北省和武汉市医务人员冲锋在前,4万多名医务人员第一时间驰援湖北省和武汉市,数百万名医务人员同时战斗在全国各地抗疫一线。

与以往灾情不一样的是,此次疫情初期,医护人员缺乏防护物资,对医护用品有着迫切需求,外科口罩、医用防护口罩、防护服、免洗手消毒液等成为新冠肺炎定点医院的急需物资,获取物资也成为最急迫的公益事项。同病毒较量,是一场没有硝烟的艰苦战斗;与疫情赛跑,是一场刻不容缓的生死竞速。在这场战役中,中国律师第一时间积极捐款捐物,充分利用信息、人脉等优势,为医院采购医疗用品。

武汉律师一马当先,积极投身抗疫。

武汉封城之际,很多律师主动担任志愿者,运送医护人员上下班。武汉律协副会长、湖北得伟君尚律师事务所党委书记胡燕早律师和一些律师志愿者在参与"武汉抗疫公益志愿者联盟"接送医护人员志愿者的过程中,因其接送过的医护人员被感染，自己也被隔离……

"在武汉人民面临前所未有的困难和挑战之时，作为一名普通的律师，我一直在思考：大疫面前，我能做点什么？我们能做点什么？我们不能上抗疫前线，可是抗疫前线不能没有支持。在现阶段后勤不能保障抗疫前线需求时，不能让抗疫前线的英雄凭血肉之躯徒手奋战。我们——等辰律师应该或可以做点什么呢？"湖北等辰律师事务所主任律师、合伙人张彤在律所微信群内跟大家说。除夕之夜，张彤律师加入了武汉医务天使口罩小分队群，只要有接送需要，他都积极响应。律所内部同仁对参与抗疫行动高度认同，有的合伙人去医院做保洁员，有的合伙人给医护人员送饭。这些公益跟专业无关，危难之际，该出手时就出手。

在危急的情况下，更多律师成为社会公益的践行者，哪里有需求，他们就去哪里：有的深入社区、机场、高速路口担任志愿者，维护日常秩序；有的接送医护人员上下班，运送补给物资；还有的到口罩工厂、医院做义工……

袁和平律师是一名近60岁的武汉党员律师，他的儿子袁吉则是一名在北京执业的青年律师。在疫情暴发之时，袁家父子结伴同行，不惧可能感染病毒的风险，深入社区担任志愿者。他们在连续34天的志愿者工作中，接送援汉的医务人员，为居民上门配发防疫急需物品和生活用品，起草《志愿者公约》，调解化解邻里纠纷。袁和平律师还以支部书记的名义带头捐款捐物，以自己的言传身教引领青年律师的公益责任和社会担当。

据不完全统计，武汉律师自愿报名做志愿者的有776人次，他们之中有父子、母女、师徒、同事。他们不惧危险，逆行而上，发扬法律人的社会担当，赢得了社会的认同。

沙鹏律师是江苏敏政律师事务所2018年5月刚刚执业的一名律师。此前，他在如皋当地一家医院工作了27年。一场突如其来的疫情让已经成功转型为法律人的他下定决心，再次换上"白袍"走向抗疫一线，成为一名律师"逆行者"。

"我是一名党员律师，曾经是一名医务工作者，有一定的专业知识。面对新的疫情，我有机会再上抗疫一线，我不能做逃兵。请允许我暂回卫生系统，与曾经的同事们并肩抗击疫情！"沙鹏律师的请求很快得到律所领导及司法局领导的认可和支持。按照组织安排，沙鹏律师到某集中观察点从事环境消杀等工作。其家中还有上高三的孩子，为了与家人隔离，全家人屋内分居，每日翘首相望……

疫情初期，武汉市医疗防护物资极度短缺。为了节省防护用品、争分夺秒抢救病患，一线医护人员最大限度地延长防护用品使用时间。中国律师发挥国内外"朋友圈"的强大功能，通过国内外客户或海外分所的资源，在全球采购急缺的医疗物资，冲破艰难险阻，驰援武汉抗疫一线。

采购到物资仅仅是第一步，特殊时期公益物资如何紧急运送是更大的难题。中国律师八仙过海，各显神通，直至物品运送到受援人手上。

上海瑾之润申达律师事务所主任许海霞常年坚持做公益。大年夜，许海霞律师加入了"逆行者"队伍，克服了物资短缺、物流困难、店家休假、大额付款平台受限等难题，终于在大年初一筹集了2.33万个KN95型号医用口罩、5100副医用护目镜和10.2万个医用帽，共计价值100万元以上的医用物资。这些物资被陆续送达湖北省50家定点医院，受助单位员工集体拍摄小视频对她表示感谢，让她连续多日的辛劳化成了欣慰的泪水。

日本辩护士（律师）联合会（以下简称"日本律协"）向中华全国律师协会和许海霞律师各寄出一封不同的感谢信，落款人是日本律协会长菊地裕太郎。菊地裕太郎在信中对许海霞律师向日本律协捐赠2万只医用外科口罩的善举表示诚挚的感谢："这2万只医用外科口罩既是承载您体贴关爱的慷慨馈赠，更是我们（两国律协）多年来友谊的象征。在此，我谨代表日本辩护士（律师）联合会的所有会员和工作人员向您表示最诚挚的感谢。"

"疫情暴发之初，日本社会各界纷纷向我国伸出援助之手。现在国内新冠肺炎疫情防控形势日趋缓和，他们却遇到困难了，我们不能袖手旁观。"许海霞律师又通过其他渠道向日本另外三家机构捐赠了6万只口罩，以帮助其抗击疫情。同时，她还向韩国律协捐赠了2万只医用外科口罩。据统计，许海霞此次向日本、韩国捐赠的10万只口罩，总价值超过50万元。

"岂曰无衣，与子同袍！"中国律师发起了全方位的支援行动。

中国律所党委纷纷发挥组织能力，推动抗疫工作顺利进行。

疫情发生后，第十三届全国人大代表、中华全国律师协会会长、全国人大宪法和法律委员会委员王俊峰律师作为金杜律师事务所全球主席，积极组织开展公益抗疫。疫情发生后的第一时间，在党委的领导下，金杜律师事务所立即成立了物资捐助协调小组，调配金杜公益基金会专款，统筹全球平台资源，协调香港、东京、硅谷、纽约和伦敦等地的办公室和韩国业务团队，积极筹措采购疫情防控急需的医疗物资，驰援湖北。面对国内外相关医疗物资极度紧缺、国际货运安排和资金调用在春节期间复杂度加大等情况，金杜团队迅速奔赴搜寻、采购医疗资源的"前线"，全力寻找货源，24小时不间断地与相关部门沟通，确保舱位、报关等流程高效迅速完成，争分夺秒将采购到的物资运至国内。金杜律师事务所与金杜公益基金会共同从韩国和日本分别采购的首批13050件、总重约6.2吨的医用等级医疗物资（含12850件医用防护服），成功抵达广州和深圳海关，并火速运往湖北。

上海市君悦律师事务所主任胡光律师祖籍湖北，毕业于武汉大学法学院。看到家乡身处疫情的中心，他坐立不安。虽然多年深耕涉外业务，但此次利用国际网络采购救援物资并尽快投放到前线医院的难度超乎想象。将海外物资送往抗疫前线所必须处理的环节多如牛毛：寻找货源、核定医用、核定价格、对接医院、安排外币、敲定合同，并尽量避开中间环节，防止被骗，最后还要解决通关问题和安排物流运输。2月7日晚，上海市君悦律师事务所在海外筹集到的物资顺利抵达武汉。看着承载着希望的专机滑上跑道，看到一箱箱物资从机舱有序地卸下，胡光律师直言"眼睛湿润了"。

没有从天而降的英雄，只有挺身而出的凡人。疫情当前，当一名律师站出来时，那叫勇敢；当一家律所冲锋在前时，那叫担当；当无数法律人爱心加倍、善举接龙时，那是法律人的责任与使命在滋生成长。

自2月2日起，《法制日报》连续9天接连发起"疫情当前，律所在行动，《法制日报》喊你接龙"的活动，全国近30个省市的923家律师事务所参与其中，累计捐献金额达7197余万元（不包含物资）。全部捐款和物资已先后用于抗疫一线的防控和救治工作。

北京市盈科律师事务所捐款200万元；

上海中夏律师事务所捐款136万元；

北京市竞天公诚律师事务所捐赠100万元医用物资；

山东康桥律师事务所捐款 100 万元；

浙江金道律师事务所捐款 80 万元；

四川泰和泰律师事务所捐款 105 万元；

陕西海普睿诚律师事务所捐款 57 万元；

山东德衡律师事务所捐款 50 万元；

陕西永嘉信律师事务所捐款捐物 44.2 万元；

上海市君悦律师事务所捐款约 30 万元；

安徽天禾律师事务所捐款 18 万元；

……

这份一眼望不到尾的名单虽然只收录了部分数据，但是让大家看到了律师群体在这场战"疫"中从未缺席，而这份榜单也仅仅是他们在此次战"疫"中积极行动、履行责任、勇担使命、奉献爱心的缩影。

截至 2020 年 2 月 21 日，全国律师行业除物资捐赠外，累计捐款 1.5 亿余元，覆盖全国 31 个省市区和新疆建设兵团的律师及律所。截至 6 月 30 日，全国律师行业各级党组织和广大党员律师充分发挥战斗堡垒作用和先锋模范作用，累计捐款捐物 2.6 亿余元。

无论是慷慨解囊还是身体力行参与公益，每一位律师都值得感谢，每一家律所都值得致以敬意。为筑牢抗疫战线"添砖加瓦"的法律人一起点燃了希望之火，一起穿越黑暗，迎接黎明。

法律抗疫助力社会治理

疫情防控越是到最吃劲的时候，越要坚持依法防控。疫情中，多地律师协会迅速组建法律服务团队，为党委、政府疫情防控重大决策提供法律意见，全力做好涉疫情防控工作的规范性文件及相关政策的法治审查工作，当好法律参谋，确保在法治轨道上推进各项防控工作。

2020 年 2 月 5 日，习近平总书记主持召开了中央全面依法治国委员会第三次会议。会议明确提出，要在法治轨道上统筹推进各项防控工作。深刻阐明法治在疫情防控中的重要作用，对依法推进疫情防控、提高依法治理能力作出重要部署，为坚决打赢疫情防控阻击战注入强大法治正能量。如何用专业成就更好的抗疫公益和社会治理，成为更值得关注的课题。

全国律师行业把疫情防控作为当前最重要的工作来抓。2月5日，按照司法部党组部署，全国律师行业党委印发了《关于充分发挥律师职能作用为坚决打赢疫情防控阻击战提供法律服务和法治保障的通知》。广大律师积极响应，或撰写法律政策解读文章，提升全社会依法防控疫情的意识；或组建法律服务团队，在线为群众答疑解惑，提供优质便捷的法律服务。

从为党委、政府防控疫情决策提供法律依据到开展疫情防控法治宣传，从法律服务化解矛盾纠纷到众志成城星夜驰援……全国各地律师通过专业法律服务助力疫情防控，坚决支持打赢疫情防控阻击战。

武汉律师努力共渡难关。武汉市的7863名律师中，2525人不在武汉市，5338名律师自觉居家隔离。他们有的主动报名担任志愿者，有的利用专业优势发挥作用，有的为新冠肺炎感染者提供帮助……

武汉市政协委员、北京市京师（武汉）律师事务所副主任李春生律师在武汉市金银潭医院治疗隔离一个月，深感庆幸。作为全国6万多名确诊的病例之一，他获得了及时救治；可一想到还有很多患者因未能及时住院治疗而耽误病情，他便感到心痛。疫情面前，法律人的公益职责是什么？发现问题，提出解决思路，这就是律师专业的最大价值。入院一个月来，李春生律师在呼吸困难的情况下仍不辍笔耕，指导律师团队并参与撰写近十篇精品法律解读文章，继续坚持参政议政，为疫情防控积极建言献策。

"武汉律协"微信公众号于2020年1月26日零点推出《武汉市律师行业党委疫情防控"八项部署"》，内容包括成立律师行业疫情防控工作领导小组、定期分析研判疫情防控工作中出现或可能出现的涉法涉诉问题，积极主动为党委、政府疫情防控各项决策提供法律咨询建议等。

1月29日晚，全国律协副会长、国浩律师事务所首席执行合伙人吕红兵律师难以入眠——他从新闻中看到，还有大量武汉旅客滞留境外，不管是分散回国还是在当地旅游，都存在一定的风险隐患。他连夜赶写了"关于迅速妥善处理海外武汉游客回国"的建议，提出了包机接回武汉旅客等一系列建议，并以全国政协委员的身份，于30日凌晨通过"移动履职"平台报送全国政协。

31日，外交部发言人表示，中国政府决定尽快派民航包机把在海外的湖北特别是武汉同胞接回，包机接同胞的行动正在进行。

"疫情肆虐，律师应该站在更高的层面，发挥专业优势，积极为党委、政府依法决策建言献策，为依法防控贡献智慧和力量。"吕红兵律师说，律师要有这个能力，也要有这个担当。

在吕红兵律师发出"包机接同胞"建议的第二天，全国律协金融专业委员会向中国证监会法律部提交关于新型冠状病毒感染的肺炎疫情的应对建议，提出"同意上市公司利用网络召开股东大会"等多项具体建议。该建议的执笔人为国浩律师事务所的执行合伙人沈田丰律师。

陕西省女法律工作者协会会长、金诚同达律师事务所高级合伙人方燕律师，牵头组建了防控疫情法律法规汇编组，带领13位志愿者女律师连续奋战四天四夜，于2月5日完成了《疫情防控法律法规汇编及法律实务指南》的汇编工作，为当地政府依法战疫提供参考。2月12日，方燕收到民政部发来的微信，告知其关于新冠肺炎疫情期间未成年人弱势群体保护的建议得到民政部门重视，并将部分内容纳入政策文件中体现。

为配合防控疫情大局，2020年1月27日，全国人大代表、北京市律师协会会长高子程律师向最高人民法院和北京市高级人民法院建议，全国法院系统应当延期开庭审理原定近日开庭案件，以减少聚集、减少接触、减少感染。最高人民法院相关部门和代表联络室很快回复，采纳此建议。同时，他建议有关部门根据防控情况，针对特殊行业简化征税方式，增进财税预期，助力中小微企业融资，以激发市场活力。北京律协按照全国律协和北京市司法局党委的指示精神，动员行业力量，组织专业律师，全面投入到为抗击疫情提供法律服务和法治保障工作中。1月27日，北京律协在第一时间启动组建128人的"律师服务重大案（事）件法治工作北京队"，依托专业委员会（研究会），筛选政治可靠、业务精通的优秀专业律师，派遣8名律师参与北京市司法局疫情防控维稳法律专家顾问组，为司法部、北京市委市政府、北京市委依法治市办公室、北京市法律援助中心等部门提供专项法律服务，研究涉及疫情防控工作的法律问题答复口径。

湖北律协制定八项措施，成立疫情防控专项法律服务团，建立健全联席会议制度，定期分析研判疫情防控工作中出现或可能出现的涉法涉诉问题，积极主动为党委政府疫情防控各项决策提供法律咨询建议，并要求充分发挥律师职能作用，做好律师行业新冠肺炎疫情防控工作。为切实助力疫情防控，湖北各地先后成立法律援助律师团，律师们凭借过硬的法治素养和职业技能，纷纷为抗击疫情建言献策，做优法律服务保障。

上海律协组建专门法律服务团队，加强疫情防控法治宣传，及时化解涉法矛盾纠纷，对可能发生的公共应急事件作出法律预测，提出法律解决方案，为战斗在疫情防控一线的军人、政法干警等群体以及群众提供专项免费法律服务。上海律协还组织行政法专业律师就疫情防控期间可能涉及的行政法律实务问题进行研究，对有关突发事件及疫情期间行政法律问题进行线上研讨，针对疫情期间的信息公开、应急措施的组织与实施、市场物价的行政监管等相关法律问题进行解答，并加强疫情防控法治宣传，及时化解涉法矛盾纠纷，以专业知识为依法防控建言献策，提供专业法律支撑。

广东律协成立新冠肺炎疫情防控服务团，各地市积极响应并成立了律师服务分团，超过1500名广东律师参与。其中，政府法律顾问服务小组和行政法律服务小组分别汇编了《新冠疫情中对公职人员问责法律指引》《广东省防控新冠肺炎疫情工作文件汇编》等。村（社区）是疫情防控的基层，面对严峻的疫情形势，广东省各级司法行政机关充分发挥村（社区）法律顾问专业优势，组织全省8100多位村（社区）法律顾问，积极参与到全省26100多个村（社区）的基层战疫中，开展应急普法宣传，调解各类矛盾纠纷，为基层政府疫情防控工作建言献策，助力村（社区）构筑起联防联控群防群治的严密防线。深圳律协梳理了《新型冠状病毒疫情防控期间重点领域行政执法工作指引》，内容涉及卫生健康、市场监管、环境保护等十大领域，为相关部门的疫情防控提供工作指引和标准流程。

天津律协政府法律顾问专业委员会的律师们完成了《应对新型冠状病毒感染的肺炎疫情行政执法政策问答》，深入分析疫情开始以来各级政府的决策、行为的意义以及相应的法律依据，同时就可能出现的突发事件或矛盾纠纷等相关法律问题提出相应的处置预案建议，为疫情防控期间政府及相关部门依法行政、正确应对疫情提供优质高效的法律支持。

为配合辽宁省司法厅新冠肺炎疫情防控工作领导小组工作，2月2日，辽宁律协成立专项法律服务团，下设五个分团，集中了全省40余家律师事务所相关专业的律师，为辽宁省各级党委、政府疫情防控相关决策提供法律建议，组织律师参加对《传染病防治法》《突发公共卫生事件应急条例》等相关法律法规的宣传工作。

陕西律协积极组织律师编撰《2020年新型冠状病毒疫情防控法律法规政策文件汇编》《陕西省律师协会关于新型冠状病毒疫情引发的法律问题及专业意见》，解答群众可能涉及的法律问题；引导广大律师全力配合看守所疫情防控工作，并及时下发《关于全省律师积极支持配合看守所做好疫情防控工作的通知》。

吉林省多位律师作为省政府法律顾问和咨询委员提出延长抗疫假期、支援武汉、特别关注民营企业恢复生产、为农民备耕生产提供实际帮助、后续疫情防控等法律建议，得到省政府的高度重视并被及时采纳。

山东律协组建专项法律服务团，坚持线上与线下服务相结合，通过微信、网络直播、开通热线、平台值班、发放手册等方式，开展疫情防控普法宣讲，接受群众法律咨询，促进疫情防控工作依法有序进行。据不完全统计，全省律师行业成立疫情防控专项律师服务团873个。青岛律师积极发挥应急核心作用，提交5条应急处理建议报青岛市防疫领导小组，为相关疫情防控工作合法合规开展贡献力量。济南律协组织律师编写疫情防控法律知识宣传册《疫情防控法治同行》，印制并发往全市司法行政系统防控一线。同时，将宣传手册电子版发送各区县，以便各区县自行印制或网上宣传。

江苏律协成立新冠肺炎疫情防控工作专项法律服务团，明确了为党委、政府疫情防控相关决策提供法律意见建议等五项服务团工作职责。南京律协制定"八项工作措施"印发全市律所；无锡律协成立应急工作组，并参与审核市政府关于延迟企业复工等通知文件制定；常州律协劳保委主导汇编企业用工合规操作指引；盐城律协组织律师积极参与市政府支持中小企业共渡难关的《二十条政策意见》合法性审查工作；徐州律协制定《企业应对新型肺炎疫情法律指南》。

四川律协迅速调集骨干律师，加班加点研判疫情法律问题，积极参与立法服务，推出《新型冠状病毒肺炎疫情防控法律问题集萃》，起草《关于疫情防控转入"持久战"法律问题分析及建议》，促进依法行政工作。

新疆全区各地（州、市）律师协会、律师事务所和广大律师自觉行动，通过成立疫情时期法律服务志愿团、线上公益法律咨询、专业心理咨询服务等方式，充分发挥专业优势和职业优势，让广大居民、企事业单位在疫情防控期间享受优质便捷的法律服务，为当地党委、政府及相关部门、企业和广大公民提供专业法律服务。截至2月21日，新疆全区律师通过各种网络平台远程开展各项法律服务近5000次。

全国许多家律所，尤其是大所和精品所，积极启动了专业抗疫行动。

德恒律师事务所应对疫情法律专家研究组的研究覆盖政府、研究机构、红十字会、医院、医护、病人、志愿者、慈善捐助、经济社会、国际影响包括"一带一路"、社会公共秩序、知识产权等方面，发布研究文章近300篇。德恒律师还在第一时间对武汉封城的相关法律依据进行了详细解读，对PHEIC（即国际关注的突发公共卫生事件）的相关信息进行普及，在可能的范围内减少恐慌并及时传播相关法律知识，为社会各界应对疫情、维护社会稳定提供支持。

上海市建纬律师事务所律师应客户服务需求，为其提供NCP(新型冠状病毒肺炎)相关法律服务。建纬总所和北京、深圳等地的21个分所共1079名专业律师，以实际行动积极响应司法部律师工作局和全国律协的动员号召，为取得疫情防控阻击战的全面胜利和促进建筑工程领域转型升级发展贡献自己的力量。

为协助海南省委、省政府依法做好疫情防控工作，海南法立信律师事务所迅速组建了新冠肺炎疫情防控法律服务团，快速梳理相关法律、法规和政策文件，39个小时连轴转，编纂并及时发布《新型冠状病毒疫情防控法规文件汇编》（海南版、海口版）、《疫情防控中捐赠款物管理的法律要点提示》，为依法防控提供法治参考。

作为一家地处牧区、服务藏族群众的县域律所，青海磐瑞律师事务所根据省司法厅要求和少数民族地区实际需要，编辑发布《疫情防控中的9个法律问题》（汉藏双语版）和《疫情防控有关的七个劳动法律问题》（汉藏双语版），并在全省司法行政系统转发推广。

疫情也考验着中国政府的社会治理能力。

疫情期间，消息满天飞，舆情四起。中国政府建立最严格且专业高效的信息发布制度，建立严格的疫情发布机制。依法、及时、公开、透明地发布疫情信息，制定严格规定，坚决防止瞒报、迟报、漏报，有效回应了公众关切，凝聚了社会共识，为其他国家提供了参考和借鉴。

2月5日傍晚，浙江省律师协会会长、浙江六和律师事务所主任郑金都律师临时接到消息，受邀参加将于6日下午3点举行的浙江省新型冠状病毒感染的肺炎疫情防控工作第十一场新闻发布会。自疫情暴发以来，各省市定期召开疫情防控工作新闻发布会，及时通报疫情最新情况，以保证信息披露的及时性、准确性、透明度。郑律师的出席，使得防控工作新闻发布会上首次出现了律师代表的身影。郑金都律师直言："充分感受到了政府对专业人士的尊重。依法防控，需要律师以及更多专业法律人的参与！"

律师是社会治理的重要力量。无论是通过提出建议完善防控制度，助力各项规章制度合法合规出台，还是通过电话、微信、实地走访等形式为群众和企业提供法律服务，抑或深入基层，将法律知识送入千家万户，解答疫情期间法律疑问和难题，广大律师围绕服务大局，充分发挥专业优势，积极参与社会治理，维护社会和谐稳定，为党和政府排忧解惑，诠释了中国律师的责任和担当。

助力企业复工复产

经过2月份艰难一战，疫情防控取得明显成效，有序恢复生产生活秩序成为一项重要的社会工作。

2月26日，习近平总书记主持中央政治局常委会会议，强调要精准稳妥推进企业复工复产。司法部相继印发《企业复工复产律师公益法律服务指南》《疫情防控和企业复工复产公共法律服务工作指引》《关于深入开展民营企业"法治体检"活动 服务疫情防控和企业复工复产的通知》《关于加强疫情防控后期和疫情后社会矛盾纠纷化解工作的意见》等指导意见，全国律协、各省市律协自上而下全面部署、快速动员，致力于通过打好"政策+法律援助"组合拳，加强内外沟通，组织引领广大律师与全国人民一起努力，为依法战疫和有序推动企业复工复产保驾护航。广大律师立足自身岗位，多措并举为企业复工复产提供"良方"，充分发挥专业职能，主动做好复工复产工作的宣传者、支持者、参与者和践行者。

浙江律协与省知识界人士联谊会、省欧美同学会联合成立了"助企复工"同心律师服务团，选定160余家企业作为服务团结对服务对象，根据企业实际需求开展有针对性的法律服务。同心律师服务团成员积极开拓线上服务方式，通过电话、微信、邮件以及各类直播平台开展法律咨询和普法讲座，切实解决了企业特别是中小企业当前面临的困难。

江苏律协会长薛济民加班加点牵头编写《疫情防控常见法律知识100问》《应对新冠肺炎疫情防控企业防范法律风险30条》等，为保障人民群众生产生活和企业复工复产提供法律指导。据不完全统计，疫情发生以来，江苏省律师共编写疫情防控法律解读399篇，组建各类法律服务（顾问）团231个，审查各类规范性文件180多份，提出法律建议230多条，开展法治宣传7万余次，为江苏全面提升疫情防控法治化水平做出了贡献。

在人口密度小、地域面积辽阔的新疆维吾尔自治区，律师行业依托微信、邮件、视频、12348公共法律服务热线等平台，为企业提供"线上+远程"一对一专业咨询服务，"把脉问诊"企业面临的法律风险。

上海市锦天城律师事务所律师在疫情期间继续为企业提供高质量的法律服务，与企业共克时艰、共渡难关。锦天城人发挥优势伸援手，志愿服务献爱心。通过撰写专业文章、开办企业法律法规讲座、党委组织"公益法律服务志愿团"等各种形式积极参与到企业复工复产阶段，以帮助企业尽快复工复产，恢复社会经济秩序。抗击疫情期间，锦天城律师撰写系列专业文章，开办《疫情法律特刊》，就疫情期间企业和员工关心的问题答疑解惑，努力为客户提供高效优质的法律服务。

"大灾大难会引起社会关系的变化，对经济、生活产生重要影响。对律所、律师而言，在重大事件和弱势群体面前，最主要的是立足专业、反哺社会，提供力所能及的专业服务。"金诚同达律师事务所决策委主任杨晨律师说。疫情蔓延，全球贸易大幅萎缩。金诚同达律师向中国贸促会、山东省商务厅、东莞市商务局、中国机电产品商会等政府部门和行业机构提供专业法律援助；通过网络、微信、电话等多种渠道向企业提供及时高效的专业解答；撰写多篇战疫文章，制作《抗"疫"专刊》向各企业发放，并录制各类在线课程供企业员工学习。

源于专业追求上的孜孜不倦，疫情暴发后，君合律师事务所律师迅速以笔为武器，积极参与到疫情防控阻击战中，一步到位解决诸多疑难问题。君合所律师发布的部分文章也受到了相关政府部门、北京市律师协会等法律群体官网的转载和采用，满足了不同企业、单位和个人的法律服务需求。

在全国人民共同抗击新冠肺炎疫情的时刻，国浩律师事务所的律师竭力发挥自身专业优势，积极投身抗击疫情的公益法律服务，为身陷"疫情寒冬"的企业单位排忧解难，为依法抗疫贡献专业的法治力量。国浩律师以专业视角研究并撰写文章50多篇，涉及的范围涵盖了政府职责、医疗教育、知识产权、财税金融、公司运营、劳动用工、民商合同、建工房产、对外贸易、法律责任等全方位热点、全过程难题。在世纪出版集团的大力支持下，国浩携手上海辞书出版社出版《新冠肺炎疫情法律问题与依法应对》。该书精选45篇专业论文，主要针对新冠肺炎疫情期间出现的法律问题进行探讨，并提出依法有效的应对措施。将此书捐赠给战斗在疫情防控第一线的医务工作者、工作在基层的社区管理工作者、正在复工复产复市的企业经营管理者，彰显了法律人和出版人的专业精神和社会责任。

面对疫情引发的社会矛盾和激增的法律需求，隆安律师事务所律师不忘职责，坚守在岗位上，用专业践行法律人的社会责任与担当。全国隆安律师群策群力，在线上为疫情期间的企业和个人提供法律服务，公益活动"遍地开花"："隆安大讲堂"以线上直播的方式向公众免费开放，在线讲座为企业和个人筑好法律防护墙；《与新冠肺炎相关的工伤问题解析》《新冠肺炎疫情下的几点刑事法律建议》《疫情来临，国际贸易合同风险与应对策略》等专业文章为企业和个人渡过疫情难关起到了积极作用；《涉新型冠状病毒疫情商业租赁合同关系处理》《涉新型冠状病毒疫情劳动关系处理》等实务指引对新冠疫情涉及的劳动关系主要问题进行梳理分析，形成实务指引，作为用人单位的实务参考……

汇业武汉办公室复工后，与上海办公室强强联合，开展"疫情防控下企业协调劳资关系的十大合规建议"线上培训，助力经济回春。疫情中，汇业律师的专业敏感度与服务意识让人赞叹。针对疫情期间出台的各类政策规定，律师们都第一时间积极响应，结合己之所长撰写并发布多篇法律解读文章，以专业和资源优势，在复工复产、公益服务等方面积极贡献力量。

专业优势使天达共和律师事务所对疫情中的劳动关系、租赁合同、捐款风险、复工复产等问题的研究更加精细。天达共和在管委会的带领下，为客户提供高质量法律服务，定期举办线上法律分享，就疫情相关的法律问题和新近出台的法律法规发表看法，满足了公众激增的法律需求，为全民抗疫注入正能量。在新冠病毒汹涌而来之时，天达共和律师利用居家办公的时间，结合多年积累的法律知识、实务经验，深入浅出地分析了可能产生的行业影响及有效应对措施，形成天达共和"战疫专辑"。疫情期间，天达共和微信公众号推送文章近百篇，其中律师专业解读文章近 80 篇，含疫情相关专业文章近 40 篇，知名媒体、贸仲机构、律协等单位纷纷转载。

面对疫情防控常态化，陕西海普睿诚律师事务所伴随复工复产工作的推进，律师的专业力量得到更大发挥。海普睿诚 50 余名热心公益、专业资深的合伙人、律师成立"防控疫情志愿法律服务律师团"，开展疫情防控公益法律服务。疫情期间，志愿律师服务团广泛开展疫情防控有关法律法规、政策文件、常识知识的宣传；为企业在疫情防控期间的劳动用工、税费减免、金融支持、政策扶持等方面提供法律咨询意见；为人民群众在疫情防控期间遇到的劳动合同、工资支付以及其他涉法涉诉问题提供法律咨询意见。还特地在海普睿诚咨询大厅设专项咨询窗口，针对中小型民营企业提供各项法律咨询服务，免费、广泛、有效地服务中小型民营企业，并对妇女儿童、老弱病残、农民工等弱势群体提供司法援助。

这次疫情来势汹汹，民营企业普遍遭受了很大冲击。2020 年 3 月 12 日，司法部、全国工商联和全国律协联合印发《关于深入开展民营企业"法治体检"活动　服务疫情防控和企业复工复产的通知》，部署律师行业开展为期两个月的专项"法治体检"活动，为民营企业有序复工复产提供法律服务和法治保障相关工作。

"法治体检"使律师成为民营企业的"医生"，为民营企业广泛开展法律政策宣讲，指导企业依法合规经营，评估风险和防范化解企业各种法律矛盾，助力企业稳工稳产稳岗、规范用工。同时，广大律师撰写"法治体检"报告，为有关部门科学决策提供合法合规的参考，全面推动当地企业营商环境优化。在这个特殊时期，中国律师通过为企业"量身定做"的"法治体检"行动助力经济复苏，充分体现了律师队伍在全面依法治国中的重要作用。

各地律协律师积极响应号召，对各地民营企业开展"法治体检"专项工作，通过实地走访、"线上问诊""法治专线"等举措，为民营企业提供"一对一"或"一对多"的专项法治体检"定制服务"，助力民营企业复工复产取得更大成效。

企业复工复产最薄弱的环节在恢复民营企业，尤其是中小微企业的复工复产。北京律师行业挑选了一批政治过硬、具有一定政策理论水平、熟悉企业法律事务的律师，组建了北京市中小微企业律师服务团，对中小微企业进行"法治体检"。服务团重点围绕中小型企业面临的困境、矛盾纠纷、复工复产法律指导等问题，提出现阶段可行的解决方案，为企业提供优质高效的公益法律服务。北京律协还在微信公众号中开设了《全力以"复"助力企业复工复产　北京律师在行动》专栏，实时更新首都律师为中小微企业复工复产提供的相关法律帮助。

湖北省律师行业准确把握疫情防控和经济形势的阶段性变化，积极开展民营企业"法治体检"工作。湖北律协为民营企业"一对一"提供"量身定做的法治体检"服务。在解决矛盾纠纷方面，发布预警提示信息，加强矛盾纠纷调处，加强涉外法律服务，积极化解矛盾纠纷。律师还引导民营企业广泛关注国家出台的惠企政策，协助申请政策支持，助力稳产稳工稳岗。每做完一个企业的工作，就撰写"法治体检"报告，为推动湖北营商环境不断优化积极建言献策。

安徽省司法厅、省工商联、省律协联合印发文件，组织商会、律师事务所和律师对民营企业开展"法治体检"活动。为了疫情防控和推动企业复工复产"两手抓"，安徽律协组织律师组建在线法律服务团和民营企业法律服务团，为企业提供在线服务，加速覆盖全省的"互联网＋公共法律服务"建设，全力做好援企稳岗各项法律服务工作。

甘肃律协把开展民营企业"法治体检"专项活动作为贯彻落实中央和省委

关于支持民营经济发展的一项重要任务,成立了民营企业法律服务队,各市州律协也成立"法治体检"专项活动领导小组。在调研走访中,通过问卷调查、查阅资料、实地考察、座谈交流等形式了解当地民营企业发展情况,为企业问诊把脉。总体上实行"一企一策",结合本地区实际情况制定了民营企业"法治体检"工作实施方案。甘肃共有1030名律师参与此次活动,走访各类民营企业1935家,咨询解答各类法律问题1076条,出具法律意见书981份,排查法律风险295项,审查并修订完善合同225份,化解矛盾纠纷35件,发放宣传资料5万余份。

黑龙江律师行业,充分发挥律师疫情防控法律服务团、企业复工复产法律服务团以及公益法律服务团等志愿法律服务团队的作用,线上线下多渠道积极参与"法治体检"专项活动。积极对接当地工商联,根据很多民营企业在复工复产中遇到的困难和问题纠纷,共同打造"淘宝式""菜单式"法律服务模式。

为认真贯彻落实司法部《关于开展民营企业法治体检专项活动的实施方案》要求,全力支持民营企业抗击疫情,帮助民营企业顺利复工复产,贵州律师主动作为,充分发挥律师职能作用,积极开展企业"法治体检"专项活动,帮助企业有效防范法律风险,依法有序生产经营。截至2020年6月,遵义市共有58名律师参与"法治体检"活动,为32家企业提供了免费的法治体检服务。其间,共组织座谈27次(场),接受各类咨询180余次,开展专题研究25次,宣讲法律政策25次,梳理涉及民营企业面临的各类纠纷87件,为民营企业出具法律意见89份,帮助民营企业化解矛盾纠纷48件。

从2020年3月下旬开始,大连市司法局、工商联、律师协会联手开展为期两个月的服务疫情防控、助力企业复工复产的民营企业"法治体检"专项服务活动,旨在协助政府和企业全力做好援企稳岗各项法律服务工作,促进经济社会发展,为早日全面步入正常轨道提供有力法治保障和优质法律服务。大连律协开展免费法律政策宣讲,服务企业依法合规经营,发挥律师协会调解功能,搭建企业之间的对话调解桥梁,助力企业稳产稳工稳岗。

7月6日,中山市企业法律风险自检系统在"中山律协"微信公众号上线。该系统由中山律协相关委员会合力研发,可为广大民营企业提供线上免费"法治体检",帮助企业查找和降低法律风险,精准助力企业复工复产。针对此次新冠肺炎疫情实际，系统根据企业复工复产法律需求，设置包含行政、合同、劳动、涉外等50个自测风险点，专门解决企业出现的公司治理、合同履行、劳动关系、知识产权、涉外业务等问题。

"法治体检"专项工作的开展，帮助企业摸清在经营过程中存在的薄弱环节，强化了企业的风险防控意识，促进了民营企业依法决策、依法经营、依法管理、依法维权，真正达到了全面体检、排除隐患的目标，为民营经济发展提供了优质的法律服务和坚实的法治保障。

行业公益自力更生

新冠肺炎疫情不仅给人们的日常生活带来了诸多影响，也对我国的经济社会发展造成了一定冲击，律师行业同样未能幸免。面对这些困难，中国律师行业进一步提高政治站位，坚持履行服务经济社会发展的职责；在整个行业面临疫情考验过程中，律师行业积极展开行业自助，积极调研，推出各类应急政策，减免管理成本，降低各类税负，关心中小所和青年律师发展。

为有效应对新冠肺炎疫情给律师行业发展造成的冲击，2020年6月，全国律协印发《关于积极应对新冠肺炎疫情影响扶持促进律师行业发展的指导意见》（以下简称《意见》），要求各地律师协会强化政治引领，在司法厅局党委（党组）和律师行业党委的领导下，充分发挥律师事务所党组织战斗堡垒作用和党员律师先锋模范作用，坚定信心，主动作为，团结带领广大律师积极应对疫情带来的不利影响，共同促进律师行业发展。《意见》具体从四个方面提出了指导意见：

一是精准施策，坚决克服疫情给律师行业发展带来的不利影响。各地律协要积极争取司法行政机关支持，加强与税务、财政、人力社保、国资、金融等相关部门沟通协调，为律师和律所享受减免税费和社会保障费、缓缴住房公积金、减免房租、首贷微贷扶持等政策争取更多支持。督促指导律师事务所切实执行青年律师最低工资保障制度，为青年律师健康成长创造条件。各地律协要做好常态化疫情防控工作，有序支持和帮助行业复工复产，积极破解复工复产中的难点问题。积极协调公、检、法等办案机关，落实落细网上阅卷、网上开庭、远程会见等举措，为律师远程办公创造条件。推动有条件的律师事务所建立完善云端办公系统。

二是互帮互助，共同应对疫情给律师行业发展带来的挑战。各地律协要组织开展定项、定点对湖北律师行业对口帮扶活动，通过经济支持、业务培训、执业合作等方式，帮助湖北律师克服执业困难。通过"以大帮小""以强扶弱"等模式，鼓励大型律师事务所与中小律师事务所进行"一对一"对口支援，促进业务合作交流，实现协同发展。各地律协要用好行业互助基金，可阶段性地采取适当提高从会费中计提律师互助基金比例、积极申请财政专项资金支持等方式，积极筹措更多的互助基金。全国律协发起设立行业互帮互助项目，鼓励有条件的律师事务所、律师积极参与。根据受疫情影响程度，各地律协应当酌情减免会员会费。

三是创新举措，进一步推进服务会员便利化。各地律协要积极拓展业务领域，加大对新型基础设施建设、公共卫生和医疗健康等领域的业务培训力度，适时出台相关业务指引，提升律师法律服务技能。通过开展律师服务民营企业"法治体检"等活动，搭建与企业合作交流的平台，帮助拓展客户资源。积极为中小律师事务所争取更大范围的政府购买法律服务，促进业务平稳发展。各地律协要积极搭建网络服务平台，最大程度为律师执业创造高效便捷的服务环境。各地律协要做好律师行业稳就业工作，组织实施好申请律师执业人员实习"先上岗、再考证"阶段性措施，助力高校毕业生就业。加大律师职业保险保障力度，通过进一步落实和完善律师职业责任保险制度，做好律师职业责任及附加重大疾病、意外等保险的投保工作，增强律师和律师事务所抵御执业风险的能力。

四是加强领导，充分发挥好行业自律管理作用。各地律协要认真履行协会职责，坚决贯彻落实"过紧日子"要求，合理缩减协会年度经费预算，减少不必要的会议，严格控制外出调研、考察活动，倡导无纸化办公，最大限度提高经费使用效率。要充分发挥律师协会领导班子和"两专"委员会委员带头示范作用，把解决行业发展实际问题作为谋划开展工作的出发点，认真履职尽责，善于从危机困难中捕捉创造机遇，牢牢掌握行业发展主动权，推动行业更好更快发展。

律师行业作为专业服务业，受疫情影响比较严重，法律服务工作的正常开展普遍存在较大困难。律师事务所按照防疫要求处于"停工"但不停薪的状态，工资、社保、纳税、办公场所租金及还贷等固定开支负担加重，不少律师事务所和律师面临较为严峻的发展挑战。

疫情中，为应对新冠肺炎疫情带来的不利影响，帮助律师事务所和广大律师积极应对疫情、渡过难关，促进律师行业稳定健康发展，全国律师同行对武汉律师行业给予了大力支援。

武汉律师业自身展开行业支援，同时外地律协和律所对武汉同行也给予了支援，远程招收武汉律师助理。为了实现行业互助，很多公益互助活动也相继开展。武汉律协及时发布防护信息，并对一些志愿者进行了关怀。武汉律协还与中伦公益基金成立了"同业基金"，为律师购买口罩等防护用品，并对染病律师进行慰问。

广东律协在2020年2月3日成立了广东省律师行业新型冠状病毒感染的肺炎疫情防控服务团，并由会长肖胜方挂帅担任团长，决定设立300万元的抗疫专项公益基金。基金将专门用于补贴欠发达地区律师行业抗击疫情专项工作及律师行业中因感染新型冠状病毒需要扶助的人员等。

面对新冠肺炎疫情的冲击和影响，为更好关爱会员，上海律协根据《关于应对新冠肺炎疫情影响促进本市律师行业持续健康发展的措施》及第十一届二次律师代表大会通过的《2020年度会费预算报告》，设立应对疫情会员专项补贴。设立疫情应对专项帮扶经费，对2020年招聘湖北籍本科及以上法律或法学专业应届毕业生的律师事务所，按照每人每月500元、总额6000元以内的标准，给予专项资助补贴。

北京律协与东城律协、西城律协、朝阳律协、海淀律协、丰台律协的会长密集调研走访北京远郊十一个区的律协，了解中小律师事务所生存发展面对的问题，为大区律所帮助小区律所生存与发展等征求意见建议。

安徽律协为每家律所减免2020年度团体会费2000元，建立年度考核"快速通道"，并设立应对疫情帮扶会员专项资金，根据情形为受到疫情影响的会员给予慰问。

为帮助全市律所积极应对疫情影响，进一步促进全市律所抱团发展，鼓励和引导律所优化整合，不断增强抵御风险的能力，重庆律协在减免全市执业律师 2020 年个人会员部分会费的基础上，对全市律所的团体会费予以适当减免。此外，重庆律协减免了 2020 年执业律师（专职律师、兼职律师）部分会费，加大同业互助。

为了更好满足重庆律师、律师事务所在疫情防控下事业发展和生活等方面的资金需求，重庆律协携手中国工商银行重庆江北支行，为有贷款需求的律师、律师事务所特别定制金融信贷服务。重庆律协携手工商银行推出律所最高 3000 万元、律师最高 500 万元抗疫贷款服务。主要贷款类型有：个人信用贷款服务；经营性贷款服务，包括律师事务所专属信用贷款、律所合伙人 e 抵快贷、律师事务所办公用房贷款。

河北律协出台 10 项措施，应对新冠肺炎疫情影响，支持律师行业发展。实施会费减免，完善律师保险。将新冠肺炎救助保险纳入省律师协会统购的律师重大疾病保险理赔范围，优化律师体检，补充完善体检项目，增强会员的健康指数、安全指数和幸福指数。加强律师协会信息化建设，积极推进网络办公、网络培训、网络考核，保障疫情期间会员和实习人员正常办事。

为支持全省律师行业持续健康发展，积极应对新冠肺炎疫情影响，贵州律协会长办公会研究制定了应对新冠肺炎疫情影响的八项措施：缩减律协经费开支减轻会员负担，减免个人会员部分会费，减免青年律师个人会费，减免家属为援鄂抗疫工作人员的律师全年个人会费，适当降低律师继续教育培训费用，简化律师年度考核程序，加大对困难律师的帮扶力度，并积极争取党委政府加大对中小律所的扶持力度。

为帮助律所特别是中小型律所渡过难关，云南省司法厅和云南律协制定了《云南省支持律师行业发展九项措施》。鼓励和支持规模较大的律师事务所党组织与中小型律师事务所党组织"结对帮扶"，携手共渡难关。从 2020 年开始，每年按照全年实收会费 2% 的标准建立律师救助帮扶基金，将对患重大疾病的律师的经济扶持、病故的律师亲属慰问、因公牺牲的律师亲属抚恤及其他公益活动捐赠救助等工作制度化、常态化。

在疫情防控的关键时期，沪苏浙皖四地律师协会共同达成了《沪苏浙皖律师协会关于新冠肺炎疫情防控期间的合作备忘录》。各方基于合作共赢、协同发展、共同打造律师合作交流平台的理念，从开辟四地律师合作通道、加强四地律师业务协作、打造四地律师培训共享平台等六个方面加深合作，进一步加强沪苏浙皖律师行业协作交流，提升律师行业管理水平，便利律师跨区域执业，为共同抗击新冠肺炎疫情、推进长三角区域律师行业共联共建打下坚实基础。

中国诸多律师事务所也积极推出行业公益行动。

为切实减轻疫情对律师执业的影响，盈科律师事务所助力律师执业，推出"三年一个亿"扶持政策全力支持律师执业。扶持内容包含降低最低创收指标、免除2月份房间或工位费、倡导共享办公、启动"云端办公室"、威科信息库实务模块免费开放、律师免费加入国际律协、申请政府支持政策惠及律师、鼓励引进律师人才等10大项近20条。扶持政策时间跨度为3年，惠及律师人数超过9000名，总金额超过1亿元。

2020年1月25日，大成律师事务所中国区管委会发动相关社会资源，在全球范围内为大成武汉分所筹集了口罩、药品等防控物资，通过物流发往武汉，并陆续发放到有需求的律师手中。当得知个别律师、部分律师家属因患病无法有效就诊时，工作小组立即帮助其联系医院就医。为防控疫情，工作小组还邀请武汉同济医院的医生，在线为分所全体员工进行防控疫情的知识培训和答疑解惑。此外，大成发起倡议，共同开启"学习型假期"，提升律师学习力，以理性的专业精神，对抗突发事件带来的不确定性。大成于2月3日全面启动所内直播学习课程，内容包含疫情劳动关系处理、2020公司法业务亮点、破产业务实操等。

国浩律师事务所与瑛明律师事务所联手必智科技，共同研发完成了"律师远程在线协同办公平台"，完善国浩全体员工线上办公协同系统，做好客户法律服务，同时免费分享给全国律师，为打赢防疫抗疫阻击战作出贡献。防疫线上办公期间，国浩律师集团还推出一系列培训课程，助力律师提升业务。

疫情暴发后，为建立和完善一方有难、八方支援的互助机制，瀛和律师机构总部倡议设立"瀛和律师机构互助公益基金会"，向新型冠状病毒高发的武汉地区以及未来可能有需要的每一位瀛和人实行有效、及时的救助。基金会弘扬"传承帮扶美德，倡导社会公益"的互助友爱精神，坚持"基金专用、量入为出、民主理财、重点帮扶、自主管理"的原则，持之以恒地为本机构成员律所办实事、送温暖，为社会和谐贡献力量。

为帮助律师尤其是青年律师解决实际困难与问题，各地律协、律所纷纷推出系列暖心措施，通过减免办公费用、设立人才基金、发放补贴、加大奖励力度、加强专业能力培训和提供无息贷款等方式，提供支持和保障，助力律师成长和发展。

为促进疫情形势下在校学生的实习、就业，汇业在2020年5月、7月面向复旦大学、北京大学、华东政法大学、中南财经政法大学、西南政法大学、武汉大学、浙江大学、南京大学、上海大学、上海海事大学等高校，正式启动"汇业云宣"计划，通过线上直播的方式展开招聘，累计观看突破1万人次，得到了业内广泛好评。8月27日，汇业律师事务所启动为期4天的汇业"2049优才计划"——"乘风破浪 后汇可期"2020年度第十一届青训营活动，为全国办公室范围内的青年律师量身打造法律实务培训课程，帮助青年律师解决痛点、补齐短板，筑起全面发展的平台。

2020年3月，在律所管委会的统筹规划下，君悦律师事务所正式面向全上海青年律师推出"青年律师扶持政策"，帮助青年律师们走出疫情阴影，携手共迎春暖花开。扶持政策含免除2020年一年工位费、为青年律师提供自我宣传业务拓展系列课程并集中优势公共资源给青年律师创造业务机会等。

上海市海华永泰律师事务所的合伙人经过多次头脑风暴，依托海华学院推出"海华云谈"和"海华漫谈"两个面向青年律师培养的线上交流分享平台，不定期邀请专家教授和所内同仁进行线上分享。2月28日，面向全体公众的"海华云谈"正式上线，邀请知名法律人士多视角、跨领域、跨专业地对社会热点畅所欲言，一经推出即引起广泛关注，备受青年律师欢迎。"海华漫谈"则面向律所内部全体青年律师，由所内律师分享自己的成长经历，定向提供职业技能，分享经验。疫情期间，除了助力青年律师专业技能的提升，海华永泰还充分调动青年律师积极履行社会责任的热情。海华永泰青年律师主动化身"贸易人"，积极参与防疫物资的购买、资源捐助调配，从原来的"操作小白"变身"实干能手"；积极聚焦社会公众关注度较高的涉疫法律问题，发表大量专业文章，为公众答疑解惑等，展现了海华永泰律师的专业能力和社会责任担当。

把一场危机转化成凝聚力建设的机会，中国律师行业在抗击疫情中发挥携手互助和自强不息的精神，一起度过了最艰难的日子，也让整个行业更具温度和向心力。

疫情常态化"六稳""六保"

面对当前复杂严峻的形势和艰巨繁重的任务，以习近平同志为核心的党中央运筹帷幄，作出了"六稳""六保"重大决策部署。

2020年9月10日，司法部召开部长办公会，认真传达学习习近平总书记在全国抗击新冠肺炎疫情表彰大会上的重要讲话精神，司法部部长唐一军主持会议并讲话。会议要求，各级司法行政机关要深入学习贯彻落实习近平总书记重要讲话精神，大力弘扬伟大抗疫精神，聚焦做好"六稳"工作、落实"六保"任务，不断推进司法行政工作改革发展，为统筹推进疫情防控和经济社会发展提供有力法治保障和有效法律服务。

一分部署，九分落实。全国律协在司法部党组和全国律师行业党委的领导下，深刻领会习近平总书记重要讲话精神，坚决贯彻落实党中央决策部署及司法部工作安排，引领指导广大律师紧紧围绕大局，忠诚履职尽责，强化使命担当，全力以赴做好"六稳"工作、落实"六保"任务，为克服新冠肺炎疫情带来的不利影响，确保完成决战决胜脱贫攻坚目标任务，全面建成小康社会，积极贡献律师力量。

2020年5月19日，全国律协根据人社部、司法部等七部门通知要求，制定印发了《关于做好律师行业应对新冠肺炎疫情影响 实施"先上岗、再考证"相关工作的通知》，对全国律师行业贯彻落实"先上岗、再考证"的阶段性措施作出安排部署。

好举措要快马加鞭早落实、早兑现、早生效。落实"先上岗、再考证"阶段性措施是行业应当切实担负的重要政治任务与社会责任。自通知下发以来，各地律师协会高度重视，在紧密结合本地实际、深入开展调研、广泛听取意见的基础上细化实施办法、创新方式路径，各项工作稳妥高效推进。

北京律师行业通过聚焦疫情防控特殊时期中小微企业和民营企业法律服务需求，统筹关键资源，提升服务效能，保市场主体，保基层运转，扎实做好法律服务"六稳"工作，法治保障"六保"任务，取得了阶段性成效。

江西律协在省司法厅发布通知后，紧随其后印发规范指引，制定了申领实习证的相关规定，双方分工负责，共同发力。

上海律协编写了用于律师事务所的承诺书，明确要求律所确保享受此政策的高校毕业生与其他申请律师执业的实习人员同工同酬。

浙江律协提倡律所与实习期满但未取得法律职业资格证书的实习生签订正式劳动合同，帮助他们平稳过渡。此外，大部分省份通过开通网上实习申请通道，建立"先实习、再考证"实习人员单独记录电子台账和管理档案等方式，为申请环节畅通、信息数字化管理与工作效率提高提供了保障。

新冠肺炎疫情暴发后，宁夏律师行业成立10个应对疫情律师公益法律服务团。其中，行业党委、律师协会成立6个，律师事务所成立4个，为打赢疫情防控阻击战、推进"六稳""六保"提供专业、精准的公益法律服务。服务团成员由各级律师行业党委成员、各律所主任或党支部书记和志愿律师组成。

受疫情影响，部分企业承受较大生产经营压力，劳动者面临停工失业风险，劳动关系不稳定性因素增加。

全国律协劳动与社会保障法专业委员会（以下简称"劳专委"）把稳定劳动关系作为当前重要工作来抓，针对复工复产过程中劳动用工纠纷多发的情况，劳专委及时组织律师对妥善处理劳动关系相关政策措施中的部分问题进行深入分析，向国家劳动行政主管部门提出了详细具体的意见和建议。此外，劳专委专门制定了《疫情影响下律师劳动法律服务工作指引》，指导律师为统筹处理好促进企业发展和维护员工权益的关系提供更加优质高效的专业法律服务。

市场主体的经济活动正常运转，是国民经济体系正常运行的基础，也是居民就业和稳定收入来源的提供者。稳住全国上亿的市场主体，帮助企业尤其是中小微企业渡过难关，就能够为经济复苏奠定坚实的基础。

为避免因受到疫情冲击的企业出现严重经营困难甚至引发全产业链的系统性风险，全国律协公司法专业委员会（以下简称"公司委"）结合公司法实务和广大企业需求，深入分析疫情对公司重大决策、股权转让等方面的影响，以问题为导向为企业提供了多项切实有效的处理建议。公司委还针对疫情影响下的公司治理和破产重组发布了应对方案，从公司内部运营管理、对外投融资、经营风险防控、股东权益保护以及庭外重组、重整程序等方面提出诸多实务指引，助力企业平稳有序发展。

面对突如其来的新冠肺炎疫情，我国数字经济展现出强大的抗冲击能力和发展韧性，网络消费、平台消费、智能消费等需求持续释放。与此同时，其中暴露的问题也更加密集和凸显。全国律协民事专业委员会（以下简称"民专委"）调查发现，上半年接触的消费者权益保护案例中，一半以上都与网络消费侵权有关。为回应人民法律服务诉求，指引律师为电子商务经营者提供合规服务，民专委迅速组织起草了《电子商务消费者保护建议准则》，并邀请来自最高人民法院、国家市场监督管理总局、中国消费者协会、中国人民大学、京东、阿里巴巴等机关、团体、企业、事业、单位的十余人对相关内容进行线上研讨。

为进一步提高律师在民商事领域的法律服务水平，全国律协民专委与湖北律协联合主办了"全国法院民商事审判工作会议纪要"等系列网络公益讲座，单独推出了两期面向全国律师的"民商律师实务公益大集训系列课程"。民专委计划组织开办《民法典》骨干培训班，拟邀请参与立法的专家作为师资力量，对各省律协民专委主任、副主任进行培训，帮助他们深刻理解和把握《民法典》的重大意义、核心要义、重点问题，继而通过他们带动当地更多律师学习贯彻《民法典》。

金融，是所有经济活动中的"血液"。稳金融，是要保障经济运行的"血液"正常循环。全国律协金融专业委员会（以下简称"金融委"）积极组织律师协助证券公司、商业银行、保险公司及受疫情影响的企业，将政策精神落实到具体的合同中去，充分发挥这些优惠政策促进企业复工复产的效用效力，努力将疫情负面影响降到最低，防控区域性金融风险。

为帮助律师应对快速变化的金融证券业务，金融委计划对已经成熟的金融法律业务制定操作标准，提高律师工作底稿规范化要求，以降低律师执业风险，全面提升律师工作质量和效率。同时在制度设计与政策规范方面向金融、证券、保险等行业的监管层提出律师的专业意见，加强与金融、证券、保险等行业的业务交流，推动律师工作紧跟金融、证券、保险行业发展前沿。

从保居民就业到保市场主体、保基本民生，从稳金融到稳外贸、稳外资，从兜住民生底线到稳住经济基本盘……全国律协各专业委员会组织广大律师紧盯重点、聚焦难点，充分发挥各自职能作用与专业优势，通过推动法律服务落地、促进律师服务水平提升，为统筹推进疫情防控、经济发展和民生保障的各项工作提供有力的法治保障。面对疫情的持续影响和不断变化的内外部环境，广大律师将继续牢牢把握稳中求进总基调，落实落细"六稳""六保"工作部署，坚定信心、持续发力、久久为功。

北京律师全面发挥职能作用，为国家大局和律师行业全面助力"六稳""六保"工作多方发力，贡献突出。北京律协以70个专业委员会发挥律师专业优势，全面服务保障企业复工复产。在做好"六稳"工作，落实"六保"任务要求面前，北京律协迅速行动，组织引领全市律师坚决贯彻市委、市政府及市司法局党委工作部署，向党和人民递交了一份合格的"律师答卷"。

在疫情防控和复工复产过程中，北京律师助力"六稳""六保"的范围涵盖全社会、全行业。北京律协及时组织资深律师调研出台了14万字的疫后助力经济重建和大局稳定的相关报告，协助调研出台共享用工等扶持政策。疫情期间，北京律协组织1022名律师志愿者参与"12348法律咨询综合服务平台"值班工作，认真解答群众咨询。

北京律协公益法律服务中心设立法治体检律师咨询专线，组建"疫情防控问题法律咨询专家组"，开展法律咨询，为企业及职工提供行之有效的专业建议。开展普法宣讲，举办民营企业法治"大讲堂"；进行精准对接，开展"一对一"法治体检服务；积极转化成果，编制发布企业复工复产法律指引；携手共渡难关，减轻经营陷入困难企业相关法律服务费用；号召群策群力，帮助相关支持政策精准落地。

上海律协组织企业法律顾问专业委员会的10多名专业律师，连续工作一周时间，编写出内容涵盖企业复工复产可能面临的200个问题及74项法规和扶持政策的《企业复工复产法律指引》，为企业依法有序复工复产提供法律依据和法治保障。

四川省律师行业充分发挥职能作用和专业优势，扎实做好法律服务"六稳"工作，全面落实法治保障"六保"任务，用专业为经济发展和社会稳定保驾护航。全省律师共为超3.6万人（次）开展法治宣传和法律咨询，为企业复工复产提供法律意见建议超4000件（次），编写法律法规汇编和法律知识问答等1593件。

组织 1.2 万名律师、基层法律服务工作者担任村（社区）法律顾问，建立工作微信群 2.4 万个；四川律协在贫困村开展普法宣传超 7400 次，提供法律咨询及服务 9 万余人（次），培养法律明白人 2 万余人（次），帮助贫困村审查把关法律文书超 7400 件，提出法律意见和建议超 1.2 万件。

在助力"六稳""六保"的大潮中，每位律师对"六稳""六保"这一概念都有着自己的认识。大成律师事务所管委会主任马江涛律师介绍，对于"六稳""六保"工作，律师应该助力帮忙而不添乱："律师的本职工作是法律服务，正是由于法律服务的特殊性，律师在'六稳''六保'工作中不仅能够起到助力作用，更能够作为直接参与者参与进来。"

为了更好地响应、贯彻习近平总书记"要充分发挥社区在疫情防控中的阻击作用，把防控力量向社区下沉"的要求，为了协助北京市各社区减缓进京人员检查的压力，更为了充分发挥律师在疫情防控中的战斗堡垒作用和先锋模范作用，北京律师积极响应号召，下沉社区开展志愿法律服务。

在"六稳""六保"工作中，稳就业向来是直接关乎民生的大计。在疫情带来的巨大不确定性和全球经济下行的大环境下，国枫律师各地办公室的人才招聘计划始终在有序地进行。线上宣讲、多平台招聘、远程面试、远程签约……律所采取一切可采取的措施来为法律人才创造新的工作机会。仅在今年上半年，律所各地办公室共招聘 57 人，且未发生任何裁员事件，员工工资均正常发放。律所每年坚持给员工缴纳"五险"，为全体员工提供良好的生活保障及福利。

南昌市律师行业深入贯彻落实习近平总书记重要讲话精神和党中央决策部署，把围绕做好法律服务"六稳"工作、法治保障"六保"任务，作为当前和今后一个时期彰显南昌律师责任担当和职业价值的一项重要使命，忠诚履职，担当实干，努力为南昌高质量跨越式发展作出积极贡献。截至 7 月底，南昌市共代理诉讼案件 1.95 万件，非诉讼法律事务 2159 件。同时，南昌律协鼓励律所招收法律等多专业、多领域高校毕业生，已招收 2019、2020 年高校毕业生 186 人，预留就业岗位 223 个。

北京市司法局党委书记苗林在带队前往市工商联，深入调研企业复工复产法律服务需求时提出三点要求：一要提高政治站位，落实责任，在思想上、行动上切实增强服务的主动性、针对性和实效性，在服务中全面提升全市公共法律服务体系建设水平；二要精心组织，精准服务，加大助企惠民春季行动各项措施的推介力度，让绿色通道、便利措施、帮扶举措进入有需求的公司企业，切实为企业复工复产解决实际法律困难；三要深化合作，完善机制，全面落实助企惠民春季行动22项具体措施，实现资源整合、整合平台、整合服务产品。

在"六稳""六保"政策背景下，国浩律师（北京）事务所始终坚持将律所工作放到中心大局中谋划推进，要求全所律师切实提高政治站位，担起职责使命。作为投融资领域的法律服务提供者，律所始终以优良的业务辅助稳定金融市场秩序，将防风险与稳增长、保民生更好地结合起来，保护客户利益，防范、化解风险。化解企业信贷风险、让金融更好地服务实体经济，国浩（北京）所提供的法律服务取得了优异的服务成果，发挥了良好的"稳定器"作用。

围绕"保市场主体"，律师们妥善化解金融纠纷，降低实体经济融资成本。针对疫情带来金融风险多发的实际情况，律所进一步加强风险分析研判，对金融机构易触发的法律风险高发点、易发点及法律风险防控、应对中的薄弱环节，有针对性地开展法律业务研讨，进一步加强与金融机构的沟通联络，为提升民营企业法律风险防控和应对能力提供有效法律服务。

围绕"保产业供应链稳定"，律师们妥善办理合同纠纷，稳定产业链、供应链正常运转。降低实体经济金融成本，助力法治化营商环境的营造。积极助力达成交易、慎用合同解除，引导当事人根据"不可抗力"或"情势变更"等原则，采取调整价格、分担损失等形式继续履行合同。

围绕"保基本民生"，律师们聚焦基本民生热点，回应群众法律需求，妥善办理居民消费纠纷以及由于疫情导致的餐饮业等与民生相关的服务行业的租赁、商品房买卖、医疗保险等涉及企业复工复产和民生保障的各类合同纠纷案件。

围绕"保就业""稳就业"，律师们为弱势群体提供就业权益保障服务。同时律所积极为疫情下的应届毕业生、法律人士提供就业机会，开展法律职业技能培训，稳定法律人才就业。

围绕"保基层运转"，律师们深化法律援助事项范围，加大对疫情冲击下困难群众的帮扶。坚持为受疫情影响的中小微企业提供优惠法律服务及免费法律帮助，协助中小微企业渡过难关。

在下一步的具体工作中，律师们对于工作中涉及"六稳"工作、"六保"任务的法律问题要加强调查研究，畅通与政府部门、行业协会的沟通交流渠道。以《民法典》颁布施行为契机，加强业务培训。同时要增强普法宣传能力，充分利用媒体平台剖析典型案例和办案经验，增强社会群体、企业及群众对"六稳"工作、"六保"任务的法治认知，为精准服务贡献律师力量。

疫情防控进入常态化，民生是最大的政治。经济重启不易，国内需求恢复受到一定制约，推动经济回归正常水平，必须做好继续打硬仗、闯难关的准备。最好的营商环境归根结底是法治。中国律师积极参与优化营商环境建设，提供完善的执法、司法保障，提供长期稳定的政策、制度保障，为经济社会发展提供了源源不断的动能。

大力表彰"抗疫精神"典范

创新发展中国特色社会主义法治理论体系，应当重视和强调"抗疫精神"中的法治精神。当前，全国疫情防控形势持续向好、生产生活秩序加快恢复的态势不断巩固和拓展，统筹推进疫情防控和经济社会发展工作正在取得积极成效。这次战疫，是对国家治理体系和治理能力的一次大考，其中所展现的精神力量，已经凝聚成中国特有的"抗疫精神"，正是打赢新冠肺炎疫情防控人民战争、总体战、阻击战的重要保障。

习近平总书记在中央全面依法治国委员会第三次会议上指出，"依法科学有序防控至关重要"。在全面依法治国不断推进、治理能力不断增强的新时代背景下，疫情防控中所彰显出的践行法治的精神，正是各项工作顺利开展的有力保障和强大动能。法治精神乃是"抗疫精神"的重要组成部分。

2020年9月8日上午，全国抗击新冠肺炎疫情表彰大会在北京人民大会堂隆重举行。习近平总书记向国家勋章和国家荣誉称号获得者颁授勋章奖章并发表重要讲话，就伟大抗疫精神进行了深刻阐述。他说，在这场同严重疫情的殊死较量中，中国人民和中华民族以敢于斗争、敢于胜利的大无畏气概，铸就了生命至上、举国同心、舍生忘死、尊重科学、命运与共的伟大抗疫精神。

中央政法委秘书长陈一新在《把抗疫精神财富转化为社会治理现代化的强

大力量》中提到，抗疫精神是社会治理现代化的精神力量，要弘扬成为新时代的社会新风尚。大力弘扬"万众一心、众志成城"的团结精神、"迎难而上、勇当先锋"的担当精神、"舍生忘死、日夜奋战"的奉献精神、"精准防控、精心救治"的科学精神、"一方有难、八方支援"的大爱精神，倡导人人奉献爱心，坚持守望相助，鼓励见义勇为，形成惩恶扬善、扶正祛邪的社会风尚，让全社会充满正气的力量、正义的光辉。

2020年7月24日，在上海市见义勇为基金会召开的"见义有为（战疫）先进"表彰座谈会上，上海律师许海霞、游闽键、张鹏峰被授予"上海市见义有为（战疫）先进"荣誉称号。上海市司法局党委副书记、一级巡视员、市律师行业党委书记刘卫萍对获奖律师予以高度肯定，鼓励他们要珍惜荣誉、再接再厉，在助力经济社会发展上走在前，在弘扬社会道德风尚上当表率。

全国律协提出，要做好宣传表彰工作，充分利用律师协会公众号、网站等媒体平台，加大对疫情期间表现突出的律师事务所、律师的宣传力度，适时开展专项表彰，弘扬行业正能量，提振行业士气。

为表彰先进，激励全市律师积极投入常态化疫情防控，引领全行业形成投身公益、奉献社会的良好风尚，经重庆律协研究，决定授予万州区律师工作委员会等10个区县律工委、女律师工作委员会等10个专门（专业）委员会、重庆渝万律师事务所等30家律师事务所"新冠肺炎疫情防控工作先进集体"称号，授予张兴安等117名律师"新冠肺炎疫情防控工作优秀个人"称号。

4月3日，根据《杭州市律师协会会员奖励办法（试行）》，经杭州市律师协会第九届常务理事会第九次会议审议，决定给予杭州律协业务指导与发展委员会等14家单位"集体嘉奖"，浙江浙杭律师事务所等32家单位"集体通报表扬"，王忠等16名律师"个人嘉奖"，马浩杰等34名律师"个人通报表扬"。

新冠肺炎疫情发生以来，无锡市律师行业坚决贯彻落实习近平总书记重要讲话指示精神，按照党中央、国务院和省市两级党委政府的部署要求，将疫情防控工作作为重大政治任务，迅速动员组织全市各律师党组织、律师事务所及广大党员群众，全面投身疫情防控总体战、阻击战。为表彰先进、树立典型、弘扬正气，6月8日，无锡市律师行业党委、无锡律协决定对江苏金汇人律师事务所党支部等 20 个先进集体和周缘求等 85 名先进个人进行表彰。

6 月 28 日，中共忻州市律师行业党委、忻州律协召开迎"七一"暨"抗疫"表彰大会，对 22 个先进集体、32 名先进个人进行表彰，颁发了奖牌和荣誉证书。山西云中律师事务所被表彰为全市律师行业新冠肺炎疫情防控工作先进集体，李建文、刘建昌律师荣获先进个人表彰。

自新冠肺炎疫情发生以来，四川省律师行业以高度的责任心与使命感投入疫情防控，敢于担当、主动作为，在强化法律服务、提供法治保障、化解社会矛盾纠纷等方面取得了明显的成效，彰显了四川律师良好的社会形象。省律师行业党委决定对包括四川典扬律师事务所在内的 25 个先进集体、25 个先进单位、50 名优秀个人予以表扬。

为充分展示江苏律师群体崇高的家国情怀、优良的专业素养和无私的奉献精神，进一步鼓舞士气、弘扬先进、激励斗志，江苏省律师行业统筹疫情防控和经济社会发展工作先进集体、先进个人表彰名单公示，丁国华、雷遥等律师获得"江苏省律师行业服务统筹疫情防控和经济社会发展工作先进个人"称号，江苏新高的律师事务所、江苏剑桥颐华律师事务所获得"江苏省律师行业服务统筹疫情防控和经济社会发展工作先进集体"称号。

2020 年 6 月 8 日，为表彰先进、树立典型、弘扬正气，中共无锡市律师行业委员会、无锡律协联合发布《关于表彰无锡市律师行业新冠肺炎疫情防控先进集体和先进个人的决定》，北京市京师（无锡）律师事务所荣获"无锡市律师行业新冠肺炎疫情防控先进集体"称号，柳向魁律师、陈芸芸律师、包燕玲律师、王萱律师、朱春昊律师等荣获"无锡市律师行业新冠肺炎疫情防控先进个人"称号。

2020 年 8 月 29 日，河南律协举办"河南省律师行业防控新冠肺炎疫情先进单位和先进个人"表彰仪式，对在防疫工作中表现突出的信阳市律师协会等 19 家协会，河南辰中律师事务所等 50 家律师事务所，谷旭东等 100 名律师和协会工作人员予以表彰鼓励，颁发奖牌和荣誉证书。

8 月，经金华市各律师事务所推荐，县（市、区）行业党委（总支）审核把关，中共金华市律师行业委员会、金华律协公布"关于表彰金华市律师行业防控新冠肺炎疫情工作先进集体和先进个人的通报"，对金华市 29 家集体、64 名个人进行表彰。其中，浙江泽大（金华）律师事务所、浙江泽大（义乌）律师事务所、浙江泽大（永康）律师事务所荣获"防控新冠肺炎疫情工作先进集体"称号。浙江泽大（金华）律师事务所徐正红律师、叶胜阳律师，浙江泽大（义乌）律师事务所吴光东律师、王慧玲律师荣获"防控新冠肺炎疫情工作先进个人"称号。

江苏省律师行业党委通报表扬统筹推进疫情防控和经济社会发展工作先进集体和先进个人。上海市协力（苏州）律师事务所在疫情期间积极响应上级要求，主动履行社会责任，向一线抗疫部门捐助物资，为企业复工复产提供法律援助，受到了广泛好评，获评"江苏省律师行业统筹推进疫情防控和经济社会发展工作先进集体"。

自新型冠状病毒肺炎疫情暴发以来，在普洱市委、市政府领导下，云南大格（普洱）律师事务所积极响应市司法局及律师协会号召，主动承担起法律人社会责任，成立"大格（普洱）抗疫法律服务志愿律师团"，积极投入战疫，为全民抗疫战争贡献力量，被普洱市司法局党委表彰为抗击疫情工作"先进集体"。

2020年2月22日，上海市闵行区委、区政府对在疫情防控一线表现突出的第一批100个先进集体和200名先进个人进行通报表扬。其中，上海市新闵律师事务所主任江净律师荣获"疫情防控一线表现突出先进个人"。

……

对抗疫精神的表彰还在继续，这是对我们自己和时代的致敬！一起穿越生死之后，更珍惜真诚相助，更景仰生命之光。我们向这次抗疫中涌现的所有"真、善、美"致敬！

律师以专业公益参与社会治理

做公益有前途吗？

如果这个问题回答有点难，那么换个问题：如果一份工作可以将公益和职业属性相结合，让你快乐又多金，你是否愿意选择？

如果你愿意选择，那么恭喜你选对了未来15年最有竞争力的赛道。

随着《法治中国建设规划（2020—2025年）》发布（以下简称《规划》），到2035年，法治国家、法治政府、法治社会基本建成，中国特色社会主义法治体系基本形成，人民平等参与、平等发展权利得到充分保障，国家治理体系和治理能力现代化基本实现。

这意味着社会治理法治化将深入各个领域，也意味着有社会治理思维的律师将更可能优先发现新机会。

那么，如何才能抓住未来15年的机会？法律公益是一个必然入口。

2021年5月30日，在上海交大凯原法学院和律新社共同主办的第五届中国律界公益法律服务高峰论坛上，以"专业公益如何参与社会治理"为主题的圆桌论坛展示了一些前沿探索者的思考。

专业力量成就专业公益。在圆桌论坛上，国浩律师（贵阳）事务所管理合伙人郑世红，北京市道可特律师事务所管委会委员、执委会主任、高级合伙人师光虎，北京德恒（西咸新区）律师事务所党总支书记、高级合伙人禄子文，陕西海普睿诚律师事务所高级合伙人、工会主席杜娟，求新刑事律师机构人事总监、山东求知律师事务所副主任马晓贝，上海灏思瑞律师事务所主任张健，分别从各自角度分享了在专业公益参与社会治理方面的探索及心得。

探索：律师如何用专业参与社会治理

"在全面推进依法治国的进程中，律师大有作为，也大有可为。"2021年3月25日，中央依法治国办组成人员、司法部副部长熊选国在新闻发布会上提到。

那么，律师参与专业公益涉及哪些领域？社会治理可以解决哪些问题？如何为社会弱势群体赋能？又如何为律师增能？

对此，国浩律师（贵阳）事务所管理合伙人郑世红深有感触。专注环保公益大有作为，他和团队已经坚持十余年，成为当地环保公益的"活样本"；积累了许多成功案例，包括代理首例获得胜诉判决的环境公益诉讼案（最高人民法院环境资源审判典型案例）、全国首例公民个人提起的环境民事公益诉讼案（当年全国十大公益诉讼之一）。

"环境就是民生，青山就是美丽，蓝天也是幸福。"在郑世红眼中，将环保公益作为律所专业特色公益，不仅助民生，更是树品牌，也是保护生产力。

环境保护关乎大众民生，而对于弱势群体的公益法律服务，包括保护妇女儿童合法权益、青少年保护，近年来也备受关注，各家律所多有涉及，其中不乏各具创新思维的实践。

上海灏思瑞律师事务所主任张健说，灏思瑞在做另一项尝试，创建妇女儿童促进会，建立灏瑞家庭发展中心。张健和团队长期从事妇女儿童权益保护工作，每年在政府的支持下，举办多项针对妇女儿童的公益服务："锦绣丽品"现代女红坊（主要面向已退休人员和全职太太）、新手爸妈营（新手爸妈育儿培训）、女性创新创业服务计划（女性创业辅导，创业方面法律问题解答）。同时，在活动中设立公益法律服务角，让大家一有法律疑问和困难随时都可以找灏思瑞咨询。

"我们的定位是社区型律所。社会治理走进社区，就是要细心、设身处地为百姓着想。"据悉，现代女红坊的一些作品已经走向了市场。在更多创新创业服务中，尽可能对妇女自身职业技能进行提升和事业推动，也是间接对妇女同胞家庭和睦幸福的帮助。

张健表示，"家事公益法律服务和其他领域的公益法律服务相比，更接地气，也更为繁琐，所里的律师几乎没有节假日。但当我们收获百姓的感谢和微笑时，我们觉得这才是灏思瑞最大的价值体现，也是我们得到的最好回报。"

坚持青少年权益保护工作一直是德恒西咸的公益法律服务特色。北京德恒（西咸新区）律师事务所党总支书记、高级合伙人禄子文介绍，德恒西咸律师积极参与团省委举办的"青春灯塔"巡讲活动近200场；给孩子们撰写案例脚本，供他们的模拟法庭使用，至今已经编撰了4册；给山区青少年开展普法宣讲；用专业去预防青少年犯罪，让公益越做越专业。"一周前，我们还成立了陕西省预防青少年犯罪专项公益资金。"禄子文分享道。德恒西咸办公室主任闫玉新与禄子文长期在预防青少年犯罪研究会担任会长、副会长等职位。在他们心中，孩子们是社会的未来，他们的良善能代言社会未来的美好。

海普睿诚则将"特殊公益+精准公益"做到了更大化。陕西海普睿诚律师事务所高级合伙人、工会主席杜娟分享道，律所连续9年坚持"法律援助进校园"活动，为留守儿童发放爱心卡，卡上留有律师电话，有困难可以随时找律师。一张爱心卡，凝结了一条"律师—家庭—乡村"法律援助生态线。2020年，海普睿诚开展"百名律师进百村，公益宣讲《民法典》"活动，共有159名律师走进216个村子，普法宣传惠及群众4万多。同时，海普睿诚对内设立基金发起"以爱养爱"，资助实习律师进修和生活补贴，让青年律师感受到爱，并在未来以爱去回馈，投身法律援助和更多公益法律服务事业。如此互为良性循环，让律师参与社会治理的行动由心而生，身体力行。

赋能：律师参与社会治理互为赋能

2021年3月25日国务院新闻发布会数据，中国律师队伍已经发展到52万多人，律师事务所约3.4万家，每年每位律师要完成50个小时的公益法律服务时长。20多万律师及基层法律服务工作者，在为全国64万个行政村、社区提供法律顾问服务，律师担任调解员近5万人，每年调解案件25万多件。

律师在参与社会治理方面进一步发挥着作用。

律所和律师用专业公益参与社会治理，为社会良性发展助力的同时，社会治理也在反哺，为律所和律师们赋能！

"公益的概念其实很大，用律师的专业和智慧做专业公益，对社会的价值可能是最大的。"北京市道可特律师事务所管委会委员、执委会主任、高级合伙人师光虎分享道。道可特的公益特色围绕可持续、有创新、差异化三大核心，从宏观、中观、微观三大方面展开。

宏观上，道可特在十多年前就参与了中国经济50人论坛、中国金融40人论坛。作为两大论坛的支持单位，在专业经济、金融课题研究和论坛方面，道可特都会从法律视角提供专业协助，上升到国家宏观格局，为国家制定经济和金融决策献计献策。

中观上，面向行业，道可特通过"精准补位、缝隙填补"的创新做法，站在局外和整体层面为企业提供公益性的法律建议，包括免费发布各行业蓝皮书、各行业专项报告，提供中小企业免费法律咨询等，为企业合规，预防、化解矛盾，社会企业良性发展贡献了价值。

微观上，对于个体的公益法律服务，专业教育法治扶贫，道可特也一直在坚守。更大的格局、更广的视野、更深的专业领域，这是道可特在以专业公益参与社会治理时，不断被赋能提升的结果。

而来自山东、主打刑事专业的求新/求知，则是另一种特色。事实上，刑事律师做公益更难，但更有社会价值。求新刑事律师机构人事总监、山东求知律师事务所副主任马晓贝分享道："我们想通过自身在刑事领域的特长和专长，进一步履行行业责任和社会责任。"马晓贝介绍，律所通过精准辩护，分别设立针对不同群体、不同案件的法律援助业务部，直面社会底层和黑暗纷争，不仅化解社会矛盾，还积极进行社会矫正、预防犯罪。"以我主要从事的青少年权益维护为例，除了进校园普法宣传，还会参与社会矫正，尽力帮助青少年以没有犯罪记录的形式重归社会，迎接今后美好的生活，这是从事刑事辩护带来的职业感、责任感。"

用专业参与社会治理，与律师执业发展相互赋能，法律公益服务的社会价值正在被扩大化，公益的价值和空间变得更广。

趋势：建立社会治理生态共同体

从"法制"到"法治"，从"管理"到"治理"，党的十八大以来，我国法治建设不断开新局谋新篇。

伴随律师参与社会治理的广度和深度不断延伸，转变政府治理方式，将更多专业力量纳入社会治理，正成为促进法治社会建设的新路径。律师通过参与公共法律服务助推基本公共法律服务创新，政府则通过购买公共法律服务的方式，充分借助社会资源和市场力量，同时也能培育法律服务市场，培养专业律师队伍。

当前，《法治中国建设规划（2020—2025年）》的发布为全面依法治国、建设法治中国提出了明确的任务书、时间表、路线图，标志着新时代法治中国建设进入了一个新发展阶段，也为新时代下公共法律服务的建设和发展提供了指引。

不论是国浩贵阳对环境公益诉讼的深耕，道可特在助力企业治理上的创新做法；还是灏思瑞面向妇女儿童权益保护的探索，德恒西咸在青少年权益保护工作上的坚持；抑或是海普睿诚构建的法律援助生态线，求新/求知的刑事律师做公益具有更大的社会价值……越来越多的律界公益实践向全社会传递着公益法律服务的社会价值，行业正愈发深刻地意识到，社会治理不仅是精神工程，也是行动工程，更是生态工程。

这不只需要各家律所、律师们的身体力行，更需要各行业的支持，借助平台的力量，跨行业、跨地域、创新形式，去创建一个社会治理共同体、生态共同体。同时，律新社作为行业新媒体，也正通过举办论坛、媒体传播的方式实现价值聚合，共同建立起这一生态共同体。

这才是吹响未来15年黄金赛道开跑令的金哨子。

第二章

爱心成就公益

在2020年初的疫情中,党和政府带领全国人民同时间赛跑,与病魔较量,打响了一场气壮山河、感天动地的疫情防控人民战争,并取得了武汉保卫战、湖北保卫战乃至全国保卫战的胜利,生动诠释了中国精神、中国力量、中国担当。

律者仁心,当为民解忧。在抗击疫情的大部队中,律师群体是不容忽视的一股重要力量。在国家大难面前,律师挺身而出,这是律师的职业使命所在,社会责任所系。疫情之下,律师行业表现出来的是责任,是奉献,更是勇气。本章汇集了16家全国知名律所的抗疫专题文章,这不仅是一个个律师团队的抗疫心路历程,也是一个行业的历史足迹的缩影。

国浩
贡献专业力量，助力依法抗疫

> 作为法律人，律师们虽不能如医务工作者在一线奋战，但做到了在大后方出力支持，以自己的一支笔、一页纸、一张屏，分析时事、解读法律、论证规则、传播政策，为政府、企业、个人提供法律咨询，送上法律帮助，宣传法治精神。他们的支持中闪烁着律师的智慧，展示着律师的专长，浸润着律师的情怀。
>
> ——国浩律师

抗击新冠之役，是医疗之战，也是法律之战，更是对国家治理能力的巨大考验。

2020年2月5日，习近平总书记在中央全面依法治国委员会第三次会议上讲话强调："疫情防控越是到最吃劲的时候，越要坚持依法防控，在法治轨道上统筹推进各项防控工作，保障疫情防控工作顺利开展。"

"疾风知劲草，板荡识诚臣。"国浩律师事务所律师从国家治理视角出发，以法治专业思维为政府决策建言献策；他们调度资源，积极为疫区捐资送药；他们向武汉的"家人"送上温暖，同时也以这种温情互助行业，联合推出公益线上办公……

大疫当前显大义。作为中国首家发布社会责任报告并坚持每年发布的律所，国浩在成立的第22年用实际行动勇担社会责任，为国家利益考量，为庶民众生忧虑，在这个庚子年的社会责任报告上，谱写了抗疫法治人的特别篇章。

横刀立马依法防疫

律师助推依法防控,不仅箭在弦上,更要箭无虚发。来自国浩的法治人,不断发出响亮的呼声。

2020年1月29日深夜,吕红兵律师的书桌灯还亮着,敲击键盘的声音时断时续,此时他正在草拟《关于迅速妥善处理海外武汉游客回国的相关建议》。一想到目前滞留海外的武汉游客回国尚成问题,他就心急如焚。

次日凌晨1:30,这份建议就通过全国政协"移动履职"平台被报送至全国政协;同时,全国政协社法委领导将此建议报给了相关部门。上海市政协《联合时报》第一时间编发了该建议。

1月31日上午,新华社发布消息称:"外交部发言人华春莹表示,考虑到近日湖北特别是武汉中国公民在海外遇到的实际困难,中国政府决定尽快派民航包机把他们直接接回武汉。"获悉这一消息后,吕红兵律师长出一口气,深感欣慰。

吕红兵律师

就在同一天,中华全国律师协会官方网站发布中华全国律师协会金融专业委员会向中国证监会法律部提交的《关于新冠病毒疫情的应对建议》。该建议由国浩执行合伙人、中华全国律师协会金融专业委员会主任沈田丰律师牵头撰写。作为一名长期从事资本市场法律服务的专业律师,疫情发生后,沈田丰律师敏锐地意识到中国资本市场将遭受巨大的不利影响,他迅速着手起草相关建议。该建议得到了中国证监会法律部工作人员的高度认可,他们回复道:"点赞你们的为公精神!"

重大突发公共卫生事件的发生,打破了整个社会生产生活的正常秩序,改变了原有的社会运行轨迹。沈田丰律师表示,律师作为社会良性秩序的维护者,在社会秩序受到突发事件的冲击时，需要挺身而出，用法律智慧去引导社会每一个成员的行为，以使重大突发公共卫生事件对社会正常秩序的冲击降到最低限度。

2月7日，《上海市人民代表大会常务委员会关于全力做好当前新型冠状病毒感染肺炎疫情防控工作的决定》（以下简称《决定》）获通过并于当日起施行，这意味着，各单位落实防控、个人在公共场所戴口罩等已成为法定义务，政府实施最严格防控工作获得了法治保障。

由于《决定》立法紧急，20余位政协委员打了一场"苦战"，一天之内提交了104条意见建议，其中全国政协委员、中华全国律师协会副会长、国浩首席执行合伙人吕红兵律师一人就提了15条意见和建议。

看到《决定》迅速获得通过，吕红兵律师非常振奋："抗击疫情，依法依规、规范有序、有条不紊，是治理体系和治理能力现代化的一种体现。《决定》是充分贯彻法治思维和法治方式的重要举措，有助于为政府落实最严格的防控措施及时提供强有力支撑。"

2月8日，全国人大代表、江苏省律师协会副会长、国浩执行合伙人车捷律师针对《江苏省人民代表大会常务委员会关于依法防控新型冠状病毒感染肺炎疫情切实保障人民群众生命健康安全的决定》就立法层面提出建议，并同时向江苏省司法厅提交有关政府应对疫情依法治理的法律建议；2月26日，沈田丰律师牵头以中华全国律师协会金融专业委员会的名义向中华全国律师协会提交了《金融专业委员会关于疫情影响及律师行业服务对策建议》；3月22日，全国政协委员、国浩执行合伙人、国浩合肥管理合伙人、主任周世虹律师受民革中央调研部委托，提交《关于疫后在司法领域倡导慎刑理念的建议》调研材料；全国人大代表、国浩执行合伙人、国浩南昌管理合伙人、主任冯帆律师在抗疫期间对《民法典》草案以及《刑法》《传染病防治法》《突发事件应对法》等法律修改议案进行了深入研究，并结合自

沈田丰律师

己的立法理解和工作实践对其中涉及此次疫情防控的相关条款和内容提出诸多修改意见……这些建言行动背后，又是多少个不眠之夜。

"天下兴亡，匹夫有责。"怀着家国情怀，国浩自1998年成立以来，一直引导律师提高政治站位，从更广阔的层面、以更专业的视角分析形势、研判趋势，为国家相关部门决策建言献策。

此番战疫，是"医疗之战"，也是"法律之战"。国浩律师，当义不容辞，定横刀立马，以立功，且立言，而立德。

"国浩公益基金"联动全球资源互助

在积极思考参与国家依法防疫的同时，国浩内部也启动了防疫救助，"国浩公益基金"为全球同仁提供防护支持。

2020年1月23日，武汉刚刚"封城"，全国笼罩在紧张的情绪之下。作为一家拥有近4000名员工、执业点分布全球33地的律所，国浩员工及合作伙伴遍布海内外，他们的安全与健康是国浩的最大牵挂。其中就有当时的疫情"重灾区"武汉，以及巴黎、马德里、斯德哥尔摩、硅谷和纽约等地的律所同仁。

得知消息后，吕红兵律师立即召集集团执委会线上会议并确定抗击疫情行动方案，集团第一时间给武汉办公室发去慰问信："希望大家保重身体，做好防疫工作，有困难第一时间向集团报告。"

当时，武汉律协副会长、国浩武汉管理合伙人、主任夏少林律师正和律所党支部、管委会忙碌着紧急启动成立疫情防控专门小组，为员工统一采购口罩、酒精、蔬菜等物资，减少大家外出感染的风险。收到慰问，他们倍感鼓舞。

"国浩武汉现有员工80多人，无一人感染，也没有疑似病例。疫情期间律所的主要法律服务有IPO项目和抗疫债券项目，所有的会议、审批和内核全部都在线上完成。"危机当前，国浩武汉全体人员的生活得到保障，情绪稳定下来，部分业务也在稳步推进，这主要得益于国浩集团"一盘棋"的一体化体制和治理的优势。

在那段时间，防疫物资成为全球战疫的必备"武器"。国浩律师想国家之所想，急国家之所急，在积极捐款捐物的同时，主动为国内外政府机构、企业单位与医疗产品供应商、科技公司"牵线搭桥",助力采购防疫物资,提升防疫抗疫能力。

正是依靠国浩集团的一体化体制和治理的优势,国浩迅速成立了以女律师工作委员会牵头的工作小组,以"国浩公益基金"的名义,为武汉全体员工购买保险,多渠道采购口罩、手套等紧急防疫物资,并积极照顾孕产期女员工和特殊困难家庭员工。

同时,国浩各办公室团结一致支援武汉办公室和疫情灾区,通过积极捐款捐物、志愿服务等各种形式参与到战疫之中。据不完全统计,国浩及其工作人员为此次抗击疫情共捐赠了353万余元的药品、物资及善款。"国浩公益基金"第一时间向疫区捐赠价值近百万元的1万盒抗感染1.1类新药。国浩创始暨执行合伙人、国浩发展研究院院长李淳律师为国家发改委成功对接了深圳市的医疗电子仪器设备供应商(某精密仪器股份有限公司)。

除了积极助力国内抗疫,国浩还不忘关爱海外同胞。国浩中东欧法律服务团队受乌克兰丝绸之路协会会长的委托,协助乌克兰政府紧急采购医用口罩、防护服、护目镜、测温仪、消毒水、酒精、检测试剂盒等防疫物资;国浩律师积极与以色列一家科技公司联系,将相关口罩技术、规格、生产标准等翻译成中文,并向国内口罩生产厂商、科研单位推介;国浩马德里办公室积极与西班牙驻香港领事馆合作,联络医用物资,将支援带到伊比利亚半岛;国浩昆明向泰国司法部惩教厅捐助了价值1万元的医用口罩4000只……

国浩捐赠医疗物资

"国浩人是国家的人,国家的事就是我们国浩人的事!"谈起国浩人的一系列公益行动,国浩品牌运营中心负责人吴乐怡很有感触,"长期以来,国浩致力于打造一个律师业务繁荣、有文化底蕴和优秀传统、对国家和社会有责任心的律所。大家都在做有价值的事情,这也是国浩在疫情期间能将公益服务落到实处的原因。"

贡献专业力量"依法战疫"

在全国人民共抗新冠肺炎疫情的时刻,国浩律师们竭力发挥自身专业优势,积极投身到抗击疫情的公益法律服务中来,为人民群众答疑解惑,为身陷"疫情寒冬"的企业单位排忧解难,为依法抗疫贡献专业的法治力量。

国浩律师以专业视角连夜研究并撰写文章90余篇,所涉及的范围涵盖了政府职责、医疗教育、知识产权、财税金融、公司运营、劳动用工、民商合同、建工房产、对外贸易、法律责任等全方位热点、全过程难题。国浩家族财富管理研究中心公益律师团捐出公益法律服务时间,为医务工作者及其家属保驾护航。国浩苏州合伙人孙晓彦律师受苏州市贸促会邀请,作为"应对疫情法律、金融服务志愿团"35名精通业务、热心公益的专家之一,以网络线上形式为500余家企业开展针对性服务……

同时,在世纪出版集团的大力支持下,国浩携手上海辞书出版社,以超常速度编辑并出版了《新冠肺炎疫情法律问题与依法应对》。该书精选90篇专业论文,主要针对新冠肺炎疫情期间出现的法律问题进行探讨,并提出合法而有效的应对措施。国浩与上海辞书出版社商定,将此书捐赠给战斗在疫情防控第一线的医务工作者、工作在最基层的社区管理工作者、忙于复工复产复市的企业经营管理者,以彰显法律人和出版人的专业精神和社会责任。

随着《新冠肺炎疫情法律问题与依法应对》一书的出版,相关内容在社区工作者、医务工作者、企业家、媒体人士中引起了强烈反响。原能细胞科技集团有限公司董事长、上海市建国社会公益基金会创始人瞿建国表示,本书的及时出版对中小企业来说是及时雨;在社会面临疫情冲击时,唯有抓紧学法、补法,才能依法防疫。

战疫不懈，精进不止。国浩律师一方面注重自身的知识输入，在疫情期间，国浩律师学院和国浩跨境投资、资本市场、知识产权、刑事和民商事争议解决等业务委员会纷纷组织线上讲课，每场讲座参与人数达 200 人以上；另一方面亦注重向社会"输出"知识，将自己所学、所思、所悟通过讲座形式与更广泛的群体共享。其中，吕红兵律师通过上海市律师协会青工委平台在疫情期间推出的"师说沙龙之大咖云客厅"，向广大观众讲述了"一场惊心动魄的上市公司收购战"。

疫情期间，国浩律师还克服困难，积极助力企业发行"疫情防控债"，在为客户提供优质法律服务的同时，也为抗击疫情做出应有的贡献。如助力国能江苏成功发行全国首单电力企业超短融"疫情防控债"，助力交子金控集团成功发行全国金控平台首单"疫情防控债"。

"在危难关头挺身而出，努力为社会做一些力所能及的事情，贡献一点有价值的力量，是极其难能可贵的。"沈田丰律师不无感慨地表示，从群策群力克服重重困难到国内外紧急采购防疫物资捐助给抗疫一线，国浩律师表现出来的强烈社会责任感是组织和个人的无价财富！

打造线上工作服务新生态

后疫情时代为整个法律服务业带来极大挑战。国浩人坚信，面对种种不确定因素，耐得住磨炼、守得住寂苦、经得起诱惑，意志不衰退、信念不动摇，才能成为一名真正的好律师。伴随疫情防控常态化，国浩将进一步利用全国网络，发挥整体优势，结合各地的实践经验，探索在疫情防控常态化下律师服务方法与服务能力的提升和转型。

由于疫情突如其来，相当多的律所猝不及防，急需合适且安全稳定的律师行业远程办公系统。为解决这一律师行业的普遍性困难，国浩与瑛明律师事务所联手必智科技，研发完成了"律师远程在线协同办公平台"，并免费赠送全国律师，以实际行动与律师行业同心协力，共渡难关。

沈田丰律师认为，疫情防控常态化后将产生新的社会交往模式与经济模式，如同 2003 年 SARS 之后催生了中国的电子商务一样。国浩正抓紧机会研究疫情防控常态化带来的新的社会规则变化，充分发挥律师的社会作用，引导社会向良性秩序方向发展，抑止可能产生的新风险。

此外，疫情防控常态化后许多法律法规可能需要更新，担任着各级人大代表、政协委员的国浩律师可以快速地通过律师工作收集民意，发现痛点，在研究整理后形成参政议政的意见，从而为营建疫情常态化后的社会新秩序做出贡献。

"作为律师，我们要站在事业的高度对待我们赖以谋生的职业，在服务国家发展的进程中实现自我的人生价值。"吕红兵律师提出，律师是个职业，还是个专业，更是个事业。这个事业就是《律师法》所说的"维护当事人的合法权益，维护法律的正确实施，维护社会的公平正义"。律师在民主立法方面，要通过"个案""要案"发现立法中的问题，在此基础上形成"教案"，传道授业解惑；要形成"文案"著书立说，最后通过"提案"参政议政、建言献策。最终实现著名法学家江平先生所说的：律师不仅要做好"服务之道"，而且更要做好"治国之道"。

这不只是国浩人的高度，也应是全体法律人的高度。

2009 年，国浩发布了中国律师行业第一份社会责任报告。从那时到今天，发布社会责任报告成为国浩每年必赴之约，这在中国律所中属于唯一。22 年间，国浩人以实际行动持续为"策国者浩"作了精彩注脚。

这次疫情，为 2020 版国浩社会责任报告增添了"抗疫"一章。其中闪烁着律师的智慧、展示着律师的专长、浸润着律师的情怀，也让国浩人和更多人深刻体会到，律所、律师的价值可以多角度、全方位、体系化。"博爱者以己所欲，施之于人"，国浩之道，也必将继续奉行大道至简、厚德载物！

【国浩】

国浩律师集团事务所成立于1998年6月,是经中华人民共和国司法部批准,由分别成立于1992年及1993年间的北京市张涌涛律师事务所、上海市万国律师事务所、深圳市唐人律师事务所基于合并而共同发起设立,并在司法部登记注册的中国第一家集团律师事务所。2011年3月,国浩律师集团事务所更名为国浩律师事务所。

国浩律师事务所是中国大型的法律服务机构之一,是投融资领域尤其是资本市场最为专业的法律服务提供者,也是一家关注并践行社会责任的律师事务所,在北京、上海、深圳、杭州、广州、昆明、天津、成都、宁波、福州、西安、南京、南宁、济南、重庆、苏州、长沙、太原、武汉、贵阳、乌鲁木齐、郑州、石家庄、合肥、海南、青岛、南昌、香港、巴黎、马德里、硅谷、斯德哥尔摩、纽约等33地设有分支机构。

国浩律师事务所现有750余名合伙人,90%以上的合伙人具有硕士、博士学位和高级职称,其中多名合伙人为我国某一法律领域及相关专业之著名专家和学者。国浩律师事务所拥有执业律师、律师助理、律师秘书及支持保障人员逾3000人。

盈科
万人级"航母"的抗疫之战

> 法传天下,情暖万家。困难是暂时的,事业是长久的,温暖是永久的,这是最重要的。无公益不盈科,在国家大义面前每个盈科人都义不容辞!
> ——盈科律师

达尔文说过:"在剧烈变化的环境里,能够生存下来的,不是那些最强壮的,也不是那些最聪明的,而是那些最灵活而懂得适时变化的。"

2020年,是盈科律师事务所(以下简称"盈科")第二个十年计划的开端之年。武汉"封城"通告一发布,这艘万人级"航母"立刻加足马力,18天内,盈科不仅完成了内部万名员工的防护体系,还迅速调动全球资源为抗疫一线输送了大量善款、物资与人力,支援武汉,援助海外,尽显大所担当。

随着疫情深入,突然"暂停"的社会生产生活也给律师行业的发展带来了巨大挑战。如何降低律师成本?盈科提出扶持政策,时间跨度为3年,惠及律师人数超过9000名,总金额超过1亿元;足不出户,如何开辟线上服务空间?盈科抓住数字化律所转型趋势,发挥大所信息建设力量,启动云端办公,除了76家(当时数据)分所可享受办公协同外,这一系统还向外部律师开放;与此同时,盈科所有办公室建立直播室,启动直播,一时间满屏皆盈科律师课程,全新线上品牌似乎引领行业转"危"为"机"……

在第二个十年计划的开端,盈科人以抗疫拉开其"硬核"发展的序幕……

"403""12000+"和 18 天

"这将是一个和 SARS 同等级的重大事件。"自 2020 年 1 月 20 日新冠病毒肺炎人传人现象被确认存在后,盈科律师事务所创始合伙人、主任、全球董事会主任梅向荣律师立刻作出预判。

擅长做战略规划的他立刻召集管委会在疫区和全球盈科律师之间做出防范与援助预案。

403,这是盈科武汉律所的在职员工人数;12000+,这是盈科旗下的人员总数。庞大的数字背后,是人员统筹与疫情防控工作的繁重与艰巨——首要问题,是如何保障每一位盈科人的健康与安全。

1 月 21 日,盈科总部行政部第一时间发布《关于积极防控新型冠状病毒的慰问提示函》。1 月 22 日,盈科对全所办公区进行消毒及安全检查工作,主动掌握事务所人员流动信息。

1 月 23 日,梅向荣律师牵头正式组建了盈科律师事务所新型冠状病毒肺炎防控工作领导小组,并在组内迅速形成共识,梳理确定了六个工作方向——处理恐慌情绪、建立内部制度、进行慈善捐助、发动海外力量、参与社会防控、编纂法律解释。

方向定好了,具体措施的设计事无巨细,必须一件件推动落实。在责任分工制下,防疫领导小组成员放弃了除夕前的所有休息时间,凌晨一两点,领导小组还在群内讨论着第二天的工作如何部署落实。

自疫情防控领导小组组建起,盈科党委始终坚决地统筹和推动着相关工作。全国各地共有 284 名党员签署了党员承诺书,不造谣不传谣,尽自己所能做好宣传防护工作。

盈科律师事务所创始合伙人、名誉主任、党委书记郝惠珍律师表示:"在这种重大事件面前,党员律师始终是立足本职、勇于担当的'旗帜'。"作为党委书记的她与众多

梅向荣律师

党委委员、管理层人员一道，组成了盈科的"定海神针"。她说，为全行业、全社会做一点一滴的贡献，不单单是盈科一家律所，也是所有法律人未来共同的担当。

位于疫区中心的盈科武汉律所，第一时间获得了总部的调度支援。全员停止线下办公，每日报备自己的健康状况，包括是否与相关人群有接触、是否正在生病……一系列防疫制度、方案快速下发执行，盈科用自己的行动，为武汉分所的同仁撑起了防御之伞。

"团结力量大。"盈科武汉律所党委书记李景武律师作为防控小组组长全程参与了盈科抗疫行动，看到全体盈科人为阻击疫情全力以赴，感触很深。作为湖北省规模最大的律所，在盈科总部的"硬核"关怀下，盈科武汉律所全所上下情绪稳定，在家做好隔离防护，同时开启线上办公模式，为客户提供线上法律服务和其他各项业务工作。

即便是在高负荷的防控工作下，盈科依然保证了应有的高效运作：防控小组组建当天，技术部门即完成"每日一报"软件系统的开发。该软件能够覆盖每一位盈科律师，防止律师信息遗漏。防控小组也立刻确立了"值班"制度并开始轮流值班，以应对假期的紧急情况。各分所也纷纷响应总所行动，由执行主任牵头组建起一个个防控小组。紧要关头，这个庞大"机器"的每一个齿轮都高效运作了起来。

盈科律师事务所中国区董事会主任、中国区执行主任李正律师是疫情防控领导小组成员，他说："每个人都不能置身事外，每个人都不能独善其身。"正因为此，每个环节都需要严格把关。从技术小组的软件开发到捐助行动的方

案设计，李正与执行人员事无巨细地一一确认，统筹落实防控工作，将盈科的各个执行部门拧成了一股绳。

短短 18 天，从事发突然的疫情扩散，到防控领导班子的迅速组建，再到实现全员健康监控，每一位盈科律师的健康信息都随时可以上传和沟通，万人大所信息沟通犹如"微信好友"，快捷而精准。盈科以惊人的管理能力和组织效力交出了答卷。

将万人拧成一股绳

疫情之下，许多疫区医护人员穿了防护服后不敢喝水、怕上厕所。因为没有足够的防护服，有的医护人员甚至通过穿"尿不湿"来节省防护服。"不能挑""有什么就用什么"……湖北全省医疗物资供应处于紧张状态，前方医护人员在千方百计地克服困难，种种消息让盈科人揪心不已。看到全国各地医护人员毅然逆行驰援武汉，这家万人所掀起了持续不断的公益援助浪潮。

2020 年 1 月 30 日，盈科"新冠肺炎医护人员救助及奖励专项基金"和"逆行者专项支持基金"两个针对性的捐款项目正式设立，筹集、购买并运送医疗专用物资用于救助、补助及奖励奋战在一线的医护人员。

6800 多名盈科律师参与到了本次行动之中，总计募捐 354 万元善款，其中 150 万元直接捐助到了 5 家湖北地区的一线医院。此外，盈科还为武汉福利院输送大米粮油等生活物资，覆盖 10 余家福利院 8000 余位老人。

在盈科，党员律师们身先士卒，冲在抗疫第一线：西宁分所的党员陈海文主动请缨加入了一线疫情防护队，24 小时轮班倒，在当地一线为村民服务；石家庄分所的党支部书记王英哲则深入无门卫的老旧小区，进行体温测量、人员登记以及防疫知识宣传等工作。

盈科国际创始合伙人、全球合伙人、全球董事会执行主任杨琳律师负责统筹国外的资源，跟进英国、印度、墨西哥、罗马尼亚、捷克、斯洛伐克、意大利、以色利、韩国等各个渠道的口罩、护目镜、防护服、消毒液等紧缺医疗资源。

2010 年，盈科开始布局全球战略。随着中国企业全球投资热点的不断发展，盈科通过直营分所和全球法律事务联盟的方式覆盖全球 82 个国家。疫情期间，盈科全球体系的律所通过线上办公保持紧密互动。盈科美国律所专门针对"旅行警告"体系进行了完整梳理分析，帮助旅行者了解实际情况，减轻恐慌情绪。

在柬埔寨旅游的南京分所鞠建荣律师听闻国内疫情，与助手陈彦达走遍了暹粒市区十几家药店，搜集了一批口罩寄回事务所缓解供应压力；上海分所的崔光镐律师义务翻译相关试验标准并与韩国生产商一一核对，顺利完成了韩国向武汉捐助 N95 口罩的准备工作；石家庄分所的武汉籍律师杨郑购买了五箱口罩寄到武汉，希望能尽一点绵薄之力……

在全球疫情发展形势愈发严峻后，盈科迅速与盈科全球法律服务联盟成员律所及盈科海外 9 家直营分所联系，向英国、美国、以色列、西班牙、捷克、匈牙利、斯洛伐克、俄罗斯、阿根廷、乌干达等国家寄送 1 万只 KN95 口罩。

盈科全球法律服务联盟以色列成员所 Lipa Meir &Co 律所合伙人 EyalKhayat 律师致信杨琳律师表达了感谢："非常感谢来自盈科律师事务所的慷慨慰问。很荣幸、很自豪成为盈科全球法律服务联盟的一员，在 COVID-19 疫情期间，强烈地感受到了盈科律师事务所的温暖之情。在全球都面临各种严峻挑战之际，我们各个国家的联盟律所，更应该精诚合作，共谋发展。"

暖心扶持，携手共进

千人同心，则得千人之力。盈科坚持以人为本，疫情给行业带来了压力和挑战，这家上万人的律所如何帮助律师渡过难关，尤其是很多年轻律师？这是一道超级难题，同时也是一次规模化律所转型升级的机遇。

2020 年 2 月中旬，苏州和上海等地先后出台了关于中小企业的疫期支持政策，疫情对企业经营的影响已经引起了政府的高度关注。2 月 24 日，北京市司法局发布了支持北京律师行业持续健康发展的九项措施。同时，多地律协也先后出台了减免会费等系列律师扶持政策。

"从政府到行业协会都展现出对疫情下律师执业的高度关注和扶持，这使得我们也在思考，盈科作为一家规模大所如何在特殊时期履行大所的责任和担当，如何从律所的角度来支持律师的发展、支持行业的发展，为社会作出贡献。"梅向荣律师说。

自 2 月 7 日至 3 月 5 日，经过先后三次线上会议，盈科扶持政策基本定型，包含了降低最低创收指标、免除 2 月份房间或工位费、倡导共享办公、启动"云端办公室"、威科信息库实务模块免费开放、律师免费加入国际律协、申请政府支持政策惠及律师、鼓励引进律师人才等 10 大项近 20 条律师扶持政策。

扶持政策时间跨度为 3 年，惠及律师人数超过 9000 名，总金额超过 1 亿元。

同时，盈科扛起大所的行业担当，对外发布了《关于全国律师互助协作的倡议书》。盈科分布在全国各地的 76 家（当时数据）分所及各地客户服务网络，愿为全国同行提供互助协作平台，代为立案、协助查卷、阅卷、会见、递交或领取相关法律文书，以及特别情况下的转委托等内容。

盈科自 2001 年成立，就提出了"走出去""走下去"的目标。梅向荣律师表示："推出这样力度的扶持政策，整体而言是为了确保今年的发展目标不动摇，而盈科大家庭的发展，一定来自每位盈科律师的发展，我们有责任将温暖传递到每一个人身上。"

在这样的暖心政策下，盈科律师事务所的发展步伐未曾停息。在这特殊的庚子年战疫之后，19 岁的盈科乘风破浪依旧。

正如梅向荣律师所言："困难是暂时的，事业是长久的，温暖是永久的，这是最重要的。"

专业"战场"冲锋陷阵

对盈科律师而言，发挥专业能力，为抗疫做公益，维护国家声誉，是更合乎本位的体现。

疫情暴发后，发生了多起外国律师起诉中国的事件。根据 greatgameindia 网站曝出的新闻，4 月 4 日，国际法学家协会会长艾迪思·C.阿格瓦拉代表国际法学家协会和全印律师协会向联合国人权理事会提出申诉，要求中国赔偿因新冠肺炎疫情造成的损失。

得知此消息后，盈科第一时间与盈科印度联盟律所合伙人、印度国家律协候任主席 Prashant Kumar 先生取得联系。对此，Kumar 先生发表申明："全印律师协会非印度国家律师协会，这样的起诉是误导，与印度国家律师协会无关。"

这个申明在全印进行了公布，并提供给国家智库和政府机关，针对中国疫情的不良情况予以说明。

能做到该出手时就出手，除了责任心之外，专业能力也是必然因素。19年来，盈科在不断"变大"的同时也在潜心"变强"。从2009年到2019年，盈科用十年时间，形成了以全国业务指导委员会为主的顶层架构。盈科全国业务指导委员会在全国层面设有盈科律师研究院、盈科律师学院、30个专业委员会、11个综合性法律中心，在各分所设立700余个专业部门对接各专业委员会，形成了盈科专业化建设的经纬网络状布局。

作为诸多企事业单位的法律顾问，盈科全国业务指导委员会领先一步意识到了疫情发生后普遍性法律问题将迅速产生这一状况，盈科律师事务所创始合伙人、副主任、全国业务指导委员会主任李华主抓防控期间的专业化工作，并提前进行了工作部署：特殊时期，律师在做好防控工作的同时应发挥出法律人应有的温度。

盈科在组织全所律师做好疫情联防联控的同时，充分发挥律师职能作用与专业优势，盈科全国各专业委员会、综合性中心及专业部针对疫情期间的多发法律问题组织研讨，撰写专业文章，并以短文形式进行发布。在盈科全国业务指导委员会的号召和盈科第三届全国劳动与社会保障法律专业委员会的积极响应配合下，各地盈科律师对疫情期间产生的多发法律问题进行研讨，并根据当地政策编写了合计90余万字的《疫情防控涉及企业用工指南》。

盈科武汉律所从疫情风暴中的"受助者"转变为"施助者"，积极履行法律人在应对重大突发事件的担当有为之责，迅速成立"盈科武汉律所公益法律服务团"，短短1小时内就有60多名党员及执业律师申请加入并申报专业领域。武汉分所的律师们开启线上办公联动模式，为政府部门、企事业单位、广大群众在疫情期间所遇到的法律问题免费提供线上咨询服务，为抗击新型冠状病毒引发的肺炎疫情贡献盈科力量。

在疫情防控进入常态化后，盈科开始帮助企业做复工复产工作，向医护人员提供两年的免费法律服务，已有超过50名律师参与其中。此外，包括对医护的安排、医疗物资的出口、涉及医疗诈骗案的处理等，盈科律师都有参与。

穿越疫情让盈科体验到了规模所的应急管理，同时也深深感悟到，一家万人所不只是人数众多，服务范围广泛，更是能够给予幸福安全，凝聚人心。

"每个人所得到的幸福感，不是你得到什么，而是你能给别人带来什么，你是否为推动社会发展做出了一点力所能及的贡献。"梅向荣律师表示，坚持社会公益价值，是律师这一职业对社会、国家、世界应该承担的责任和使命。

在19年的发展过程中，盈科始终坚持，律所发展既需要符合实际的商业运营，又需要有"仰望星空"的情怀；在创造经济价值的同时，更需要担起社会责任。"无公益不盈科"，意味着没有公益，就没有盈科的发展，也没有盈科的文化。此役硬核之战，盈科获得了另外一种"双赢"，也更加坚定了坚守社会公益，践行社会责任的决心！

【盈科】

盈科律师事务所是来自中国的全球化法律服务机构，提供全球"一站式"商务法律服务。其总部设在北京，截至2020年8月底，在中国区拥有82家律所，执业律师人数9824名。盈科全球法律服务联盟已覆盖海外82个国家的141个城市。成立19年来，累计为10万多家海内外企业提供高度满意的法律服务。秉承提供机会、促进交易、创造价值、解决问题的服务方针提供专业全面的法律分析、沟通及可行性法律建议。

盈科律师事务所是联合国南南合作全球智库五大创始机构之一，连续六年蝉联英国《律师》杂志亚太地区规模最大律师事务所，连续六年蝉联《亚洲法律杂志》亚洲规模最大律师事务所。律所业务范围划分为房地产与建设工程法律事务、公司法律事务、国际与区际法律事务、行政法律事务、金融与资本市场法律事务、民商事法律事务、刑事法律事务与知识产权法律事务等八个领域。盈科全国业务指导委员会在全国层面设有盈科律师研究院、盈科律师学院、30个专业委员会、11个综合性法律中心，在各分所设立700余个专业部门对接各专业委员会，形成了盈科专业化建设的经纬网络状布局。盈科还聘请了在国内外法学理论及实务领域享有盛誉的法学专家担任专家顾问团队。

天达共和
利他文化助力硬核战疫

> 我希望所有天达共和人每当听到"天达共和"这四字时,能有共鸣、有牵挂,把自己当作建设和擦亮这块招牌的参与者。在天达共和这个大家庭里,大家的和乐幸福就是我们所期许的。
> ——天达共和律师事务所主任李大进律师

"武汉办公室全体同仁要坚定自信,并肩作战,坚持到战胜疫情的最后一天!同时,管住自己,照顾好家人,不给别人和社会添麻烦。有困难和需要帮助的同仁可以向管委会反映,管委会一定会伸出援手!"

2020年2月10日,天达共和武汉办公室召开了春节以来第一次线上电话会议,李大进主任的一番话从千里之外的北京传来,那么沉稳有力、温暖人心,让所有武汉办公室同仁信心倍增,也为各地办公室的同仁注入了一针"强心剂"。

疫情期间,天达共和律师事务所(以下简称"天达共和")全体员工坚定信念,共克时艰伸援手,同心协力抗疫情:面对工作,他们毫不松懈,将线上办公与线下值班相结合,为委托人提供及时高效的法律服务;面对同仁,他们相互鼓励;面对需求,他们以专业为盾牌,撰写"战疫专辑"文章近百篇,春风化雨暖人心……疫情期间的种种善举,皆是天达共和"成功,始于助人成功"律所文化的最佳诠释。

京鄂连心，一体化管理助力共渡难关

新冠肺炎疫情在江汉大地肆虐，给武汉这座城市按下了"暂停键"。为防止疫情扩散，14亿人拉开了彼此间的物理距离，但全民齐心抗疫、共克时艰的坚定信念却让人们的心贴得更近。

武汉封城以来，在"孤岛"上的50多名天达共和武汉办公室同仁经历了暗夜来临的恐惧与不安，也体验了风雨欲来的忧虑与辛酸。其间，北京总部一直关注着武汉办公室的动态，并带领全国各地办公室与武汉同仁并肩作战。

从2020年1月17日起，武汉办公室同仁每天都能收到总所及武汉办公室管委会的关爱：有时是微信群中的疫情防控小贴士，有时是电子邮箱中的一封慰问信，有时是定时开展的合伙人线上专业知识分享活动，有时是"一货难求"的、承载着管委会关爱的口罩。

更令武汉办公室同仁欣慰的是，每个月末，工资都会准时、足额地出现在自己的账户上。

疫情袭来，给武汉法律服务市场带来了前所未有的打击和难以估量的损失，九成的法律服务业务暂停。在武汉因疫情而停摆的两三个月里，很多武汉的大所面临着巨大的危机，其中不乏降薪裁员、关门歇业者。

但在一体化的管理框架下，天达共和武汉办公室所有律师、行政人员、财务人员的工资均由北京总部按时、按量发放。据天达共和管理合伙人汪冬律师介绍，疫情期间，北京总部向武汉办公室员工发放2月、3月工资共计113万余元。

"武汉办有不少年轻律师，他们很多都背负着房贷、车贷，如果不能全额发放工资，会影响他们的家庭生活。一体化的管理方式为武汉办的抗疫工作提供了强大的物质保障。这113万余元是天达共和对所有员工的承诺，希望能让武汉办的同仁感受到大家庭的温暖，解除后顾之忧，不因疫情在收入和生活上失去安全感。"

突如其来的疫情检验了律所的凝聚力、管理能力和抗风险能力。在抗击疫情的同时增强团队协同作战能力、增强员工归属感，成为每家律所关注的话题。科学管理机制及管理模式为天达共和抗疫工作的顺利开展提供了有力帮助。

"提前预警、提前响应是天达共和抗疫活动的显著特点，从中反映出一体化管理模式的优势。"据天达共和管理合伙人汪冬律师介绍，早在疫情全面暴发的前一个星期，天达共和管委会就开始严格管理，提前预警疫情的危害性，要求所有同仁上下班戴口罩，严格消毒，进行体温测试，并每天上报自己及家人的体温、身体状况。

　　疫情发生后，天达共和管委会第一时间启动应急响应机制，将同仁的身体健康放在首位，竭力为全体同仁的健康平安保驾护航：做好办公场所消毒杀菌工作，实行弹性工作安排，行政人员轮流值班保证工作正常运行；发布《防护新型冠状病毒通知》等文件，摸排全体员工出行计划及健康情况……

　　"一体化"最明显的特点，即包括分所在内的所有办公室人、财、物的统一和事务所精细化的管理。天达共和的最高权力机构是合伙人会议，日常执行机构为管委会，管委会成员分管行政、财务、业务、宣传、分所设立与发展、律师考评与晋级、合伙人事务等事宜。管理合伙人汪冬律师将一体化管理比作"一竿子到底"的管理方式："天达共和实施一体化的管理模式，外地的所有办公室都被视为天达共和的部门，不会由于地域差异而在管理上有所不同。"

专业助力，高筑疫情防护网

　　"抱真唯守墨，求用每虚心。"

　　在疫情所引发的社会经济停摆面前，具有法律风险意识的律师能预测到相关事件的法律风险和法律后果，在解读政策、政府行政行为时，会比其他人群有着更加深刻的理解，并能快速、准确地认清风险责任，着手进行救济。

　　行业内人士对天达共和的印象是"有自己品牌业务的规模所"。刑事业务和融资租赁业务很早便是天达共和的王牌业务；争议解决、银行与金融、PPP、能源领域等业务也是天达共和在各类排行榜榜上有名的业务领域；公司并购领域，《亚洲法律评论》杂志、钱伯斯都将天达共和作为该领域的推荐律所。

　　专业优势使天达共和对疫情中劳动关系、租赁合同、捐款风险、复工复产等问题的研究更加精细。天达共和在管委会的带领下，为客户提供高质量法律服务，定期举办线上法律分享活动，就疫情相关的法律问题和新近出台的法律法规发表看法，满足了公众激增的法律需求，为抗疫注入正能量。

疫情对我国的社会治理、经济发展造成了巨大而深远的影响，尤其是促进了相关法律、法规及规章的制定与修订工作。在新冠病毒汹涌威胁之时，天达共和律师利用居家办公的时间，本着"抱真唯守墨"的初心，结合多年积累的法律知识、实务经验，深入浅出地分析了可能产生的行业影响及有效应对措施，形成天达共和版"战疫专辑"，内容涵盖公司与合规、银行与金融、争议解决、知识产权、基础设施建设、国际法、刑事法律事务等方面。

疫情期间，天达共和微信公众号推送文章近365篇，其中律师专业解读文章184篇，含疫情相关专业文章40篇，知名媒体、贸仲机构、律协等纷纷转载刊发。

心系社会，公益折射利他文化

"不要着急，等着我，我马上就到！"武汉办公室合伙人彭夫律师撂下电话，拎起早已准备好的两大袋日常用品冲进了私家车里。

当得知同事因疫情困于武汉，急需防疫物资和食品的消息后，彭夫律师跑遍了自家附近的商场和超市，采购了充足的食物和日用品，驾车2个多小时跨越整个武汉市，送到了同事家门口。

守望相助，用热情温暖需要帮助的人，是天达共和人在疫情期间的常态。

天达共和捐赠抗疫物资

对于他们来说，利他是孤立无援时的温暖双手，是大灾大难前的并肩而立，是一个个会心的眼神，也是一句句贴心的问候。无私奉献的利他行为就像一道穿透疫情阴霾的光亮，弥足珍贵。

得知武汉市第三人民医院通过基金组织捐赠医护用品可能会有时间上的迟滞，而医院又急需医疗物资，天达共和立刻调动各方资源采购防护物资，点对点联系医院，将200套防护服、22桶消毒片、900副护目镜、900套防护面罩通过专项物流送到医院，并为武汉社区送去1000只口罩。天达共和的员工们也自发向社会慈善基金组织和医院进行捐款。

身处疫情中心的武汉办公室一直奋战在一线，在武汉火神山、雷神山医院建设过程中，加班加点为主要建设方和设备、器材的供应方提供法律服务；积极履行社会责任，与总所一同参与公益行动，利用总所和兄弟分所的境外渠道组织采购防疫物资捐赠给定点医院；参与疫情期间湖北省工商联设立的法律服务团，为商会、协会提供公益法律服务，为企业妥善解决疫情相关法律问题提供新思路。

山海虽远，心在咫尺。除了积极为国内疫情防控献爱心，天达共和还融入到全球疫情防控工作中，为国际疫情防控贡献力量——向日本捐赠了1000只医用口罩，向意大利捐赠了数万元的防疫物资。

"成功，始于助人成功"的利他文化是天达共和的价值观和初心，是合伙人达成的高度共识，也是天达共和一路走来的文化积淀。天达共和始终认为，成功的律师是可以帮助别人成功的人，成功的律所是可以推动国家法治进步、改善社会环境的集体。这一价值观的背后蕴含了利他精神和同理心，构成天达共和在疫情中团结一心、众志成城的精神支撑，以及稳步发展、深受客户信赖的业务基石。

天达共和管理合伙人汪冬律师解读道："对于天达共和的合伙人和律师来说，利他是为人处世的重要原则。利他文化从创始合伙人的一言一行中体现出来，从他们的执业

汪冬律师

理念中流露出来,是天达共和与生俱来的气质,凝聚了天达共和人携手向前、共同进步的初心。"

在利他文化的熏陶下,总所与各分所之间形成"分享、互促、共铸"的氛围,全所之间以分享为乐,相互促进、协同发展。最重要的是在分享和互促的基础上,共同铸就天达共和品牌,维护了品牌的知名度与美誉度。

天达共和始终重视并开展公益事业,被中国青少年发展基金会(希望工程)授予"杰出贡献奖",被北京奥林匹克组委会授予"优秀志愿者"称号,多次被北京市朝阳区评为"社会公益法律服务工作先进集体",并获得北京市民政局颁发的荣誉证书。多年来,天达共和一直是中国志愿服务基金会常年法律顾问,并以多种形式支持和帮助改善贫困地区的基础教育环境,助力中国青年法律人才培养。

阴霾终将被阳光驱散。疫情中,天达共和人心存美好,勇担责任、不负使命,展现出迅速而强大的行动力。未来,天达共和仍将热心公益,为构建和谐社会增添一份力量。

【天达共和】

天达共和律师事务所总部位于北京,并在上海、深圳、武汉、杭州、成都设有办公室。天达共和现有法律专业人员逾400名,工作语言包括汉语、英语、日语等。天达共和致力于为客户提供专业化法律服务,经过20多年的不断积累及锐意进取,已经在以下业务领域取得行业领先地位,赢得了客户的高度信任与赞誉,并连续多年被业界知名媒体如《钱伯斯》《亚太法律500强》《国际金融法律评论》等推荐或报道。

业务领域包括银行与金融、融资租赁与商业保理、资本市场与证券、公司与并购、破产与重组、私募股权与投资基金、反垄断与竞争法、反倾销反补贴、基础设施及项目融资、不动产与建设工程、能源与自然资源、争议解决、劳动法、刑事法律事务、知识产权、文化体育传媒、医药及医疗健康、政府法律事务、合规业务、家事与财富管理、日本业务、网络安全与数据保护、海事海商。

金诚同达

风雨同舟，公益文化助力抗疫

> "雪崩的时候，没有一片雪花是无辜的"，援助别人也是守护自己的家园。正是由于每一位同事都秉持热忱之心主动投身公益、热情拥抱公益，金诚同达这块招牌才更有温度、更有底蕴。
>
> ——金诚同达

庚子年初，新冠肺炎疫情暴发。在这个疫情肆虐、不见硝烟的战场上，北京金诚同达律师事务所（以下简称"金诚同达"）全体员工一起经历了一场特殊的"生死战役"。

如何高效调度全所资源并快速募集款项和物资？如何关怀同仁并驰援防护一线？如何发挥法律专业优势、参与危机应对并给予公众信心？这些无疑是对金诚同达律所管理和文化精神的考验，也可体现金诚同达人对法治信仰的坚守。

疫情期间，金诚同达累计向疫区捐赠物资价值百万余元；发表多篇战疫文章，贡献专业智慧；踊跃加入各方组织的援助小组，为全国各地的企业、民众提供线上咨询，助力复产复工……"立足专业、力所能及、积极参与、企业责任"是金诚同达一直秉持的公益观；参与到抗疫行动中，则体现了金诚同达作为中国大所的责任和担当。

提前布局，爱心捐助支援一线

2020年2月底，武汉大学人民医院、武汉市中心医院、金银潭医院、黄冈市中心医院等20家医院不约而同地收到了一批宝贵的物资，包括2700桶消毒液、8240件隔离衣防护服等医疗用品，还有大量食品、日用品等生活物资。发货地来自同一个地方——金诚同达。

得知所有物资均如期送抵疫区，金诚同达人都舒了一口气，大家的思绪也回到一个月前那个看似平静的下午。

疫情发展的最初阶段，是临近庚子年的日子，很多人都已收拾行囊，准备踏上回家过年的旅程。金诚同达各地办公室也都沉浸在一片欢乐祥和的气氛中：行政人员忙着发放新年礼品、摆放贺年饰品；财务人员在进行紧张的统计工作，将新春福利打入每名员工的账户；各律师团队也忙着各种年终总结，反思过去、憧憬来年……

大部分人都没有意识到，新冠肺炎病毒会在不到一周的时间内蔓延开来。

2020年1月20日，承担事务所决策与管理工作的金诚同达决策委员会（以下简称"决策委"）意识到疫情发展的态势，迅速作出反应，第一时间部署各职能部门，并多次在所内发出提示，通过多方平台及时发布防疫工作通知，提高全员疫情防控意识。

1月23日武汉封城后，严峻的疫情形势在全国蔓延，金诚同达立即决定强化疫情期间工作安排，组织各地办公室员工采集数据并追踪行程，筑起第一道疫情防护网；成立疫情工作小组，下设疫情通讯宣传组、信息追踪组、物资采购组，严格防控疫情隐患，保障员工健康，维护律所有序运营。顺畅的决策管理机制、垂直化的管理系统、有效的组织机制和律所成员之间的默契配合，成为金诚同达人齐心协力抗疫的有力保障。

平时默默坚守在业务后方的金诚同达各职能部门全员"逆行"，在疫情中勇敢冲锋到一线，进行财务核算、品牌宣传、物资援助等工作，并贴心地准备好口罩、手套、消毒液、额温枪等防疫物资，保证每一位员工都能在安全的环境中复工。

"杨律师，咱们以事务所的名义组织大伙儿捐款吧！" 1月28日之前，金诚同达决策委主任杨晨律师的手机中有很多这样的信息。开展援助疫区捐款活动也是决策委一直在思考筹划的工作。捐款集结号吹响后，金诚同达人争先恐后地参与，很多员工的家属也倾囊相助。短短两天时间里，金诚同达通过筹集善款与事务所专项公益基金，共募集100万元。

面对全国范围内的医疗物资短缺情况，金诚同达决定"将善款全部用于采购紧缺物资，并亲自协调运输抵达一线"，鼓励员工利用各自资源广泛联系国内外渠道，保证一线物资供给。

金诚同达很多律师常年活跃在各大公益领域，在组织和落实公益事项方面，早已形成了稳定的团队和成熟的流程。为给疫区提供最及时、最靠谱的医疗物资，所内热衷公益行动的律师迅速整合资源，联系国内外的口罩、防护服等医疗物资供应商，在全球各地寻找货源；充分利用各方优势，联系跨国快递公司准备货物运输……

抗疫期间，金诚同达涌现了很多令人动容的公益人物和故事。在防护物资最为紧缺的那段时间里，身为三个孩子母亲的金诚同达高级合伙人朱天玲律师，每天一边照顾孩子，一边对接海外防护物资筹集事宜，不仅要克服时差困难，还要解决产品质量甄别、协调渠道运输等难题。经过连续多天的努力，最终为疫区和所内员工完成了2700桶消毒液的采购。

1月29日，在疫情严重的危险时刻，在人心惶惶未得安宁的紧要关头，金诚同达决策委委员、上海分所主任叶乐磊律师带领7名金诚同达律师组成爱心小分队，前往消毒液加工厂完成物资交接。并委托客户顾问单位中国邮政，

金诚同达捐赠医疗物资

将这些物资以最快速度送往已封城的武汉。

在常人看来，跨境采购不过是简单的"买买买"而已，事实上，其复杂程度远远超乎想象，尤其是采购医疗物资。从大年三十开始，金诚同达抗疫工作组所有职能人员 24 小时开机，随时处于待命状态，以最饱满的精神状态投入到采购工作中。

物资紧缺、渠道有限导致防疫用品供需严重失衡，采购物资全靠"抢"。负责物资采购工作的金诚同达行政人事部主任吴海宁对此深有体会："那段时间，我们的心情就像坐过山车一样，眼睛死死盯着电脑和手机，生怕错过有关物资的任何一封邮件、一条信息。"

由于国外物资可以抵达的国内机场非常少，北京和上海分所便承担起接收物资的重任。然而当时，同城即时货运公司已放假休息，职能人员便开着私家车、冒着大雪去机场接收物资，再由经过筛选的物流公司将物资运到武汉交给志愿者，最终由志愿者亲自送至一线医疗机构。

疫情最严重的时候，金诚同达职能部门曾接到为北京的隔离点运送所内捐赠物资的重要任务。由于隔离点所处位置隐蔽，全副"武装"、开着私家车运送食品与生活物资就成为职能人员的日常工作。虽然与危险近在咫尺，但他们毫无怨言。

对于全体同仁的付出，金诚同达的合伙人们看在眼里、暖在心上。在他们看来，疫情是对金诚同达凝聚力的检验，也是对金诚同达管理模式的考核。有爱心、有传统、有组织是金诚同达能在短时间内集中力量办成大事的原因；管

金诚同达捐赠物资

理层和执行层的组织有序、执行有方,则是践行公益活动、扩大公益影响力的保证。

立足专业,化身护航员助力复工复产

"为了防止疫情扩散,我们准备封村封路,请问怎么封村封路才合法?"

"公司人事昨天打电话跟我说我被解雇了,这个时候把我开除,我该怎么维权?"

"企业在节前签了一个涉外合同,现在可能履行不了了,对方要求索赔,怎么办?"

……

疫情发生以来,法律咨询陡增,金诚同达律师每天都会接到各种各样的咨询电话。在金诚同达人看来,能够利用深厚的专业积淀帮助他人,是彰显正义、完善自身、传播正能量的表现;能在危机之时用所学所知建言献策,是以金诚同达为代表的法律人义不容辞的责任。

"大灾大难会引起社会关系的变化,对经济、生活产生重要影响。法律服务于社会发展,对律所、律师而言,在重大事件和弱势群体面前,最主要的是立足专业、反哺社会,提供力所能及的专业服务。"杨晨律师如是说。

2月6日,北京律协组建北京市中小微企业律师服务团。在得知消息的第一时间,金诚同达高级合伙人王朝晖和梁枫律师就上报了自己的名字。作为服务团成员,他们积极宣讲疫情防控、救治的重大决策部署,为中小微企业普及与疫后企业经营管理、职工权益相关的法律法规,并通过电话、网络等方式提供公益法律咨询服务。

在上海,也有一群金诚同达人为法律公益服务而忙碌奔波,金诚同达高级合伙人许海波律师就是其中之一。疫情导致大量家庭悲剧发生,提前立遗嘱、设立信托成为很多人的选择。许律师第一时间加入"律新帮"公益项目,结合业务专长,在信托等领域提供专业法律咨询,并结合对信托制度的理解和业务实践,积极撰写相关文章,为实务工作提供指导和借鉴。

全国人大代表、金诚同达高级合伙人方燕律师一直是带领金诚同达人热心践行公益的"领头人"。在此次疫情中,她牵头组织并加入陕西省女法律工作者协会疫情防控法律汇编组,在时间紧、任务重的情况下,通过远程沟通的方式,仅用时4天,就圆满完成了22万余字的《新型冠状病毒肺炎疫情防控法律法规汇编及法律实务指南》(以下简称《指南》),并第一时间向公众免费发放。《指南》内容全面丰富、要点清晰、分析专业翔实,被政府部门、律协官网纷纷转载。

疫情蔓延,全球贸易大幅萎缩,外贸大省浙江的涉外经济经历着最复杂的开局。为帮助浙江外贸企业应对疫情引发的法律问题,金诚同达高级合伙人张莉军、徐铮、符欣等十余名律师参与浙江省商务厅应对疫情援助企业网上法律服务专项行动,入驻12个地市预警点微信群,同步向全省外贸企业提供专业及时的法律指导和服务。

还有很多金诚同达律师向中国贸促会、山东省商务厅、东莞市商务局、中国机电产品商会等政府部门和行业机构提供专业法律援助;通过网络、微信、电话等多种渠道向企业提供及时高效的专业解答;撰写多篇战疫文章,制作《抗"疫"专刊》向各企业发放,并录制各类在线课程供企业员工学习……

参与抗疫让金诚同达决策委委员、上海分所主任叶乐磊律师感触颇深:"法律人,说到底是社会人。社会变化、时代走向和我们每个人息息相关,金诚同达法律人不忘本职,敢于担当,这种心中有大家、眼中谋天下的家国情怀,会让金诚同达在公益路上做得更好、走得更远。"

风雨同舟,以文化成就公益

冬雪夏雨,斗转星移。风雨同舟,不仅是金诚同达人在疫情期间对内部员工的誓言、对社会各界的承诺,更是事务所成立以来稳步前行、历久弥新的保证。

沉淀多年、历久弥新的律所文化,是确保全所上下齐心协力抗疫、一致火速援助的内在动力,也是支撑金诚同达人在疫情面前众志成城的力量源泉。

作为中国千人大所中为数不多的、自创立之初创始人均未离开的律所之一,金诚同达的品牌文化在业内享有极高的美誉。

28年前,金诚同达的创始合伙人基于校友、舍友关系走到了一起,在相

杨晨律师

互搀扶、彼此激励中，徐徐展开一幅"建立中国境内规模最大、最富活力律所"的美好蓝图。

时光如白驹过隙，金诚同达在深耕业务的同时打磨出一套兼具公平民主与人文关怀的管理制度，在不断追求卓越法律服务和自身发展壮大的同时亦时刻不忘社会责任，默默前行在法律服务、帮扶弱势群体、教育扶贫、法律人才培养等公益活动的路上。

作为中国公共法律服务的推动者和实践者，金诚同达律师经常受邀在政府机构、专业协会、民间团体主办的会议上发表演讲，参与人大和政协提案草拟、中央与地方立法修法、司法解释讨论，担任政府法律顾问，积极投身于中国法治化建设。

杨晨律师介绍，"立足专业、力所能及、积极参与、企业责任"是金诚同达一直以来秉持的公益观。28年的成长之路为金诚同达积累了深厚的公益文化，形成了良好的奉献氛围。这种文化渗透到律所的日常运营中，将志同道合者凝聚在一起，并传承下去。

在全国政协委员、金诚同达创始合伙人刘红宇律师等公益领航人的带头下，金诚同达内部涌现出一批批充满正能量的爱心事迹：

全国人大代表、全国政协委员为公益发声，关注妇女儿童权益保护，推动公益诉讼发展；加入司法部同心法律服务团，将免费法律服务送到边远地区；联合发起"西部律师研修计划"，助力律师行业共同进步；走进基层公益法律服务站点，为社区群众讲授专业的法律知识；关注自闭症儿童，守护"来自星星的孩子们"；捐资助学、公益支教，实现精准扶贫；合作办学，助力高校法治人才培养……

以公益文化为代表的金诚同达品牌文化也成为律师之间横向联系的纽带、创始合伙人与后继者纵向传承的血脉以及传递温情的载体。

"'雪崩的时候，没有一片雪花是无辜的'，援助别人也是守护自己的家园，让我们所处的社会变得更加美好。感谢金诚同达每一位投身公益的同事，正是由于他们秉持热忱之心、热情拥抱公益，金诚同达这块招牌才能变得更有温度、更有底蕴。我们深信大家各司其职，就是为国分忧、有所担当！"这是全体金诚同达人的肺腑之言。

疫情带来的危难，是对律所管理和凝聚力的实战检验，金诚同达以优异的成绩通过了检验，充分展示了一家大所的责任和担当。公益之路道阻且长，金诚同达人定将不忘初心，上下求索。

【金诚同达】

金诚同达律师事务所创立于1992年，现已发展成为中国境内规模较大、富有活力的律师事务所之一。总部位于北京，在上海、深圳、合肥、杭州、南京、广州、成都、西安、沈阳、济南、大连设有分所，并在日本东京设立了办事处。截至2020年8月，金诚同达正式员工已达1266人，拥有837名执业律师、338位合伙人。

金诚同达各地办公室紧密合作，形成了覆盖全国大部分城市与地区的服务网络，能为客户提供广泛的法律服务：资本市场、重组并购、私募基金、合规业务、日本业务、金融业务、房地产与建筑工程、商事争议、破产业务、刑事业务、知识产权、跨境争端解决等。

金诚同达多次被各办公室所在市司法局、中华全国律师协会、市律师协会授予"全国优秀律师事务所""市优秀律师事务所""市律师行业先锋奖"等光荣称号，还被司法部命名为"部级文明律师事务所"。在钱伯斯、ALB、Legal 500等国际法律媒体的律所排名中，金诚同达凭借卓越的综合实力和良好的客户口碑，常年位居各大榜单的前列。

君合
君合之道，与子同袍

> 公益与爱，是人类永恒的主题。君合在这次疫情中的作为，实际上就是"君合之道"中公益之道的体现，这和君合历来倡导的"专业公益和社会公益并重"的理念是一致的。在君合31年的岁月变迁中，君合公益与大爱的脚步从未停歇。
>
> ——君合律师

何为"君合之道"

在北京市君合律师事务所（以下简称"君合"）31载的发展历程中，一代代君合人在不断探索中国律所管理发展的"卓越之道"之时，也将公益之心融于君合文化，秉承乐善好施、扶危济困的光荣传统，锻造出了独一无二的"君合之道"。

经历过新冠肺炎疫情一役，"君合之道"有了更具说明力的阐释——迅速布局、谨慎对接、全面支援，危难之时愈显"君子合力"之大道！

2020年伊始，新型冠状病毒肺炎疫情暴发，14亿中国人万众一心，抗击疫情。社会各界亦在为打赢这场疫情阻击战奔走助力，其中，君合赫然在列。向物资短缺地区及机构捐赠物资及善款，驰援荆楚；发布法律专业解读文章、组织公益直播，为抗击疫情建言献策；在全球进入防疫物资紧缺的情况下，向全球52个国家和地区的客户、律师同行捐赠医用口罩，等等。在"君合之道"

的淬炼下，战疫中的君合人展现出了强烈的社会责任感、慈悲与爱心！

"岂曰无衣，与子同袍"

2020 年 2 月 28 日，距离武汉正式宣布"封城"已月余。这一天，君合捐赠的第二批物资中运往武汉第四人民医院的部分已全部送达。与此同时，君合于广州当地订购的医用防护服也正陆续发往广州市中山大学附属第一医院和中山大学孙逸仙纪念医院两家医院。

得知物资顺利交付，全体君合人都松了口气，随后他们收到了一条发自武汉市第四人民医院院方代表的微信："非常感谢各位爱心人士的慷慨捐助，在防护物资紧缺的情况下，真是雪中送炭，为我们医护人员提供了安全保障，能够更好地救治患者。谢谢谢谢！！！"

疫无情，人有爱。一次次的捐赠背后，不仅是君合人守望相助的温暖传递，更是源源不断的信心与勇气。早在 1 月 29 日，君合就正式向全体员工发出《关于为湖北重点疫区医院捐赠医疗用品的倡议书》，倡议所有君合同仁伸出援助之手，捐款采购医护物资，帮助湖北的医院渡过难关。

众人拾柴火焰高，经过短短 48 小时，君合已筹集首批捐赠款人民币 107.82 万元。在这百万捐款的背后，活跃着无数名君合人的身影：有四处奔走，积极联系抗疫物资货源渠道的白涛律师；有积极与长江医药集团沟通，请该集团将捐款及时投入医护物资采购并根据湖北省医院的具体情况进行配送的石铁军律师；有对捐款渠道反复斟酌与筛选，一次又一次地为大家实时更新捐款落实情况的华晓军律师；更有身处祖国天南地北的君合人，勇于担当，挺身而出，自发组织捐款，积极联络捐款渠道，化小爱为大爱……

"前线"物资告急，时间就是生命。经过初步汇总、讨论后，君合的潜在受助对象医院从原来的 17 家增加至 42 家。在这 42 家

华晓军律师

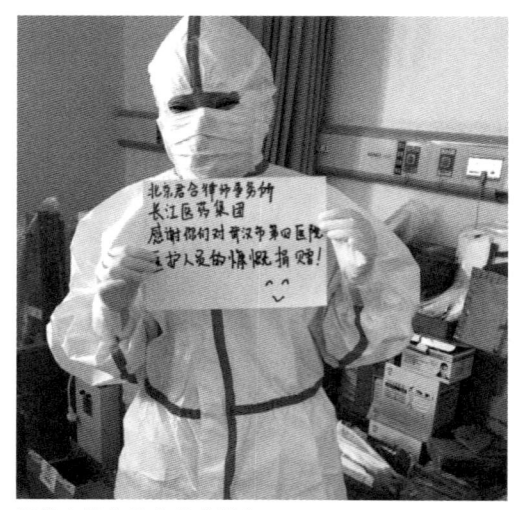

医护人员给君合的感谢信

医院中，君合采纳了长江医疗集团提供的建议，连夜敲定了首轮捐赠的具体落实方案，包括采购医疗物资品类、采购价格和捐赠对象医院等。时间紧，任务重，君合管委会仍坚持对每一个捐赠细节严格把关，不容许丝毫行差踏错，因为他们深知这些捐款背后承载着多少人的爱心与希望。

2月1日，500公斤消毒片和500公斤医用消毒酒精均被顺利送达北京市东城区建国门、东四、和平里和体育馆路四个街道，并用于在一线从事基层排查工作的防控人员。2月4日，在长江医疗集团的协助下6988套门诊防护服陆续发往孝感市第一医院、恩施中心医院、利川人民医院、汉川市人民医院、孝感市中医医院、荆州中心医院。

2月12日，湖北省卫健委又一次发出武汉一线医护物资告急寻求社会捐助的信息。与此同时，君合各地办公室也纷纷传来当地抗疫医院医疗物资紧缺的消息。君合决定再次组织员工捐款，共筹得人民币73.39万元。至此，由君合组织的捐款累计总额达到人民币187.21万元，购置了包括10226套防护服在内的紧急医疗物资，捐赠给湖北武汉、孝感、汉川、利川、荆州、恩施等地的7家定点医院协助抗疫。

"岂曰无衣，与子同袍。"君合的抗疫行动传承了一贯的"君合之道"，全体君合人都在力所能及的范围内付出、贡献。"我们提倡做公益要发乎心止于力，积跬步以致千里，所以我们每一次的捐款倡议都设定了金额上限。"君合管委会委员华晓军律师表示，君合向来希望将公益做成持之以恒的长线行动。

专业服务，助力治理

为响应国务院通知及各地方政府要求，君合向全体员工发出了关于各地办公室延长假期及在家办公的紧急通知。疫情阻断了人们近距离的交往，却无法阻断君合为客户提供专业法律服务的脚步。

31载光阴流转，作为中国顶级"红圈"律所之一，君合从最初的5位创始人发展至现在的1100余人规模，稳健、扎实，一如其对专业的要求。在《2020钱伯斯亚太法律指南》（*Chambers Asia-Pacific 2020*）中，君合在公司与并购、国际与跨境交易、能源与自然资源、项目与基础设施、银行金融、航空金融等共21个领域获重点推荐，43名律师在不同业务领域入选"杰出律师"。

正是源于在专业追求上的孜孜不倦，疫情暴发后，君合迅速以笔为武器，积极参与到国家这场疫情防控阻击战中，一步到位解决众多疑难问题。君合发布的部分文章也被相关政府部门、北京市律师协会等法律群体官网转载和采用，广泛、全面地满足了不同企业、单位和个人的法律服务需求。

2020年1月30日至7月底，君合在其公众号"君合法律评论"上共发出了54篇关于"2020年新冠疫情法评文章"，内容涉及劳动法、房地产、争议解决、破产重组、资本市场、教育、商事刑事、税法、国际贸易、合规、环境健康安全、公共卫生、娱乐、传媒与体育等14个领域。

与此同时，根据疫情的发展，君合将线下活动全面调整至线上，启用"自家"的律携App直播平台进行法律主题研讨会直播。据不完全统计，在截至2020年7月底所举办的60余场在线研讨会中，有10场是与疫情相关的公益直播，主题均围绕疫情期间的热点法律问题，有针对性地无偿提供专业解答，与企业一起共渡难关！

同时，在北京市东城区律师协会出版的《抗击新冠疫情 东城律师在行动》一书中，君合律师也为读者悉心提供了"防控新型冠状病毒肺炎疫情简明法律知识十问十答"，分别从病患、医护人员、医疗机构、司法部门、卫生部门、交通部门和普通消费者等多个角度出发，为社会的各行各业答疑解惑，充分发挥了法律工作人员在疫情防控和社会经济发展中的职能作用。

君合在不断追求卓越法律服务的同时，亦时刻不忘奉行君子之道，探索最佳公益模式，有效帮扶弱势群体。

善仁之与，付之世界

2020 年 3 月，在各地的严控措施之下，国内疫情终于逐步趋于缓和，而海外却面临着疫情蔓延的严峻态势，欧美地区的多个国家纷纷告急，身处海外的普通民众很难采购到口罩等防护物资。君合管委会经紧急商议，决定在境内采购一批一次性医用口罩，赠送给境外有需要的客户和协作伙伴。

3 月 23 日，君合向全体合伙人及顾问发出征集邮件，并立即着手查找发往各目的国的最快国际快递通路。仅短短数日，君合第一批采购的一次性医用口罩全部寄出、运向海外，最快的在三天内就投递到客户和协作伙伴手中。

然而，随着一封封新邮件的涌入，君合看到更多国家和地区对防疫物资的迫切需求。于是，君合启动了第二批、第三批、第四批……直至第八批的采购，累计寄往海外 52 个国家共 10 万余只一次性医用口罩，所付出的邮费成本远超医用口罩的价值本身。

"在国内疫情严峻之时，海外人民曾伸以援手，当他们疫情告急，我们也应报之以琼瑶。"君合秉持人道主义精神，用实际行动支持各国抗疫。

公益与爱，是人类永恒的主题。君合在这次疫情中的作为，实际上就是"君合之道"中公益之道的体现，这和君合历来倡导的"专业公益和社会公益并重"的理念是一致的。

在君合 31 年的岁月变迁中，君合公益与大爱的脚步从未停歇。

他们为南都公益基金会、壹基金提供公益法律服务超过 10 年，10 年间虽人员更迭，但为基金会提供的公益法律服务始终未曾中断；他们鼎力协助全球最大的基因检测和治疗企业华大基因成立"重症治疗基金会"，为重症的贫患儿提供 HLA 配型；他们的"爱心树（Giving Tree）"让 700 多个农民工学校的孩子脸上漾满笑意……

2012 年，君合人走进河北省阜平县台峪乡白石台村，这里是阜平县最偏远落后的村落。次年，那里的学校正式更名为君合希望小学。经过长达七八年不懈的助学努力，君合希望小学焕然一新，2015 年取得全县统考语文第一名、英语第二名的优秀成绩。此后，君合开始为阜平县台峪乡的所有学校提供经济援助和技术支持，受益儿童接近 1000 人。

2014年3月8日，马来西亚航空公司MH370失联事件震惊世界。为了帮助中国乘客家属向马来西亚航空及相关责任方索赔，君合合伙人白涛律师和巩军律师接受司法部和北京市律师协会的指派，加入了索赔谈判律师团。这是中国律师史上规模空前的一次法律援助行动，律师运用丰富的实务经验、极大的智慧和高超的领导艺术，化解了一个又一个难题，历经两年时间，最终为罹难者家属争取到了迄今为止中国空难索赔史上最高的赔偿金额。

君子之道，在明明德。有高尚人格的君子之大义，在于彰显光明的品德。在君合一直坚持崇尚的君子之道文化中，亦含有光耀公益慈善的精髓。君合坚持致其知、诚其意、正其心、修其身；诚明一致，推崇大爱。君合人坚信，从事公益不是单向的付出，收获的爱远远大于付出。

庇佑孤弱，协助公益前行。在践行公益的漫漫征程中，君合的脚步永不停歇。

【君合】

君合律师事务所于1989年创立于北京，是中国最早的合伙制律师事务所之一。发展至今，君合已在海内外拥有13个办公室和一支由240位合伙人和顾问、640多位受雇律师和法律翻译组成的逾880人的专业团队，是国际公认的、优秀的中国大型综合律师事务所之一。

2017—2019年君合连续三年荣获"Who's Who Legal"评选出的"年度最佳中国律师事务所"大奖；六度获得国际法律联盟峰会大奖颁出的年度最佳中国律师事务所（金奖）；11次获得ALB"中国最佳雇主"称号；多次获得ALB"中国法律大奖"颁发的"年度最佳中国律师事务所"；并获得欧洲货币法律传媒集团亚洲商法女性大奖"最佳中国律师事务所大奖"，Asialaw亚太法律实务大奖"年度最佳中国律师事务所"，中国法律商务大奖"年度最佳中国律师事务所"以及英国《金融时报》评选出的"中国最具创新性律师事务所"等大奖。

海华永泰
众智之所为，则无不成

> "积力之所举，则无不胜也；众智之所为，则无不成也。"海华永泰坚信，一家律所的力量纵然有限，但是能填一处匮乏、抚一刻伤痛、救一个生命于危难，就是民族之福、国家之福。
>
> ——海华永泰律师

2020年，海华永泰律师事务所迎来了25岁生日。这个特殊的庚子年，也为海华永泰的发展史留下了深刻的烙印。25年来，海华永泰始终以"成为一家有底蕴、有情怀、有担当的一流精品大所"为前进目标。疫情如大考，如何解读"有担当"，见仁见智。

诚如加缪在《鼠疫》一书中所言："灾难使我们学会谦虚。"那段齐心抗疫的日子里，海华永泰第一时间启动"捐款+捐物+系列公益法律服务"的公益活动模式：用短短3个小时凑了近70万元驰援一线，部分律师化身"贸易人"，从实务操作"小白"变身操作"能手"，群策群力完成了一单又一单的境内、境外的采购……定分止争是法律信仰，扶危济困是家国情怀，海华永泰律师用空前的行动力和凝聚力为海华情怀作出了生动注解。

一场跨越万里的律商联动

疫情暴发伊始,医疗物资异常吃紧。看到前线医护人员冒着生命危险工作,海华人意识到,最该做的公益应该围绕筹集医护物资并运送到位进行。

海华永泰党委牵头成立了疫情公益处置小组。该小组不但在海华永泰全所内捐款募资,还在海外积极筹措物资向疫情地区进行捐赠。

捐助过程之复杂艰难是大家不曾预料到的。一群没有采购和外贸实务经验的律师做起了国际贸易的工作,平日里伏案工作的律师转身变为"搬运工"。

疫情期间,分分秒秒都在跟时间赛跑。自2月3日欧洲方面传来购买到2万件医用防护服的好消息后,这批货物历经了延误、更换包机、暴风雨、航班推迟等一系列波折。那几天,身在国内的海华人跟着欧洲时间倒时差,不知深夜几点睡去、凌晨几点醒来。

2月12日下午,物资到达杭州萧山机场。因疫情出行受阻的海华永泰律师紧急联络了大成律师事务所杭州办公室的陈磊律师,他带着朋友们到达机场仓库,展开了一次"爱心接力"。在国内运输公司宅急送的帮助下,这批物资陆续顺利抵达武汉、黄石、黄冈、麻城、荆州、深圳以及上海的各个接收医院。

"青山一道同云雨,明月何曾是两乡。"这场跨越万里的律商联动,最终画下了圆满的句号。当货物到达湖北的受赠医院时,恰逢湖北普降大雪,这批

为海华永泰运送医疗援助防护服的卡车

货物的抵达也宛如雪中送炭。

海华永泰疫情处置小组自 2020 年 1 月 31 日成立至 2020 年 2 月 13 日，完成了五次捐赠活动，分别向湖北地区的多家医院捐赠了近 1 万套医用防护服、2.3 万副医用手套等物资。

事后，海华永泰疫情处置小组成员聂彦萍律师用文字记录下了这段惊心动魄的物资捐助历程。她写道："当跨越每一个艰辛困难最终实现目标时，这一切都是值得的。生命有它的脆弱，也有它独特的韧性。我们的信念，让我们能够共渡一切苦厄，等待华夏大地重现生机。"这不仅是聂彦萍律师的个人感悟，更是全体参与跨国驰援的海华人的心声。

除此以外，海华人还分别通过上海市开封商会、湖北大学教育发展基金会、女律联、湖北商会、全国楚商高尔夫联盟、湖北红十字会、武汉市慈善总会、武汉大学校友会等慈善机构捐款赠物，表达爱心。据不完全统计，律所全体员工通过其他不同途径捐款赠物金额累计近 10 万元，践行了海华永泰"爱心人"的追求。

海华永泰捐赠抗疫物资

专业本色双赢战略

如果没有这场疫情，海华永泰武汉分所 2020 年的创收目标是保底 1500 万元，力争突破 2000 万元。自 2018 年 4 月 13 日正式设立后，海华永泰武汉分所仅用了一年时间便以不足 20 名执业律师的人员规模一举实现创收过千万元的目标，被评为海华永泰优秀分所。

然而在疫情席卷后的二、三月份，武汉分所无案件、无收入，业务降至冰点。"既然已经别无选择，我们只有勇敢面对；既然需要共克时艰，我们必须抱团取暖。我始终相信机会永远留给有准备的人。"海华永泰武汉分所主任陈志龙律师决定换一种方式思考。

作为一家成立不到两年的专业精品所,海华永泰武汉分所始终践行着海华人"专业赢得尊重,携手成就理想"这一核心理念。武汉"封城"期间,海华永泰武汉分所利用各种形式组织律师进行专业学习,学证据规定、学九民会议纪要、学即将颁布的《民法典》草案……同时,武汉分所及时核实湖北区域内医院医用物资现状与联系方式等信息,协助处理总所捐赠物资的交接事宜。

正是基于"专业赢得尊重"这一核心价值观,在调配物资支援湖北武汉等疫情重点地区的同时,全体海华永泰律师都不忘"法律人"职业本色,在律所专委会统筹下,通过海华永泰微信公众号及时推出"疫情法律研究系列专栏",每天发表一篇文章聚焦社会公众关注度高的涉疫法律问题,主动发表专业法律建议,引导社会依法、理性防控。

从疫情期合同履行到劳动用工合规管理,从银行信用卡福利到企业涉税政策解读,从资管产品处理到国企慈善捐助合法性研究,从疫情期刑事犯罪到野生动物交易入刑合法建议,从 PHEIC(即国际关注的突发公共卫生事件)对中国出口企业影响及建议到瑞德西韦专利申请争议研究,全方位关注疫情防控期社会热点与民众关切问题,以专业的法理分析、独到的法律建议,引导民众、企业依法抗疫、科学抗疫。截至 2 月 20 日,已在线发表涉疫类法律问题解析 25 篇,其中多篇专业性法律专刊被《人民日报》政经视窗、新华社上海频道等国家权威媒体转载。

此外,海华人还充分发挥"两代表一委员"平台优势,就疫情防控工作向人大、政协等组织建言献策。上海市长宁区人大代表余盛兴、上海市长宁区政协委员严洁红等律师结合疫情形势发展变化,先后提出关于适时延长春节假期;延迟复工及开学时间,有效控制病毒蔓延;进一步加强上海市疫情防控措施与全力保障企业恢复生产等合理性建议意见,为党委、政府有效抗击疫情提供了科学决策参考。

关注青年律师成长

疫情当下,业务量较往年有所减少,也加剧了青年律师的生存压力。海华永泰非常重视这一特殊时期青年律师的发展所需,不仅采取了很多举措解决青年律师的后顾之忧，还抓住疫情给行业带来的大浪淘沙、重新洗牌的机会，加强专业建设和品牌建设。在海华永泰高级合伙人、海华学院院长余盛兴律师的牵头下，海华永泰依托海华学院推出"海华云谈"和"海华漫谈"两个面向青年律师培养的线上交流分享平台，不定期邀请专家教授和所内同仁进行线上分享，备受青年律师欢迎。余盛兴律师说："解决了律所发展问题，才能解决青年律师的生存问题。"

据了解，海华学院正在将"海华云谈"和"海华漫谈"打造为长久品牌，并组织更多类似的分享和培训活动，为青年律师专业发展提供源源不断的能量。未来3—5年，海华学院将以线上、线下两种方式为青年律师的成长赋能，每年至少在全国各地举办2场大型研讨会，每学年举行2次为期4—6天的专业性培训，提高青年律师的基本素质和专业技能，使其成为促进行业发展的重要力量。

2020年4月8日，在持续76天的"封城"后，武汉终于迎来了"启封"，海华永泰武汉分所正式复工。武汉分所的孙刚律师感慨道："疫情中，海华人表现让我感动不已，大家对疫情的担忧、对武汉分所的关注，积极组织捐款、捐物，展示出海华人的爱心与奉献；大疫之下，积极组织'海华云谈'，提高律师专业能力，更能体现专业赢得尊重、携手成就理想的情怀。"

贯彻"党建+"，彰显海华情怀

"党建强、队伍强、律所强"是海华永泰一直以来秉持并践行的发展理念。25年的发展历程中，海华永泰始终将党建与所建深度融合，以时尚党建统揽来助推事务所蓬勃发展。

基于这样的理念，海华永泰从一家小所成长为全国规模大所，创下了连续13年30%左右增幅的骄人业绩，获得"亚洲五十强律师事务所""中国卓越律师事务所""上海市十佳律师事务所"等数十项荣誉。

海华永泰的"时尚党建"也是全国行业亮点，真正的时尚是切合时代需求，敢于担当。在疫情防控过程中，海华永泰党员律师时刻心怀家国、党和人民，律所和党委不仅实时关注疫情实况，并且积极参与捐款，体现了优秀共产党员的风采。

孙傲律师是一位毕业即加入海华永泰的年轻老党员，十几年来她一直有定期捐助的习惯，重点关注儿童教育及贫困女性的帮扶项目。作为一个在上海工作的湖北人，她本来只是想为身在家乡的亲朋好友提供点帮助，没想到疫情愈演愈烈，于是开始思考自己还能再做点什么。

令她万分惊喜的是，2月1日，海华永泰发起了主题为"积力之所举，则无不胜也；众智之所为，则无不成也"的募捐活动，并且承诺将采购医疗物资直接捐赠给一线的医院。孙傲律师立刻响应号召进行了捐款，短短三个小时，海华永泰即募集了近70万元。

长期以来，海华永泰都在探索应用"党建+"模式引领律所律师的文化情怀。海华永泰党委书记马靖云律师强调，党建是海华永泰的助推器。在党建带动下，2019年海华永泰上海总所创收4亿元，成为业内最具成长力的优秀律所，得到国内外法律界高度认可。

党建对律师事务所而言究竟意味着什么？在海华永泰看来，定分止争是法律信仰，扶危济困是家国情怀，两者结合就是海华情怀最根本的涵义。海华永泰的"海"字，是海纳百川的意思，它不仅指吸引人才的策略，还蕴含着海华永泰对于整个国家和社会的使命担当，也为海华人在面对突发疫情后展现出的强大行动力和凝聚力作了生动注解。

因而，海华永泰党建工作的战略定位便是：彰显海华情怀！通过这次抗疫之战，海华永泰更坚信党建对律所的未来发展起着至关重要的作用。未来，海华永泰仍将充分发挥党委的核心领导作用，继续开展"党建+文化塑造""党建+基层治理""党建+公益服务"三类活动来提高律师的集体归属感、社会责任感，为成就海华永泰百年品牌打下扎实基础。

海华人认为，法律人应当追求的不仅仅是个人或律所的经济效益，更应当把社会责任摆在重要位置。海华永泰认为，应对紧急疫情，一家律所的力量纵然有限，但是能填一处匮乏、抚一刻伤痛、救一个生命于危难，就是民族之福、国家之福。疫情防控进入常态化后，海华永泰律师计划继续为完善我国慈善捐助法律以及相关机制做出力所能及的专业贡献，这件事的价值更是功德无量。

"穷则独善其身，达则兼济天下。"海华永泰党委将继续推动海华公益，一如既往，心系天下，持续行动，成为律所百年发展的核心驱动力。

【海华永泰】

上海市海华永泰律师事务所（简称"海华永泰"）总部位于上海，是中国首批获准成为"特殊的普通合伙"的律师事务所。经过20余年的发展，海华永泰已经迅速成长为享誉上海、立足全国、辐射全球，在国内外有重大影响力的综合法律服务机构。

海华永泰不仅在上海地区有着规模庞大、专业能力突出的执业律师队伍，还在北京、长沙、郑州、昆明、成都、沈阳、南京、武汉、深圳、济南、银川、哈尔滨、西安、重庆、常州、乌鲁木齐等地设有分支机构。

海华永泰作为国际知名专业法律联盟TAGLaw的重要成员，连接着全球150多个国家和地区的300余家律师事务所、会计师事务所等专业服务机构，致力于打造一个为中外客户提供高质量、高效率的全球法律服务网络。

"专业赢得尊重、携手成就理想"是海华永泰的核心价值观。海华永泰致力于打造专业化、品牌化、国际化、规模化的法律服务团队，由拥有良好教育背景、复合知识结构和丰富实务经验的员工组成的律师团队，秉承专业、精细、高效的执业理念，为数千家客户提供最优良的法律服务，赢得了客户的广泛赞誉，并成就了海华永泰卓越的专业声誉。

海华永泰共设有八大业务部门：金融部、证券部、房地产与建设工程部、公司与商事部、国际业务部、刑事业务部、知识产权部和争端解决部。经过20多年的发展，海华永泰在众多法律服务领域卓有建树、领先全国，事务所诸多律师也成为业内翘楚。此外，海华永泰为适应客户和法律服务市场的需要，基于律师团队和事务所业务执业经验和品牌优势，设立了多个跨团队、跨地域的实务及研究性的法律业务中心，确保为客户提供专业、高效、优质的法律服务。

海华永泰共有执业律师近800名，其中多数毕业于国内外知名法律院校。其中，十多位获得博士学位或被授予教授职称及博士生导师资格，其余绝大部分获得硕士学位，部分律师有海外留学、工作经历。海华永泰执业律师除了具备法律专业背景外，很多律师同时具备财务、金融、证券、建筑等专业和行业背景。

德恒
没有人是一座孤岛

> 您的656547只口罩已抵达法国并运往塔恩。它们将被重点派送到那些物资采购尚未到位的市长手中，以便于复学工作和应对不可预期的需求。这也将使我们能够更慷慨地为那些服务贫困人士的慈善机构和那些收容被殴打妇女的慈善机构提供捐赠。
>
> ——法国盖亚克市市长帕特里斯·高斯朗

有一种公益信念，不只是捐款捐物，而是把防疫物资在最短的时间内送到受助处，才能真正救人，才是真正放心！德恒律师事务所（以下简称"德恒"）的同仁在这次抗疫期间真正体验到特殊时期做应急公益的揪心。

"德行天下，恒信自然"既是德恒的信条，也是德恒人做公益的行动准则。德恒在27年的发展历程中，已将其融于律所文化之中。

疫情暴发后，德恒党委会迅速牵头管委会成立防控疫情领导小组，从总部到各地分支机构，抓自身防范，抓抗疫支援。在德恒党委书记、主任、首席全球合伙人王丽律师的带领下，德恒向40家医疗机构和法国、德国及巴基斯坦等国捐助300余万元和紧急医用物资数百万件；完成2020年度中国法学会部级法学研究重点委托课题"构建疫情防控国际合作体系研究"；建立300人抗疫研究组，撰写法律文章270余篇，举办抗疫法律培训57场，逾2万人次收看……

生命危机面前，没有人是一座孤岛，大家必须联合才能有生机。在一次又一次的公益奉献中，德恒人愈加感受到"德行天下"的使命荣光！

跨国驰援促两国人民友好

"您的656547只口罩已抵达法国并运往塔恩。它们将被重点派送到那些物资采购尚未到位的市长手中，以便于复学工作和应对不可预期的需求。这也将使我们能够更慷慨地为那些服务贫困人士的慈善机构和那些收容被殴打妇女的慈善机构提供捐赠。"

2020年6月，德恒所副主任李贵方律师收到来自法国盖亚克市市长帕特里斯·高斯朗的一封感谢信，信件对德恒向盖亚克市捐助口罩的行为表达了深切的感激。与此同时，德恒上海律师事务所（以下简称"德恒上海"）执行主任王军旗律师收到来自法国塔恩省众议员菲利普·福利奥和法国塔恩省省长凯瑟琳·菲利埃女士的感谢信，两位分别向德恒牵头组织捐赠防疫物资的行为表达了真挚的感谢和崇高的敬意。3月，在中国疫情形势趋于稳定时，法国暴发了新冠肺炎疫情，成为欧洲疫情严重的国家之一，口罩"一罩难求"。总统马克龙将这场疫情称为法国一个世纪以来遭遇的最大规模公共卫生危机。

"我们与法国素有渊源，在法国巴黎设有分支机构，和法国驻华使领馆也有紧密的合作和交流。"李贵方律师回想起在疫情暴发之初，法国塔恩籍的资深国民议会众议员菲利普在法国购买了1万只FFP2专用口罩并通过中国驻法国领馆送达武汉疫区，更在2月份专程到上海表达对中国人民抗击新冠肺炎疫情的支持。出于彼此长期的友好关系，也出于对菲利普先生雪中送炭的感谢，李贵方律师立即做出反应："我们决定向法国捐赠口罩。"王军旗律师则受托全程策划实施捐赠事宜。

然而跨国捐赠抗疫物资并不如想象的那样简单。抗疫医疗物资属于特殊物品，国内相关部门对出口抗疫物资的资质审查非常严格，中法两国对于医疗物资认证标准也有所不同。还有一大难题来自疫情期间航班运力的紧张，几乎没有能够直接飞到法国塔恩的航班。即便困难重重，德恒团队也没有放弃，大家都做好了克服困难的准备。

在各方努力下，德恒团队从 4 月份开始，先后分两批将由德恒和社会各界筹资购买的 65 万余只口罩寄往法国。口罩运抵塔恩后，在当地引起极大反响。据凯瑟琳·菲利埃女士介绍，这批口罩将优先帮助弱势群体、慈善组织和部分商业机构。"这批口罩来得非常及时。没有这批口罩，很多学生无法复课，很多中小企业没法复工，这关系到当地很多贫困人口的生计。"

随着口罩一同送往法国的，除了中法双语的诗句，每一个包装箱上还贴着笔触稚嫩但充满爱心的儿童画，这些都是王军旗律师的两个孩子停课期间在家里画的。收到口罩后，帕特里斯·高斯朗市长在感谢信中谈到，德恒律师向世界展示了人类的美好价值，博爱之举在法国人民最需要帮助的时刻给予了足够的支持，友谊在过去和今日都得到了强烈的鼓舞，坚如磐石。

王军旗律师和他的两个孩子

"约翰·多恩有句名言：没有人是一座孤岛。"李贵方律师表示，"中法人民自发的守望互助，证明疫情才是人类共同的敌人。"德恒团队在此一"疫"后也觉得，能为中法人民友谊做出一点点贡献，为全球抗击疫情献出一份爱心，再大的困难都值得。

驰援法国友人的过程令德恒人回忆起年初国内疫情最为严峻的紧急时刻。彼时，武汉、黄冈、孝感等湖北地区陆续成为新冠肺炎确诊人数最多的城市，全国多地相继启动重大突发公共卫生事件一级响应。面对紧迫的现状，德恒全体人员立即行动，一边组织自愿捐款，一边联系医疗资源，为各地医院提供各种医疗物资信息。

王丽主任个人向中央统战部新的社会阶层人士服务团七分团、中国双绿六六事业平台、北京医院、北医三院、西城区律师协会捐款22.6万元，支持紧急救援新冠肺炎抗疫医疗队。德恒党委第七党支部书记、合伙人王刚律师也个人向中华慈善总会捐款人民币20万元用于疫情防控。德恒其他同仁亦慷慨解囊，鼎力相助，为抗疫贡献力量。

除夕当晚，北京总部合伙人吴莲花律师、朱敏律师等在同事支持下，动员身边一切力量为武汉各大医院四处联络医用物资，历时5天，终于在1月28日成功协助德恒多年服务和合作的国内优秀的医疗级防护手套制造商——中红普林医疗用品股份有限公司，通过武汉市红十字会完成向武汉6家医院定点捐赠100万只医用手套的义举。随后，德恒总部合伙人范朝霞律师、朱敏律师又汇集德恒的湖北籍律师们，共同协助德恒完成了向武汉协和医院、武汉火神山医院、湖北华润武钢总医院、武汉钢铁(集团)公司第二职工医院、湖北省武汉市武昌医院、黄冈市中心医院、黄冈市中医医院、孝感市第一人民医院等捐赠手套、护目镜、医用酒精等医疗物资，其中包括5台可用于直接挽救新冠肺炎患者生命的治疗呼吸机。

2月4日上午，德恒北京总部和德恒上海的律师们成功助力山东全文信息科技有限公司向湖北省黄冈市中医医院、山东医疗队定向捐赠1.5吨医用酒精，而全程运输费用7000元则由德恒上海张智勇律师个人捐赠。

铭记这一刻

据不完全统计，德恒通过统战部防控中心、中华慈善总会、湖北慈善总会、武汉市红十字会、武汉市慈善总会等向近40家疫区医院捐赠医用口罩、手套、护目镜、医用酒精等物资近200万件，价值150余万元。

随着海外疫情陷入焦灼，强烈的同理心和社会责任感告诉德恒人必须有所行动。3月中旬，德恒律师们又采购了一批新型冠状病毒核酸检测试剂盒支援巴基斯坦，同时在中国驻法兰克福总领事馆的支持下，向在德国的华人华侨捐赠了132件医用防护服。德恒律师快速筹集医疗物资，全力应对运输与交付难题，第一时间将紧缺资源送到前线医护人员和受难同胞手中的行动，获得了广泛赞誉。

发挥法律社会治理功能

细数德恒27年的发展历程，其在立法修法咨询建议、法律援助、社会公益、行业发展等诸多方面投入了大量的时间精力，在推动依法治国、推动律师行业发展、化解社会矛盾的过程中，默默做了很多有价值的工作。这家长居钱伯斯全球与亚太榜单，曾被《亚洲法律杂志》(ALB)评为中国四大律师事务所之一、被《21世纪经济报道》评为"最佳IPO律师事务所"的律所，在成立之初就担负着"法律服务的试验田"的使命，极为重视社会责任。

德恒人认为，身为法律人，除了有钱出钱、有力出力之外，更要体现专业价值。于是在疫情期间，德恒应对疫情法律专家研究组的研究覆盖众多领域。德恒律师还在第一时间对武汉封城的相关法律依据进行了详细解读，对PHEIC（即国际关注的突发公共卫生事件）的相关信息进行普及，在可能的范围内减少恐慌并及时传播相关法律知识，为社会各方面应对疫情、维护社会稳定提供支持。

为帮助企业高效便捷地解决防控新冠肺炎疫情期间面临的商事纠纷与法律风险，保障企业正常的生产运营，帮扶中小企业应对疫情、渡过难关，这家曾创下中国法律服务市场多个纪录的强所以其雄厚的专业实力携手各地工商联和商会积极开展公益法律服务。

王丽主任主持完成了2020年度中国法学会部级法学研究重点委托课题"构建疫情防控国际合作体系研究"。同时，她组织了近300名律师组成应对疫情法律专家研究组，开展法律研究与义务咨询服务，就疫情引发的热点和疑难法律问题撰写研究文章，带头报名参加北京融商"一带一路"法律与商事服务中心的专项律师、调解员服务团，助力浙江省工商联国际商事调解专线开通，利用互联网调解系统为企业提供网上国际商事纠纷调解服务。德恒执行主任孙钢宏律师带领24名律师首批进驻广西国际商会法律专家咨询委员会，疫情期间通过线上办公方式为企业提供相关法律咨询，维护企业合法权益；德恒刑民交叉团队与中国机电产品进出口商会协定在疫情期间向商会全体会员企业提供免费公益法律服务，就商会企业在疫情期间需要紧急处理的法律问题提供专业的帮助。

此外，德恒上海办公室成立了德恒上海抗疫情小组，参与律新社"律新帮"公益平台，为企业提供免费咨询和服务；德恒无锡办公室开通线上"义务法律咨询平台"，7×24小时为受到疫情影响的企业提供公益法律援助；德恒银川52名律师为金凤区辖区内因疫情受困的中小企业提供一年的公益性质法律服务，服务内容包括免费法律咨询、代理诉讼仲裁案件……

在德恒看来，作为法律从业人员，应及时总结公共事件中反映出来的法律问题，提出解决建议，既着眼于疫情中以及疫情后可能引发的法律纠纷，也着眼于加强、完善相关立法。这是对客户、对大众提供强有力的智力支持，同时也是从法律的角度总结教训，发挥法律应该承载的社会功能。

建立完善公益体系

在做公益的过程中，德恒逐渐发现中国公益事业在系统化方面仍有待进步，遂以专业的方式走出了推进公益事业系统化的第一步——德恒2015年牵头在意大利米兰启动"一带一路服务机制"，2016年创建北京融商"一带一路"法律与商事服务中心暨"一带一路"国际商事调解中心，2020年该中心被商务部列入北京市"走出去"服务企业最佳实践案例向全国推广。调解中心本着公益性、中立性和专业性的原则，在《"一带一路"国际商事调解中心调解规则》下开展工作，通过调解方式解决"一带一路"国际商事争议和纠纷。

而作为德恒在中国最早开设的分支机构之一，德恒上海一直以"无，为"作为实践公益的原则。王军旗律师指出，公益的本质其实就是一种互助意识，当这种意识以文化的形式输出，自然会形成观念，从而演变为一种自发行为。

德恒上海基于对规则意识的重视，在"无"目的、"无"计划、"无"功利中以最原始的本心为源动力，"为"社会公益与专业公益……他们组织所有律师全程参与，为贫困山区孩子选购适合的书目；他们也通过与各个学校合作举办"德恒开放日"、辩论比赛等各种形式，架起大、中、小学生与法律法治，法学生与行业的桥梁。

"要以兼济天下的朴素情怀积极投身于法治建设和社会进步的进程。"这不仅是德恒上海的终极目标，亦被全体德恒人奉为圭臬。

2020年2月，司法部印发了《关于表彰全国法律援助和公共法律服务工作先进集体、先进个人的决定》，分别对270个全国法律援助先进集体及424名先进个人、723个全国公共法律服务工作先进集体及964名先进个人进行表彰。德恒成都办公室副主任黄勇律师、德恒无锡办公室主任王建明律师、德恒银川办公室张华伟律师受到表彰，分别荣获"全国公共法律服务先进个人"和"全国法律援助先进个人"称号。这份荣誉不仅是对几位德恒律师长期坚持公共法律服务工作的肯定，也是对德恒"德行天下，恒信自然"理念的激励。

"如果每个普通人都被激发出一点光，这个力量聚合之后就会很强大。"这次疫情让德恒人达成更清晰的共识：越是公共危机，越要团结互助，没有人是孤岛，人人都担起责任，爱将创造奇迹！

【德恒】

德恒律师事务所是中国规模较大的综合性律师事务所之一，1993年1月经中华人民共和国司法部批准创建于北京，原名中国律师事务中心，于1995年更名为德恒律师事务所，取"德行天下，恒信自然"之意。德恒律师事务所总部位于北京，在上海、广州、深圳、长春、天津、大连、长沙、武汉、沈阳、西安、济南、杭州、郑州、重庆、乌鲁木齐、福州、南京、成都、昆明、合肥、太原、珠海、苏州、温州、无锡、东莞、三亚、宁波、石家庄、南宁、南昌、银川、厦门、西咸新区等地设立了分支机构，在美国、法国、荷兰、德国、俄罗斯、印度、巴西、智利、南非、瑞士、日本、韩国、加拿大、澳大利亚、土耳其、阿联酋、哈萨克斯坦和中国香港等地建立了160多个境外分支与合作机构。

建纬
匠心战疫，回馈社会

> 推进建筑业尽快恢复正常生产工作，对实现我国经济发展目标具有重大的意义，建纬律师深感责无旁贷。面对疫情，提供义务法律援助和咨询就是我们力所能及的最佳贡献，也是身为法律人的职责和担当。
>
> ——建纬律师

突如其来的疫情一度让中国停摆，却激发出了另外一种万众一心。

建所28年的上海市建纬律师事务所（以下简称"建纬"）也遭遇了一次前所未有的大考。除了迅速对疫区作出各种捐助支持外，如何尽己所能以专业帮助国家、帮助社会，是建纬人一体化抗疫思考的重点。

作为以建设工程、房地产、基础设施建设业务领域著称的专业律所，其客户受疫情影响最大，多处工程无法开工，甚至面临着企业的生死考验。如何帮助客户复工复产渡过难关，既是对客户的帮扶，也是通过自身专业参与社会治理、回馈社会的最佳路径。

"来自社会，回馈社会"，建纬所主任、创始合伙人朱树英律师将这句话作为全所的核心理念。疫情期间，建纬人更是以一种全新的"匠心"精神投入到各项抗疫工作中去，主动作为，彰显公益大爱，体现责任担当。

慷慨解囊接力捐助

时间迈入 2020 年，疫情严峻，武汉封城。看着医护人员前赴后继地奔向抗疫一线，听到深陷疫情风暴中心的湖北人民的呼救，建纬人不由得心揪。"要为全国抗疫做点力所能及的事情！"这个共同的想法将因回家过年而四散各地的建纬人"聚"在了一起。

"一开始是个别建纬高级合伙人以个人名义通过第三方平台发起公益捐助。随着疫情扩大，产生了大量的募捐需求和现象，我们感觉有必要在事务所全体范围内发起募捐倡议，高级合伙人之间特地开了微信会议讨论，决定定向捐赠。"建纬党支部书记邵万权律师回忆道。

2月1日，建纬在落实各项防控措施的同时，分别在事务所全体员工群、合伙人群、党员群中发布募捐倡议。"非常快非常多。虽然是在放假期间，却是一呼百应！大家各自凭心意，直接对接行政财务报上具体的捐赠数额。无论是速度还是数量，都令人非常感动。"

最终，建纬上海总所（含直营的北京、南京分所）共同募集 294280 元，其中建纬主任朱树英律师个人就捐款 20 万元。疫情对律师行业也造成了一定冲击，但是上海总所高级合伙人丝毫不考虑对创收的影响，一致同意律所另捐款 66 万余元，连同在武汉分所募集的款项 44145 元，共计 100 余万元，定向捐赠给华中科技大学同济医学院附属同济医院及附属协和医院各 50 万元，用于一线医务人员奖励。

此外，建纬党支部在 3 月 3 日也组织了党员捐款，共筹得 25700 元。另据不完全统计，建纬各地分所也纷纷开展了募捐活动，并通过红十字会及律协等相关途径共捐款 335220 元，总计捐款约 136 万元。

陆游在《病起书怀》中写道："位卑未敢忘忧国。"建纬人始终坚信，尽管自己的爱心力量微薄，但在党和国家的正确领导下，这些微小而又不平凡的力量最终会如同"星

朱树英律师

星之火可以燎原",帮助打赢这场没有硝烟却又关乎每个人生死的战役。

匠心公益回应热点难点

2月12日晚,朱树英律师来到"无讼学院"的直播间,准备做"解读《工程总承包管理办法》八大问题"的专题讲解,屏幕那端已经有数千名律师等专业人士在线等候。

这位建筑工程法律界的泰斗级律师,曾当过10年木工,43岁方才转型做律师。没有硕士博士学位,也没有留洋深造的经历,凭借自身努力,成为上海乃至全国建筑工程和房地产专业的大律师。他讲的课既专业又生动,一直是各大平台的公益网红课。

与他以往的千余场授课不同的是,这次宣讲不仅是行业公益课,也是一次很有价值的社会公益课——课程的全部收入将捐赠给疫区以支持抗疫事业。事实上,看到全国疫情加剧的消息后,朱树英律师已经开始思索:作为律师如何立足专业为抗击疫情贡献更大的力量?

朱树英律师录制抗疫专题课程

中等规模的建纬能够在竞争激烈的律师行业里由小变大、逐步发展,是因为它在成立之初,就确定了明晰的专业领域发展策略。建纬律师立足专业促进业务发展的战略,在严峻的疫情形势下,发挥了独特的优势和作用。

建筑业是我国国民经济的支柱型产业,因突发疫情造成的停工不仅给建筑企业和施工企业等造成巨大的资金压力,更对社会经济发展造成巨大的不利影响。目前,建纬共有律师一千余人,其中相当一部分具有建造师、造价工程师、监理工程师等中、高级技术专业职称。在中国律师业内，建纬的专业识别度非常明显，一直专注于建筑工程和房地产业务板块的建纬在中国城市建设的法律服务领域有着很高的知名度。

推进建筑业尽快恢复正常生产对实现我国 2020 年度经济发展目标具有重大的意义，建纬律师深感责无旁贷。邵万权律师表示："面对疫情，提供义务法律援助和咨询就是我们的最佳贡献，也是身为法律人的职责和担当。"

邵万权律师

在疫情阴霾的笼罩下，所有建筑工地都面临着停工，甚至春节结束后都无法复工，会产生一系列发包方和承包方之间的责任认定问题。哪些是不可抗力？哪些可以免责？对这些热点问题，朱树英律师在专题讲座中也作出了回应和指导。

为了更好地帮助建筑行业应对疫情，建纬律师发布系列"抗疫专题"专业文章 20 余篇，从专业的角度分析疫情对建设工程及房地产相关企业的影响、将会出现的法律问题并提出相应解决方案，为客户排忧解难、为社会贡献才智。

疫情期间，建纬总分所律师应客户服务需求，为其提供 NCP（新型冠状病毒肺炎）相关法律服务。据统计，建纬为客户提供了 NCP 相关咨询业务、协助客户提供 NCP 风险管理专项法律服务、协助客户提供 NCP 索赔非诉专项法律服务、协助客户提供 NCP 被索赔非诉专项法律服务以及编写疫情期间建筑企业政策指引及应对措施指引、编写疫情期间诉讼与仲裁业务操作指引，累计提供各类法律服务 182 项。

专业助力复工复产

随着疫情防控稳定下来，如何帮助建筑行业复工复产成为重大社会经济发展问题和民生问题。

2 月 23 日，习近平总书记出席统筹推进新冠肺炎疫情防控和经济社会发展工作部署会议，针对全国有序复工复产作出了重要指示。其中针对建设工程复工问题，习近平总书记特别强调要加快在建和新开工项目建设进度，加强用工、用地、资金等要素保障。

随着各地陆续进入复工复产复市的关键阶段，疫情防控和复工复产复市所引发的社会矛盾纠纷逐渐增多。在这样的背景下，11名建纬律师积极报名参加黄浦区司法局"复工复产复市纠纷化解律师志愿者团队"，参与包括防控措施引发的纠纷、防疫物资不足引发的纠纷、侵权行为引发的纠纷等在内的疑难纠纷调解工作。

3月，国家司法部律师工作局和中华全国律师协会面向全国律师行业开展为期一个月的"我为疫情防控和促进经济社会发展建言献策"活动。这是在抗击新型冠状病毒肺炎积极向好和恢复全国经济建设的关键时刻，中国律师以法律智慧投入为疫情防控和促进经济社会发展活动的紧急动员令。

建纬立即响应，以专业律师敏锐的大局意识和超强的行动能力，积极投入律师行业开展的建言献策活动。在朱树英律师的带领下，建纬上海总所和北京、深圳等地23个分所共1079名专业律师积极建言献策，为取得疫情防控阻击战的全面胜利和促进建设领域转型升级发展贡献自己的一份力量。朱树英律师作为住建部建筑市场监管司的法律顾问，身先士卒带头行动——正式出版个人专著《工程总承包实务问答》，全书62万字，由法律出版社出版，在工程总承包管理办法施行之际无缝对接。

此外，建纬作为上海市住建委的法律顾问单位，由朱树英律师领衔的建纬专业律师团队为《关于印发〈关于新冠肺炎疫情影响下本市建设工程合同履行的若干指导意见〉的通知》提出专业法律意见，为"指导意见"的修改和完善建言献策。

依靠深厚的专业底蕴和发展韧性，建纬在疫情严重影响律师业务的大背景下实现强势逆袭，在业务发展中取得新突破。不仅如此，还完成了两本专业书籍的编撰，并同时做好研究数个重大专业课题的工作安排。朱树英律师表示："疫情的发生让我们更进一步地看到了建纬的凝聚力和向心力。疫情趋缓后，我们将不只在公益板块继续做贡献，更要求全体建纬人在专业板块上凝心聚力。"

以"匠心"投身法律公益事业

"来自社会，回馈社会。"朱树英律师在28年前为建纬立下的核心理念，伴随建纬的每一次公益行动，像种子一样种在了每个建纬人的心田里，生根发芽。在建纬人看来，做公益承担社会责任，将融入一代又一代法律人的发展历程，最终整个法律行业将获益满满。

建纬所长期坚持参加市委、市政府信访接待值班，主动承担法律援助任务，为社会弱势群体设立法律咨询热线，维护拆迁居民的合法权益。2005年，建纬人在云南省个旧市他期村捐建了"上海建纬—他期希望小学"；2008年汶川地震后，建纬上海总所全体员工捐款达30余万元，朱树英律师个人捐款达20万元；2015年，朱树英律师捐赠100万元人民币，在华东政法大学设立"树英奖学金"，旨在鼓励有志于毕业后从事城市基础设施建设、房地产以及建筑工程等建筑领域法律业务的学生，促进新时期律师后备人才的培养及法学教育事业的发展。

"专业识别度"是建纬精髓之所在，"用专注的心做专业的事"则是建纬的座右铭，对于公益，他们也如此理解。新时期，建纬律师更加注重用专业匠心打造美好公益，每年都会参与法律援助、社区法律咨询等多项专业公益活动。截至本书定稿，建纬累计提供法律咨询数千件，办理法律援助案件几十起，因此而蝉联了"上海市文明单位"荣誉称号，并获得了"上海市司法行政工作先进集体"、黄浦区司法行政系统"好支部"等称号。

2017—2018年连续两年，在"爱飞翔乡村教师培训，我圆乡村孩子小心愿"活动中，数十位建纬律师为近百名乡村孩子送去了各种小礼物，实现他们的"小小心愿"；2018年5月25日，建纬4位年轻律师来到位于南京路上的学雷锋志愿服务站，在这里开展为期一天的志愿值守工作；2018年9月，为进一步加强黄浦区与普洱市的对口支援与合作交流工作，建纬号召全体律所工作人员为普洱市贫困群众进行募捐，共筹得现金5万元整，悉数捐献给普洱市扶贫办，用于脱贫攻坚，为普洱市贫困地区有需要的人们送去温暖和帮助。

涓涓细流汇成浩瀚江海，细微善举聚为大爱无疆。从疫情严峻期到逐步复工复产期，再到疫情防控常态化时期，建纬一如既往地以"匠心"投身法律公益事业，将志愿服务进行到底。"来自社会，回馈社会"，建纬律师在行动！

【建纬】

上海市建纬律师事务所成立于1992年，是中国大陆首批以地产、工程和金融法律服务为主的专业律师事务所。建纬在全国30个主要城市设有办公室，能够为客户提供多地协同法律服务。

建纬成立至今，始终秉持着"超前、务实、至诚、优质"的服务理念，以全链条、精细化专业服务，成为专业化律所的标杆和典范。凭借其卓越的专业表现，多次荣膺国内外多项殊荣，包括"全国优秀律师事务所""司法部部级文明律师事务所"、钱伯斯法律评级机构"房地产领域、建设工程领域领先律师事务所"、亚洲法律概况建设工程和房地产领域"杰出律所"等。

建纬一直致力于践行社会责任，通过积极参与立法、制定行业标准、出版学术专著、进行专题研究、举办学术研讨会、组织建纬公开课等方式，以专业成果回馈社会。

建纬全国办公室：上海、北京、深圳、昆明、武汉、长沙、杭州、天津、福州、乌鲁木齐、南昌、南京、郑州、西安、包头、重庆、合肥、太原、成都、济南、青岛、大连、东莞、广州、西宁、海口、兰州、贵阳、南宁。

海普睿诚

利他、利众是律师最好的服务模式

> 用关注，彰显公益情怀；用专业，剖析法律热点；用行动，助益共克时艰。建设法治国家，推进治理体系和治理能力现代化，不仅是各级党委政府的重担，也是律师的责任和使命。
>
> ——海普睿诚律师

利他思维不仅是一种公益模式，也是最好的共赢模式，能够参悟其道，会有发自内心的担当。对律师而言，这种思维可以更好地把职业价值和社会需求紧密连接，形成价值共鸣。

陕西海普睿诚律师事务所（以下简称"海普睿诚"）主任、管委会主席赵黎明律师在日常律所管理中一直强调"利他、利众是律师最好的服务模式"。这种思维让海普睿诚在过去四年内取得了平均增长率达32.81%的骄人业绩，也在践行社会责任的大道上步履不停。从2015年创立百万"海普睿诚基金"，到疫情期间全所合力共捐善款57万元，海普睿诚积极参加各类专业公益活动。

疫情期间，无论是设立西北地区唯一在线调解工作室，还是参与设立西北地区第一单抗击新型冠状病毒肺炎慈善信托，海普睿诚充分发挥"利他利众思维"，不断结合实际需求创新公益形式，为依法战疫和经济社会发展保驾护航。

西安街头主动送温暖

真正的爱，是总能发现别人的需要。

2020年的大年初一，武汉宣布"封城"后，陕西省也启动突发公共卫生事件一级应急响应。

西安的街头，寒冷宁静。

此时，举国上下皆为形势严峻的疫情忧心，奋战在抗击疫情前线的医护人员和科研人员，顶着最大的风险，扛着最重的责任。

海普睿诚人一边关注疫情动态，一边思忖做些什么。上下班路上，他们注意到春节依然忙碌在大街小巷的环卫工人，在其他人都已经回到温暖的家里"隔离"之际，他们由于工作性质，还暴露在外维护着城市的清洁。

赵黎明主任立刻与执行主任王阿丽律师牵头组织了为环卫工人"添防护、献爱心"的活动，旨在面对疫情，为环卫工人加强健康防护，保障清洁安全，送上一份贴心的祝福。在市面上N95口罩断货的情况下，海普睿诚结合环卫工人的工作性质，批量购买了有助于增强免疫力的维生素C泡腾片300支，橡胶防护手套300副，以及清洁用品10箱，并与西安市电子城街道办市容处取得联系。

1月24日上午，在清点完防疫安全礼包后，管理合伙人孙婷与行政总监

大年三十海普睿诚人慰问环卫工人

种贵兴、行政人员刘嘉虎从律所出发。数九寒冬,在这个距离武汉足足八百公里的城市的街道上,出现了令人暖心的一幕:海普睿诚的代表们将防疫安全礼包和新春的祝福,一并送到20余名环卫工人代表的手上。

面对这意料之外的关怀,环卫工人们都露出了开心的笑容,并和环卫办相关领导对海普睿诚的关爱之举表示感谢,彼此互道新春祝福,传递一份真情和温暖。

与此同时,面对突发疫情,海普睿诚已迅速响应,积极开展抗疫公益行动。1月29日,海普睿诚全体同仁在律所防疫领导小组的号召下,为防疫开启了捐款行动。截至1月30日21时,在不到两天的时间里,共收到来自党员、合伙人、

海普睿诚爱心捐款

律师及员工172人捐助的善款,合计57万元。这笔善款由律所防疫领导小组以最快速度专项汇款至慈善机构、红十字会,全额用于对定点防治医院的帮助,为疫情防控尽一份法律人的绵薄之力。

捐款行动中,赵黎明律师个人带头捐款20万元,极大地鼓舞了大家爱心捐助的热情。海普睿诚一位保洁员大姐在捐款时说道:"律所集体组织献爱心太好了,我虽然捐不了太多,但也想尽一份心意!"此外,还有多位律师自愿为律所购买口罩和消毒用品,亦有不少人已自行或随家属单位进行了捐款,从各个层面体现出了新时代法律人在国家大灾大难面前的社会责任感和大爱情怀。

截至1月31日,善款已分别通过湖北省慈善总会投入到疫情较为严重的湖北各地市定点防治医院;通过西安市红十字会投入到陕西省收治病患较多的陕西省传染病院(西安市第八医院)、唐都医院和西安交通大学第一附属医院。

专业公益"扫雷"克难

"用关注，彰显公益情怀；用专业，剖析法律热点；用行动，助益共克时艰。"疫情期间，海普睿诚全员达成高度共识。

自2020年1月23日起，海普睿诚人通过一系列联防联控行动，践行着新时代法律人的责任和使命。疫情发生后迅速成立疫情防控领导小组，安排部署全所防疫工作。下发工作通知，分组摸排情况，高级合伙人电话值班，并组织律师撰写"疫情时期法律'雷区'系列文章"，伴随着新冠肺炎疫情常态化防控，该系列文章持续连载已达80余篇，内容涉及中小企业如何"过冬"、劳动关系纠纷等多个热门法律问题。

海普睿诚的律师们用这些短小精悍的普法文章，有针对性地解答了疫情时期极易出现的各种法律问题，并根据实际情况进行了深入浅出的分析，用通俗易懂的专业语言给出了解决问题的办法和思路。上述文章不仅发表在律所公众号，也在广播电台、《法治日报》、律新社、中国律师网等平台进行了有效推广。

此外，海普睿诚本着"立足职业，奉献专业"的宗旨，由主任赵黎明律师、执行主任王阿丽律师、副主任郝大明律师及全体高级合伙人、管理合伙人、行政总监、财务总监组成了志愿法律服务领导小组。50余名热心公益、专业资深的合伙人、律师成立"防控疫情志愿法律服务志愿律师服务团"（以下简称"志愿律师服务团"），开展疫情防控公益法律服务，通过电话、邮件、微信为社会大众提供义务免费的法治宣传和公益法律咨询，旨在投入全民防控，解答法律疑问，为防控疫情建立稳定的社会环境。优先为奋战在疫情抗击一线的医护人员、军人、警察、新闻工作者、政府工作人员及其家人提供服务。

疫情期间，志愿律师服务团广泛开展疫情防控有关法律法规、政策文件、常识知识的宣传；为企业在疫情防控期间的劳动用工、税费减免、金融支持、政策扶持等方面提供法律咨询意见；为人民群众在疫情防控期间遇到的劳动合同、工资支付以及其他涉法涉诉问题提供法律咨询意见。特别在海普睿诚咨询大厅设专项咨询窗口，针对中小型民营企业提供各项法律咨询服务，免费、广泛、有效地服务中小型民营企业，并对妇女儿童、老弱病残、农民工等弱势群体提供司法援助。

赵黎明律师表示:"律师虽不能像商人那样捐赠更多的钱物,却能以其执业贡献更多的专业智慧。专业公益是律所做大做强的根本,也是我们抗击疫情、回馈社会的最好方式!"

防控常态化后助力复工复产

2020年4月8日,武汉"解封",热干面重新在街头巷尾冒出香气。一个月后,国务院发文称防控工作已从应急状态转为常态化。

面对疫情防控常态化,伴随复工复产工作的推进,海普睿诚律师的专业力量得到了更大发挥。

疫情防控期间,法院线上开庭增多,为了更好地协助线上相关工作处理,海普睿诚携手西安碑林法院,设立矛盾纠纷诉前化解在线调解工作室,贡献律师力量,助力矛盾快速、高效化解,深化落实民事诉讼程序繁简分流。这是西北地区唯一的在线调解工作室,目前调解案件广泛涉及劳务、中介、网购等各类纠纷,成功率达20%以上,调解效果显著。

海普睿诚还积极参与发起设立西北地区第一单公益慈善信托——"陕国投·陕西慈善协会·迈科集团——众志成城抗击新型冠状病毒肺炎慈善信托",该信托总规模3000万元,将定向用于新冠肺炎定点治疗医院、相关医院、陕西省支援湖北地区医护人员、其他医护人员或确诊患者等。首期募集规模1180万元,已全部用于采购医用物资,并捐赠给西京医院、省人民医院、交大一附院、交大二附院、省疾控中心等抗疫一线单位。

在这个过程中,海普睿诚律师免费参与本单慈善信托的结构设计、合同审查、备案管理等前期工作,并免费担任本单慈善信托的监察人,站在公益、公立角度,对信托运作进行监察管理。该慈善信托总期限3年,在此期间,海普睿诚律师将持续免费为该慈善信托提供法律服务。

"律师职业的本身,就体现了公益性。"赵黎明主任一直倡导,律师用专业帮人、助人,为人排忧解难,无不是在维护当事人的合法权益,维护法律的正确实施,维护社会公平和正义。

这场史无前例的战疫,向世界展示了全社会广泛参与的重要性,单靠政府

赵黎明律师

的力量很难战胜疫情，这也对市域治理提出了挑战。新的社会治理必定充分强调了社会协同和公众参与，这是破解社会治理困境的必然选择。

如何从法治角度更好地应对疫情防控？赵黎明律师指出，应加大市域政府的自主治理权，同时亦要完善其治理体系，提高其治理能力。2020年初，在参与陕西省今后五年法治规划纲要的制定时，赵黎明律师以省政法委决策委顾问的身份，提出"一定要把'人民群众的生命健康安全'放在包括政治安全在内的其他安全之前，并作为各级党委政府的首要执政理念"，效果良好。

伴随律师参与社会治理的广度和深度不断延伸，赵黎明律师建议各省市律师可以充分发挥职业优势，积极为党委政府有效建言献策，比如借鉴陕西省"给全省每位没有法律教育背景的省人大代表、政协委员一对一地免费配备一名法律顾问，为他们参政议政当好参谋和助手"的举措。经过十多年的成果实践，这项举措已被司法部广泛推广，很多省市到陕西来学习这项工作经验。

当前中国正在进行全面依法治国，建设法治国家，推进治理体系和治理能力现代化，这不仅是各级党委政府的重担，也是律师的责任和使命。

在海普睿诚人看来，律师作为法律人，在专业公益大道上必将大有所为。疫情是一次大考，中国律师交上了一份漂亮答卷，这也预示着这支队伍将有参与社会治理的更大空间。

【海普睿诚】

海普睿诚律师事务所地处西北，系陕西省司法厅直属所，具有27年的发展历史，是一家注册资金1200万元，以公司制管理为主导运营模式，特殊的普通合伙制为组织形式，专业化、规范化、规模化、国际化发展的大型综合性律师事务所。现有执业律师183人（合伙人46人）、律师助理64人、行政运营与客户服务人员16人，总人数263人，以及位于西安高新核心CBD的4000平方米跨越式双层国际顶级办公场址。

海普睿诚律师事务所在陕西乃至西部律师界业绩骄人，拥有良好的知名度和影响力，两次荣膺全国优秀律师事务所，同时享有国家第三批综合标准化试点单位、全省首家ISO9001:2008国际质量认证律所、全省优秀律师事务所、省级文明律所、省青年文明号、省青少年维权中心、中国律界最佳公益组织奖等多项殊荣。

海普睿诚律师事务所组织架构完善，资源配置优良；律师团队专业过硬，业务精湛。设有民商事、建筑与房地产、金融与资本市场、刑事、公司财税五个业务部门。现服务政府、机关、高校、企事业单位700余家，国家重点项目50余个。在各级人民政府担任法律顾问，为省人大代表、政协委员提供常年服务，以及在省律师协会各专业（专门）委员会任职的律师近百人，拥有广泛良好的口碑和社会公信力。

海普睿诚律师事务所同时拥有军工涉密业务安全保密资质、全国知识产权服务品牌培育机构、省市国资委法律事务中介机构、中国银行间交易商协会会员、省股权交易中心会员、省市法院破产管理人、中小企业公共示范平台及特约服务机构、专利代理机构等30余项专业资质。

君悦
与君同行，共靖时艰

> 所爱隔山海，山海皆可平；与子为同袍，风雨皆同行。援助武汉的抗疫行动中，君悦所展现了"自在、平等、开放、共享"的君悦文化。不畏困难，不惧艰险，只因相信涓涓细流终能汇成江海！时不我待，与君同行，共靖时艰，抗疫必胜！
>
> ——君悦律师

武汉"解封"后的第三个月，君悦律师事务所（以下简称"君悦"）主任胡光律师终于踏上了回乡之路。时隔八个多月，再次呼吸到了故土的空气，看到武汉的亲朋好友无恙，"劫后余生"之感油然而上心头。

对于武汉亲友而言，在久别重逢后的欣喜中，还有很多真挚的感恩之情。

为抗击新型冠状病毒肺炎疫情，君悦律师们在律所管委会与党支部的带领下，春节第一时间就开始积极行动。为了筹措最紧缺的医疗物资，大家一起绞尽脑汁，克服重重困难，深夜落地武汉机场的捐助物资引起君悦人的胜利欢呼；疫情防控进入常态化后，君悦人还参与设立抗疫援助专项基金，覆盖广大援鄂医疗队员和一线抗疫人员。

"逝者不回，但不能枉费了他的付出和灵魂！我们做到了！"这是君悦人的心声！随着武汉解封，人们终于可以同桌吃热干面了，穿越生死后的人们更理解这种大难时的相助和肝胆相照是一种怎样的"与子为同袍，风雨皆同行"。

再难，也要把急需物品送到

疫情期间，所有在外工作的湖北人都经历了一场家乡情感的撕扯。

胡光律师就是其中一位。

胡光律师祖籍湖北，毕业于武汉大学法学院，留学归国后来到上海生活了二十余年，当看到家乡身处疫情的中心，想到自己在武汉的亲友和同学们在旋涡中挣扎，他的心一直难安。

当听到亲友和老同学们都安好的消息，总算有些安慰，可是一想到前线物资短缺、医护人员甚至会面临"零防护"的情况，这颗悬着的心，怎么也放不下来。

"必须有所行动！"

深耕涉外业务的胡光律师首先想到利用国际网络采购救援物资，并尽快投放到前线医院。在开展海外物资搜寻的同时，他带领事务所管委会向全体君悦人发起《君悦律所爱心捐助倡议书》，募集善款定向用于武汉和湖北其他地区的抗疫一线医院，以及上海华山医院和华东医院等向武汉派出医疗援助队的医院。君悦所在管委会全体委员的带领下，短短一天内，便筹得30余万元善款。

截至1月31日晚24时，此次捐赠活动共募集包括律所合伙人、专职律师、行政人员等全体职工捐款425600元，党员捐赠人民币180712元（含特殊党费人民币54213.60元）。同时，君悦杭州分所和深圳分所也积极行动筹集善款，杭州分所捐款人民币42800元，其中39500元捐赠至杭州萧山区慈善总会，通

联合募捐支援武汉　　　　　　　　　　　　　　　　　　　　　湖北人民的感谢

过其他渠道捐赠 3300 元；深圳分所捐款 50000 元，捐赠至深圳福田慈善会。

但是物资采购和投送之难超过想象。"从来没有感到这么艰难和焦急过。尤其是开展海外物资的筹集和运输后，其中遭遇的种种困难和障碍，都难以想象。"在前线物资最为紧缺的那段日子，胡光律师很疲惫，马不停蹄地线上联络、沟通，为顺利将海外物资送往"前线"所必须处理的环节多如牛毛：寻找货源、核定医用、核定价格、对接医院、安排外币、敲定合同，还要尽量避开中间环节，防止被骗，最后要解决通关和安排物流运输。

"太难了，不过也非常锻炼人，许多爱心人士都给予了大力的支持……"他反复感叹。

幸运的是，有过业务往来的海外企业客户、国际友人、海外华人华侨、留学生都倾力相助，发挥了巨大的作用。从美国留学回来的火星定律公司运营总监陈心怡博士积极参与流程监管。

从海外采购物资，必须面对工作时差，小伙伴们"白 + 黑"连轴转。看到身边那么多不计小我、自发助力抗疫的小伙伴们，君悦律师感动万分："这不仅是一家上海律所对湖北的支援，应该说是全体海外华人华侨，包括派驻在海外的律师同仁的共同支援。"

2 月 7 日晚，这批在海外筹集到的物资顺利抵达武汉！看着承载着希望的专机滑上跑道，看到一箱箱物资从机舱内有序地运出，胡光律师直言"眼睛湿润了。"

据不完全统计，君悦部分员工还通过其他渠道和平台进行了物资和资金的捐赠，如通过武汉大学上海校友会、上海市新联会、上海市慈善基金会定向"抗击新型冠状病毒肺炎疫情专项行动"、长宁区司法局党委的"支持疫情防控特殊党费"、上海民盟同舟公益基金会、上海民建扶帮公益基金会、市慈善基金会长宁分会、华东政法大学抗击新冠肺炎援助基金、东大校友会等，捐助金额达人民币 50 余万元。

疫情防控进入常态化后，君悦还与武汉大学上海校友会合作，设立了武汉大学上海校友会抗疫援助专项基金，覆盖广大援鄂医疗队员和一线抗疫人员。"疫情点燃了大家的责任心，作为上海律师还能为医护人员们做点什么？这就是我们参与设立专项基金的初衷！"胡光律师激动地说道。

为疫情所需制定专业应对策略

疫情突袭对整个社会生活、经济秩序造成了重大冲击，在紧急情况下如何守住法律底线？法律法规又该如何适用？律师有责任向社会传递正确的信息，让企业、员工、社会各方能通过律师对法律的解读，找准方向，守住底线。"这是其他行业所发挥不了的作用，作为君悦人自然责无旁贷。"

在管委会的指导下，君悦各个专业委员会针对疫情防控工作进行各自专业领域内的研究，及时汇总对企业和居民有帮助的法律信息指引。

社会与保障专委会的骆平律师，利用劳动法专业之所长，发表《关于上海地区疫情防控期间劳动关系处理的高频 Q&A》《疫情下的复工开启方式》，文章汇总了疫情期间有关劳动关系处置的一系列高频问题；许江晖、周成成律师发表《疫情之下，企业如何合规用工》，对上海、北京和苏州地区常见劳动法律问题进行梳理，供广大用人单位参考。

争议解决专委会的刘子兵律师发表《疫情下的企业减损 36 计》一文，为企业减损提出全方位共 36 条法律建议，助力企业共克时艰。疫情期间，很多企业面临经营困难，君悦人在破产领域也开启行动。破产与清算专委会的李成浩、林逸沁律师发表《疫情防控期间的破产债权申报与债权人会议》一文，汇总了部分省市有关债权申报和债权人会议的相关通知与相关建议。

"法律服务行业的特性决定了律师一定不是商人，不论执业内容是非诉还是诉讼，都是为了帮助社会实现公平正义，或者是为了实现经济交往中的公平交易。因而，一个优秀的法律人，做好其职业本分其实就是在履行社会责任。"在君悦人看来，律师专业的不可替代性决定了他们能提供更具价值的专业公益服务。

经历了物资采购和投送之难后，君悦律师发现了在社会治理、政府行政中显现出的各类问题。疫情来袭，紧急状态下全国范围内的物资调配急需进一步改进，统一指挥和快速反应非常关键；物资紧缺情况下，如何精准投放，如何解决局部与整体层面上供给与需求的错配问题，亟待解决。

"经此一疫，社会、政府、社会组织、律师行业，都受到了一次很好的教育和锻炼。"身为上海市政协常委的胡光律师认为，在应对紧急突发事件时，

胡光律师

律师还需要在帮助政府完善社会治理、制度建设的能力提升方面发挥重要作用。

"我们急需反思和梳理：应急响应中还有哪些是不够的？如何发挥社会组织和民间力量的作用？在紧急状态下对不同人群的隔离如何尽量避免歧视性安排？又是否有事后补偿？"胡光律师表示，律师作为制度建设的参与者，一定要为未来制定出更好的方案，"也许我们很难做到完美，但我们起码要比之前做得更好。"

创新管理机制推动一体化公益

援助武汉的抗疫行动中，君悦展现了"自在、平等、开放、共享"的君悦文化，这也是一家律所长远持续发展的驱动力所在。

疫情期间，为保障全体君悦同仁的身体健康和生命安全，君悦在积极支援前线的同时，管委会与行政部门也以尽心、贴心、暖心、实心的服务措施关爱着律所员工。除了购置口罩、消毒用品外，律所还为全体君悦在职人员安排购买了泰康保险公司的抗疫保险"泰康爱心保"，此举费用全部由火星定律运营平台承担。

据了解，火星定律是中国首家专业人士的蜂巢共享平台，君悦在其O2O蜂巢共享模式下，通过以管委会为主导的高效集中运营管理，整体服务外包，实现资源所内共享、行业共享、社会共享。

所爱隔山海，山海皆可平；与子为同袍，风雨皆同行。在全国上下的齐心拼搏后，武汉终于"解封"，湖北也完成"清零"，胡光律师得以回到阔别数月的家乡。"跟当地的同学、合作伙伴、律师同行都见了面，大家都觉得武汉能度过疫情中最艰难的几个月，接下来的日子一定会更好！"

战疫过后，一直注重公益建设的君悦也被锻炼得更强大、更有凝聚力！此次抗疫行动为全体君悦人留下了巨大而宝贵的精神财富，所有人都在发自内心地做一件崇高的事情，不畏困难，不惧艰险。"我们相信涓涓细流终能汇成江海！时不我待，与君同行，共靖时艰，抗疫必胜！"

作为全国优秀律师事务所、全国律师行业先进党组织、上海市十佳律师事务所，君悦一直热心公益，积极履行社会责任。多年以来，君悦律师持续与社区街道、凝聚力工程、中小学、武警部队等基层组织保持着密切的联系，以助学助困、法治宣传教育、法律援助、法律咨询、知识讲座、基层法律顾问等多种形式，开展了如慰问帮困学生、助学献爱心、法律服务进军营、送法进社区、公共法律服务家门口工程等公益法律服务和慈善活动。

2020年伊始，君悦联合上海市慈善基金会举行了"凡人善举 助学助困"新年爱心拍卖、义卖活动，获得了君悦全体律师的积极响应。经统计，通过竞拍、义卖等多种形式，此次活动取得善款合计128000元，将全部交由上海市慈善基金会"凡人善举"项目，后续用于君悦助学助困项目，为需要帮助的学子、儿童们带去温暖和希望。

正是源于日积月累的慈善奉献，让全体君悦人达成了一个共识——公益重在平时积累，在危难时刻更应鼎力相助。"付出甘之若饴，所得归于欢喜"。爱的流动是生命的真相，也是兴旺之道。君悦已在付出与所得之间找到真正的君子之悦！

【君悦】

上海市君悦律师事务所（MHP Law Firm）是一家大型的综合性律师事务所，被评为全国优秀律所、上海市十佳律师事务所。君悦拥有位于上海市中心黄金地段两千多平方米的便利办公环境，配备现代化且功能细分的办公设施，让律师们轻松享受工作乐趣。同时，君悦以"自在、平等、开放、共享"的新型经营理念，开创律所移动和共享办公模式，依托强大的数据支持、扎实的业务能力、诚信的服务态度、密切的国际合作，为全球客户提供全面、及时、精准、高效、优质的法律服务。

汇业

云上公益跑出"汇业速度"

> "医者仁心,勇战前线。律者同心,共克时艰。"如何把自身的专业知识与社会需求融合,提供切实有效的解决方案,这是疫情期间每个汇业人都在思考的问题。对于汇业来说,做公益是一份社会责任,也是汇业人应有的担当与态度。汇业一直以来都秉持着做务实而有温度的公益,实现公益常态化,展现法律人的正能量。
>
> ——汇业律师

参与抗疫不仅要求热忱付出,更考验行动速度!汇业律师事务所(以下简称"汇业")在这样一场大考中,考出了史上最快的"汇业速度"!

自 2020 年新年伊始,新型冠状病毒肆虐,汇业全球近 30 家办公室的全体同仁密切关注各地区疫情,积极投入抗击疫情的战斗。汇业利用自身建设的跨地区之间的信息化管理平台,关注疫区援助,创新救助方式,多次开展线上头脑风暴,融合各种资源制订了"汇盾""汇业云宣""珞珈云生"等多项公益计划。据不完全统计,截至 2020 年 3 月,汇业律师共为抗击疫情募捐善款近百万元,累计发表涵盖 12 个专业领域的相关文章 50 余篇。

自 1999 年成立至今,汇业以 20 年来取得的快速发展成就充分证明:律师群体作为社会经济活动的直接参与者,有义务在这样特殊的时刻,用专业和热情担负起自己的社会责任,为战胜疫情贡献自己的一份力量。

主动隔离，积极援助

黄石，距离武汉 80 公里。这里是汇业律师王则周的老家，他没想到，本来的计划过年"回家看看"，会变成长达数月的"漫长假期"。

2020 年 1 月 19 日，王则周律师从上海出发，踏上了去往黄石的列车。在距离武汉正式宣布"封城"不到 24 小时之隔，他途径武汉高铁站转车，车站内依然人头攒动维持着忙碌运转，庚子年的疫情暴风雨正悄然而至……

2020 年 1 月 23 日凌晨，武汉"封城"的消息在电视新闻中滚动，刷屏朋友圈。面对突发疫情，汇业第一时间建立了全国疫情防控和应急工作小组，对武汉办公室全体同事进行慰问，排查流动信息并确认健康状况。在武汉物资极度匮乏的情况下，汇业各地办公室都竭尽所能援助汇业武汉。

而在距离上海八百公里外的黄石，王则周律师做了一个决定——主动居家隔离。在湖北疫情发酵蔓延、医疗资源极度匮乏的情况下，他本有机会回到上海，但"不愿给别人添麻烦"的心情驱使他和家人一同启动了隔离模式。

与许多隔离者截然不同的是，王则周律师的隔离生活显得格外忙碌。毕业于武汉大学化学与分子科学学院的王则周，在从事律师行业之前，是一名生物医药领域的工作者，因此他对疫情的发展拥有特殊的敏感性。得知疫情急速恶化、全国范围内出现医疗物资短缺的情况后，他加入了很多物资交流群，积极寻找、筛选有用的信息。

在疫情最严峻的时刻，王则周律师甚至每天都会在各类信息平台上花十多个小时关注募集信息和货源采购情况，直接与防控物资生产厂家联系，督促厂家交货，亲自联系物流协调沟通。

"寻找物资的时候会遇到信息不对称的情况，往往这时候夹在中间是最难的，有时甚至想过放弃。但当看到有资源需要给医院，或者看到医院需要资源的时候，大家还是愿意站出来帮忙。"王则周律师对"为众人抱

王则周律师

薪者，不可使其冻毙于风雪"深以为然。汇业合伙人唐嘉伟律师等得知情况后，也火速加入到爱心小分队中，积极帮助医疗机构寻找物资。

经过多番努力，王则周律师和同伴们最终为武汉大学附属人民医院、中南医院、黄石市中心医院等医院募捐到各类口罩2万余个、84消毒液1万瓶，并通过黄石市餐饮协会采购了3200斤蔬菜，再由餐饮协会的义工们做成爱心餐送到医院。

为表彰其在公益活动中的特殊贡献，汇业为王则周律师特别颁发"汇业卓越贡献奖"。而在汇业，像王则周律师这样的法律人还有很多——汇业管委会委员黄春林律师将其新书《网络与数据法律实务：法律适用及合规落地》出版收入全部捐赠给武汉；汇业管委会主席杨国胜律师向贵州当地驰援武汉的医务人员及家属捐赠慰问金；汇业各地办公室在疫情发生后纷纷自发进行捐款……

汇业人坚信，他们的行动不仅源自社会责任感，更是法律人正义与使命的体现。

用专业心做公益

特殊时期，汇业人用高效、务实、极具前瞻性的抗疫行动传递着必胜信念，为支持奋斗在前线的勇士们贡献一臂之力。

2020年初，汇业全国发展战略在华中地区的谋篇布局正走过第三年，在汇业武汉办公室主任葛振桦律师的带领下，武汉办公室的业绩一直维持在年均50%左右的高速增长，律师人均创收位列当地前列。能力越大，责任越大，身处疫情旋涡中心，汇业武汉办公室责无旁贷。

葛振桦律师临危受命，义无反顾地冲锋在抗击疫情第一线，两次进入华南海鲜市场排查情况，成为该项目组中唯一进入市场内部的女律师；"封城"初期，葛振桦律师还主动承担起社区一线排查等志愿者工作；在攻坚阶段，她发挥专业特长，形成医护人员住宿酒店征用方案，并在线直播助力企业应对疫情、复工复产……

截至2020年2月23日，上海市由市、区两级89家医院组成了9批次、11支医疗队、1600多名卫生专业技术人员支援武汉。他们在武汉的各个战场奋力拼搏，救治生命，成为武汉人民的信心源泉。

这些不顾小我的"逆行者"们令汇业人深受触动。前方有白衣天使救死扶伤，后方应有匡扶正义者保驾护航。在汇业律师的一致倡议下，"汇盾"计划公益法律服务项目应运而生——为奋战在抗疫前线的援鄂医疗队员提供为期五年的公益法律服务。在志愿者招募过程中，200余名汇业律师踊跃报名，共同组成志愿者团队，用专业法律知识为一线医务人员提供力所能及的支援，帮助他们化解后顾之忧，感谢援鄂医疗队员为抗击疫情作出的奉献。

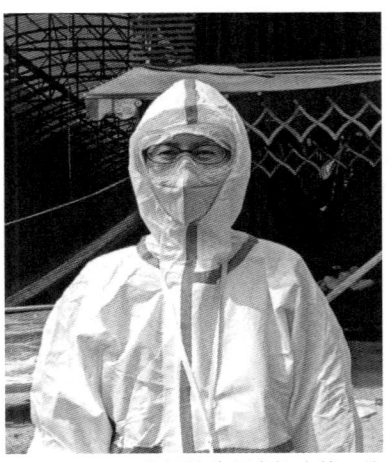

葛振桦律师在抗疫第一线

在社会进入复工复产阶段后，汇业管委会委员周开畅律师与武汉办公室共同开展"疫情防控下企业协调劳资关系的十大合规建议"线上培训，助力当地经济复苏。汇业党总支书记、管委会委员廖明涛律师曾说，法律人首先要从社会责任的角度去看待疫情，提出反思，同时也要助力政府相关政策的落实，用更专业的方式为市民排忧解难。作为上海市徐汇区律工委主任，他在2月1日向全区律师发起倡议，号召法律志愿者走进社区，上海办公室组织党员志愿者作为第一批先锋队员报名参加。

此外，汇业高级合伙人曹竹平律师参与了上海市律师协会疫情防控与危机处理专业法律服务特别支持小组，编写"新冠疫情行政法业务问答"；汇业高级合伙人杨见钧律师作为牵头人，为上海市人大常委会建言献策；汇业管委会委员吴冬律师开展专场公益讲座，进行公益在线分享；汇业合伙人洪桂彬律师发文《国务院统一延长春节假期十问十答》，单篇阅读量"10万+"……

疫情中，汇业律师的专业敏感度与服务意识让人赞叹。针对疫情期间出台的各类政策规定，律师们都第一时间积极响应，结合业务专长撰写并发布多篇法律解读文章，以专业和资源优势，在复工复产、公益服务等方面积极贡献力量。

"医者仁心，勇战前线。律者同心，共克时艰。"如何把自身的专业知识与社会需求融合，提供切实有效的解决方案，这是每个汇业人都在思考的问题。

发展云公益实现"汇业速度"

持续高速发展是汇业自1999年成立以来的基本状态，在受疫情影响、法律服务市场业务下行的情况下，汇业"逆流而上"跑出加速度，不仅业务同比实现增长，并且大连、连云港、海口、乌鲁木齐等地的办公室也相继获批成立，全球布局办公机构达到27家，更有一系列办公室在密集筹建之中。汇业永葆青春活力的秘诀，便是对后生力量的重视。

2020年，全国普通高校毕业生人数高达874万，较2019年增加40万，疫情对于本就严峻的就业形势而言，无异于雪上加霜。

"本单位因疫情停止营业，给各位实习生带来不便，还请见谅，复工时间另行通知。"武汉大学法学院大四学生张林（化名）看着手机里原先正在实习的某单位发来的消息，深感焦灼不安。作为毕业大军中的一员，让他忧心的除了不能如期返校进行毕业答辩，还有因疫情而"泡汤"的毕业实习。

为了帮助武汉在校法学生在这一特殊时期顺利开展实习、就业工作，汇业全球办公室于2月19日启动了"珞珈云生"计划，定向武汉招聘在校实习生。

从辅导员处得知这一消息的张林激动而又忐忑地投出了精心准备的简历，成为"珞珈云生"计划第一期"云实习生"中的一员。令他意想不到的是，自己不仅可以在家"云办公"，通过汇业数据平台完成工作任务，参与汇业举办的各类在线培训和研讨活动，还能在实习期间获得每天200元的补贴。

在很多单位都在疫情的冲击下裁员或冻结招聘计划时，汇业选择逆势"抄底"人才市场，组建了由汇业党总支书记、管委会委员廖明涛律师领衔的人才引进工作组，启动了汇业"2049优才计划"，首要的便是面向高校的十校巡回校招计划以及面向社会的社招计划，开启人才培养的"加速度"。

廖明涛律师

【汇业】

汇业律师事务所是一家全国领先的、以商业法律服务见长的综合性律师事务所。近年来汇业荣获了众多奖项和行业资质：ALB 亚太律所 50 强、ALB 中国最大 30 家律所、ALB 中国十佳成长律所、《商法》卓越律所大奖、《商法》"备受关注律所"、*Asialaw*"公司与并购"领域中国领先律所、LEGALBAND"网络安全与数据""政府事务""资产证券化与衍生产品"领域中国顶级律所、上海市优秀律师事务所、上海市司法行政系统先进集体、上海市高级人民法院一级破产管理人、浙江省高级人民法院省外破产案件管理人、专利代理资质、上海市重点服务贸易单位（法律类）、中国银行间市场交易商协会会员单位等。

汇业具有优秀的法律与商业资源整合能力，总部位于上海，并在北京、广州、深圳、重庆、兰州、南京、成都、太原、宁波、武汉、西安、合肥、青岛、苏州、杭州、长沙、浙江自贸区、无锡、常州、大连、连云港、海口、乌鲁木齐、南宁、香港、美国亚特兰大以及洛杉矶共设立了 28 个办公机构；通过战略合作，在德国的柏林、科隆、法兰克福、弗莱堡，法国的巴黎、里昂、波尔多，以及瑞士的伯尔尼、日内瓦、洛桑设立了代表机构；此外，汇业在加拿大、荷兰、比利时、葡萄牙、意大利、瑞典、澳大利亚、希腊、塞浦路斯和西班牙等国家也拥有战略合作伙伴，以为全球客户提供个性化、创造性的法律服务方案为宗旨。

瀛东

当最强组织"一起上"时

> 疫情来势汹汹，家国陷入一场灾难。在此危难时刻，舍小家顾大家，方才不负使命、不负期待、不负入党时许下的誓言。"有责任、有良知、有情怀"是我们的公益价值观。疫情下，我们运用"一体化"运作思维推进公益行动，让党旗在法律服务的岗位上高高飘扬，为全面依法治国和促进经济社会发展贡献出法律人应尽的力量。
>
> ——瀛东律师

有一种信任，叫在一起；有一种情怀，叫一起上！

上海瀛东律师事务所（以下简称"瀛东"）是一家年轻而发展迅猛的大所。作为瀛和律师机构直投直营的办公室，自2013年成立以来，历经6年多的发展，瀛东所已成为一家百人亿元大所，目前创始人员无一人离开。

6年来，大家"在一起"形成的强大凝聚力和向心力在2020年抗击新冠肺炎疫情的考验中再次爆发"小宇宙"。"强组织强管理"的一体化模式让瀛东上下形成有计划、有步骤的公益合力，"有责任、有良知、有情怀"的公益主张让每项爱心行动落地时务实而有张力。

围绕防疫抗疫以及复工复产相关要求，瀛东发起了"微爱行动"倡议，充分发挥党组织的战斗堡垒作用和党员先锋模范作用，通过向疫区捐款捐物、下沉社区助力防疫、撰写百余篇疫情相关法律专业论文等行动，参与到抗击疫情这场特殊战役之中。

"正是源自一种爱与责任的力量，我们才能火速付诸行动！"细数起瀛东人在抗疫期间的善举，瀛东管理合伙人、党总支副书记周子闳激动而自豪。2020年是瀛东创立的第七年，全民抗疫人人争先，瀛东乘"压"奋进，肩负社会责任继续向新锐精品律师事务所的发展目标奔跑。

驰援抗疫前线，贡献党员力量

2020年2月初，铁路上海火车站迎来旅客返沪高峰。随着上海外来人员客流量的逐步增加，上海疫情防控的形势日益严峻。

如何在火车站的各个进出口筑起一道疫情防线？在静安区团组织的号召下，一群不同地区、不同单位、不同年龄的青年志愿者相聚在上海火车站，共有120位青年志愿者负责上海站3个出口，分4个班，24小时在岗，其中就包括瀛东党员李彬。

李彬曾参与过多起医患纠纷、旧区改造、社区群体性矛盾等与民生密切相关的法律服务工作，他热心公益事业，长期在基层社区担任志愿者，为社会弱势群体提供法律帮助。此时，令人揪心的疫情报道铺天盖地，看到防控前线人

瀛东律师志愿者

员告急，长期从事志愿活动的李彬坐不住了。看到上海音速青年志愿服务中心发布了急招志愿者的公告，他立马报了名。

在疫情最为严峻的时刻，这位瀛东党员"逆行"至一线，在铁路上海站协助站区工作人员开展进站乘客体温检测和疑似患者转运工作，宣传、指导旅客填写"来沪人员健康登记表"。这份危急时刻的担当和大爱，令瀛东全所上下深受感动。

在瀛东党总支的倡导下，全体党员及律师不忘初心，在力所能及的范围内，积极参与各级党组织、所在社区、服务单位的志愿活动，正确引导相关单位及居民做好预防工作，做好个人防护，保障办公、生活、营业场所的卫生安全，阻断疫情传播。"有的党员主动参与了天目西路街道疫情防控志愿者服务工作，并被评为抗疫先锋志愿者；还有的青年律师通过线上招募令，报名成为社区守护人，参与到居委会安排的防疫工作中去。他们都为我们带来了很多温暖的正能量，做了很好的榜样！"管理合伙人周子闵为瀛东人的表现感到自豪。

为助前线一臂之力，经区青年企业家协会班子共同多方争取，组织到一批非医用涂层纺织布隔离衣送到上海火车站一线青年志愿者手中。瀛东创始人、管委会主任董冬冬以静安区青年企业家协会副会长的名义，将隔离衣送到了上海火车站，一件件交到了志愿者的手里，感谢他们对疫情防控所做的无私奉献。

瀛东公益活动

疫情就是命令，防控就是责任。武汉"封城"的第二天，瀛东党总支就迅速发挥先锋堡垒作用，通过"瀛东党总支""瀛家"微信群发起"微爱行动"倡议，号召并组织党员及律师们积极开展爱心捐赠。瀛东创始人董冬冬、党总支书记张浩、党总支副书记周子闳等第一时间捐款，并发动全体瀛和律师机构成员所主任一起捐赠，短期内便募集善款达55万元，全部用于购买专业物资运往武汉医疗机构。

为建立和完善"一方有难、八方支援"的互助机制，瀛和总部还倡议设立"瀛和律师机构互助公益基金会"，以向此次疫情高发的武汉地区乃至未来可能有需要的每一位瀛和家人实行有效、及时的救助。

此外，瀛东党员以"特殊党费"（以两个月党费为基数，不设上限）的形式献上自己的爱心，共筹集到85名党员及群众捐款共计107938.98元。在3M口罩最为紧俏的时候，党总支用募集到的善款购买口罩等急需物资，定向支援上海援鄂医疗队和上海公共卫生中心，为抗击疫情提供帮助。同时，瀛东部分党员律师还以个人名义参与服务单位、社会团体的捐助。

管理合伙人周子闳表示："疫情来势汹汹，家国陷入一场灾难。在此危难时刻舍小家顾大家，方能不负使命、不负期待、不负入党时许下的誓言。"

瀛东捐赠武汉的口罩

数字链接平台，推动复工复产

疫情的暴发使企业组织结构与响应方式顺势蜕变，数字化建设的重要性愈发彰显，而瀛东所在的"中台"服务机构——瀛和律师机构早已走在行业前列并且不断开拓。作为一个以互联网模式运营的法律服务平台，瀛和凭借"平台化、数字化、产品化、一体化"的发展模式，通过搭建数字化、零成本、分布式、可自助的律所，满足律师对平台、发展、业务协同的需求，真正赋能各地成员所，打造一体化的"强组织强管理"特色。瀛和目前在全球共有500余家律所，业务覆盖100多个国家和地区，员工总数近1万多人。

在"强组织强管理"的管理优势下，即使在社会一度被按下"暂停键"的特殊时期，瀛和人也都不曾停歇。从瀛和总部正月初五开始线上复工、开展数字化培训、召开线上会议，到之后开始逐渐恢复线下碰面——考促委会议、创始人会议、京津冀一体化会议、业务发展委会议和专委会主任会议，瀛和几乎每周都有所动作、有所变化，马不停蹄。

为了帮助各地的律师充分利用延期复工的时间抓紧自我充电，瀛和律师机构作为数字化律师机构，利用其平台优势免费提供 KindleLaw 数字化服务系统用于线上办公。瀛东也紧随其后，随着内外部线下培训课程（瀛智汇 /WE TALK/ 瀛东大讲堂 /One case a day）暂停，在瀛和机构各地线上培训课程陆续开课，开通"瀛和律师机构云课堂"的同时，瀛东第一期云课程也在2020年2月24日上线，设5个微信群同时直播，向所内律师开展培训。

作为瀛和律师机构的旗舰所，瀛东依托瀛和布局全国200余家成员所拥有的规模化资源优势，以总部机构为平台和支撑，将数字化建设由内部突破，与全国各地的瀛和兄弟律所连成一片。自创设以来的6年间，瀛东在各个领域精耕细作，不仅业绩大幅度增长，更是在专业化建设方面捷报频传。管理合伙人周子闳表示，疫情不退，专业建设不止，"瀛东是青年律师的乐园，非常注重青年律师的培养，疫情期间也不例外。"瀛东与中国人民大学法学院研究生会联合承办了"疫情中的国家治理体系和治理能力现代化"跨学科博士生沙龙，充分讨论了疫情下国家治理体系及社会发展等相关问题，并在疫情期间坚持为上海财经大学法学院硕士研究生们线上授课，完成了相关课程学习。

如果说业务发展委是推动瀛和律师机构业务发展的发动机，那么专业化建设委员会则是瀛东快速前行的车轮。在延期复工期间，瀛东律师充分发挥专业特长，针对疫情中的法律问题广泛开展研讨，共推出《疫情下的"哄抬物价"与刑法上的"非法经营"》《浅谈疫情引发的供应链管理问题及应对》等专业论文100余篇，并组织力量按五大模块编印成册，报送区人大、区司法局、驻地街道和有关单位，为政府部门、诸多客户以及民众提供了疫情下的法律问题参考。

随着国内疫情趋于稳定，各行各业复工复产成为重要任务。瀛东云集了毕业于国内外知名法学院的律师精英，并聘请了在法学理论与实务领域享有盛誉和崇高威望的法学教授等担任专家顾问。有近200人规模的专业优势在手，瀛东如何发挥其独特的价值？

瀛东党总支随即积极响应区司法局党委、区律师行业党委及市律协的号召部署，众多党员律师针对疫情下企业优惠支持政策解读、供应链体系管理中可能出现的退单、供应不足、连锁违约、劳资纠纷等重大问题进行梳理并提供综合性建议方案，帮助中小微企业抗击疫情，为国家恢复经济贡献力量。管委会主任董冬冬组织团队第一时间整理出《新冠病毒肺炎防控期间政府法律事务操作指南》，为抗击疫情提供法"智"保障。此外他和郝肖赞、仲剑峰、汪晓莉、方洁、邬瑾、王莹、马隽、丁佳佳、李维伟、李腾、陈国东、路长明、冯雪、倪陈柳、姜家敏等律师及律师助理也编写了《新冠"黑天鹅"后的律师服务业走势》《谁来监督慈善机构？》《关于新冠疫情对于商事法律关系的影响及法律适用之探讨》等多篇文章。

助力依法治疫，彰显公益主张

一直以来，瀛东都专注于党建工作以及社会公益项目，早在律所创办之初就成立了瀛东公益中心，同时在党总支层面成立了瀛法帮志愿者队伍，打造公益品牌。在瀛东团支部层面还设有很多公益小组，按照分工不同分为维权组、活动组和宣传组，瀛东律师参与进去分工合作，形成了较为完善的公益结构。

正是基于长期的公益布局，瀛东在面对重大突发事件时游刃有余，凭借这支完善且成规模的队伍，展现出了极具计划性、各层面逐步推进的公益模式，也传递出了瀛东的公益价值观——"有责任、有良知、有情怀"。

在管理合伙人周子闳看来，经此一"疫"，在助力抗疫服务大局的过程中，瀛东律师队伍的竞争力得到了提高，而律师在社会治理过程中所扮演的角色则将越来越重要。

"律师作为独立第三方，在面对突发事件时，可以引导政府以法治思维提供解决方案，同时引导群众表达合理合法的诉求。正如习近平总书记反复强调要依法治疫，那么律师作为法律的使用者、司法的参与者，理应发挥重要作用。"周子闳建议有关方面应当明确权责，把律师真正纳入并参与到整个社会治理的过程当中。

这个庚子鼠年，疫情打乱了中国社会的节奏，法律服务作为人民生活、工作中的一环，也无法幸免。个人、家庭、组织、城市、国家、世界盟友都在采取行动，从各自的层面抵御风险、消解损耗。这家才六周岁的年轻律所，已自觉担当起百人亿元大所的行业责任。

为应对变化，更好地服务律师人才，北京瀛和律师机构与上海瀛东律师事务所正式联动推出《八大硬核措施助力瀛和瀛东人才服务方案》。通过双轨制合作模式、空间协作共享办公、互助基金及困难律师的贴息资金支持等措施，降低律师执业成本，倡导创新转型，鼓励青年律师弯道超车。"人才与平台息息相关，律师与律所彼此相依，我们只有联手，别无他法。"

2019年，瀛东被评为全国"七五"普法中期先进集体，瀛东人表示，"得到荣誉就更应奋力回馈社会！"在看到近年来未成年人受侵害案件数量急剧增加的现状后，瀛东联合沪上十余家机关发起了"护蕾行动"，依托政府各机关支持指导，整合社会各方资源，全面呵护未成年人成长，让"护蕾行动"进社区、进家园、进学校，打造"家庭—学校—社会"三位一体的未成年人权益保护体系。

对于发展中的瀛东而言，过去六年是机遇与挑战共存的六年，也是硕果累累的六年，锻造出了"海纳百川、追求卓越、创新求变、大气谦和"的瀛东精神内核。在下一个六年的开端，瀛东众志成城打响了抗疫之战，用实际行动让党旗在法律服务的岗位上高高飘扬，为全面依法治国和促进经济社会发展贡献出法律人应尽的力量。

经此一"疫",全体瀛东律师对于如何把瀛东打造成一个有责任、有良知、有情怀的律所有了更深刻的体会,下一个六年如何走过?"我们坚信,集全所之力、共同协作,定能展现新气象、开启新征程、收获新成果。"管理合伙人周子闳对此信心满满。

【瀛东】

上海瀛东律师事务所,是瀛和律师机构的旗舰所,坐落于上海市静安区恒丰路436号环智国际大厦26层及29层,办公面积近4000平方米。

上海瀛东律师事务所汇集了毕业于国内外知名法学院的律师精英,并聘请了在法学理论与实务领域享有盛誉和崇高威望的法学教授等担任专家顾问,目前拥有近200人规模的团队。律所目前业务涵盖金融证券、不良资产、房地产与建设工程事务、公司事务、刑事事务、国际法律事务、投资并购、诉讼与仲裁事务、互联网法律事务、不动产征收事务、知识产权、劳动人事法律事务、婚姻家事与财富管理等领域,下设14个专业化业务部门、7个事务中心,可以为客户提供全方位、精准化的法律服务。

上海瀛东律师事务所为诸多知名中外企业提供了法律服务,如阿里巴巴、中国平安、中国商飞、上药集团、上港集团、中储粮、新兴际华、工商银行、IBM、西门子、莱克斯诺等。同时,上海瀛东律师事务所还为政府部门提供法律顾问服务,如自然资源和规划管理局土地储备中心、上海市智慧城市建设中心、上海市静安区金融办、上海市静安区科学技术委员会、上海市静安区卫生健康委员会、解放军某部等。

上海瀛东律师事务所也是上海交通大学凯原法学院、复旦大学法学院、上海财经大学法学院、华东政法大学、上海大学法学院(知产学院)、上海商学院文法学院、上海海关学院法学院等多所知名高校的实习基地。

锦天城
"城"承众志，驰援武汉加速度

> 在这场没有硝烟的战争中，我们可能无法像医护人员一样亲临一线去战斗，但我们每个人都有责任、有义务用自己的实际行动去支持那些奋斗在前线的勇士们。在灾难面前，我们没有一个人能置身事外，更不能袖手旁观，让我们每个人为拯救自己的家园尽绵薄之力！
>
> ——锦天城律师

律师的价值不仅体现在为客户提供的服务上，更重要的是体现在对社会的贡献上。对律师而言，荣耀与成就并非来自财富，而是来自社会的信任与尊重。对一家律所而言，也是如此。

2019 年 10 月 25 日，上海市锦天城律师事务所（以下简称"锦天城"）迎来了 20 岁生日。从最初 45 名律师成长为在全球拥有 23 个分支机构、2700 余名执业律师的大型律所，锦天城之发展变迁，可谓中国律师业 41 年发展的一个缩影。在其成立 20 周年庆典仪式上，锦天城成立了价值 1000 万元的"锦天城公益基金"，堪称国内最大的律所公益基金。

如此大手笔做公益，既是锦天城 20 年来的文化认同，也昭示着锦天城未来发展的战略坐标——承担更多社会责任，彰显大所之大。

随后，锦天城乘势加速。6 天后，锦天城武汉律所举办了开业庆典。

谁也没想到，3 个月后，"锦天城公益基金"第一次启动就是驰援武汉，身陷新冠肺炎疫情中心的武汉分所则将接受前所未有的考验；而作为上海最大的律所，锦天城奋起担当，开启了大所公益模式……

"慈者，爱出于心，恩被于业。"（孔颖达《春秋左传正义》）做慈善是行善者发自内心的爱，但其恩德，不但会有益于他人和社会，也会泽被于自己的事业。对此，锦天城人心明眼亮。

众志成"城"连夜驰援

武汉市江汉区，有武汉市开放床位最多、累计收治病人最多、累计出院人数最多的方舱医院，总床位数1564张，先后有20支外省援鄂医疗队、武汉市5家医院在其中工作。那里也是锦天城武汉律所的所在地。

2020年1月28日（大年初四）晚，武汉"封城"第五天，锦天城武汉律所主任张超律师迎来了又一个不眠之夜。11点刚过，手机屏幕突然弹出消息——锦天城武汉律所、上海总部、青岛分所三地联动，捐赠的120万只一次性使用丁腈医用手套（即60万副，属武汉紧缺物资）中的90万只先行送达了疫区前线。

看着手机屏幕中闪烁的字符，张超律师悬着的心终于落下了。五天前，武汉正式宣布"封城"，全市8家医院相继发出紧急求援：防护物资告急，急缺N95口罩、防护服、护目镜和手套等物资。武汉成为社会各界关注的焦点，也牵动着锦天城人的心，身处疫情中心的锦天城武汉分所尤甚。

1月25日（大年初一），锦天城武汉分所发出了求助信息："很多一线医疗人员的安全保障都堪忧，何谈更多病人的隔离保护。我们武汉分所恳请各位全国的合伙人，发挥自己的能力，提供上述医疗物资的直接资源，直接捐给武汉市的相关医院，以共同抗击灾疫……"

这一求助信息得到了锦天城执委会和监事会的高度重视，并连同全国联席会议当即召开线上讨论并决定了初步救援方案，号召上海总部与各地分所的合伙人立即通过各自资源联系医疗用品的厂家。但由于医用产品已非常紧张，一时之间并未找到可以提供大量医疗用品的可靠渠道。

正在一筹莫展之际，当天深夜，微信群里传来好消息，锦天城青岛分所高级合伙人王蕊律师找到了一家专门生产医疗手套的常年法律顾问单位——蓝帆医疗股份有限公司（以下简称"蓝帆医疗"）。在王蕊律师的动员下，尽管该上市公司生产任务十分紧张，但答应让员工加班加点赶工，同时也没有涨价。

渠道打开了，看似离获取物资只有一步之遥，然而这"一步"却让锦天城全所上下费尽心血。

1月26日（大年初二）上午，锦天城上海总部、青岛分所和武汉分所的相关律师，共同与蓝帆医疗和武汉当地政府反复沟通，确定医用手套的型号、规格和数量等是否可以满足武汉当地的需求，以及价格、运输和接收等细节，在得到全部肯定的答复之后，将方案上报锦天城执委会。

执委会立即召开线上会议并作出了一个重大决定——紧急启动刚成立不久的"锦天城公益基金"，用于购买120万只医用丁腈手套（其中青岛分所捐助20万只）捐赠给武汉灾区，并委托武汉分所转交至武汉市汉江区人民政府统一调度。

与此同时，执委会也在第一时间发出捐款捐物的倡议，最终共募集到律师个人捐款369万元，再加上基金里拨出的100万元，共凑出469万元用于购买救援物资。

接到付款的通知，锦天城上海总部的财务负责人员立即放下刚刚端起的饭碗，从位于莘庄的家中赶到陆家嘴的办公室，将手套款第一时间支付给上市公司，以便尽快安排装运。"紧急关头，每个人都心系疫区，每个人都尽己所能地以各种各样的方式支援着疫区。"回忆当时，锦天城上海总部高级合伙人刘炯律师难掩激动："我们只想实实在在地出点力、做点事，和一线医护人员相比，这些太微不足道了。"

由于手套数量庞大，打包耗时较长，120万只医用手套计划分两批运送。在锦天城上海总部、青岛分所和武汉分所相关律师的群策群力下，1月27日（大年初三）下午，满载锦天城人爱心的第一车物资（首批300箱）从淄博出发，经泰州转EMS发往武汉。1月28日（大年初四）上午，第二车900箱物资（90万只医用手套）顺利出发，当晚抵达汉口近郊。由于前期张超律师将情况上报了当地司法局和公安部门，得到了及时帮助。1月29日凌晨，武汉市江汉区司法局领导安排警车，到高速路接应引路，将物资车辆护送到武汉市江汉区政府防疫指挥部。

在全城封锁，交通限制，人力、物流各项条件极其有限的情况下，短短四天，锦天城就完成了物资的联系和落实。也许这120万只医用手套对整个抗疫前线来说微不足道，但正是因为有了这么多的微不足道，才铸就了"驰援武汉、加油武汉、武汉必胜、中国必胜"的坚定信念。

用专业持续爱心接力

"在这场没有硝烟的战争中，我们可能无法像医护人员一样亲临一线去战斗，但我们每个人都有责任、有义务用自己的实际行动去支持那些奋斗在前线的勇士们。在灾难面前，我们没有一个人能置身事外，更不能袖手旁观，让我们每个人为拯救自己的家园尽绵薄之力！"锦天城的一位律师说出了全体锦天城人的心声。

在完成首批120万只医用手套的捐赠后，锦天城爱心行动继续接力。

2月1日，锦天城就向全体员工发出紧急募捐倡议，最终累计募得善款469万元，用于向疫情地区基层组织捐款及采购防控用品；2月4日，通过锦天城长春分所的协助，锦天城总部捐赠3000副医用护目镜驰援武汉疫区；2月8日，在锦天城福州分所律师提供了"澳大利亚供应商在香港拥有一批医用防护服的供货"的信息后，锦天城迅速行动，与澳洲供应商签订医用防护服采购合同，成功购得1万套符合防疫标准的医用无纺布胶条防护服……

锦天城捐赠的第三批医疗物资发出

此外，锦天城上海总部合伙人余西湖律师通过肖浩律师联系的客户，出资6万元购买了500人次使用的新冠病毒检测试剂盒，捐赠给湖北省黄冈市蕲春县红十字会；高级合伙人于炳光律师放弃春节休息时间，当起了"搬运工"，从欧洲随身带回2000余只医用口罩，缓解了防疫第一线的物资之急。

在捐款捐物以外，还有更多锦天城人用专业力量传递爱心。

疫情期间，福州分所党支部在第一时间发起组建"公益法律服务志愿团"，并与网易取得联系，在"抗击新型冠状病毒肺炎"栏目中增设"微普法"专栏，进行普法宣传；天津分所承诺为天津医科大学总医院160位支援湖北的医护工作者提供终身免费法律服务，同时为160位医护工作者家属提供一年免费法律服务，用实际行动践行初心使命……

自设立之初，锦天城就被称为律师业的"航空母舰"。20年间快速成长，成绩斐然，曾获得钱伯斯、ALB、Legal 500、《国际金融法律评论》（IFLR 1000）、商法、Mergermarket、The Lawyer、Asialaw Profiles 等国际知名法律媒体及权威评选机构的大量奖项。

"作为专业人士律师更应以专业知识为社会提供专业公益服务！"这是全体锦天城人的专业公益共识。

锦天城还以电子刊物的方式发布了10期疫情特刊，发挥综合性律所的优势，从各个领域、不同专业为客户答疑，撰写专业文章，回答专业问题。在特刊推送后，锦天城直接参与编辑并授权西南师范大学出版社组织编写出版了一套丛书，由《新冠肺炎疫情下法律适用指引和案例》和《新冠肺炎疫情下法律风险解读和实务参考》两本书构成，电子书籍在出版社网站和锦天城律师事务所的官网向社会免费提供。

律所公益文化持续积淀

作为上海人数规模最大的一家律所，锦天城在履行社会责任的道路上从未停歇，仅上海总部就曾为抗灾、救灾、助学、助残、法律援助等募捐数百万元。在反对针对少年儿童的家庭暴力、校园暴力和性侵方面，锦天城牵头成立阳光少年儿童维权基金，以法律工作者为核心力量，来维护少年儿童权益。

锦天城的公益大咖还有很多：郑建军律师创立了"人生赛道"项目，邀请来自各个体育项目的冠军选手通过演讲的方式向青少年传递体育精神，帮助青少年更好地参与体育运动；甄灵宇律师发起"小石头儿童健康专项基金"，关注儿童生活和医疗中的种种误区，力破父母的无知和盲从，寻求更多符合儿童生命规律的医术和医道；梁琦律师是上海思麦公益基金会理事，该基金会专注于改变四川、云南等中西部贫困山区孩子的教育，捐资助学。

律师们是公益桥梁，锦天城一方面通过支持律师们的公益活动，积极加入到公益活动中去，助力各类公益项目在锦天城落地、开花；另一方面也积极践行党的指导方针，积极开展公益活动，履行社会责任。多年来，他们积极投身社会普法宣传，大力弘扬法治精神；他们走出律所，走进社区，热情服务市民百姓；他们自发组织爱心进校活动，挥洒真情，播种希望；他们积极响应政府号召，参与组织灾区重建……

锦天城律师以强烈的社会责任感及求真务实的态度为律界的公益建设树立了一支标杆。疫情期间的公益是自发也有传承，一次次跨区域应急，彰显了有使命担当、有大局观念、有公益情结的海派大所风范。

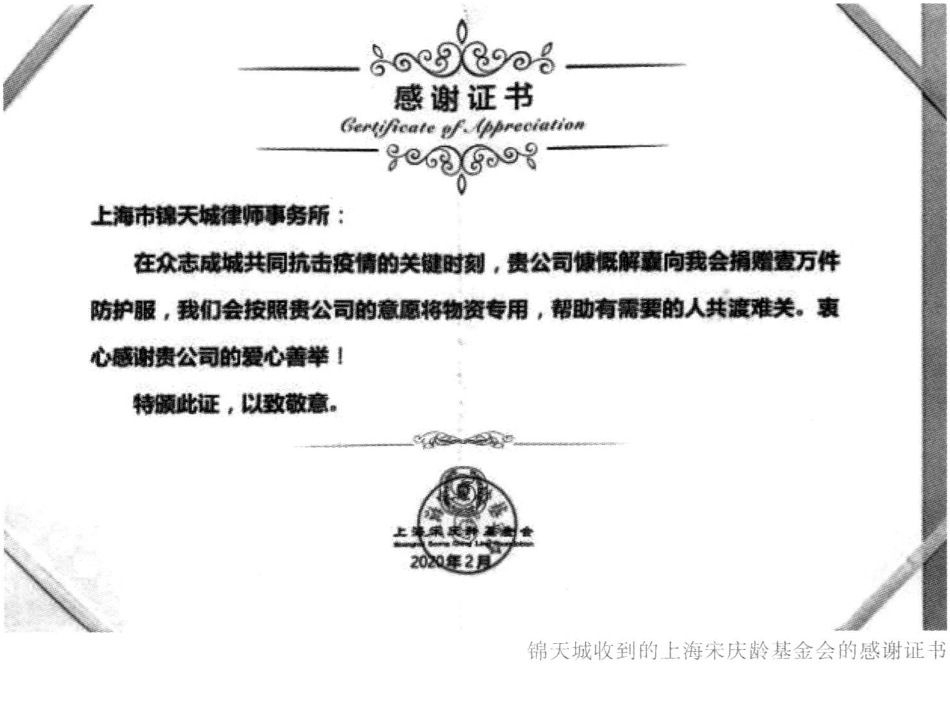

锦天城收到的上海宋庆龄基金会的感谢证书

"我们认为，做公益是最纯净的快乐。尽管这个过程可能不一定快乐，但我们始终认为这是最纯净的快乐，它可以滋润我们的精神。"4月9日，在由律新社、上海交通大学凯原法学院主办的"疫情下的律界公益责任与依法治理——第四届律界公益法律服务线上论坛暨《没法不爱》新书发布会"上，锦天城高级合伙人郭重清律师在受邀发言中表示，锦天城希望通过做公益，让公益精神成为律所文化的一部分，整个律师行业更希望公益精神能成为从业者共同价值观的一部分。

【锦天城】

锦天城律师事务所成立于1999年，是一家提供一站式法律服务的综合性律师事务所，在核心业务领域具备行业领先优势。

发轫于中国上海的锦天城，已在中国内地21个城市（北京、杭州、深圳、苏州、南京、成都、重庆、太原、青岛、厦门、天津、济南、合肥、郑州、福州、南昌、西安、广州、长春、武汉、乌鲁木齐）及中国香港、英国伦敦和美国西雅图开设分所，并与香港史蒂文生黄律师事务所联营，与国际律师事务所鸿鹄（Bird & Bird LLP）建立战略合作关系。

承袭海派文化的锦天城，不断汇集法律行业的中坚力量与优秀青年。从2018年的近2300名律师，到2019年的超2700名律师，再到如今的3000余名律师，拥有充足人才储备的锦天城不断完成律师规模上的突破。

锦天城从未停止进行法律专业服务的升级与迭代，持续优化业务领域体系。锦天城共有十二大专业委员会：证券与资本市场、银行与金融、公司与并购、国际贸易、跨境投资、房地产与建设工程、知识产权、海商海事、破产重整与清算、诉讼与仲裁、刑事、税法。

李小华所
雪中送炭，共筑抗疫之门

> 能否解决好突发事件中的社会矛盾，关系到整个社会结构的稳定。面对突如其来的疫情，维护好处于困境中的群众和企业的权益，事关国家社会和谐稳定，意义重大。疫情面前，作为全国律师行业先进党组织和被授予"上海市五一劳动奖状"的律所，上海李小华律师事务所勇于承担社会责任、提升社区法治建设、参与街道社区公益法律服务……从每件小事做起，实实在在为大家解决难题。
>
> ——李小华所

履行社会责任往往不需说大话，更需要做小事。

上海李小华律师事务所（以下简称"李小华所"）的特色之一，就是常年深入基层。无论是作为一家常年服务基层的律所，还是瑞金二路街道商会会长单位，李小华所的所有同事都早已习惯了，只要是律所可以参与的基层社会治理，就是应尽之责。

2020年抗疫期间，李小华所紧跟形势变化，贴合基层需求，推出了多元化公益行动——发挥党员律师的模范先锋作用，通过建立由法学教授、资深党员律师组成的法律服务志愿团队应援抗疫；开通7×24小时法律专线，开展线上线下法治讲座，参与社区普法宣传；代理企业案件，为防疫抗疫及复工复产提供专业法律服务……

一面面锦旗，一声声感谢，让李小华所的律师深感值得。对别人切切实实的帮助，就是最有价值的公益之道和践行社会责任。

深入基层，筑牢防疫堡垒

2月19日下午，李小华所迎来了一群老朋友——上海市黄浦区瑞金二路街道党工委书记任伟峰、副书记程扬勇和党建办主任赵露璐。在得知李小华所复工后，他们第一时间赶往律所，将一面绣着"雪中送炭共筑抗疫之门 党建联建守护瑞金家园"金字的锦旗送到上海李小华律师事务所主任李小华律师的手中，表示慰问和感谢。

作为瑞金二路街道商会会长单位，抗疫期间，李小华所发挥带头示范作用，引导商会企业积极投身疫情防控阻击战，践行民营企业社会责任与担当。"雪中送炭共筑抗疫之门 党建联建守护瑞金家园"两句话无疑是对他们一举一动最真实的写照。

自新冠肺炎疫情防控开启一级响应以来，瑞金二路街道工作人员和志愿者们坚守岗位，全力防控疫情，他们的安危也牵动着李小华所律师们的心。在得知街道缺少防护用品后，李小华所四处寻找资源渠道，紧急采购了5把红外线体温枪，捐赠给瑞金二路街道办事处，缓解街道防疫用品紧缺之困。

街道送来锦旗

李小华所的律师们还以"疫情防控期间哄抬物价将依法受到严惩"为主题，精心编写了《说法专刊》赠送给瑞金二路街道下辖的 16 个居民区，通过案例分析，以浅显生动的语言向社区居民进行普法宣传。

　　勇于承担社会责任、提升社区法治建设、参与街道社区公益法律服务，一直是李小华所成立以来始终保持的优良传统。

　　自 2006 年起，李小华所作为黄浦区瑞金二路街道驻区单位，在街道设立了"李小华人民调解工作室"，为街道决策层作出涉及面广、与人民群众利益密切相关的重大决策事项提供法律论证；参与社区综合治理，审核街道日常合同文件，为街道依法行政提供法律依据；定期派出党员骨干律师到结对社区提供义务法律咨询，到街道公共法律服务窗口进行接待；定期为街道调解社工进行法律讲座与培训；不断深化"法进社区"，连续 14 年为基层社会治理创新和法治宣传普及提供法律服务⋯⋯

　　为充分发挥法治保障职能作用，黄浦区司法局组建对接区层面和街道层面的两个专业律师团队，律师团队的成员大多具有参与重大突发性事件的工作经验，精通医疗纠纷、劳动争议、行政和民商事等法律业务。李小华律师作为律师团成员之一，为黄浦区疫情防控工作中可能面临的法律问题和引发的矛盾纠纷提供及时、准确的法律意见。

上海市司法局党委书记、局长陆卫东走访调研李小华所

党建引领，公益工作两不误

成立15年来，李小华所以党建引领律师队伍建设，引导和激发律师的社会责任感。党建也成为李小华所发展过程中的一面旗帜，带领律所获得上海市"两新"组织党建工作示范点、"五好党组织"律所党支部、"全国律师行业先进党组织"、"上海市文明单位"、上海市司法行政系统先进集体、司法部律师行业创先争优先进集体等荣誉称号。

目前，李小华所的党员律师人数占员工总数的一半，不仅是提供法律专业服务的骨干力量，也是履行社会责任的中坚力量。

作为瑞金商会会长单位，李小华所在疫情发生之后充分发挥党组织战斗堡垒作用和法律专长，一手抓战疫，一手抓法律服务。律所通过党支部这一"红色引擎"，引导全所党员律师、工作人员依法有序地参与到各项防控和支援工作中，在做好律所及律师个人防疫工作的同时，通过线上办公与线下值班相结合，尽力为委托人提供及时、高效的法律服务。

1月30日，中共上海李小华律师事务所支部委员会成立了由上海社会科学院法学研究所法学研究员、法学教授、法学博士、资深法学专业党员律师组成的法律服务志愿服务团，为上海中小微企业，特别是黄浦区工商联及基层商会会员民营企业以及为黄浦区的居民群众提供公益专业法律咨询、法律服务及法律援助。志愿团还参与了社区疫情防控知识宣传普及工作，为黄浦区民营企业及社区群众做好法律法规及政策措施解读，以及网络舆情正确引导工作。

党员律师马德徽代理一起婚姻纠纷案，高质高效地撰写起诉状，并于2月5日通过网上立案，静安区人民法院于2月6日受理案件；党员律师王琳、马德徽等撰写犯罪嫌疑人涉嫌掩饰、隐瞒犯罪所得罪侦查阶段律师辩护词，通过邮寄给承办侦查人员，依法履行律师职责。

李小华主任常说："作为党员律师和红色律所，帮助处于困境的群众和企业，我们义不容辞！"停工停产期间，为丰富会员企业员工居家生活，李小华所还号召各企业发挥专长，推出系列线上免费培训课程。

李小华主任主动担当，积极带领律所律师投入线下普法宣传。在主题为"防疫应变、纾困重振——新冠疫情下中小企业面对的法律风险分析及策略"法治讲座中，李小华主任作为主讲嘉宾，围绕民营企业在疫情下产生的国际、国内贸易合同等纠纷，适用不可抗力、情势变更的条件、方式和程序，以及民营企业涉租、用工等问题进行详细解答。党员律师马德徽主讲的"防疫抗疫背景下黄浦区民营企业面对的法律风险分析及策略"也受到了企业的一致好评。

在李小华所的带领下，上海利绢电子科技有限公司、上海璟通文化传播有限公司、上海吉岛实业发展有限公司等企业也积极捐款捐物，下沉社区，投入到紧张而有序的抗疫工作中来。

专业助力，满足疫情下的法律需求

受疫情影响，大部分行业都停工停产，然而相应的法律服务需求却在逆势增长。李小华所主动出击，为配合黄浦打赢疫情防控阻击战及帮助企业依法有序复工复产，提供强有力的法律保障。

为切实保障委托人合法权益，律所律师在做好个人防护的同时，坚持在律所现场值班与网上办公相结合，通过网上立案、邮寄材料、现场阅卷等多种方式，保证案件进度顺利推进，尽力做好律师本职工作。

某知名民营企业因疫情停工停产，巨额房屋租金不仅让公司蒙受损失，更导致企业在工资及社保支出方面面临困难。此时，李小华所伸出了援手，迅速出具了一份为委托人"量身定制"的法律意见书。意见书中，李小华所党员律师马德徽根据市、区相关规定，对企业面临的房屋租赁、劳动用工等问题进行解答，同时为企业提出合理化建议，有效解决了企业所面临的问题，为企业平稳有序运行提供了保障。

2月10日，上海正式打响复工战。随着复工潮的到来，劳动人事、合同履行、法律权责等相关问题成为困扰企业顺利复工的痛点和难点。工资支付、劳动争议、医疗社保等法律相关问题该如何解决？国内外贸易中无法履行合同的，能否依据不可抗力原则要求部分或全部免责？受到不可抗力影响的证明材料如何获得？一连串问题困扰着满怀热情准备复工的企业。

为了帮助企业平稳地度过艰难时期，李小华所成立专业化法律志愿服务团，设置24小时线上应答人员，坚持律师值班制度，借助网络、媒体、热线等渠道开通法律服务"快车道",为民营企业提供及时而优质的法律服务。

李小华所成为首家受邀入驻"上海市企业服务云"平台的法律服务机构,在线为企业提供非诉法律服务、民商事诉讼、法律风险测评等多项服务产品和内容。此外,事务所还在黄浦企业云、"AI 找律师"、黄浦区瑞金商会网站等平台上为咨询者提供公益性法律服务。

作为黄浦区工商联的法律顾问,李小华所律师团队迅速整理出十个疫情防控期间应知道的法律问题以及解答,并于2月13日发布,为区工商联各会员企业实现防疫、发展两不误提供法律指引。

常态化防控阶段,李小华所的律师们将踏上新征程,不忘初心,牢记使命,一如既往地做好法律服务工作,成为合格的法治建设践行者和公平正义的守护人。

【李小华所】

上海李小华律师事务所以经济、金融、职务类法律风险防范及刑事辩护为专业特色,并提供外商投资、股权并购、企业合规、知识产权保护、商事争议解决、公司常年法律顾问等法律服务。律所系国家工商行政管理总局商标局备案的商标代理机构,获得"上海市中小企业公共服务机构"认定,系美国领事馆推荐提供法律服务的律师事务所。

律所连续六届获评上海市文明单位,荣获全国律师行业先进党组织、上海市五一劳动奖状、上海市先进基层党组织、上海市司法行政系统先进集体等诸多荣誉称号。

中夏
让"逆行者"感受法律人的温度

> 积跬步可以至千里，积小流可以成江河。疫情期间，每个中夏人主动响应，落实公益抗疫服务，让"逆行者"感受法律人的温度。
>
> ——中夏律师

2020年7月24日，在上海市司法局304会议室内召开了一场特别的座谈会。在一片热烈的掌声中，上海中夏律师事务所（以下简称"中夏"）主任张鹏峰律师与另外7人共同走到台前，接受了"上海市见义有为（战疫）先进"荣誉称号的表彰。这是上海市见义勇为基金会用以表彰获奖人员为上海疫情防控、城市安全做出的积极贡献，以及在危急关头、严峻考验面前挺身而出、积极作为的事迹。上海市共有3位律师获得此殊荣，张鹏峰律师便是其中一位。

张鹏峰律师带着荣誉回去后，告诉全所同仁："这项荣誉属于大家！"

新冠疫情暴发后，张鹏峰律师带领中夏在闵行区司法局、区律师行业党委的领导下，紧紧围绕疫情防控和维护社会稳定工作需要，通过爱心捐助、组建法律服务志愿团、编纂法律政策汇编等形式，为疫情防控贡献法律人的力量。

无论是24小时内完成为上海援鄂医疗队队员捐款，还是义务代理上海首例抗疫志愿者被侵害案，中夏律师都积极活跃在抗疫一线，秉承"大爱无声、善始善成"的公益观，尽己所能地让"逆行者"感受法律人的温度。

20 小时 70 人筹款 136 万元

2020年1月30日下午，中夏党支部书记徐军律师驱车来到了上海红十字会，将汇聚中夏爱心的136万元捐款，专项捐赠于上海支援武汉抗疫医疗队，致敬和慰问这些英勇的"逆行者"。

疫情的暴发，又一次考验着多难兴邦的中国。张鹏峰律师清楚地记得1月24日除夕之夜，湖北疫情告急，上海紧急派出了第一批援鄂医疗人员，共136名。

那晚，新闻报道和朋友圈都沸腾了，张鹏峰律师读着报道和朋友们的评论，看到医护人员与家人道别时的不舍和泪目，医护人员登上航班后坚强豁达的欢笑，他五味杂陈，感动、敬佩与担忧互相交织。

"是什么力量让这136名医护人员在如此危急的关头冒着生命安危不计小我、慷慨打头阵，奔赴湖北提供医疗救援呢？他们也是和你我一样的普通人啊，却在国家和人民需要他们的时候，挺身而出成为最美逆行者……"张鹏峰律师当即被这种无形的力量所打动，那一晚他辗转反侧，"我想这就是人性中最为光辉的一面吧。我也该做一些事，让逆行者感受到法律人的温度。"

1月29日下午，中夏所党支部及工会共同发起了"众志成城，共克时艰"抗击新型冠状病毒感染肺炎疫情的关怀基金募捐倡议活动，向支援前线的上海医疗队队员表达由衷的敬意。倡议一经发起，全体中夏人纷纷慷慨解囊，踊跃捐款。不仅中夏党员律师和合伙人积极响应，刚入行的年轻律师及律师助理新人们也纷纷出力；多位党员律师多次追加捐款；中夏宁夏分所主任海贵福律师强烈要求加入献爱心的行动，汇款1万元，响应捐赠。

不到20小时，中夏筹集到的捐款总额达到了136万元！这对于一家律师人数不到70名的律所来说实属不易。其中，张鹏峰律师捐款金额高达100万元、全国律师行业优秀党员律师杭炜捐款金额4万元、党员业务骨干杨立宏律师捐款金额3万元……无论收入高低，中夏人均在尽己所能。据了解，张鹏峰律师也是全国抗疫捐款额最高的个人律师。所内同仁的积极捐款也让张鹏峰律师感慨万千："这就是当时打动我的第二种力量，我看到了更多的人在大灾面前毫不吝啬、解囊相助、共渡难关的可贵品质。"

中夏律师的爱心得到了上海市司法局副局长罗培新教授的热心帮助，在其牵线搭桥下，中夏顺利对接到了上海市卫建委和上海市红十字会。在完成了募捐款的确认之后，徐军律师马不停蹄赶往上海市红十字会，签署了定向捐助上海支援武汉医疗队队员的捐资协议，并转账交付了136万元善款。

24小时内，中夏全体律师致敬上海医疗队全体队员的心愿圆满达成。

做正确的事，正确地做事

疫情延续期间，充满着不确定性。中夏人意识到在捐款之外，更要提前做好具体的公益计划和全面的实施计划才能让好钢使在刀刃上。张鹏峰律师表示，"做正确的事，正确地做事"，要发挥好专业之于公益的力量。

疫情期间，中夏党支部、工会、合伙人多次召开了线上会议，所内律师也建言献策，不断地充实了中夏在疫情期间的公益工作内容，为中夏在疫情期间做好公益工作打下了良好的基础。中夏整体确定了以点带面、点面结合的公益计划，通过定向捐赠、专业法律服务、志愿者活动等行动来直面疫情。

张鹏峰律师第一时间组建了抗疫工作法律研究团队，从法律层面深入研究疫情有关重大问题，对市政府办公厅的众多咨询问题迅速予以了答复，并向市政府办公厅提交了《关于当前疫情防控有关问题的建议》，获得市政府领导的高度肯定和采纳；党员律师周国涛第一时间报名参加其所在的莘庄镇阳光园居委会的志愿者，协助开展疫情联防联控巡逻、宣讲；党员律师徐军向银桥花园小区送去帐篷，为在风雨中坚守岗位的疫情防控社区工作者和志愿者提供遮风挡雨的"小屋"，为社区疫情防控贡献绵薄之力……

为确保法律服务不缺位，在中夏党支部的倡议下，中夏律师纷纷愿意主动出击，积极作为，成立了"中夏抗新冠疫情法律服务志愿团"。志愿团通过网络公布志愿律师的私人手机号、微信号，向社会义务提供法律服务，以实际行动阻击疫情。

2月18日上午，上海市闵行区人民法院采用在线庭审模式，依法公开开庭"云审理"沪上首例抗疫志愿者被侵害案。

在得知委托人系抗疫志愿者后，中夏副主任、"中夏抗新冠疫情法律服务志愿团"志愿律师李晓茂律师决定为其免费代理，维护抗疫志愿者的合法权益，

李晓茂律师在线参加沪上首次"云审理"
为被殴打的抗疫志愿者免费代理

并且提供上门服务,让"逆行者"感受到法律人的温度。

李晓茂律师作为抗疫志愿者的诉讼代理人,全程参与了庭审活动,并充分发表了代理意见。最后,殴打抗议志愿者的被告人,被以寻衅滋事罪判处有期徒刑一年六个月。

"我们律师一直是站在处理社会矛盾的最前端,我们比其他人更熟悉这些法律问题如何产生、现行法律如何规定、如何结合当下现实提出可行的解决方案,因此,我们就是解决这些问题最适合的专业人选。"

疫情发生后,许多机关单位、企业、个人都遇到了大量因"不可抗力""情势变更"引发的法律问题,矛盾凸显。对此,中夏律师们根据各自擅长的专业领域进行了分工,搜集、整理、总结、答复了最急迫待解决的法律问题,完成排忧解难的工作。

"中夏抗新冠疫情法律服务志愿团"志愿律师积极梳理汇总疫情防控相关法律法规和文件通知,对相关法律政策进行了深入和完整的研究整理,完成了"共克时艰"系列疫情问题的研究汇编且提供网络免费下载,便于对疫情影响之下的相关问题进行及时、有效且完整的宣传和实际运用。

此外,针对疫情防控期间广大人民群众和企事业单位普遍关心的合同违约、工资支付、劳动争议、医疗社保等各类法律问题,中夏党员律师积极撰写各类专业文章,对热点问题答疑解惑。如《关于疫情影响下经营性物业免租及退租问题之浅见》《以案释法,疫情之下租金能否减免》《疫情下"共享用工模式"之法律探究》等专业文章,分别从各自的专业角度解读了疫情影响下房屋租金、劳动用工如何应对和处理。

用心做公益,不以善小而不为

习近平总书记在中央全面依法治国委员会第三次会议上指出:"全面提高

依法防控、依法治理能力，为疫情防控工作提供有力法治保障。"

作为上海市律师协会监事长，张鹏峰律师积极履职，监督抗疫，担任了上海律协监督检查专项工作组组长，监督检查专项工作组前后提交了14期共计70份"市律协新冠疫情防控监督检查工作报告表"，先后共发表了52条监督意见和建议，并形成了8份监督检查专项工作报告，有效地贯彻落实了中央和市委市政府及市司法局关于抗击新冠肺炎疫情的各项决策，全力推进了全市联防联控措施的开展。

此外，还有更多的中夏律师积极发挥专业优势，围绕疫情防控和维护社会稳定的工作需要，积极参与疫情防控期间涉及的法律实务问题，为党委、政府依法治疫提供决策依据。

7月24日，在上海市见义有为（战疫）先进表彰座谈会上，张鹏峰律师被授予"上海市见义有为（战疫）先进"荣誉称号。上海市见义勇为基金会理事长胡顺康对此评价到，这是上海全民抗击新冠肺炎疫情的生动写照，展现了上海人民面对突发疫情不忘初心、舍己为人的家国情怀和义无反顾、乐善好施的社会责任。这也与中央政法委秘书长陈一新在中央政法委机关举行的第10次"新时代新担当新作为"展示会上所强调的不谋而合，"抗疫精神是社会治理现代化的精神力量，要使之扎根心灵、见诸行动，成风化俗，成为推动社会治理现代化的强大精神力量。"

对张鹏峰律师而言，这不仅是一份沉甸甸的荣誉，更是鞭策和激励。作为个人，他长期行进在公益大道上。2015年末，张鹏峰律师与夫人一次性捐资330万元，为母校兴仁中学建一座图书馆并资助宁夏海原县一中两个优秀贫困生"宏志班"共计100名学生完成高中三年学业。他因此荣获"中国希望工程2015杰出贡献奖""第二届宁夏慈善榜之慈善人物奖"，并在第三届公益法律服务高峰论坛暨2018律界公益榜单中被评为"2018

张鹏峰律师获得的荣誉称号

年度公益人物奖"。

他说："公益是一项长久的、持续的事业，我将继续出现在需要我的地方，用我的专业和所能去帮助更多的人。"

在张鹏峰律师的影响下，中夏自 2005 年创立以来，以班固《东都赋》"目中夏而布德，眽四裔而抗棱"为所训，在自身业务成长的同时，不忘积极投身公益活动，践行社会责任。

2013 年起，中夏积极开展捐资助学活动，参与闵行区江川路街道特殊贫困家庭未成年子女关爱助学活动，与 9 名贫困家庭学生结对，每学年捐助每位学生 2000 元直至完成高中学业，至今已 8 年有余。

2014 年 1 月至今，中夏律师志愿者作为闵行区"隐形的翅膀"公益志愿者联盟中唯一的法律志愿者团队，积极发挥专业优势，在义务提供法律服务的同时捐款捐物，响应国家精准扶贫号召，成绩卓著。2016 年 11 月，该组织荣获"感动闵行·可爱的闵行人"称号。

积跬步可以至千里，积小流可以成江河。"中夏从不强制要求个人做公益，但我们一直在努力提供平台，让更多的中夏人能够参与其中，用心去做公益，用行动帮助人。"正是缘于每个中夏人对公益文化的认同和主动响应，中夏在疫情期间得以迅速汇聚全所力量，扎扎实实落实公益抗疫服务，也完成了律所文化建设的重要篇章。

张鹏峰律师

【中夏】

　　上海中夏律师事务所成立于2005年，曾用名"上海中夏旭波律师事务所"，2018年5月正式更名回归"中夏"。作为一家提供综合性法律服务的合伙制律师事务所，秉持"目中夏而布德，瞰四裔而抗棱"的核心理念，致力于为国内外客户提供专业、全面、优质、高效的法律服务。

　　目前拥有50余名执业律师，包括专职律师和在各大法学院校任教的兼职律师。超过70%的律师毕业于国内外知名法律院校，各合伙人律师均具有多年律师机构执业、法学教学和政府机关、司法机关的工作经历，能为客户提供全方位的法律服务解决方案，在业界享有卓异声誉。2017年度事务所创收逾5000万元。2018年度仅上半年，中夏已为130多家党政机关、人民团体、企事业单位和其他组织提供法律顾问服务，办理各类案件合计400余件。

　　中夏立足上海、面向全国。总部办公地点位于上海莘庄解放大厦，占地2000多平方米，并配备有先进的办公设施。近年来，由于出色的成绩，中夏多次获得"闵行区司法行政系统先进集体""律师事务所规范化建设优秀单位""闵行区文明单位"等荣誉称号，并受到"市文明单位"的嘉奖。

　　中夏始终秉持深耕专业的理念，在全面综合的服务能力之上，发展出政府法律业务、房地产法律业务及公司法律业务等具有全国水平的特色专长，客户已遍及全国、走向世界。

隆安
以大家风范，为"大家"担当

> 疫情面前，先安"小家"，方能投入更多时间和精力保护"大家"。律所履行社会责任，更多的是要传递一份力量、播撒一片希望，让对方感受到来自隆安大家庭的关心。这次抗疫是隆安以往积极践行社会责任的折射，在这个横跨28年历史的大家庭中，团结融洽、薪火相承的新老隆安人用公益承载前行的动力，不断孕育出更多温暖的力量。
>
> ——隆安律师

"履行社会责任，传播法治之声，是中国律师的责任和使命，更是隆安律师永恒的目标与追求。"自创立伊始，北京市隆安律师事务所（以下简称"隆安"）创始合伙人徐家力律师就将这句话奉为律所发展的指南针，在此基础上延伸出律师的五大使命，即政治使命、法治使命、服务使命、公益使命、经济使命。

面对突然暴发的新冠肺炎疫情，全体隆安人即刻开始思索如何更好地履行法律人的使命。作为一家以"人和"为发展之基、立所之本的律所，隆安先安"小家"，成立抗疫慈善救助专项基金，以帮助有需要的隆安人；再聚集力量关爱"大家"，助力家国抗疫。他们不知疲倦地奔波在物资采购一线；下沉基层，积极投身到社区一线疫情防控工作中；为客户持续提供法律服务，尽最大努力维护客户的合法权益。

生命重于泰山，同平安才能共兴隆。隆安人保持着一如既往的专业性和敬业精神，以实际行动助力打赢疫情防控阻击战，谱写了对国家"大家"的深切之爱。

护全"小家"方成大爱

"自 2020 年 1 月 23 日 10 时起，武汉全市城市公交、地铁、轮渡、长途客运暂停运营；无特殊原因，市民不要离开武汉；机场、火车站离汉通道暂时关闭。"

"1 月 25 日凌晨，136 名来自上海的医护人员乘坐东航包机平安降落在武汉天河机场，支援湖北抗击新型肺炎。"

"1 月 27 日，北京出现首例因感染新冠病毒死亡的病例，新增 8 例新冠病毒感染的肺炎病例。"

……

2020 年春节，疫情新闻滚动播出，确诊数字触目惊心，疫情中的武汉揪住了全国人民的心，隆安人也不例外。武汉"封城"三天后，隆安管理层火速开会布置疫情防控相关工作，时刻关注隆安家人的健康状况，并着手成立抗疫慈善救助专项基金，在隆安管理委员会、隆安发展基金理事长办公会的组织引领下，为需要帮助的隆安人及社会医疗机构、公益机构、疫情灾区居民和团体提供援助。

关爱"小家"，才有"大家"。疫情期间，隆安"抗击疫情慈善救助专项基金"拨出一部分款项用于补助武汉办公室全体同事以及滞留在湖北地区的隆安家人，补贴善款一直持续到武汉重新"开封"。受疫情影响，很多青年律师没有了案源和收入，隆安管理层的点滴关怀为很多青年律师带去了集体的力量和温暖。

隆安家人为武汉办公室撑起了防护伞，但是一想到暴露在危险环境下的医护人员、奋战在抗疫战场的一线人员，隆安人又行动起来，在隆安公益法律服务工作委员会（以下简称"隆安公益委"）的牵头下，齐心协力组织采购防护物资并寄到武汉。

"疫情期间，整个物流链都被切断了。当时的口罩、消毒液、医用酒精是非常紧俏的资源,但即使能筹集到,物流也很难送进去,我们想了很多办法。"回忆起筹集运输物资之艰,隆安公益委副主任、隆安武汉办公室主任哈斯律师至今心有余悸。为此,隆安公益委成员联合隆安武汉办公室调动起认识的所有人脉以及手边的所有资源。在那段奋力筹措物资的日子里,大家已能对防护服、N95这些名词如数家珍。

经过多方合力,第一批防疫物资终于准备就绪。然而在物流不畅的情况下如何将物资送到疫区?此时,日积月累的善举在关键时刻开始迸发无穷的力量,哈斯律师想到了自己为青海玉树地区贫困学生设立的玉之心慈善协会。

在哈斯律师的牵线下,隆安公益委成员遂以玉之心慈善协会的名义购买物资并通过救灾"绿色通道"运到武汉,这是最快捷有效的方法。10天内,隆安武汉办公室上演了一场"生死时速",将满载着爱与希望的11600只一次性医用口罩、10000只一次性医疗外科口罩、480套一次性隔离衣、100副护目镜、4000双一次性医用手套派发到武汉。

疫情面前,隆安武汉办公室的员工不仅是被关心的群体,更是一群想在疫情期间做一些力所能及之事的勇士。"我们一共捐赠了价值十几万元的物资,发放到方舱医院、社区街道等单位。患难见真情,疫情期间形成的友谊是最难得的。"回想起与隆安家人一起付出过的努力,哈斯律师心潮澎湃。在突发事件面前,比起干着急和抱怨,采取有效行动发挥正能量更为重要。

事实上,武汉办公室不是"一个人"在战斗,这是一场与全国上下千余名

与运送物资的车辆合影

隆安家人并肩作战的战疫。

2月5日,随着北京总部"隆安律师事务所抗疫慈善救助专项基金募集倡议书"的发布,越来越多的隆安人参与到爱心募捐中,募集金额近50万元。凝聚产生力量,团结孕育希望。面对接踵而来的困难,身处世界各地的隆安律师"各显神通",承担起填满隆安"购物车"的重任:看到口罩稀缺,尚在国外的隆安律师就从泰国、日本、韩国等地采购口罩寄回国内;发现额温枪"断货",隆安生物医药领域的律师便托遍朋友,最终为律所购得额温枪;注意到医用酒精等消毒用品价格飙升,隆安人分摊采购资金,共同出资购买物资捐赠给律所;一线大城市人口密度高,流动范围广,疫情传播迅速,身处于二、三线城市的隆安人在线"喊话"北上广深的隆安家人:"若需要(物资),我们义不容辞"……

照顾好自己,才能更好地照顾别人;照顾好小家,才是最大的公益。对于这一点,隆安全国防疫小组的组员们深有体会:"疫情面前,只有把小家照顾好、安抚好,才能投入更多时间和精力保护'大家'。派发给隆安家人的补贴,其实更多的是在传递一份力量和一种希望,愿他们感受到集体的力量,感受到来自隆安大家庭的关心。"

传承公益文化,构建法治社会

独行快,众行远。一条路,如果要完整走下去,可能会孤独、会辛苦。但在公益路上,隆安人始终并肩同行。在隆安大家庭的后方护佑之下,越来越多的隆安律师为守护"大家"而"逆行"。

隆安郑州办公室志愿者团队暨郑州市律师协会复工复产公益法律志愿服务团第五大队的全体志愿者共20人积极响应郑州市律师协会的号召,来到郑州市金水区如意东路社区参加为期三天的社区值守,积极投身到社区一线疫情防控工作中;北京疫情升级后,隆安北京总部高光律师主动请缨担任社区志愿者,为居民运送生活用品、宣传法律知识;隆安各地行政人员平时虽默默守护在后方,但在风雨来临时却勇敢冲锋到一线……

2020年6月,隆安人收到了一面锦旗,上书"同舟共济战疫情,共克时

隆安北京律师收到锦旗

艰献爱心"。这面锦旗出自武汉市汉阳区江堤街道办事处，疫情期间，该办事处的账户中收到了一笔捐款，用于街道人员采买日常用品发放给受疫情影响较大的家庭，使受灾家庭的状况得以稳定。

这一温馨善举便是源自隆安人的"大家"意识，他们注意到，疫情期间有很多身为医护人员的父母、子女均在一线救死扶伤，家中只留下老人或幼童。于是在隆安管理层的领导下，武汉办公室立马通过汉阳区司法局联系到江堤街道办事处，将隆安抗疫慈善救助专项基金的一部分捐款划到了办事处账户中，让更多的受灾家庭感受到关爱。

"我们只是尽自己的本职和初心做了该做的事情而已，都是分内之事。"在隆安人看来，公益是一种日常，如人饮水般自然。慈善的种子一直深深地埋在隆安人的基因中，传递着力量和温暖。特殊时期的善举更离不开隆安日积月累的文化特色、老一辈合伙人的优良传统和隆安人一直以来秉持的公益态度。

在履行社会责任方面，隆安一直走在前列。2015年，隆安设立了隆安公益委，在校园防性侵、青海助学等方面整合个体资源，将其打造为隆安人自己的公益信息搜集平台、公益信息发布平台和特色公益品牌。隆安公益委设立之后，将原本就普遍存在的社会责任感浸润到隆安人生活的方方面面，让隆安人把社会责任放在心上，并延伸到工作和生活中。

可以说，这次抗击疫情是隆安积极履行社会责任的折射。隆安管委会秘书长张科文表示，法律人履行社会责任不只是包括做公益，更应包括法律援助、

隆安通过抗疫慈善专项基金，向江堤街道办事处捐款

参与调解、为个人及企业普法等需要法律专业人士参与其中的专业公益。

疫情暴发后，隆安律师们在捐款捐物、争当志愿者的同时还抽出时间梳理、分享平时办理案件的经验心得，隆安各专业委员会组织律师撰写专业文章。2月，隆安开始举办隆安大讲堂，以线上直播的方式向公众免费开放。在促进所内律师讨论交流、钻研分享办案心得、提升专业水平之余，更为企业和个人筑好了法律"防火墙"。截至2020年8月底，隆安大讲堂已举办了55期，其中针对疫情的专题有李高来律师的《新冠疫情下，施工合同工期造价处理实务》、余晓东律师的《疫情期间企业如何应对合同违约》、卢书辛律师的《疫情期间企业和个人如何进行税务筹划》等。

此外，隆安北京总部高级合伙人刘晓明律师为企业化解破产危机，使近百位员工免于失业；隆安株洲办公室联合株洲市律师协会女律师专门委员会组建"妇联巾帼法律咨询团"，除对群众提出的法律问题提供耐心及专业的解答外，还会不时转发各类疫情防控期间的法律、法规和政策并进行讲解；隆安郑州办公室根据各社区防疫工作的需要，于疫情期间在祭城街道办所辖各社区内开展村居法律顾问活动，大力开展法律宣传和村居法律服务工作……

经过疫情"洗礼"，更体现构建法治社会的重要性，法律专业人士对此责无旁贷。隆安已经在布局未来，隆安公益不仅要体系化、多元化，还要特色化：通过隆安讲师团、隆安内部的组织统筹普法工作，形成公益体系；以"隆安"的名义统筹更多个体的力量，汇聚成更大的力量；继续推进现有的公益活动，搜集相关素材，呼吁更多隆安人投入到践行社会责任中。

积"人和"为"大家"

毫无疑问，疫情对整个中国律师业也是一场考验。幸运的是，疫情中，隆安无一例感染病例，所有工作皆稳步有序推进。这场抗疫之战不仅让全体隆安人体会到隆安家庭的温暖，更让他们明白如何建设一个"大家"。

这家已诞生 28 年的千人老牌大所，如今已经顺利地完成了管理层迭代，并持续焕发生机。截至 2020 年，隆安共在 27 个城市设有办公机构，拥有合伙人 300 余人，执业律师 1300 余人，员工人数总计约 1600 人。同时，隆安已连续 7 年入选 ALB"亚洲本土 50 强"榜单，连续 3 年位列"中国律所规模 30 强"榜单第十一名，3 次斩获"中国十佳成长律所"。

"民主"和"人和"是隆安的文化基因，经过多年的历史沉淀后，合伙人有着一致的价值观和较强的凝聚力，这也是隆安的优势和竞争力所在。

作为全国为数不多的创始合伙人无一离开的律所，隆安与其说是一家律所，倒不如说是一个其乐融融、互帮互助的大家庭。它继承了合伙制的优良传统，又兼具一体化律所的优势，即使在日常管理中，也能看见隆安文化中平等谦和的大家风范。

经过 28 年的沉淀，隆安已形成总所管委会与隆安理事会"联动机制"，管理工作依托理事会，每家办公室都享有理事席位，每位隆安人都能参与到隆安建设当中。管委会成员和理事定期就重大事项当面讨论、表决，密切了彼此之间的关系，也体现了隆安的"人和"文化。

公益并非一日之功，厚积方有薄发；"大家"更非一日所能建成，战疫中的携手齐心为隆安"大家"的升华按下了加速键。在这个横跨 28 年历史的大家庭中，团结融洽、薪火相承的新老隆安人用一如既往的热情、专业和敬业的"大家"风范，谱写了隆安人对国家"大家"的深切之爱，也使隆安人的生命热烈如注。公益承载前行的动力，必将孕育出更多温暖的力量。

【隆安】

　　隆安成立于1992年，是中国最早的合伙制律师事务所之一，并于2017年成功改制成为特殊普通合伙律师事务所。目前在中国北京、上海、沈阳、深圳、广州、南京、天津、苏州、南通、株洲、大连、香港、太原、杭州、武汉、贵阳、成都、湖州、昆明、扬州、郑州、重庆、佛山、芜湖、西安、青岛、海口共27个城市设有办公机构，并正在进一步扩展。此外，隆安还与多家外国律师事务所建立了广泛的跨国合作关系，以便满足经济全球化发展的需要。目前隆安拥有合伙人300余人，执业律师1300余人，员工人数总计约1600人。

　　隆安律师大多毕业于国内外著名的法学院，他们资历丰富、积极进取，其中一些曾在中国最高人民法院、最高人民检察院长时间工作，拥有颇高的社会影响和权威的司法经验，也有曾在美国、英国、日本等国执业多年的兼具国内和国外多重职业资格的律师，另一些则是在学术领域取得不凡成就的教授、博士等。隆安吸纳了国际和中国港澳台地区的众多人士担任专业顾问，这些优秀的律师与来自多个经济发达国家的外国律师顾问组合成一个优秀的团队，在中国为客户提供国际水准的法律服务。

　　近年来，隆安凭借整体实力成功入围《亚洲法律杂志》年度多项法律大奖，入选中国十佳成长律所，并以前十的成绩荣登亚洲最大50家律所及中国律所30强榜单。隆安亦在英国《律师》杂志亚太地区百强律所榜单及中国精英律所30强榜单中位居前列。

北京律协

35000多名律师联合抗疫

> 承担社会责任是律师的法定职责，是律师的神圣使命，是律师应当发挥的职能作用之一。在疫情防控常态化的新形势下，北京律师将充分发挥职业优势、专业优势和实践优势，在各个方面提升律师行业承担社会责任的能力、水平，为夺取疫情防控和经济社会发展的双胜利贡献力量。
>
> ——北京律师

庚子新春，面对突如其来、来势汹汹的新冠肺炎疫情，中国果断打响疫情防控阻击战。

2020年1月24日，北京启动重大突发公共卫生事件一级响应。北京市律师协会（以下简称"北京律协"）也立刻启动了疫情时期特殊预案。"以实际行动和首善标准，落实司法部和北京市司法局部署要求，主动为党分忧、为国尽责。"北京律协会长高子程律师提出，北京律协的工作要有高站位和大局观，这也是北京律师的抗疫准则。

2800余家律师事务所、35000多名律师掀起了一场波澜壮阔的抗疫行动——数百家律师事务所展开各类捐助，累计捐款、捐物折合人民币8000余万元；为中央和地方疫情防控工作提供专业支持，让首都地区的示范效应对全国防疫抗疫工作产生积极影响；为帮助行业复苏，助力复工复产，向人社部提出建议，律师事务所可以平等享受企业减免社保费和缓缴住房公积金政策，建议得到回应，惠及千家律所万名律师，大家以高昂的热情继续投入疫后重建……

号令出，风雷动！经历此疫，北京律师行业胸怀天下、舍我其谁的大气风貌跃然而出。

第一时间启动专业抗疫

疫情防控是一套科学系统工程，科学治疫要依法治疫，科学决策需法律先行，越是紧急越是要有章法，才能真正有利于抗疫工作全盘的有序推进。

一直以来，北京律师具有较高觉悟，主动服务首都、服务市委市政府中心工作、服务党中央国家大局，积极主动承担社会责任。在参与抗疫中，北京律师积极为党和国家着想，提供疫情期间专业支持，不仅对北京地区的抗疫起到重要支持，对全国的抗疫部署都有重要影响。

为应对突发疫情，北京市司法局党委高度重视疫情防控工作，及时印发通知，要求加强党建引领，落实防控责任，全力以赴打好新型冠状病毒感染的肺炎疫情防控阻击战。2020年2月7日，北京市司法局党委书记苗林到北京律协检查指导行业疫情防控工作，对做好疫情防控和律师业发展提出要求。北京市律师行业党委充分发挥律师行业党组织健全、律师队伍综合素质高、律师党员占比大的优势，第一时间组织专题研究，并作出全面系统部署。

从除夕到大年初二，北京律协医药卫生法律事务专业委员会主任万欣律师和依法治市法律研究会主任牛琳娜律师一刻都没停歇，参与司法部和依法治市办公室的专题讨论。

根据北京市委依法治市办的要求，万欣律师组织该委员会律师编写了2.3万字的《新型冠状病毒感染的肺炎疫情防控中政府的九大职责》，同时牵头编写《新型冠状病毒感染的肺炎疫情防控法律知识五十问》，通过市司法局发放到市、区两级法律援助中心、300多个司法所，及时为司法行政基层干部解答群众法律咨询问题提供了有力参考。牛琳娜律师则提供了建立市、区疫情防控联动机制等方面的法律意见，为政府各级部门依法履行防控职责提供法律依据。

实践证明，越是重要关头和关键时刻，越能考验人、考验队伍。在这个特

北京律师抗疫剪影 1　　　　　　　　北京律师抗疫剪影 2

殊时期，北京律师行业充分发挥自身特长，为疫情防控相关事务积极提供专业的法律支持。

北京律协在第一时间启动组建"律师服务重大案（事）件法治工作北京队"，依托专业委员会（研究会），筛选政治可靠、业务精通的优秀专业律师，派遣8名律师参与市司法局疫情防控维稳法律专家顾问组，为司法部、市委市政府、市委依法治市办公室、北京市法律援助中心等部门提供专项法律服务，研究涉及疫情防控工作的法律问题答复口径。

春节期间，12348法律服务热线不打烊。针对因疫情引发的涉旅行出游、餐饮服务、商业经营、劳动劳务、房屋租赁以及返京隔离等法律咨询和服务需求增加的情况，北京律协为12348热线平台增加相关领域的律师，进行及时、权威的解答。鼓励和支持村居法律顾问通过电话、微信群、北京法律服务网为村居民提供法律服务。截至本书发布，共有193名律师参与，解答群众法律咨询3770余人次。

为推进依法防控、依法治理，北京律协迅速组织团队，先后撰写了1.8万余字的《新型冠状病毒感染的肺炎疫情防控法律知识五十问》，通过北京市司法局发放到市、区两级法律援助中心、300多个司法所，及时为司法行政基层干部解答群众法律咨询问题提供了有力参考；编写《新型冠状病毒感染的肺炎疫情防控中政府的九大职责》《疫情下劳动用工合同与劳动关系法律问答》（共50条），梳理了疫情防控期间劳动用工、加班工资、工伤、医疗等方面的法律法规和可能出现的法律问题建议，为用工单位和公民个人提供有益的参考和借鉴。

对外，北京律师运用专业助力依法防控、依法治市；对内，北京律师人数众多、规模大所遍布，如何做好疫情防控工作，成为摆在全行业面前的重要课题。

部分北京律所纷纷启动应急响应机制，休假不休班，通过微信公众号、微博等新媒体，主动向社会各界宣传疫情防控法律知识，增强疫情防控法律意识。

大成、安理、炜衡、嘉观、荣德、中伦、金杜、盈科、京师、天达共和、金城同达、易和、兰台等律师事务所均组织律师特别是党员律师成立专项工作组，研究涉及疫情防控期间企业经营、医药卫生劳动用工合同纠纷等相关法律问题的意见和建议，通过微信公众号等形式向社会公布，为政府及群众依法依规处理各种法律问题、做好疫情防控工作提供了有力的法治保障。

积极捐助援助多元抗疫

2020年的情人节，疫情肆虐，全国隔离，到处交织着爱的渴望和生离死别。

北京市尚公律师事务所合伙人石清盼律师已经连续半个多月没看到妻子李华和大儿子了——他们作为医生都奋斗在抗疫一线，他留在家中照看小儿子和老人，同时尽其所力参与抗疫。

"我不知道如何去安慰连续工作的妻子，也不知道她还要再工作多少天，只记得她说过，疫情不退，她不能退。"石清盼律师的情人节，亲人分离两地，这也是全国很多抗疫一线医护人员家庭的写照。

石清盼律师为身为医护人员的妻子、儿子守护着家，他的行业"娘家"也在关怀他。北京律协在得知他的情况后，专门致电进行了关心和慰问，

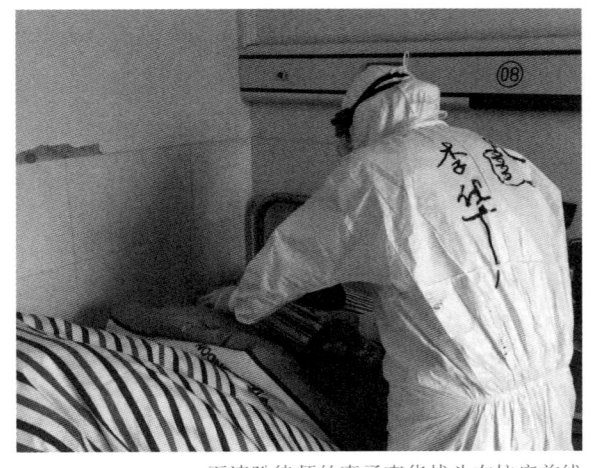

石清盼律师的妻子李华战斗在抗疫前线

北京律师抗疫剪影 3　　　　　　　　北京律师抗疫剪影 4

并在北京律协微信公众号上对他的故事进行了采写和发布,感动了很多人。石清盼律师则随时关注北京律协的微信公众号,按照协会的防控指导和通知合理安排工作。同时,身为北京河间商会党支部书记的他还号召北京河间商会向河间红十字会捐款 3 万元,并通过尚公所向武汉捐款 1000 元,通过民抬头村委会捐款 200 元。

舍小家为大家,这是北京一名律师的朴素情怀,也是 3.5 万名北京律师自发奉献的体现。疫情能隔离一座城,能短暂分离相爱的人,但隔离不了爱。

在这场来势紧急的疫情防控阻击战中,北京律师行业和广大律师把疫情防控作为当前最重要的工作来抓,通过专业服务和社会担当将北京律师的爱传递到疫区人民的手中。

据介绍,北京律师积极开展各种形式的公益参与抗疫——有的发挥法律专长协助有关单位办理捐物手续,有的踊跃捐款,有的千方百计筹集口罩、防护服,有的购买呼吸机,有的直接援助疫区律师协会……据不完全统计,北京律师行业数百家律师事务所累计捐款、捐物折合人民币 8000 余万元。

关注民生确保行业稳定

律师协会是律师的家,是联系党委政府与广大律师的桥梁纽带。北京市律师行业党委在做好疫情防控管理的同时,还注重做好确保行业稳定的相关服务工作。

受新冠肺炎疫情冲击和经济下行的双重影响，律师业也出现了业务受阻、经营受限等发展困难。为促进全国律师行业稳定健康发展，在司法部、全国工商联和全国律协的联合倡议下，各地律师协会相继发布了减免优惠信息。3月13日，经第十一届北京市律师协会理事会第五次会议通过，北京律协决定适当减免2020年度律师个人会员会费。会费减免周期自2020年1月24日北京市启动突发公共卫生事件一级响应之日算起，减免一个季度的个人会员会费即500元/人。

如何帮助行业度过危机，成为重要民生课题。

3月8日，北京市人力资源和社会保障局、北京市财政局、北京市税务局联合发布《关于做好北京市阶段性减免企业社会保险费工作的通知》，明确2020年2月至2020年6月，免征中小微企业（包括以单位形式参保的个体工商户）和其他特殊类型单位（不含机关事业单位）三项社会保险单位缴费部分。其中，北京市律师事务所也得以平等享受该社保减免政策。

喜讯背后，高子程会长的努力功不可没。2月19日，高子程会长特向人社部提出建议，请人社部明示：律师事务所可以平等享受企业减免社保费和缓缴住房公积金政策。这条建议切中行业民生，在朋友圈广为传播。经过积极争取，为行业赢得了喘息机会。

受疫情影响，很多案件延期审理，律师执业也受到很大影响。如何为律师执业建立通道，也是北京律协思考的重点问题。1月28日，高子程会长第一时间以全国人大代表身份向最高人民法院人大代表联络室提出"全国法院应当研究延期开庭审理案件"的建议，最高院迅速采纳建议，北京高院当日发布相关公告，受到律师广泛好评。2月6日，北京律协副会长高警兵律师、律师代表朱建岳律师获悉，有律师多次与法官沟通延期开庭未果，主动与法院沟通协调，促成此事圆满解决。

为了方便大家线上办理事务，在整个疫情防控期间，北京律协安排专人值班值守，暂停申请律师执业人员实习备案、个案维权、投诉受理等现场接待，律所可以登录网上系统提交申请，快递书面材料。同时要求各家律所主任要了解本所人员的思想动态、个人情况和家庭状况，特别是关注好湖北籍人员情况，切实落实各项保障措施，把关爱落到实处。

疫情对中小所业务的影响也很大，为了更好地关护中小所发展状况，北京律协积极调研，推出扶持政策。据统计，北京中小型律所占比90%以上，数量多、收入不稳定、抗风险能力较弱，受疫情影响比较大。为此，北京律协及时调研疫情对行业发展的影响，提出《关于新冠肺炎疫情对北京市中小律师事务所发展的影响　疫情过后中小律师事务所应对措施的建议》。北京市司法局、北京律协出台了降低律师事务所设立门槛、进一步优化律师执业准入手续、提高律师互助金计提比例、拓宽律师和律师事务所年度检查考核"快速通道"等九项措施，来应对疫情影响，支持北京市律师行业持续健康发展。

在为行业稳定"谋福利"的同时，身兼全国人大代表的高子程会长也在不断思索律师还能如何通过法律手段或者法治思维帮助社会治理？多年的履职经验告诉他，只有经过充分的调研，才能出台一个好的政策，达到真正解决问题的目标。

为了更好地深入基层了解民情，"迎战"2020年全国两会，高子程会长花了13天时间跑了北京市11个远郊区的律师协会，收集了1000余名律师的调查问卷。内容既有对行业发展的意见建议，也有律师在执业过程中发现的各类民生问题。"在调研中，我们发现受疫情影响，很多中小微企业的生存遇到困难。这表面上是经济问题，背后其实还隐藏着很多法律问题。"在3个多月的时间内，高子程会长结合调研成果撰写了包括《关注因疫返贫因疫致贫，确保脱贫攻坚既定目标的建议》《关于善用内需空间，提振市场经济的建议》在内的20余项建议，并最终带到了第十三届全国人大三次会议上。

与此同时，律师在大量参与公益事业的同时，如何能得到相应保障，让律师参与社会公益既持久又可循环？这也是北京律协长期关注的问题。"北京的每一个村镇街道，都有相应的律师提供公益法律服务。这是职责，更是律师行业应当承担的社会责任。疫情期间，各类基层的公益法律服务一直在继续。但律所也是市场主体，自负盈亏。"高子程会长坦言，由于这些劳动没有正常的业务收入，不能合理体现成本，从行业可持续发展的角度考虑，应该出台和完善适合律师行业特点的税收政策。"

2020年是全面建成小康社会和"十三五"规划收官之年，也是脱贫攻坚决战决胜之年，突如其来的新冠肺炎疫情给完成既定目标任务带来挑战。习近平总书记和党中央高瞻远瞩，强调要加大"六稳"工作力度，明确提出"六保"任务。律师队伍理应勇当服务"六稳""六保"大局先行者！北京律师行业通过聚焦疫情防控特殊时期中小微企业和民营企业法律服务需求，统筹关键资源，提升服务效能，保市场主体，保基层运转，扎实做好法律服务"六稳"工作。法治保障"六保"任务，已取得阶段性成效。

承担社会责任是律师的法定职责，是律师的神圣使命，是律师应当发挥的职能作用之一。在疫情防控常态化的新形势下，北京律师将充分发挥职业优势、专业优势和实践优势，在各个方面提升律师行业承担社会责任的能力、水平，为夺取疫情防控和经济社会发展的双胜利贡献力量。

【北京律协】

北京市律师协会是依法设立的、由北京市全体律师及律师事务所组成的社会团体法人，是律师的行业自律性组织，依法对律师行业实施服务和管理。北京市律师协会始建于1952年，恢复于1979年8月10日，1982年4月召开了第一次北京律师代表大会。

北京市律师协会坚持以习近平新时代中国特色社会主义思想为指导，坚持中国共产党的领导，拥护社会主义法治，坚定维护以习近平同志为核心的党中央权威和集中统一领导；团结带领会员遵守宪法、法律、法规和国家政策，自觉践行社会主义核心价值观，恪守律师职业道德和执业纪律，维护当事人合法权益、维护法律的正确实施、维护社会公平和正义；发挥行业自律作用，加强思想政治建设，规范会员执业行为，维护行业整体利益和会员合法权益，反映行业诉求，增强会员依法执业能力，促进北京律师行业持续健康发展，为全面推进依法治国，建设中国特色社会主义法治体系和社会主义法治国家，为把我国建设成为富强民主文明和谐美丽的社会主义现代化强国，实现中华民族伟大复兴而奋斗。

许海霞律师
学习做感恩社会的陪读生

> 社会有重大困难时,作为社会的一员,要凝心聚力,战胜困难;疫情突发时对社会而言是新的挑战,我们要第一时间将个人命运与社会命运共同连接,以滴水之力承担社会责任;法律人要发挥专业优势,研究疫情背后的法律问题,呼吁大家提高防疫意识。
>
> ——许海霞律师

2020年,对于许海霞律师而言,是难忘而有意义的一年。

春节前夕,一场突如其来的新冠肺炎疫情从武汉向全国蔓延,人心惶惶。当疫情开始出现猖獗之势时,最美"逆行者"出现了——一群来自上海、江苏等省市以及湖北其他地市的医生护士们逆行而上,不负使命奔赴疫情重灾区。同样,因为使命,很多法律人也纷纷加入"逆行者"队伍,在疫情防控公益行动中贡献自己的绵薄之力,其中的一员就是许海霞律师。

从1月23日大年夜至3月中旬,许海霞律师一直在争分夺秒寻找各种渠道,购买了10万只医用口罩、5680副医用护目镜、2590件防护服、11500个医用隔离面罩、1万件医用手术衣、17万只医用帽、9万副医用手套等价值200万元左右的各种医用物资。当国内疫情防控形势日趋缓和,国际疫情防控形势日益严峻时,许海霞律师又向日本、韩国捐赠10万只口罩,总价值超过50万元。为此,日本辩护士(律师)联合会会长菊地裕太郎还特地亲笔签名向全国律协会长王俊峰发来感谢信，感谢中国律师许海霞的爱心捐助。

2020年7月24日，在上海市见义勇为基金会召开的"见义有为（战疫）先进"表彰座谈会上，来自不同行业的8名同志被授予"上海市见义有为（战疫）先进"荣誉称号，许海霞是其中的3名上海律师之一。

"付出使人快乐。"许海霞律师认为，能够为疫情防控工作做一点力所能及的事情，是自己的荣幸，也是律师应尽的社会责任。

与"逆行者"并肩作战

许海霞律师是上海瑾之润申达律师事务所主任，也是政协上海市浦东新区第六届委员、第十一届上海律协理事会理事、第十一届上海律师协会社会责任（公共法律服务）委员会副主任。执业16年以来，她始终将积极履行责任放在首位。

疫情刚开始的时候，许海霞律师就高度关注。武汉肺炎疫情暴发之时，看到全国各地的医务人员逆行而上，陆续奔赴疫情重灾区时，许海霞律师很受触动：作为一名上海律师，我们能做点什么？

在大年夜之际，许海霞律师放弃和家人的团聚，加入了"逆行者"队伍。当很多人都忙着看春晚、互发祝福短信时，她连夜各处寻找平台订购最紧缺的口罩、护目镜和医用帽。

在听说湖北县级小医院也急缺物资，而各平台物资基本已经售罄，尚有物资的店家还在春节休假中，许海霞律师万分着急，和团队提议要劝说有物资的店家尽快上班，共同抗击疫情。最后，很多店家都被许海霞律师的用心打动了。

然而，现有物资依然无法满足医院的需求，线上所有平台店家一"罩"难求。无奈之下，许海霞律师只能多处打听医院的医疗物资供应情况，尽可能给最急需的医院第一时间提供口罩和护目镜。

"严控疫情如救火"，许海霞律师坐立不安。从平台到卖家，从银行到物流，她不断催促大家要抓紧时间，以救湖北医院之急。

在协调、调度医疗物资的过程中，物资短缺、物流停运、店家休假、大额付款平台受限等难题逐一摆在许海霞律师的面前。她每天只能睡几个小时，线上没有就线下找，虽然市场货源严重紧缺，但她告诉自己，不能放弃一丝希望。

为了更方便地筹集物资，许海霞律师在老家江阴待了两天之后，大年初二当天便赶回上海。父母亲支持她的爱心行动，也很担心她的健康。她很理解父母的心情，不过想到湖北一线医务人员急需口罩、护目镜等医疗物资，她就寝食难安。

在克服了重重困难之后，仅用 36 个小时，许海霞律师便筹集到 2.33 万只 KN95 型号医用口罩、5100 副医用护目镜和 10.2 万顶医用帽，共计价值 100 万元以上的医用物资。

第一批物资筹集后，许海霞律师又开始筹集第二批物资。从 1 月 23 日至 3 月中旬左右，许海霞律师通过各种渠道共购买了价值 200 万元左右的医疗物资，包括 10 万只医用口罩、5680 副医用护目镜、2590 件防护服、11500 个医用隔离面罩、1 万件医用手术衣、17 万只医用帽、9 万副医用手套等，捐赠给了武汉、黄冈、黄石、荆州、随州、十堰等地的 50 多家医院，上海援鄂医疗队，河南援鄂医疗队，接送火神山医务人员的武汉公交集团第四运营公司一分公司，西藏拉萨市联防联控工作领导小组办公室和山西汾阳医院，武汉社区志愿者，以及湖北其他非医院单位工作人员。

为确保物资精准送到上海援鄂医务人员和湖北各家医院医务人员手中，许海霞律师在发货前多次与医务人员和所需人员电话对接精准需求，发货后全程跟踪每一单物资，实时向接收人报送物流状态，确保了物资的准确送达和接收。

"我们是武汉公交火神山医护专线""我们是方舱病患转移专线""我们是商超物资配送专线""感谢许海霞律师的爱心捐赠，风雨同舟，共抗疫情，武汉加油！"……2020 年 3 月底，武汉公交多条防疫专线的工作人员在收到捐助物资后专门给许海霞律师发来了感谢视频，向这位巾帼更胜须眉的女律师及她的律所表达了深深的谢意和敬意。

许海霞律师整理捐赠物资

收到防疫物资的医护人员

疫情可以隔绝空间却不能隔绝爱

2020年3月，国内疫情防控形势日趋缓和，而全球累计确诊和死亡人数却在不断攀升。看到国际疫情防控形势日益严峻，许海霞律师又开始"忙"起来了。

"在疫情暴发之初，日本社会各界纷纷向我国伸出援助之手，他们捐赠了不少医疗物资，帮助我们共渡难关。现在他们遇到困难了，我们不能袖手旁观。"许海霞律师说道。

正是抱着这种朴素想法，许海霞律师萌生了向日本捐赠口罩的想法。但由于没有从事过涉外业务，她缺乏这方面的渠道。无奈之下，许海霞律师只好向全国律协求援。在全国律协国际部原副主任宋芮的协助下，辗转与日本律协取得了联系。

在收到日本律协愿意接受捐赠的回复后，许海霞律师立即行动，两天内便从苏州、杭州等地购买了2万只

捐赠给日本的医用物资

医用外科口罩，并克服了物流、清关等复杂流程的困难，通过航空货运的方式发往日本。3月23日，口罩顺利送抵日本律协，许海霞律师一颗悬着的心才落地。

许海霞律师很快收到了菊地裕太郎会长的感谢信，信中说："今天，当全球正笼罩在新型冠状病毒肺炎肆虐的阴霾中时，我非常欣喜地看到，装满口罩的包裹完好无损地送抵了位于东京的日本辩护士（律师）联合会。这2万只医用外科口罩既是承载您体贴关爱的慷慨馈赠，更是我们（两国律协）多年来友谊的象征。在此，我谨代表日本辩护士（律师）联合会的所有会员和工作人员向您表示最诚挚的感谢。"

来自日本的感谢信

据统计，许海霞此次向日本、韩国捐赠的10万只口罩，总价值超过50万元。

当很多人为许海霞律师的巾帼精神点赞时，她总是坦然待之。"滴水之恩当涌泉相报"是她一直坚守的信念。她始终认为，作为一名法律人，应该承担一定的责任和担当；当国家和社会有难时，我们应该尽其所能做些力所能及的事情；做这些事情不关乎金钱和荣誉，只是责任和使命。

在这次疫情中，很多法律人积极参与公益行动，有捐资医疗物品或捐赠爱心款，也有积极发布相关法律专题解读，还有很多律所成立抗击疫情公益法律服务律师团……许海霞律师提到，疫情面前，法律人在践行公益行动时，要有三个"意识"：

团结意识：社会有重大困难时，我们是社会的一份子，我们更要凝心聚力，战胜困难；

大局意识：疫情突发时，对社会而言是新的挑战，我们需要第一时间将个人命运与社会命运共同连为一体的意识，以自己的滴水之力承担社会责任；

专业意识：法律人要发挥专业优势，研究疫情背后的法律问题，研究如何从规则的角度更好地防范类似公共事件的发生。要积极参与专业发声，保障信息的透明，呼吁大家提高防疫意识。

常怀感恩之心，践行社会责任

2020 年 7 月 24 日，在上海市见义勇为基金会召开的"见义有为（战疫）先进"表彰座谈会上，来自不同行业的 8 名同志被授予"上海市见义有为（战疫）先进"荣誉称号，许海霞律师是其中获奖的 3 名上海律师之一。

上海市司法局党委副书记、一级巡视员、市律师行业党委书记刘卫萍对获奖律师予以高度肯定，并鼓励他们要珍惜荣誉、再接再厉，在助力经济社会发展上走在前，在弘扬社会道德风尚上当表率。

上海市见义勇为基金会理事长胡顺康表示，授予 8 名同志"上海市见义有为（战疫）先进"荣誉称号是表彰他们在疫情防控期间的积极贡献，进一步弘扬见义有为的高尚精神，传承扶危行善的传统美德，增加社会正能量、传承社会新风尚，为上海经济社会发展作出更大贡献。

对于这项殊荣，许海霞律师很感动，这让她更加深刻认识到作为一名法律人的责任和价值。

执业 16 年来，许海霞律师一直热心公益事业。自 2013 年起至今，许海霞律师带领律师志愿者持续每年定期与浦东桃源儿童家庭寄养服务中心举办"追

许海霞律师

梦想的路，我们与你同行"系列活动，赢得了师生们的高度赞誉。

自 2014 年起，许海霞律师捐助"贵州省息烽县中西文化交流营活动"全程费用，定向捐助的人数现累计 70 名左右。

每年春夏，许海霞律师都会与学生们手写书信交流学习和生活情况。小朋友每年以手写书信方式表达对许律师的关心和问候，让常常她热泪盈眶。细细品味小朋友善良、简单、纯真、美丽的梦想，许海霞更坚定了要继续守护他们的决心。

2019 年 10 月 11 日，许海霞律师作为瑾之润申达所代表，携瑾之润公益基金前往云南省大理州巍山县青华乡五星小学，捐资 20 万元建设一所浴室。当天，五星小学同步启动了"五星红旗我爱你"主题教育活动，让感恩的种子在孩子们心中生根发芽。

许海霞律师认为，无论哪种社会责任履行方式，只要心存感恩，点滴爱心之举，都能汇聚成海。

第三章

专业支持公益

疫情暴发以来，全国各地律师以文化人的情怀传递温暖，以法律人的专业助力抗疫，用职业人的智慧书写了别样的抗疫战歌。

疫情中，各地律所集中专业优势，分领域组建律师团，引导全体律师积极承担社会职责，切实稳定社会大环境；帮助政府机关、企事业单位及广大民众积极做好疫情防控工作，应对疫情带来的各类困难，疏解民众焦虑。

在居家办公期间，各地律师发挥专业特长，撰写专业文章，围绕抗疫期间劳动用工风险防控、民商事合同风险防控、刑事责任风险防控、公益捐赠的法律解读以及建筑工程企业、房地产企业、金融企业等面临的履约问题等进行法律分析和解读，形成了一篇篇备受业界与读者好评的专业佳作。本章收录并精选部分律所精品文章和"律新帮"公益平台投稿文章，以彰显专业赋予公益的特殊力量。

天达共和
用专业为抗疫注入正能量

天达共和律师事务所在党组织和管委会的带领下，有序开展抗疫工作，较早进入"复工"状态，坚持为客户提供高质量法律服务、定期举办线上法律分享活动、频繁就与疫情相关的法律问题和新近出台的法律法规发表看法。对外宣传平台及时传递律师的声音，用法律人的专业分析为受疫情影响的人们排忧解难，为全民抗疫注入正能量。

在面对新冠病毒汹涌肆虐之时，天达共和律师利用居家办公的时间，本着"抱真唯守墨"的初心，结合多年积累的法律知识、实务经验，深入浅出地分析了这次公共卫生事件可能产生的行业影响及有效应对措施，其中有对医药、医疗健康及卫生保障制度的探讨，也有对保险捐赠定性与合规问题的研究，还有重大疫情下企业处理商事合同纠纷应当关注的法律问题、重大灾害面前的个人征信特殊安排，以及特殊情况下关于征用、保险、运营的法律思考等。

疫情期间，天达共和微信公众号推送文章365篇，其中律师专业解读文章184篇，含疫情相关专业文章40篇，被业界法律数据库平台、知名媒体、贸仲机构、律协等频繁转载或刊发。律师们通过解析与人们息息相关的法律问题，减少疫情为人们带来的困扰。

此次新型冠状病毒肺炎（COVID-19）在全球的肆虐，凸显出国际法在国际卫生领域预防和应对跨国流行性疾病的重要性，同时也暴露了部分国家在应对全球重大疫情时无视国际法规则、挑战世界卫生组织权威、对受疫情影响地区或者人群进行歧视迫害等"二次伤害"的诸多行径。本文从易被忽略的国际法领域，对调整国际关系中保护公共卫生所涉及的国际规则制度进行研究，充分展示了世界卫生组织在国际卫生领域不可替代的权威性，强调了世界各国特别是世界卫生组织成员国携手合作、预防与抗击传染病的国际义务，更进一步呼吁重视国际贸易机制、人权机制和国际环境法在全球卫生治理中的作用，同时建议要明确各类国际组织和私人团体在传染病防控国际法层面的法律地位及参与全球卫生治理的权利与义务，以期完善传染病防控国际法律机制。

"新冠肺炎"（COVID-19）疫情下的国际法思考

天达共和武汉办公室　万维

新型冠状病毒肺炎（以下简称"COVID-19"）传染性疾病通过贸易与旅行迅速传播至全球，被世界卫生组织（以下简称"WHO"）列为"国际关注的突发公共卫生事件"（Public Health Emergency of International Concern，PHEIC），表明针对COVID-19的防控被提升至国际管控的高度。在此形势下，有必要从法律层面，特别是从易被忽略的国际法领域，对调整国际关系中保护公共卫生所涉及的国际规则进行研究。

一、传染病防控的国际法律机制

（一）以WHO为核心治理机构

《世界卫生组织法》为WHO的创立公约和基本文件，是WHO产生、存在和进行活动的法律基础与行使职权的国际法依据，也是构建传染病防控国际合作机制的宪法性文件，对各成员国有法律约束力。WHO依据《世界卫生组织法》行使各项职能与权力，确立了WHO在国际传染病控制领域的准立法权，包括提出国际公约、协定和条例，确立国际术语、国标标准，以此来发展公共卫生方面的国际法。WHO在不断应对21世纪全球化时代的公共卫生危机实践中逐步扩张其职能，逐步成为公共卫生领域最具权威的全球性政府间组织。

（二）以《国际卫生条例2005》为国际法构架的基础

2005年5月23日，第58届世界卫生大会审议通过的《国际卫生条例2005》（以下简称"IHR 2005"），是WHO当前唯一对缔约国传染性疾病防控工作具有高度约束力的国际卫生协议，在传染病防控的国际立法上迈出了决定性的一步。

1. 强化缔约国及时、完整、持续通报传染病的义务

根据 IHR 2005 的规定，每个缔约国必须按照国际标准评价公共卫生紧急事件的国际影响，并在评估公共卫生信息后 24 小时内，通过本国国家归口单位，以现有最有效的通信方式向 WHO 通报在本国领土内发生并按决策文件有可能构成国际关注的突发公共卫生情况的所有事件，以及为应对这些事件所采取的任何卫生措施；通报后，缔约国应当继续及时向 WHO 报告它得到的关于所通报事件的确切和充分详细的公共卫生信息以及应对国际关注的潜在突发公共卫生事件时面临的困难和需要的支持。

2. 扩大缔约国对突发公共卫生事件的核实范围、监测能力和预警机制

IHR 2005 强调缔约国在国内进行必要的能力建设，以应对具有国际影响的公共卫生紧急事件。针对突发公共卫生事件信息，IHR 2005 要求：在核实范围上，缔约国应当将其接收到的其他来源的信息进行核实、报告，WHO 对此进行核实和评估后，向缔约国提出具体的应对措施建议；在检测能力上，各缔约国应当在不迟于 IHR 2005 生效后的 5 年内，尽快发展、加强和维持快速和有效应对公共卫生危害和国际关注的突发公共卫生事件的能力；在预警机制上，各缔约国要加强国际技术合作，积极采取措施参与公共卫生全球一体化预警、防范和控制，并加强与国际组织、发达国家、周边国家的交流与合作，完善信息沟通机制，引进先进公共卫生技术、方法，建立针对国际上发生的突发公共卫生事件的及时预警机制。

3. 确立传染病防控争端解决制度

IHR 2005 规定，针对缔约国之间因解释或执行 IHR 2005 而产生的争端，当事方各国可通过斡旋、调停或和解等和平手段解决分歧。如果争端所有各方同意，也可将争端提交 WHO 总干事或通过仲裁来解决，主要采取如下程序：首先，由出席议前审查会议的大多数成员投票决定受理的争端是否属于 IHR 2005 规定的争端事宜；其次，若经审查，认定争端属于审查范围，则争端事宜进入正式会议议程；最后，由 WHO 总干事就争端作出最终处理建议。由此，IHR 2005 专门确立了争端解决制度，为国际关注的公共卫生突发事件得到适宜处理提供一种安全性和可预见性的保障。

4. 明确要求缔约国建立履行各项义务的保障机制

IHR 2005要求每个缔约国应当指定或建立国家归口单位以及在各自管辖行政范围内负责按本条例实施卫生措施的当局，并应随时能够同WHO设立的联络点保持联系。国家归口单位的职责主要包括：代表缔约国同WHO联络点就紧急情况进行沟通，特别是WHO所规定的公共卫生事件通报、信息共享、磋商、核实等；向缔约国相关行政管理部门如负责监测和报告的部门、入境口岸、公共卫生服务机构、诊所、医院和其他政府机构，传播信息并汇总反馈意见。

5.鼓励缔约国接受WHO提供的建议

为了避免有关国家在处置各类公共卫生事件时，可能会采取"最大化"的应对措施，如口岸封锁、禁止人员和交通工具入境等，从而对国际交通和贸易，以至经济发展造成严重影响，IHR 2005赋予WHO对国际关注的突发公共卫生事件提出临时建议和对现有特定公共卫生危害提出长期建议的权力，但此等建议不具有强制约束性。

（三）以世界贸易组织法规则为强力辅助

随着健康权日益被人们所重视，贸易机制在保护公共健康权中逐渐发挥重要作用，世界贸易组织（以下简称"WTO"）法律规则中的诸多特别协定，均与传染病防控密切相关，使得WTO日益成为传染病控制的国际法律机制的中心。

1.《卫生与动植物检疫措施适用协定》（SPS协定）

为了确保成员国为保护人和动植物生命健康采取或实施卫生检疫措施的主权权利，也为了避免该主权滥用造成对国际贸易的不必要的壁垒，在乌拉圭回合中成员国达成SPS协定，以对各国控制传染病卫生检疫措施进行调节。根据该协定，各成员国国内防疫措施必须符合SPS所规定的科学依据、风险评估、国内规章一致、最小贸易限制、遵循国际标准、同等对待、程序合法、禁止歧视、透明度等基本原则。基于SPS协定产生的各项争端，应当通过WTO的强制性争端解决程序予以处理。SPS协定及WTO争端解决机制的实践表明，各国政府无论是自发主动采取，还是经WHO建议而采取一些控制传染病的特定卫生检疫措施，只要该等措施影响了货物或贸易服务，就应当服从WTO规则，特别是SPS协定。正因如此，在WHO宣布将本次COVID-19疫情认定列为PHEIC时，亦谨慎强调"不建议实施旅行和贸易限制"。

2.《与贸易有关的知识产权协定》（TRIPS协定）

TRIPS 协定确立了知识产权保护的国际标准和准则，同时确立了保护公共利益的原则，以达到专利保护与公共卫生之间的平衡。在发展中国家的努力下，2001 年底的多哈会议上通过了《关于 TRIPS 协定与公共健康的多哈宣言》，确定了公共健康权优先于私人财产权，确认了 WTO 成员使用强制实施专利药品强制许可和平行进口等措施的权利，从政治上和法律上增强了发展中国家获得药物的能力，对于公共健康与知识产权之间的冲突具有积极作用。根据该宣言，WTO 总理事会于 2003 年 8 月 30 日一致通过了解决"公共健康"问题有关实施专利药品强制许可制度的最后文件，WTO 全体成员在解决公共健康问题上取得最后的共识。

二、传染病防控国际法律机制的局限性

（一）整体立法权分散导致法律权威降低

WHO 的"轻法律倾向"及其依托的 IHR 2005 固有的"软法"性质，使得 WHO 实际上并未在传染病防控国际法律体系中发挥核心作用。同时，非公共卫生领域国际组织的条约与协定都各有一套规则，所制定的传染病防控规则具有一定的重叠或冲突，造成传染病控制"制度超载"，导致各国无力或无法切实履行纷繁复杂甚至相互矛盾的国际义务。

（二）IHR 2005 未确立对不履行国际义务国家的制裁制度

IHR 2005 作为传染病防控国际法律机制构架的基础，并未对国际社会形成强有力的法律约束力。对于 WHO 依据该制度履行法定职权对突发公共卫生事件作出的处理建议，如果成员国单方认为采取建议会损害本国利益而采取与建议相左的措施后，并不会因此受到制裁，导致 IHR 2005 的法律效力大打折扣。

（三）未将其义务扩展至国家以外的其他国际法主体

面对传染病全球化公共卫生问题威胁的蔓延，各国政府与政府间国际组织应当与非政府组织、跨国公司等其他国际法主体合作，采取集体行动防范控制传染病风险。但是，关于传染病防控的国际法主要是调整国家间权利义务关系的法律规范，并未将非政府组织和跨国公司等其他国际法主体纳入其中，亦未对各国政府与非政府组织、跨国公司和个人的合作提供强有力的制度支持与保障，忽视了公民社会参与的力量。

三、建议

此次 COVID-19 疫情暴露出的制度问题表明，我们需要从国际法的角度深刻理解当下传染病防控国际法律机制的功效与局限，为传染病防控国际法律机制的发展与完善提供可行建议：其一、应推动传染病防控全球框架公约的立法，以便在全球层面上构建起一个有效分配各国权利、义务的国际法律框架，促使各国通过国内立法强化其在出现公共健康紧急状态时的国际义务，并以规则化的形式为各国采取措施提供具有可预见性与合法性的依据；其二，需认识国际贸易、人权、环境与全球卫生治理等问题之间相互影响与交融的现状，重视国际贸易机制、人权机制和国际环境法在全球卫生治理中的作用；其三，必须在传染病防控国际法层面明确非政府间国际组织和私人团体的法律地位，给予非政府间国际组织国际法主体资格，从制度上保障和规范非政府间国际组织参与全球卫生治理的权利与义务。

海普睿诚
用专业拥抱公益

律师的社会责任除了维护当事人合法权益,还要维护法律的正确实施和社会的公平正义。疫情当前,更需要律师发挥其职业优势、专业优势和实践优势,迅速向社会公众普及如何合法地应对因新冠病毒而引起的各类新问题、新动向、新变化。为此,海普睿诚律所成立防控疫情志愿律师团,组织律师围绕当前疫情衍生的热点、焦点、难点问题,实时撰写系列普法小文章,进行多层次、全方位法制宣传及问题解答。同时,海普睿诚律所作为西北第一家担任信托监察人的律师事务所,免费参与了"陕国投·陕西慈善协会·迈科集团——众志成城抗击新型冠状病毒肺炎慈善信托"的前期工作,并站在公益、公立角度,对信托运作进行监察管理,该慈善信托总期限3年,在此期间,海普睿诚律师将持续免费为该慈善信托提供法律服务,以期用专业拥抱公益,践行社会责任,推进法治进步。

至本书截稿,防控疫情志愿律师团组织律师共撰写了80余篇针对疫情的法律指引、普法文章和热点问题解答,涉及劳动用工、商业租赁、合同履行、刑法、金融、财税、专利、房地产、企业风险防范、信息保护与维权、医疗、保险、证据、慈善捐赠等领域,被中国律师网、陕西律师协会等行业权威机构媒体转载十多篇,在社会上取得了较好的反响。

海普睿诚律师抗疫专业文章

类型	专业文章	作者
日常知识篇	《战疫情 法律小贴士》	王阿丽　李　杨 姜培培　张嘉通 陶银鸽　魏紫艳 张　蓉
劳动用工篇	《工资不发行不行？能行！》	王阿丽　高　艳 李　娜　张　蓉
	《怎么破？企业疫后复工劳动关系"生死劫"》	吴贻斌
	《揭开疫情面纱，仍是常规问题——疫情之下劳动用工问题的基本逻辑》	王　磊
	《防疫期复工，劳动关系管理3大重点》	吴贻斌
	《待复工期间企业人力资源管理的正确姿势》	吴贻斌
	《出差感染"新型冠状病毒肺炎"能否认定工伤》	乔　晨　张　骞
	《你有一份企业HR疫情防控手册请查收》	刘　震　王　普
商业租赁篇	《新冠疫情下商业地产运营管理企业租赁关系之法律分析》	任　强
	《新冠疫情下商业地产运营管理企业租赁问题应对策略之实践分析》	任　强
	《防疫管制环境下商铺出租人减免租金的正确方式》	井　琦
	《战疫情 法律小贴士——商业租赁篇》	王阿丽等
	《延期复工，商业租赁的租金能否减免》	马世焜
合同履行篇	《关于新型冠状病毒疫情下的合同履行问题》	高　艳　魏　栋
	《新冠疫情下的建设工程施工合同所涉要点问题分析》	刘忠磊
刑法篇	《遥远的哭声——非法杀害交易野生动物的罪与罚》	樊东峰　徐臻莹
	《疫不容情：图说哄抬物价的处罚与入刑》	张　燕　杨　丹
	《疫情时期法律"雷区"过关手册》	任寰阳　苏　芮
	《房东注意了：疫情期间知情不报可能涉嫌违法犯罪》	张亚妮

(续表)

类型	专业文章	作者
金融篇	《战疫情 法律小贴士——金融篇》	王阿丽
	《金融法律与监管 疫情下金融机构的信用风险压力与应对措施》	陶银鸽 魏紫艳
	《战"疫",看财税金融新政如何"亮剑"护企?》	杨丹
	《设立慈善信托都需要什么》	苏芮 刘震
	《金融法律与监管 疫情下的金融监管政策》	姜培培 陶银鸽 魏紫艳
专利篇	《如果"神药"瑞德西韦是专利药,那我们能买得起吗?》	孙栋
	《为武汉病毒研究所申请美国药物瑞德西韦新用途的合法性正名》	富磊 高艳
信息保护与维权篇	《艰难时刻的文明守望——传染病与隐私保护》	任寰阳 苏芮
	《买到假口罩,你该怎么办?》	姬超凡
医疗篇	《战疫情 法律小贴士——医疗篇》	王阿丽等
慈善捐赠篇	《疫情法律问题直击》	谢晶 侯清玲
其他篇	《律师带您了解疫期的哄抬价格行为及处罚》	高亚军
	《疫情时期,别人家的律师都干了啥》	王阿丽 高艳 李娜 张蓉
	《"疫情景气"的二手房市场,背后有何风险》	程广玉 王莹
	《疫情之下,如何让中小企业"过冬"》	刘震 杨丹
	《复产复工,缺的只是口罩吗?》	王阿丽 高艳 李娜 张蓉
	《复工了!企业该做些什么?》	李欣 陈美宏
	《生死战"疫",中小企业如何转危为机?》	杜娟 马麟翔
	《关于疫情的保险知识,都在这里了》	王望 谢宇非
	《疫情当前,企业如何自救》	刘震 延淑琪
共 39 篇		

海普睿诚的律师们用这些短小精悍的普法文章，针对性地解答了疫情时期极易出现的各种法律问题，并根据实际情况，进行了深入浅出的分析，用通俗易懂而不失严谨的专业语言，给出了解决问题的办法和思路，旨在让读者能清晰了解法律规定、法律知识、操作指引以及律师对热点问题的回复。上述文章不仅发表在律所公众号，也在广播电台、《法治日报》、律新社、中国律师网等权威媒体进行了有效推广。

其中，由孙栋律师撰写的《如果"神药"瑞德西韦是专利药，那我们能买得起吗？》一文分析讨论了合法降低专利药品价格的种种途径，并提出"依据目前掌握的信息，未知的技术诀窍保留仍让'神药'价格难以预期"的思考，一经公众号发布便收获了 2.4 万的高阅读量。原文如下。

如果"神药"瑞德西韦是专利药，那我们能买得起吗？
孙 栋

2020 年 1 月，新型冠状病毒（2019-nCoV）开始在武汉肆虐，虽然党和政府采取了果断、有力的防控措施，很好地扼制了病毒的传播势头，但从目前的情势看，我们仍显被动和窘迫。造成这一局面的根本原因是尚未有特效药可被应用于新型冠状病毒肺炎的治疗。这一窘境有望被摆脱，据科技部消息，临床实验用瑞德西韦已于 2 月 4 日下午由美国抵达国内，目前正在进行临床药物试验。

一、瑞德西韦：传说中的专利"神药"

瑞德西韦（Remdesivir，GS-5734）由吉里德科学公司开发，早前被用于治疗埃博拉病毒感染，虽然该药尚未被完全实验证实对新冠肺炎有效，但美国确诊的第一例新冠病毒感染患者在入院治疗 6 天无效后，使用瑞德西韦治疗取得了显著的效果。范德比尔特大学的病毒学家 Mark Denison 说："Remdesivir（瑞德西韦）对我们测试的每种冠状病毒都具有活性，如果不对新发现的这种病毒（2019-nCoV）起活性，我会感到惊讶。"一时间，瑞德西韦被寄予厚望，甚至被称为治疗新冠肺炎的"神药"。

众所周知，药品研发是非常有含金量的技术活，医药公司在研发过程要投入巨量的人力财力，高额的研发成本必然决定了高昂的药品售价。为了盈利，医药公司在研发成功后均会对药品本身和制备方法设计适合的专利申请策略，进行全方位的专利保护，吉里德科学公司也不例外。根据查询到的吉里德科学公司的有关药品专利文献（用于治疗副黏病毒科病毒感染的方法和化合物，CN201180035776.1）可以看出，早在2011年吉里德科学公司便向中国政府申请了包括瑞德西韦在内的化合物专利，并于2015年获得授权，换言之，瑞德西韦受《中华人民共和国专利法》的保护。

瑞德西韦的化学结构

该药品在美国尚处在临床Ⅱ期试验中，尚无法得知其最终的市场价格，但可以预见到该药可能不会太便宜。虽然2月5日网上流出的瑞德西韦的《进口药品通关单》显示，该药单支的报关价格约为20美元，但该价格下药品的剂量规格以及治疗周期和用量均无法确定，在此等情况下，以该报关价格预估药品贵贱尚为时过早，而且试验品的报关价格对药品最终市场价格的预判

瑞德西韦药品售价预测结果
- 索磷布韦实验室品单价：1.4元/毫克
- 索磷布韦药品成品单价：1.75元/毫克
- 以上，由原料到成品，价格上升了25%
- 瑞德西韦实验室用单价：276.5元/毫克

瑞德西韦最终预估价格（仅供参考）：
预测瑞德西韦药品成品单价：345.6元/毫克
实际单疗程用药：345.6*1100=380160元

作用有限。有业内人士根据原料成本预估单疗程的瑞德西韦药价高达38万余元人民币。

二、重大疫情来袭，如何合法降低专利药品价格

1. 知识产权保护意识养成不易，不能靠侵权降低成本

假如瑞德西韦在临床试验中被验证具有很好的疗效，但国内生产单位无法拿到专利许可或者许可费畸高，而进口又无法满足需求或进口药价太贵，那我们该怎么办呢？硬着头皮侵权吗？显然不能！保护知识产权已经成为全社会的共识，我国已经逐渐形成全民尊重知识产权的良好氛围，而且就在2019年年底，两办印发了《关于强化知识产权保护的意见》，刚刚就加强知识产权保护做了指导和部署，怎能破坏这种大好局面？

2. 利用强制许可制度和《多哈宣言》可有效降低专利药品价格

专利制度的根本目的在于激励创新，而要实现激励创新的目的，就必须以保障权利人的经济利益为手段，具体而言，即是确保许可、付费机制的正常运转。在通常情况下，要利用他人专利，就得先征得许可，然后支付双方认可的许可费用。征得许可后利用，是专利权人利益实现机制的关键。但若不管任何情况，均要严格遵照获得许可后利用的规则，则专利制度必然成为科学技术进步的阻力，也必然成为公众获得技术发展恩泽的绊脚石，我国《专利法》中的强制许可制度便可防止这种不利的发生。在特定情况下，国家专利局根据申请人的申请可决定对某项专利实施强制许可，从而避免无法获得授权而无法实施专利的情况发生，我国《专利法》第四十九条规定："在国家出现紧急状态或者非常情况时，或者为了公共利益的目的，国务院专利行政部门可以给予实施发明专利或者实用新型专利的强制许可。"通过强制许可可大幅度降低专利许可费，尤其是基于公共利益目的而颁发强制许可。另外，我国也是《多哈宣言》进口方成员国，根据《多哈宣言》的规定，当我国发生因重大疫病流行而造成的公共健康危机时，其他成员国可对专利药品实施强制许可，生产并出口至我国，帮助我国度过危机。除这些方式之外，还有一个类似电影《我不是药神》里的桥段的途径，某些国家直到现在都对药品的专利保护施加诸多限制，完全可以在这些国家生产并通过平行进口的方式，将价格低廉的仿制药输入国内。

三、未知的技术诀窍保留仍让价格难以预期

专利授权所需要的技术方案公开程度只需达到能够实施即可，所以很多企业在申请专利时均保留了技术诀窍，这种技术诀窍既可以是关于产品成分的，也可以是关于制造工艺的，这样不仅可以防止侵权产品对自己的市场造成冲击，又可在专利权保护期届满后继续占据市场优势。目前尚无法判断吉里德科学公司的相关专利申请是否保留了技术诀窍，也无法判断该药在制造工艺上是否存在技术秘密，但从常情判断，保留或存在的可能性较大，若如此，并且技术诀窍或技术秘密对药品的疗效或生产有着很大影响，则前述通过强制许可生产或者进口的方式以降低药品价格的策略恐将难以奏效。技术诀窍属于商业秘密范畴，无法通过强制获得，届时恐怕只能通过政府进行医保谈判和集中采购降低价格了。

此外，海普睿诚律师立足专业，发挥优势，在律新社"律新帮"公益法律服务栏目中，围绕新冠疫情下商业房产租赁十多个重点关注问题进行答疑解惑获广泛好评，引发持续关注和良好效果。李杨、张亚妮等律师受邀参加智善法媒"智汇法务""智善学院"栏目，分别以《战胜NCP·企业运营及风控宝典——金融篇》《房租出租人的治安义务》为专题进行直播解答，引发持续关注。

盈科

专业是最好的抗疫方式

"国际关注的突发公共卫生事件"的若干法律问题及对我国外贸的影响

张军

2020年1月30日世界卫生组织（WHO）在日内瓦宣布，中国新型冠状病毒肺炎疫情已经构成"国际关注的突发公共卫生事件"（PHEIC）。

1. PHEIC是什么？

是指通过疾病的国际传播构成对其他国家的公共卫生危害，需要加强国际合作一致应对的措施。其目的是针对公共卫生危害、同时又避免对国际旅行和贸易造成不必要干扰的适当方式预防、抵御和控制疾病的国际传播。

2. 确定PHEIC的法律依据是什么？

《国际卫生条例》（IHR 2005）第12条第4款：在决定某个事件是否构成国际关注的突发公共卫生事件时，总干事应当考虑：

（1）缔约国提供的信息；

（2）附件2所含的决策文件；

（3）突发事件委员会的建议；

（4）科学原则以及现有的科学依据和其它有关信息；以及

（5）对人类健康危险度、疾病国际传播风险和对国际交通干扰危险度的评估。

3.确定PHEIC后WHO可以做什么？

一旦疫情被确认为PHEIC，WHO可以对疫情发生国及其他各国根据IHR 2005第15条提出临时建议或依据第16条提出长期建议，目的是为加强疫情防控和各国合作。

4.本次WHO的建议性质是什么？

本次WHO提出的建议属于临时性建议，有效期为3个月，可根据疫情评估情况依据条例程序进行修改或随时撤销。

5.WHO的建议是否具有约束效力？

WHO的建议没有约束效力。依据IHR 2005第43条第1款规定，本条例不应妨碍缔约国按照其国家有关法律和国际法之下的义务执行为了应对特定公共卫生危害或国际关注的突发公共卫生事件而采取的卫生措施。因此，各国可根据WHO的临时建议可自主采取不同的应对措施，PHEIC机制对此不作干预。

但是根据IHR 2005第6条和第7条的规定，各国有义务将各自的疫情数据和防疫措施的信息向WHO报告。

6.本次宣布PHEIC时WHO关于旅行和贸易提出了什么建议？

根据当前的可获得信息，委员会不建议（对中国）实施任何旅行或贸易限制措施（The Committee does not recommend any travel or trade restriction based on the current information available.）

7.WHO对其他国别实施旅行或贸易管制措施是否具有否决权？

不具备否决权。但根据IHR2005第43条规定，采取明显干扰国际交通的额外卫生措施（指拒绝国际旅行者、行李、货物、集装箱、交通工具、物品等入境或出境或延误入境或出境24小时以上）的缔约国有义务在采取措施后48小时内向WHO报告相关公共卫生依据和理由。WHO将审查这些理由，并可能要求有关国家重新考虑其措施。WHO必须与其他缔约国分享关于所收到的措施和理由的信息。

8.历史上的5次PHEIC情况如何？

序号	PHEIC事件名称	涉及国别和地区	起止时间	是否建议旅行限制	是否建议贸易限制
1	2009 H1N1 流感病毒	墨西哥、美国	2009年4月－2010年8月	否	否
2	2014 polio 脊髓灰质炎病毒	巴基斯坦等	2014年5月至今尚未解除	否	否
3	2014 Ebola in West Africa 西非埃博拉病毒	非洲西部	2014年8月-2014年10月	建议只针对埃博拉确诊者及接触者有关的旅行限制	否
4	2016 Zika 塞卡病毒	巴西	2016年2月-2016年11月	否	否
5	2019 Ebola in the Democratic Republic of the Congo 刚果埃博拉病毒	刚果	2019年7月至今尚未解除	建议只针对埃博拉确诊者及接触者有关的旅行限制	否

信息来源：WHO官网和Twitter；盈科WTO/国际贸易救济中心整理

9. 本次PHEIC是否会对我国旅行构成影响？

已经构成了事实上的影响。根据国家移民管理局截至2020年2月2日的信息，全球已经有71个国家和地区采取了入境管制措施：

近期有关国家入境管制措施提醒（2020.2.2）

2020-02-02

国家移民管理局
National Immigration Administration

近期有关国家就防控新型冠状病毒感染的肺炎疫情采取入境管制措施列表

10. 本次PHEIC是否会对我国外贸构成影响？

WHO宣布中国新型冠状病毒肺炎疫情构成PHEIC才过去几天，截至2020年2月2日，尚无一个国家和地区对中国的货物实施贸易限制。但是疫情还在发展，最坏的情况是，WHO将根据IHR 2005第18条第2款的规定可建议各国针对PHEIC发生国的人员、行李、货物、集装箱、交通工具、物品和邮包等实行隔离或检疫；如果现有的一切处理或操作方法均不成功，则在监控的情况下查封和销毁受感染或污染或者嫌疑的行李、货物、集装箱、交通工具、物品或邮包不准离境或入境。

让我们先来回顾一下历史上若干突发公共卫生事件对国际贸易的影响：

2003年SARS疫情：

可以说SARS疫情对中国的对外贸易影响是较大的，北京、广州等疫情较重地区的外贸公司的对外贸易活动几乎全部中断；中国商品订单减少或转移滞后，据国家信息中心数据，SARS疫情使得我国外贸订单至少减少200亿美元；外商投资减少或延缓。2003年5月，我国合同外资金额76.95亿美元，比前四个月增速下降32%。其中食品、土畜产品出口受到的损失最为严重，有近90%的企业受限。

2009年H1N1流感疫情：

2009年墨西哥暴发甲流疫情，世界多国采取多种严厉措施，限制旅行、禁止猪制品入境等，这些措施包括：禁止相关物品入境，对相关物品实施严格检疫和除害处理。这些措施对墨西哥的对外贸易产生了一定的影响。

脊髓灰质炎病毒疫情：

2014年发生在巴基斯坦和阿富汗等国的脊髓灰质炎病毒疫情，包括中国在内的多个国家加强对来自上述国家的交通工具、集装箱、货物、行李、邮包的检疫查验工作，对可能被脊髓灰质炎病毒污染的设备及物品按规定采取卫生处理措施，对来自疫情流行区的交通工具废弃物加强监管，禁止分拣，必须按要求严格进行消毒处理。

西非埃博拉病毒疫情：

2014年西非暴发大规模埃博拉出血热疫情，包括中国在内的多个国家对来自西非疫区的货物提出严格的检疫监管要求，对来自疫情发生地的交通工具和货物实施严格的检疫处理，暂停疫情发生地特殊物品和相关动物及其产品入境，加强疫情发生地邮件、快件寄递入境的检疫查验处理力度。

巴西寨卡病毒疫情：

巴西于2015—2016年集中暴发寨卡病毒疫情。中国、美国、俄罗斯和澳大利亚等多国发布了相关的旅行和贸易限制措施。比如中国质检总局联合多部委发布了关于防控寨卡病毒疫情传入中国的公告，要求来自巴西的集装箱必须经过有效的灭蚊处理并提供灭蚊处理证明,加强了来自巴西货物的疫情检疫。

根据司尔亚司数据信息有限公司(CEIC)的数据信息,巴西在2015—2016年期间的进出口同比均跌入历年来低谷。由于巴西对抗寨卡病毒疫情的措施得当有力,以及后来的奥运会成功召开,才使得巴西经济增长在疫情期间仅受暂时性冲击。

谨慎分析:

2020年1月28日,中国疾病预防控制中心主任、中国科学院院士高福接受央视采访时称,新型冠状病毒是一种囊膜性病毒,对体外环境很不适应,不到半小时就死掉,环境耐力很差。这就意味着工业制成品在国际贸易运输中并不存在新型冠状病毒的生存环境,国际贸易不会成为跨境传染的途径。这也是到目前为止绝大多数国家对我国只实施了人员流动方面的限制,而非商品出口的限制。但已经有个别国家如马来西亚对来自中国的船只一律实施隔离等。

根据目前的观察,这次PHEIC事件有两个因素可能对我国出口产生一定的影响,但不会出现大规模的负面影响:

根据此次新型冠状病毒的特性,可能会有些国别对我国的某些农产品或动物产品实施严格的检验检疫措施。不过,根据2019年我国出口数据来看,农产品占我国2019年全年出口金额约为5%,其中动物产品占比仅为0.7%。因此,即使各国对我国出口的某些农产品或动物产品的检验检疫措施升级或贸易限制,其对我国出口产生的总体影响相对较小。

此次疫情防控直接导致所有工厂复工延迟,致使我国自身在供给能力方面受到制约。如果我国的防疫措施得当有力,疫情能得到有效控制,那么多数工厂将在2月9日后普遍复工,我国的出口供给能力也会在3—4月份逐步恢复。

盈科律师抗疫专业文章

所属分所	作者	专业领域	专业文章
盈科北京	邬锦梅	国际贸易仲裁、商事诉讼、股权纠纷诉讼、股权纠纷仲裁等诉讼案件代理；股权融资、股权并购、并购重组、尽职调查、税务筹划等非诉讼专项法律服务，并注重在日常学习研究过程中，不断拓宽企业法律服务的深度及广度	《新型冠状病毒疫情下禁止返京人员入住合法吗？》
盈科北京	闫拥军	土地一级开发法律业务、土地项目投资和开发、地产项目并购及交易法律业务、地产项目（养老地产、旅游地产、商业地产、工业地产等）开发综合法律服务、地产融资法律业务、集体土地流转（承包、租赁、转让）法律业务、土地房屋征收（城中村改造、三旧改造等）以及土地及地产投资纠纷处理等	《信息公开是消除"谣言"最好的良药》
盈科北京	张军	国际贸易、反倾销、反补贴、保障措施、WTO争端解决、反垄断、海关法律事务	《"国际关注的突发公共卫生事件"的若干法律问题及对我国外贸的影响》
盈科重庆	牟瑞勋	民事诉讼法律事务	《关于2020年新型冠状病毒疫情防控期间企业复工复业及劳动用工、合同履行相关问题之法律意见书》
盈科武汉	陈欢	建筑工程房地产、商事合同、公司法务	《疫情期间房屋租金的减免问题》
盈科宜昌	陈末	民商事	《探讨：新冠肺炎疫情——情势变更还是不可抗力？》
盈科海口	张杰	民商事	《新型冠状病毒疫情防控期间法律问题操作指引手册》
盈科成都	冯琦莹 肖悦 于孟嘉 向诗影	劳动用工、民事、诉讼与仲裁、公共管理、刑事法律责任	《对于新型冠状病毒疫情防控期间涉及的相关法律问题解答》
盈科成都	李仁愚	房地产工程与建设	《疫情之下工程损失承担探讨》

（续表）

所属分所	作者	专业领域	专业文章
盈科成都	阮学武	破产管理与清算	《新冠疫情下破产领域亟需重视的问题》
盈科成都	王 艳	公司法律	《新冠肺炎疫情下职工工伤问题初探》
盈科成都	杨 倩 周清清 张荣成	行政法律事务部	《从法律角度谈红十字会》
盈科石家庄	高和平 蒋 辉	高：行政、民事 蒋：房地产、建设工程	《政府（县级及以下）依法防控疫情法律指引（一）》
盈科石家庄	殷华理 蒋 辉 刘 岩 王 阔	殷：行政、PPP、建设工程 蒋：房地产、建设工程 刘：劳动争议、交通事故	《政府（县级及以下）依法防控疫情法律指引（二）》
盈科石家庄	赵庆雨	保险、民商事	《新冠疫情形势下商业保险实务管理指南》
盈科银川	马学荣	执行与破产清算	《论中国 ADR 制度对疫情中小企业复苏的意义》
盈科广州	仇 敏	能源法律事务、公司法律事务、劳动法律事务、民商事争议解决	《新冠肺炎疫情下热力供应合同的履约及风险防范》
盈科泉州	庄惠兰 庄芳莉	合同法	《企业应对新型冠状病毒疫情之合同履行法律指南》
盈科天津	张 慧	民商事	《疫情导致买卖合同受到影响？企业可以这样做》
盈科上海	彭 涛 封 震	外商投资、劳动、公司设立/转让/清算、公司并购、合规、假冒产品应对、对日投资	《关于新型冠状病毒导致肺炎传染下的上海市劳动相关特别政策（一）》
盈科上海	蔡正华	刑民交叉	《国难当头，黑心口罩商户怎么罚？》
盈科上海	束学安	致力于为各类医疗机构、制药及药品流通企业提供法律服务，公司法及劳动纠纷处理	《盈科律师分析：一线抗疫医护人员能否接受现金捐款？》
盈科上海	高丽林	为众多企业提供法律培训服务，参与大型商业租赁纠纷谈判工作，在商业地产、房产交易等维权方面有丰富的法律服务经验	《无理由退房或成营销噱头，房产律师提醒广大购房人理性购房》

（续表）

所属分所	作者	专业领域	专业文章
盈科德阳	叶少卿 周伟	企业复工	《四川省德阳疫情防控期间企业复工指南》
盈科西安	程向辉	文化旅游	《疫情期间旅游纠纷应对策略案例分析》
盈科太原	张琼尹	民商事	《疫情期间合同履行》
盈科太原	范志娟	刑事	《侦查机关的"天眼查"》
盈科太原	赵宏伟	刑事	《防疫期间工资怎么算》
盈科昆明	高崇慧 张孟笛	政府与公益法律	《突发公共卫生事件中应急物资调配的行政法思考》
盈科长春	任品蓉	企事业法律顾问与家族财富管理	《战"疫"2020，企业家疑难法律问题解析》
盈科苏州	陈会军	建设工程与房地产法律事业部	《新冠肺炎疫情影响下承包商如何管理施工合同风险》
盈科乌鲁木齐	朱光军	投融资、建设工程、劳动争议、保险等法律事务	《因新冠疫情引发的劳动争议的思考》
盈科乌鲁木齐	刘素梅	行政诉讼、建设工程、侵权、婚姻家庭、公司纠纷诉讼等法律事务	《新冠肺炎疫情中应急响应级别调整问题简析》
盈科南京	项国	资本市场、收购兼并、财务管理、企业管理	《防控新冠肺炎疫情优惠政策解读》
盈科慈溪	张红霞	民事	《疫情防控期间企业复工法律问题十问》
盈科慈溪	俞江	民事	《口罩惹的"祸"》
盈科哈尔滨	张宇宁	法律顾问	《应对新型冠状病毒感染肺炎疫情造成的企业经营问题若干法律建议》
盈科深圳	张萍	争议解决	《共克时艰！因疫情蔓延不能履行订单导致合同违约，如何主张不可抗力免责？》
盈科深圳	葛素华团队	知识产权	《三问三答直击"瑞德西韦"新用途发明专利》
盈科深圳	德文律社团队	小区物业	《疫情当前，业委会该如何维护和谐小区？》
盈科深圳	李恒	涉外	《疫情期间餐厅应如何减租？（中英文对照版）》

（续表）

所属分所	作者	专业领域	专业文章
盈科佛山	刘洁文	法律类	《关于疫情期间租金减免等法律分析》
盈科郑州	何拥军	建设工程	《"新冠疫情"下，施工企业如何合法规避法律风险？》
盈科郑州	李 丽	婚姻家庭	《疫情威胁的不仅是生命，还有无数婚姻》
盈科郑州	蒋军堂	刑事部	《关于做好居民个人信息保护工作的建议》
盈科西宁	陈耀云	民商事、公司、合同	《浅议新型冠状病毒感染的肺炎疫情防治期间民商事合同纠纷规则适用》
盈科长沙	谢静黎 肖兴利	刑事诉讼法律事务部	《疫情防控背景下医疗废物相关问题的法律规制与犯罪预防》
盈科大连	夏 晶	公司法及投融资并购	《新冠肺炎疫情下，不可抗力造成合同解除责任谁承担？》

君悦
专业价值，独一无二

在紧急情况下如何守住法律底线？法律法规又该如何适用？让企业、员工、社会各方能通过律师对法律的解读找准方向守住底线，这是其他行业所发挥不了的作用。"我们律师有责任向社会传递正确的信息！"君悦律师事务所如是说。

在管委会的指导下，各个专业委员会针对疫情防控工作进行各自专业领域的研究，及时汇总对企业和居民有帮助的法律信息指引，君悦律师总计发布疫情相关文章21篇。其中，君悦合伙人、知识产权专业委员会轮值主任方晶律师的《疫情下，如何填上国际货物贸易的"坑"》一文从疫情下的国际贸易风险出发，分析探讨了可能发生的情况及相应对策。

疫情下，如何填上国际货物贸易的"坑"
方晶

当前，新冠疫情在全球范围内暴发，使得本就摩擦不断的国际贸易形势雪上加霜。一方面，我国产品受出口贸易的物流时效、仓储环境甚至人为设置的贸易壁垒影响较为严重；另一方面，全球防护物资抢购形势严峻，经常出现合同签订后，厂商或出口商临时变更交易价格或延期交货等情况。

一直以来，进出口贸易中存在一个严重的问题，那就是贸易双方不会完满地设计交易关系与流程，甚至很少用法律或合同来调整关系或解决纠纷。贸易双方也尽量避免兴讼导致"赢了官司，输了名声"的影响。然而，面对全球疫情下产品生产不连续、人员短缺、刚性成本压力巨大、现金短缺、集中管理困难、产品销量下降等重重困境，曾经坚挺的商业信用是否能助力企业家躲过国际货物贸易中的"坑"，成了未知数。

面对疫情下的国际贸易风险，以确定性、可实现性和专业性作为处理风险和问题的基本原则，进而博学以查明信息的全貌，明辨以识别要素的轻重，沟通以施加决断的影响，笃行以实现可期的利益，不失为恰当的建议。

一、风险：应注重履约能力或信用缺陷问题

将识别风险贯穿于重大交易的始终，系统地、持续地探明人、财、物、交易流程与交易背景等诸要素在各重要时间节点的"坑"，在部分国家疫情可能失控、全球防疫物资紧俏的时刻，可能是最为重要的一步。

以"人"的风险为例，其风险贯穿于合同订立、变更、履行的全过程。

订立合同之前，我方有必要查明对方的主体资格、资质情况和信用信息，以防止出现合同无效的情形或被卷入诈骗之中。而在合同履行过程中，若可适用《联合国国际货物销售合同公约》且合同无相反规定，对方履行义务的能力或信用有严重缺陷或在准备履行合同或履行合同中的行为显示其将不履行合同主要义务时，我方可以中止履行合同，并立刻通知对方，除非对方可以提出充足的保证。

如果我方可以明显看出对方将根本违反合同或对方已声明将不履行其义务，则我方可以在时间允许的情况下，通知对方并宣告合同无效。而对于分批交付货物的合同，如果因为疫情的发展，对方不履行对任何一批货物的义务，便对该批货物构成根本违反合同，则我方可以及时宣告合同对该批货物无效；如果对方不履行对任何一批货物的义务，使我方有充分理由断定对今后各批货物将会发生根本违反合同，则我方可以在一段合理时间内宣告合同今后永久无效。

上述的规则已经给出了较为明确的指引，但如何确证或判断对方履行义务的能力或信用有严重缺陷的存在，在缺乏专业人士参与的交易中实质上仍难以辨明。

以联合国国际贸易法委员会的判例法汇编，吸纳的奥地利最高院一项判决为例，奥地利买家向捷克卖家订购雨伞。由于货物有缺陷，双方同意降低采购

价格。但是，买方没有支付随后两次交货的费用。根据卖方的付款要求，买方向卖方出示了一份银行付款单的副本。而后，买方在未通知卖方的情况下取消了银行付款单。由于缺乏流动性，卖方既不能生产也不能交付订购的货物。因此，卖方暂停履行合同并起诉买方。最终，奥地利最高院认为买方多次未支付货款以及取消银行付款单的事实，不足以说明买方履行合同的能力或信誉存在严重缺陷。

在境外疫情近乎失控的当下，以防疫物资的贸易合同为例，我方若有理由怀疑对方履约能力或信誉存在缺陷，则可以在专业人士的帮助下，及时与对方沟通，确定相对清晰、明确的规则，固定有利于我方的事实与证据，要求对方提供履约的保证，比如舱单、提单、货运凭证、厂家的授权证书等材料及相对充足的保证。

履约能力缺陷应对方式：

在专业人士帮助下，及时与对方沟通；

确定相对清晰、明确的规划；

固定有利于我方的事实与证据；

要求对方提供履约的保证，比如舱单、提单、货运凭证、厂家的授权证书等材料及相对充足的保证。

二、对策：慎用"不可抗力"条款

在全面、系统、适时梳理和评估现有合同及订单后，如何填上履约不能或延期履约的"坑"，实质上取决于双方的协作与博弈，且最终有赖于双方订立的合同、具体的事实及准据法的适用。因而，坚守商业信誉，审慎判断在合同约定的准据法和条文下是否存在免责的可能与情形，并在保存现有证据材料，积极寻找替代方案，且避免承认对己方不利事实或认可对己方不利规则的前提下，加强与对方的联系，争取通过书面形式（邮件、补充协议、重签合同等）与对方确定方案共克时艰或是上佳之策。

倘若合同中明确约定了新冠疫情或相关情况可使一方免于承担不履行合同义务的责任，则根据合同约定的准据法和条文，任何拟用"不可抗力"（Force Majeure）、"情势艰难"（Hardship）、"受挫失效"（Frustration）等原则试图免责的一方，一般需要满足以下几点：其一，新冠疫情的出现及政府防控措施属于合同明示约定的，或准据法任意性规范中的免责事由；其二，新冠疫情的出现与一方不能合同履行义务具有因果关系；其三，必须将合同履行的障碍及其对他履行义务能力的影响通知另一方；其四，须尽合理努力避免或克服疫情造成的影响；其五，免责的期限仅限于合同履行障碍存续的期间。

以"不可抗力"为例，2020年2月10日，全国人大常委会法工委发言人、研究室主任臧铁伟表示，当前我国发生新冠肺炎疫情，为了保护公众健康，政府也采取了相应疫情防控措施。对于因此不能履行合同的当事人来说，属于不能预见、不能避免并不能克服的不可抗力。截至2020年2月21日，全国贸促系统共计97家商事证明机构累计出具与新冠疫情相关的"不可抗力事实性证明"3325件，涉及合同金额约2700亿元人民币。不可抗力的证明和论断对于我国境内的合同履行问题给出了依据，但是对于国际贸易而言，情况则相对复杂了许多。事实上，除非合同当事人做出了明确的约定，中国贸促会的证明文件只具有参考作用和说服价值，并不能作为判定新冠疫情构成不可抗力的直接证据。

在涉及中国贸促会"不可抗力事实性证明"效力的和昌制品有限公司诉嘉吉(香港)有限公司国际货物买卖合同纠纷一案中，涉案双方选择适用英国法，且涉案合同约定"不可抗力：如果卖方由于战争、洪水、火灾、风暴、暴雪或任何超出其控制的其他原因不能及时交付约定货物或装运，装运时间可以适当延长，或部分/全部解除合同，但是卖方必须向买方提交由中国国际贸易促进委员会（CCPIT）或中国独立主管当局出具的此类事件的证明"。中国贸促会河南分会也出具了相关证明称"河南省因1986年特大、不可抗力干旱致使棉花、粮食等损失和减产严重。"伦敦枢密院司法委员会就合同的约定及CCPIT证明效力的论证，认为该证书既不是证明不可抗力的决定性方法，也不是证明不可抗力的唯一方法。该证书一般仅能证明不可抗力事实的存在，但并不能直接作为合同履行不能的证明。若卖方要主张不可抗力免责，则有一项双重任务：证明他们因规定的事件而未能装运，并出示适当形式的证书。但本案中不可抗力条款旨在要求CCPIT证明存在不可抗力事件即可，故该证明符合不可抗力条款的约定，卖方对未完成装运不承担责任。

三、拟用"不可抗力"等原则免责的要点

新冠疫情的出现及政府防控措施属于合同明示约定的，或准据法任意性规范中的免责事由；

新冠疫情的出现与一方不能合同履行义务具有因果关系；

必须将合同履行的障碍及其对他履行义务能力的影响通知另一方；

须尽合理努力避免或克服疫情造成的影响；

免责的期限仅限于合同履行障碍存续的期间。

由于新冠疫情导致的合同履行不能的情况较为复杂，特别是涉外合同可能涉及适用国际公约或外国法律，因此，笔者也建议各位，在填"坑"的过程务必及时寻求专业人士的支持与帮助。

君悦律师抗疫专业文章

作者	专业领域	专业文章
骆 平	劳动与社会保障专业委员会	《关于上海地区疫情防控期间劳动关系处理的高频 Q&A》
骆 平 周富胜 许光宇	劳动与社会保障专业委员会	《疫情下的复工开启方式》
许江晖 周成成	劳动与社会保障专业委员会	《疫情之下，企业如何合规用工》
许光宇	劳动与社会保障专业委员会	《后疫情时代，看经济性裁员的各方视角》
许江晖 高奕晴	医疗与健康专业委员会	《医疗器械创新审评制度助力抗击肺炎疫情》
许江晖 高奕晴	医疗与健康专业委员会	《药品加快上市注册制度助力抗击疫情》
林陈瑶 朱圣雄	医疗与健康专业委员会	《同情用药能否助力新冠肺炎治疗》
林陈瑶	医疗与健康专业委员会	《疫情之下，互联网医疗运营的边界与暗礁》
王垚翔 李 明	刑事专业委员会	《扰乱疫情防控的刑事风险》
虞思明 李俊杰	刑事专业委员会	《员工入境违反防疫法规，企业应如何隔离单位法律风险》
虞思明 李俊杰	刑事专业委员会	《关于"两高两部"最新疫情防控意见的刑事合规解读》
林逸沁 李成浩	破产与清算专业委员会	《疫情防控期间的破产债权申报与债权人会议》

（续表）

作者	专业领域	专业文章
吴 玲　李成浩	破产与清算专业委员会	《疫情之下，破产能否成为困境企业的救命稻草》
徐 凯　郭卓君 卢 逸　宋家辉	破产与清算专业委员会	《疫情之下，法人退出之公司清算》
潘 青　王 承	公司与商事专业委员会	《疫情下的"对赌"抗辩路径探析》
蒋 怡	公司与商事专业委员会	《疫情之下企业如何依法处理员工待岗》
王翌敏　刘 琪	婚姻和家事专业委员会	《慈善信托，让爱心插上精准和长效的翅膀》
张伟华　李 锴	金融与保险专业委员会	《疫情期间企业复工如何处理好银行贷款那些事》
任 宏	房地产与建筑工程专业委员会	《浅析疫情对金钱给付之债，尤其是银行贷款的影响》
刘子兵	争议解决专业委员会	《疫情下的企业减损36计》
类兴朋　卢望絮	公司与商事、私募股权与风险投资、银行金融	《"战疫"系列之慈善法律知识小课堂》

海华永泰

专业赢得尊重

上海市海华永泰律师事务所（以下简称"海华永泰"）一直恪守"专业赢得尊重、携手成就理想"这一理念，并坚持"以专业促品牌，以深度塑口碑"，致力于打造专业化、品牌化、国际化、规模化的法律服务团队，由拥有良好的教育背景、复合的知识结构和丰富实务经验的员工组成的律师团队，秉承专业、精细、高效的执业理念。

自成立伊始，海华永泰就在专业立所的道路上不懈深耕，沉淀18年后方才开展规模扩张。新冠肺炎疫情期间，海华律师也积极发表与疫情相关的专业文章，截至2020年3月，累计发表涵盖9个专业领域的相关文章26篇。

疫情之下，全国各地政府相关部门近日陆续就春节假期后的复工时间以及相关劳动关系处理的问题发布相关规定，为便于广大企业理解相关法律规定，海华永泰律师对这一特殊时期进行了合规管理，形成《春节假期、延迟复工期间HR合规指南》，通过问答方式，对全国已发布的规定进行梳理与解读。

春节假期、延迟复工期间HR合规指南
（2020年1月31日14时全国政策汇总）

一、假期时间

1. 今年的春节假期有几天？

国务院办公厅《关于延长2020年春节假期的通知》第一条规定，延长

2020年春节假期至2月2日（农历正月初九，星期日），2月3日（星期一）起正常上班。因此自2020年1月24日起至2020年2月2日期间为春节假期，共计10天假期。

2. 春节假期结束后，本企业可以复工吗？

除疫情防控必需涉及保障城市运行必需、疫情防控必需、群众生活必需及其他涉及重要国计民生的相关企业外，其余企业复工时间应按有关规定执行。

3. 不符合复工条件的企业，如因生产经营需要，可以不按规定的时间延迟复工吗？

不可以。根据相关法律规定，现各地政府文件中规定的延迟复工等措施属于政府防控疫情的紧急措施之一，除法律法规等规定的特殊情况外，其他企业均要强制执行。企业违规复工，将可能面临承担行政、民事责任，如果导致严重后果的，甚至是刑事责任，例如导致发生疫情的，将可能会涉嫌构成妨害传染病防治罪，因此建议各企业谨慎处理。

二、假期待遇

4. 春节假期期间安排员工工作的，工资怎么算？

（1）1月25日、1月26日、1月27日三天为法定假日，加班工资按300%计算。

（2）其余7天为休息日。其中：

标准工时制：应安排职工补休，补休时间不少于加班时间；不能安排补休的，属休息日加班，应按照不低于职工本人日工资或者小时工资的200%计算加班工资。

综合计算工时制：工作时长计入所在周期核准出勤小时数，超出周期工作时长的需支付150%的加班工资。

不定时工作制：无须支付加班工资。

5. 春节假期结束后，延迟复工期间劳动者未工作的，工资怎么算？

原则上，视同正常提供劳动，支付工资。已明确相关规定的地区有：上海、南京、苏州、无锡、广东。

6. 延迟复工期间能否安排员工在家工作？

如果员工的工作存在灵活度，符合在家办公条件的，可以安排员工在家办公。但需注意的是，基于目前相关政策对此问题并不明确，如果员工拒绝延迟复工期间在家办公的安排，企业应尽量以协商和说服教育为主，不建议立即对员工采取纪律处分。

7. 春节假期结束后，延迟复工期间安排劳动者正常工作的，工资怎么算？

各地大多数未对延迟复工期间的性质和如何支付工资待遇等问题作出明确，已出台的各地规定也不完全一致，仍需进一步等待各地政府出台细则。目前，部分地区已出台的相关政策，参见下表。我们后续也会持续关注并更新相关信息。

省市地区	延迟复工期间工资支付标准
上海市	延迟复工期间均为休息日，员工在此期间工作的，需安排补休或支付加班工资。
江苏省	延长复工时间未明确性质；江苏省其他地区特别规定……
南京市	在此期间提供正常劳动的职工，应当享有相应的劳动报酬，但具体支付标准尚未明确。
苏州市	符合规定正常生产经营的用人单位，职工提供劳动的，用人单位应当及时足额支付劳动报酬，其间涉及休息日的，按国家有关规定执行。
无锡市	2月3日至9日期间，符合复工条件的企业及其他符合规定正常生产经营的企业，职工提供劳动的，企业应当及时足额支付正常工资，其间涉及休息日的，按国家有关规定执行。
广东省	员工在延期复工期间工作的，需安排补休或支付加班工资； 符合规定不受复工限制的企业在2月3日至2月9日期间安排员工工作的，应当依法支付工资。其中，企业在休息日安排员工工作又不能安排补休的，应支付加班工资。
福建省	延长复工期间未明确性质；福建省其他地区特别规定……
厦门市	春节期间除法定假期外，其余假期加班的应当安排补休，补休时间不少于加班时间，不能安排补休的，按照不低于职工本人日工资或者小时工资的百分之二百支付工资报酬。

三、患病员工待遇

8. 因确诊为新型冠状病毒感染的肺炎患者、疑似病人、密切接触者在其隔离治疗期间或医学观察期间、因政府实施隔离措施或采取其他紧急措施导致不能提供正常劳动的企业职工，工资还要发吗？

企业应当视同提供正常劳动并支付职工正常工作时间工资。已明确发文的地区有：北京、上海、广东、浙江、天津、江苏、四川、沈阳、陕西、海南、山东、江西、安徽、邵阳、武汉、内蒙古、青海。

9. 新型冠状病毒感染的肺炎患者、疑似病人、密切接触者在隔离治疗或医学观察期间是否计入医疗期？

因新型冠状病毒被隔离的员工，如果被确诊属于感染肺炎的，则隔离治疗期间都应计入医疗期（不计入的地区有：厦门）；被确诊不属于感染肺炎的，则其隔离、医学观察期间，不计算在职工依法应享的医疗期之内。

10. 因履行工作职责而感染新型冠状病毒肺炎，是否可以认定为工伤？

应当予以认定。在新型冠状病毒感染肺炎预防和救治工作中，医护及相关工作人员因履行工作职责，感染新型冠状病毒肺炎或因感染新型冠状病毒肺炎死亡的，应认定为工伤，依法享受工伤保险待遇。而且，广东还规定，非因参与新型冠状病毒肺炎的预防和救治工作的劳动者因受用人单位指派至湖北省出差（工作）而感染的，还可视同工伤。

四、返岗

11. 员工因疫情影响未能及时返岗，应如何处理？

建议与员工协商一致，优先考虑安排员工年休假。已明确相关规定的地区有：北京、广东、浙江、河南、天津、江苏、四川、海南、山东、青海、厦门。

12. 企业在政府规定复工日期之后，仍不能复工的怎么办？

企业因受疫情影响导致生产经营困难的，可以通过与职工协商一致采取调整薪酬、轮岗轮休、缩短工时等方式稳定工作岗位，尽量不裁员或少裁员。

13. 企业因受疫情影响导致停工停产，员工待遇如何发放？

非因劳动者原因造成单位停工、停产在一个工资支付周期内的，用人单位应按劳动合同规定的标准支付劳动者工资。

超过一个工资支付周期的，若劳动者提供了正常劳动，则支付给劳动者的劳动报酬不得低于当地的最低工资标准；若劳动者没有提供正常劳动，应当发放生活费。

提示：

由于目前属于防疫特殊时期，国家及地方政府会根据疫情发展出台新的规章和政策，如相关规定与本文不一致时，应以相关法律规定为准。

海华永泰律师抗疫专业文章

作者	专业领域	专业文章
赵步真团队	知识产权	《专业解读：从"瑞德西韦"专利申请争议谈药品及药品专利相关概念》
王 蓓	劳动与人力资源	《疫情之下，HR怎么发工资？》 《疫情之下，企业工资怎么发？（图解版）》 《春节假期、延迟复工期间HR合规指南》 《海华视点 疫情之后，企业经济性裁员合规之路》
李俊丽	劳动与人力资源	《寻找肺炎疫情下"员工的伤"与"企业的痛"的平衡点》
盖晓萍	公司治理与商事	《重大疫情之下，合同怎履行？是时候启动不可抗力条款了（含合规操作指引）》 《从道达尔拒了中石油事例，评不可抗力的正确打开方式》
郭 斌	公司治理与商事	《最新意见来了！告诉你疫情防控期间打官司怎么办》
白树海	公司治理与商事	《新冠病毒肺炎疫情下的履约困境》
李承蔚	公司治理与商事	《"新冠肺炎"疫情期间餐饮行业法律风险管理操作指南》
李 腾	公司治理与商事	《专业解读 图解"不可抗力"，三步走运用免责抗辩》
冯加庆 李 楠	资本管理及金融	《突发疫情之下，资管产品管理人应对合同履行问题的合规建议》
冯加庆 李 楠	资本管理及金融	《疫情之下的慈善困局——慈善信托的突围之道》

（续表）

作者	专业领域	专业文章
唐秀红 张玉珂	资本管理及金融	《新型冠状病毒疫情下国有企业捐赠之道》
唐秀红 张玉珂	资本管理及金融	《抗疫时期企业捐赠涉税新政提要与解读》
李 腾	资本管理及金融	《齐心抗疫，一文了解疫情期间信用卡新规及各银行福利》
孙 伟	房地产与建设工程	《新型冠状病毒肺炎疫情对商业不动产租赁合同履行的影响及处理措施》
钟轶腾	房地产与建设工程	《海华视点 疫情影响下各省市建设工程开（复）工通知及合同履行的法律分析》
余盛兴 林笑岳 王 琪	海事海商与国际贸易	《PHEIC及其对中国出口企业的影响及应对建议》
严洁红 向道洁	网络、数据	《新型冠状病毒疫情防控期间，应重视和加强患者的隐私权保护》
严洁红 徐 俪	网络、数据	《浅析青海一新型肺炎患者因隐瞒病情与人群接触被立案所涉及的法律问题》
李承蔚	政府法律事务	《疫情之下，招投标和政府采购活动如何开展》 《疫情下，招标投标、政府采购活动法律风险管理操作指南》
徐晓明	政府法律事务	《关于将"野味交易"全面入刑的立法建议》
马靖云	刑事法律	《肺炎病毒下的"罪与罚"》

德恒北京总部
为市场主体做好参谋

用法律专业助力抗击新冠肺炎疫情,是德恒律师事务所坚持践行的公益行动。疫情的暴发,不仅严重影响了人们的健康和生活,同时也给经济活动造成重大影响。德恒针对疫情防控期间有关经济发展、劳动关系、争议解决、公益捐助等相关问题进行专业研究,解疑答惑,为公众提供法律帮助和支持。

疫情对于跨境投资会造成什么样的影响,企业应如何应对?德恒管委会成员、跨境专委会负责人陈巍律师及德恒北京总部佘威律师联合撰写了《"新冠肺炎"疫情对跨境并购的影响》一文从跨境交易实务角度对此问题进行探讨,解答企业疑问,做好市场主体的参谋。

"新冠肺炎"疫情对跨境并购的影响
陈巍 佘威

一、疫情对交易确定性的影响及应对措施

在跨境并购交易中,有不少交易是通过竞争性投标或公开招标进行的,在此类交易中,除了价格以外,交易的确定性是卖方筛选合适买方的重要考量之一。在涉及中国买方的跨境并购交易中,国外卖方对于中国买方需要办理的中国政府审批的确定性往往会表示担忧。在过往案例中,存在由于客观原因未获得核准或备案的情况;但是,的确也有买方以备案通不过为由不履行合同义务的情况。因此,在不少的跨境交易中,卖方要求中国买方提供反向分手费,甚至提供保证金。

由于疫情严重影响了工作节奏，对于审批工作可能会造成一定的延迟，这样会进一步加大卖方对于审批的不确定性的顾虑。对于一些大型的集团公司，重大的境外投资项目往往需要履行多层次的内部审批流程，其内部审批的效率也会受到疫情的影响。

面对上述情况，企业可以提前与相关政府审批机关、上级审批单位沟通，尽量避免或缩短核准、备案及内部审批时间的延迟，并将上述沟通结果与卖方进行有效沟通。此外，企业也可以提前评估接受反向分手费和保证金的要求的可行性，以期在竞标项目中占据有利地位。

二、疫情对人员的影响及应对措施

由于跨境投资的复杂性，企业通常需要组建一个大型的团队，除企业自己的团队外，还需要聘请专业的中介机构共同参与项目，如投行、技术、商务、法律、财税等。受疫情影响，有些地方采取了交通管控或隔离措施，这必然会影响人员的到位。有些项目所在国对于中国公民采取了入境管制等措施，中国买方可能暂时无法派人前往。因此，在选用工作团队时要留有余量，除了主要团队成员，还要有备用成员；此外专业团队在海外的人员配备也是一个重要的考量。

三、疫情对尽职调查的影响及应对措施

尽职调查是跨境并购相关法律工作中不可或缺的一环。买方可以通过对目标公司法律、财税、技术、运营、商务等方面的尽职调查对项目的价值和风险进行评估。

在跨境并购项目中，考虑到买卖双方之间的距离，卖方大多会先通过向买方开放虚拟数据库的方式，由买方进行案头尽调。然而，纸上得来终觉浅，只有通过现场尽调的望闻问切才能突破虚拟数据库的局限性。

但是受到疫情的影响，中国买方可能很难派遣中方人员前往项目当地开展工作。因此，中国企业可以考虑替代方案，由当地中介机构负责现场尽调工作，同时对目标公司管理层及核心人员的访谈通过当地团队现场进行而国内团队采用视频的形式。

四、疫情对目标公司价值的影响及应对措施

工厂减停产、疫情所导致的物流延缓以及资金链的中断，严重影响企业的运营，也会对企业的价值产生较大影响。

因此，中国买方需要考虑此次疫情对于目标公司生产经营、资金情况、偿贷能力等方面的影响，并通过估值调整等合理方式保护自身利益。

五、是否可以援引"重大不利影响"或"不可抗力"来止损

"重大不利影响"(Material Adverse Effect)或"重大不利变化"(Material Adverse Change)的目的通常是为买方提供一个风险防范机制，如果目标公司在签约日至交割日之间发生"重大不利影响"，可能导致交割前提条件无法满足，进而买方有权选择退出交易。"重大不利影响"的定义由合同当事人约定，并非法律明确规定。在英美法系下的合同，通常"重大不利影响"的定义为：对目标公司及其下属实体的财务状况、业务、资产或业绩产生重大不利影响，但瘟疫、地震、飓风、洪水等自然灾害、全球的经济、政治或法律变化、战争或暴乱等类似事件所产生的影响除外。

"不可抗力"(force majeure)的法律概念来源于法国《民法典》。在我国，《民法总则》《合同法》目前均将不可抗力定义为"不能预见、不能避免并不能克服的客观情况"。如发生不可抗力的事件，当事人具有通知、提供证明的义务，并且可以因不可抗力不能实现合同目的而解除合同。不可抗力已经成为一项在大陆法系中被广泛认可的免责抗辩事由，但在英美法中，并没有对于"不可抗力"的明确规定，更多依赖于合同方在合同中的约定。

在中国法下，因不可抗力导致合同不能履行的，义务人可以免除违约责任，如不可抗力严重到导致合同目的无法实现的，则当事人可以解除合同。根据最高人民法院于2020年4月20日发布的指导意见，"新冠肺炎"疫情属于不可抗力，但应当严格把握适用条件。

英美法下，由于不可抗力并不是一个法定的免责事由，因此需要根据合同中关于不可抗力的约定进行适用。通常国际商业合同中会规定："如果一方可以证明不能履行义务是由于非其所能控制、不能合理预见以及不能合理避免的障碍所致，则该方当事人对其未履行义务可不负责任。发生不可抗力事件后，该方当事人应尽快通知另一方当事人，否则该当事人应对本应可以避免的损失

承担损害赔偿责任。如果免责的事由持续存在超过约定期限（例如六个月），任何一方均有权通知解除合同"。

如果本次疫情确实严重影响中国企业拟收购的境外目标公司，例如和中国有紧密商业关联的跨国目标公司的价值受到本次疫情的重大影响，建议企业先审查一下交易文件中是否包含重大不利影响条款，特别是要审查重大不利影响条款是否排除了瘟疫，如果适用，中国买家可以据此退出其不满意的交易。对于已签署的跨境收购合同，如果本次疫情影响到中国买家的履约，中国企业应先审核相应的不可抗力条款，分析本次疫情是否构成约定的不可抗力范围，中国企业是否负有通知义务、减损义务，以及有哪些救济措施及相应的法律后果。简单的援引不可抗力条款或中国贸促会不可抗力事实性证明，可能并不能解决问题。如果交易文件中不包含重大不利影响或不可抗力条款，中国企业应该做好充分准备，并积极与交易对方进行合情合理的协商，以期找到减损的解决办法。

六、结语

跨境并购是极富挑战的商业活动，每一次跨境并购都面对不同的文化、法律、经营环境和复杂的潜在风险，新冠疫情无疑增加了跨境并购的难度。在受中美贸易摩擦、地缘政治形势紧张和经济增长放缓等各种不确定因素的影响，中国企业境外投资步伐放缓的大背景下，本次新冠肺炎疫情已对中企跨境投资造成了进一步的影响，中国2020年上半年，中国海外并购总额146亿美元，同比下降40%，创下十年来同期新低。

祸兮福之所倚，跨境并购虽然暂时受到影响，但中国企业走出去是中国经济发展之大势所趋，相信中国企业，只要提前做好充分准备，重视风险控制，充分准备应对措施，与专业机构精诚合作，必将战胜疫情并取得跨境并购的成功。

德恒律师抗疫专业文章

内容性质	作者	专业文章
行业研究	胡坚幸	《疫情下的承包人如何主张增加的施工成本》
行业研究	王军旗　王肖倩	《跨境贸易履约新风险：新冠疫情或者股市熔断是否构成外方主张不可抗力免责的理由？》

（续表）

内容性质	作者	专业文章
行业研究	戴祥　李超然	《防疫期间在线业务安全与合规漫谈》
行业研究	彭先伟　吴亚男	《从天津宝坻百货大楼聚集疫情看公众责任保险问题》
行业研究	王一楠	《"依法防控"疫情工作中的个人信息保护问题》
行业研究	彭先伟　吴亚男	《日本对"钻石公主号"邮轮没有国际法上的义务吗？》
行业研究	彭先伟　吴亚男	《"新冠肺炎"疫情下的邮轮业：应急卫生处置与船舶避难相关法律问题初探》
行业研究	谢锦春　闫铁钊	《"新冠肺炎"疫情下租赁合同履行路径的法律探析》
行业研究	范朝霞　郑云飞	《新冠疫情下，开发商如何应对延期交房和还款的法律风险》
行业研究	陈巍　佘威　郭旭	《"新冠肺炎"疫情对跨境并购的影响》
行业研究	李德庭	《国际LNG卖家拒绝接受中国买家不可抗力通知简评》
行业研究	刘晓义	《由线上发热门诊引开的——互联网医疗现行法规还缺了点啥？》
行业研究	潘勇	《新型冠状病毒疫情期间医疗机构接受捐赠相关法律问题专题研究》
行业研究	王军旗　王肖倩	《谈疫说法——新冠疫情背景下对赌协议中业绩承诺无法完成的法律风险评析》
行业研究	吴灿朴　倪勇进	《新型冠状病毒疫情期间的商业物业租赁租金减免事由辨析》
行业研究	吴彬	《新型肺炎形势下的不可抗力若干问题》
行业研究	吴彬	《情势变更：新型肺炎中的卖方履行问题的选择》
行业研究	陶鑫良	《谈谈药品新用途专利问题》
行业研究	彭先伟　吴亚男	《新冠肺炎影响下的订单农业及相关问题初探》

（续表）

内容性质	作者	专业文章
行业研究	刘启鸣　姚　瀚	《新冠肺炎疫情亟须"唤醒"药品专利强制许可制度》
行业研究	江　涛　顾　婷	《新型冠状病毒肺炎应适用不可抗力制度？抑或情势变更制度？——继2003年SARS之后再论重大传染病之法律规制》
行业研究	添先进	《新冠肺炎疫情十大热点词汇法律解读》
行业研究	赵　磊	《疫情影响下企业"以物抵债"的法律实践风险探析及建议》
行业研究	徐　宇　王美玲	"Guidance for Enterprises on Importing Epidemic Prevention Supply"
行业研究	闫玉新　彭　涛 宋　欢　李　莉 黄溪涓　许珂卿	《新冠肺炎（NCP）疫情相关依法行政合规操作指引》
行业研究	史西岗　刘　贺	《不可抗力在不同类型案件中的适用规则探讨》
操作指引	廖志敏	《疫情当前，如何解决口罩荒？》
操作指引	牛丽贤　揭　静 宋丽娟	《"新冠肺炎"（NCP）疫情相关慈善捐赠合规操作指引》
操作指引	王　刚　翁碧霞	《"新冠肺炎"疫情之下征用高校宿舍涉及的法律问题》
操作指引	陈雄飞	《政府渠道外，医生能否示警？公民能否获知传染病信息？》
操作指引	杨　闰　杨丹凤	《企业援助疫情抗击工作、转产口罩生产之法律指引——以广东省为例》
操作指引	涂江丽　闫晓敏	《自我居家隔离？强制隔离？抗疫不听劝，隔离得服法！——浅谈自我居家隔离和强制法律性质及依据》
操作指引	陈　佳	《新冠肺炎疫情下政府应急征用的若干法律问题》
操作指引	杨继红	《新型冠状病毒来袭，电商企业销售抗病毒相关商品应注意什么》
操作指引	程晓璐　令　铎	《作为慈善捐赠者，你应当知晓的四项权利》
操作指引	贾　辉　鞠　光	《面对肺炎疫情，海外机构如何对华开展物资援助？》

（续表）

内容性质	作者	专业文章
操作指引	郑雅莉	《新冠疫情致出境游暂停之消费者权益救济途径》
操作指引	廖名宗　吕　静　秦心缘	《是该考虑工资立法了——新冠肺炎疫情下的工资立法思考》
操作指引	俞　霞　李　峰　马　钧	《员工上班期间感染新冠肺炎算工伤吗？》
操作指引	王建平　陈　巍	《新冠肺炎疫情下常见劳动用工法律问题解答？》
操作指引	郎文艳　饶舜禹	《新型冠状肺炎时期，企业招录员工的政策指引和法律实务》
操作指引	崔　杰	《疫情防控期间企业合规降低用工成本的若干措施（12个要点）》
操作指引	张希宁	《盒马开启新冠疫情期间灵活用工新模式，"租用员工"这两个问题需关注！》
操作指引	苏文蔚	《北京市关于防控疫情期间看护未成年子女假期待遇的四个问题》
操作指引	苏文蔚　崔　杰	《延长春节假期及延迟复工期的性质及工资待遇（附各地官方解读文件）》
操作指引	崔　杰	《北京复工政策与各地延迟复工政策的区别》
操作指引	程晓璐　葛宇翔	《监狱服刑人员感染新冠病毒能否获赔国家赔偿简析》
操作指引	邓　迪	《被传染新冠肺炎能否向传播者索赔？》
操作指引	吴娟萍　吴　旭	《新冠肺炎疫情对于诉讼财产保全期间的影响》
劳动法	熊晓军　金小雨	《与防控新冠疫情相关的企业刑事合规风险清单》
劳动法	程晓璐　杜静颐	《疫情时期企业及员工易发刑事、行政法律风险识别》
劳动法	邓　迪	《以危险方法危害公共安全罪在新冠肺炎疫情防控中的适用》
劳动法	王　刚　刘　扬	《疫情对互联网行业的影响及涉网侵财类刑事犯罪防范研究（上）》

（续表）

内容性质	作者	专业文章
劳动法	王　刚　刘　扬	《疫情对互联网行业的影响及涉网侵财类刑事犯罪防范研究（中）》
劳动法	王　刚　刘　扬	《疫情对互联网行业的影响及涉网侵财类刑事犯罪防范研究（下）》
劳动法	高　洁	《疫情期间应慎重适用以危险方法危害公共安全罪——新冠患者涉嫌以危险方法危害公共安全罪的探讨》
劳动法	程晓璐	《公安机关对李文亮"训诫"的法律性质之管见》
劳动法	程晓璐　杜静颐	《新冠疫情期间刑事高发领域典型案例汇编》
劳动法	程晓璐　葛宇翔	《简析两高两部〈关于依法惩治妨害新型冠状病毒感染肺炎疫情防控违法犯罪的意见〉的理解与适用》
争议解决	程晓璐　杜静颐	《"新冠"疫情期间行政处罚高发领域典型案例汇编》
争议解决	王　刚　李曙彤　牛　童	《违法生产、销售防疫产品可能涉嫌的六大罪名》
争议解决	郑雅莉	《违反疫情防控规定致他人损害行为之民事侵权责任探析》
争议解决	程晓璐　葛宇翔	《拒不执行新冠疫情防治措施之刑行立案处罚标准简析——结合既有通报案例》
争议解决	陈思熠	《新冠疫情期发行人关于债券兑付风险的应对措施》
争议解决	聂博敏　吴　婧　王　婷　刘馨宇	《新冠肺炎疫情对保险资管业务产生的影响和应对》
争议解决	贾　辉　闫　妍	《新型冠状病毒肺炎疫情对我国健康保险行业的影响和建议对策》
争议解决	吴娟萍　马　骋	《面对疫情的融资租赁：出租人权益的影响及应对》
争议解决	牟宏宝	《"新冠肺炎"疫情对基金运营可能造成的法律风险及应对》
争议解决	彭先伟　吴亚男	《营业中断保险及其对新型冠状病毒引起损失的适用初探》
争议解决	刘　爽　汪　洋	《简析新冠疫情对境内企业近期赴港上市的影响》
争议解决	朱　云　尚帅利	《疫情之下，私募基金管理人需要注意的法律问题》
争议解决	刘　爽　邓宇戈	《新冠肺炎疫情下上市公司信息披露的应对措施》
争议解决	黄华珍　邹闽菁	《疫情之下，互联网保险新规正当时》

德恒上海

以专业警示疫情背景下融资对赌的法律风险

2020年1月以来，新型冠状病毒肺炎疫情蔓延全国。截至2月5日，已报感染人数24363人，远超SARS时期的5327人。以此观之，新冠疫情对国民经济的宏观影响将难以避免，许多行业的业绩大幅下滑带来的系列问题值得法律人予以高度关注。

从本次新冠疫情的规模和程度来看，对赌纠纷等融资融券类法律问题的发生数量，可能会在接下来一段时间内呈增长态势。

考虑到对赌已成为一种常见的融资安排，如果新冠疫情的影响导致目标公司无法达成业绩承诺，则缔约双方均将面临合同风险，从而成为对赌纠纷的导火索。此时，投融资双方如何未雨绸缪、防微杜渐，以避免可能的法律纠纷？德恒上海执行主任、高级合伙人王军旗主任和两位同事合作撰写了《新冠疫情背景下融资对赌的法律风险》一文，对由此可能产生的法律风险及其防控进行了详细分析。

新冠疫情背景下融资对赌的法律风险

王军旗　王肖倩　胡昶成

一、疫情是否能够构成未完成业绩承诺的不可抗力

鉴于全国大多数地区已经对新冠疫情启动一级响应措施，国家亦把此次新冠肺炎纳入乙类传染病，采取甲类措施进行防控，目前倾向于认为新冠疫情属于不能预见、不能避免且不能克服的不可抗力事件。

然而，就对赌纠纷而言，其和一般的商事合同义务有所不同，能否因为不可抗力事件的出现而减轻甚至免除融资方的责任还要从业绩承诺无法完成的原因力层面来分析。业绩承诺无法完成可能受到目标公司本身经营不佳、面对新冠疫情没有及时采取减损措施等多种因素影响，想要准确判断疫情对于业绩承诺无法完成的原因力影响并不容易。

1. 业绩承诺条款的常见形式

对赌纠纷中，业绩承诺通常以业绩承诺协议或业绩承诺条款形式呈现。如果是业绩承诺协议，其常作为一份从合同附于《股权转让协议》或者《增资协议》（以下合称"投资协议"）之后；如果是业绩承诺条款，相对来说约定会更为简单明了，主要是明确投资方与融资方在业绩承诺期内设定的盈利目标，常见的业绩承诺条款表述分为以下三类：

第一类，对于业绩承诺期内每年的营业额或者净利润作出成长性要求。例如：

2017年6月1日—2018年5月31日，税后净利润人民币M1万元；

2018年6月1日—2019年5月31日，税后净利润人民币M2万元；

2019年6月1日—2020年5月31日，税后净利润人民币M3万元。

以上净利润均为经甲方认可的具有法律要求资质的会计师事务所审计确定的扣除非经常性损益的税后净利润。

第二类，给出具体的KPI指标。例如，笔者承办的一起对赌纠纷，目标公司为一家为零售业提供集中采购服务的线上供应链提供商，其业绩承诺指标就围绕关键成果进行了细化规定，具有行业特点：

原股东连带及不可撤销的向投资方承诺集团应当于2018年12月30日前完成以下业绩（下称"业绩承诺"）：

a. 区域内装有集团POS机并使用集团订货系统的有效终端店铺（下称"有效终端店铺"）的业务进入城市数量达到A1家以上的不低于N个；

b. 有效终端店铺总数不低于A2个；

c. 集团于江、浙、沪三省/市以外的业务进入城市不低于A3个；

d. 平均每个有效终端店铺使用集团订货系统发生的月采购金额不低于人民

币 B1 元。

第三类，要求目标公司在一定限期内完成 IPO 主板或者科创板上市，具体业绩要求隐含在上市相关规定之中。例如：

除非甲方另以书面形式同意延长，如目标公司自本补充合同正式生效之日起 N 个月内未完成向中国证监会提交公开发行股票和上市的申报材料的，则甲方可于本补充合同生效之日起 N 个月后随时要求乙方受让甲方持有的全部或部分目标公司股份。

可见，业绩承诺条款中通常包含的是融资方利润指标义务、核心业绩指标义务或者上市期限业务这三类义务。而 2020 年初新冠疫情的发生，或多或少会为融资方完成这三类义务蒙上阴影，融资方急需在业绩承诺期届满前提早作出应对。

2. 不可抗力条款不能完全免除新冠疫情对业绩承诺实现造成的不利影响

当融资方合理预见到新冠疫情可能对其业绩承诺的实现产生不利影响时，首先，我们建议审查投资协议中是否有关于业绩承诺履行期间遭遇不可抗力影响的弹性规定，即我们通常所称的豁免规则或者免责约定。然而，商业实践中，因为融资方相较于投资方一般而言谈判地位较低，或者是融资方急于取得资金而有时会忽略合同条款中对己方的保护力度，很少见融资方单独为自己设定业绩承诺实现过程中的豁免条款。融资方通常只能通过一般性的不可抗力条款对己方予以保护，而在业绩承诺遭遇新冠疫情的特殊情况下，一般性不可抗力条款的缺点就会暴露：

（1）不可抗力条款中通常会约定：

如不可抗力事件及其影响持续 N 天或以上并且致使协议任何一方完全丧失继续履行本协议的能力，则任何一方有权决定终止本协议。

而正处于业绩承诺履行期的融资方，一般情况下新冠疫情可能并不会使其经营业务完全停滞，也就是说新冠疫情可能并不会使其"完全丧失"履行协议的能力从而触发约定或者法定的投资协议解除权。退一步讲，即使假设融资方满足了不可抗力条款下的解除条件，融资方往往也没有解除投资协议、向投资方返还投资款的资金支付能力。不可抗力条款中约定的合同解除权，对于处于业绩承诺履行期内的融资方来说，基本形同虚设。

（2）即使新冠疫情属于投资协议中约定的不可抗力事件，对于受新冠疫情影响的融资方来说，仍有不可抗力的通知义务、减损义务，融资方还需要确定不可抗力影响期间，并在不可抗力事件消除以后积极履行合同。此处的后两项"确定不可抗力影响期间""在不可抗力事件消除以后积极履行合同"对于受新冠疫情影响的融资方来说可能是一个很难准确判断的变量。因为即使在新冠疫情消除后，市场回暖、政策转换也需要一定缓冲期，部分行业受到的冲击亦可能在新冠疫情消除后还会延续较长时间，如果仅将新冠疫情影响严峻的时期定义为"不可抗力影响期间"，却没有算入疫情消除后的业绩恢复期和缓冲期，对融资方反而是不公平的。

因此，业绩承诺作为以营业额或者净利润为衡量指标的一种长期性义务，普通的不可抗力条款很难给予融资方全面的保护。

3.业绩承诺无法完成的主要原因力

我们通过 Alpha 案例库进行案例检索发现，在本次新冠疫情暴发之前，商业实践中，融资方无法完成业绩承诺通常由以下原因导致：

一是业绩目标设定过高或者上市期限设定过短，超出融资方能力范围；

二是投资者介入目标公司的日常经营和管理，影响了业绩承诺实现；

三是受国家和产业政策、宏观经济等客观因素影响，业绩承诺实现存在障碍。

有关案例见下表：

案由	案号	案情
业绩目标设定过高或者上市期限设定过短，超出融资方能力范围	山东省高级人民法院（2016）鲁民终101号	上述协议签订后，科鑫投资合伙企业于2011年5月16日依约向楼天汝支付了股权款人民币30,000,000元，楼天汝即出具了收款收据，认购天一公司3,356,255股股份，占公司总股本的10%。后因天一公司未能在合同约定的期限内完成上市，科鑫投资合伙企业于2013年7月31日向楼天汝、天一公司发出《股份回购确认通知书》一份，要求楼天汝、天一公司按照《补充协议》之相关条款约定，足额支付股权回购价款
	浙江省高级人民法院（2019）浙民再212号	金华中健联合会计师事务所出具三份审计报告，反映莱恩公司2013—2015年期间均亏损。莱恩公司现仍未依法上市。2017年9月6日，莱恩公司以严重资不抵债，缺乏清偿能力，资金流断裂为由向一审法院申请破产清算

（续表）

案由	案号	案情
业绩目标设定过高或者上市期限设定过短，超出融资方能力范围	北京市高级人民法院（2019）京民终536号	本案中，赵尔东主张在上述协议实际履行的过程中，飒特公司并未按照约定之期限首次公开发行股票并于深圳证券交易所创业板或中小板上市，故相对方收购赵尔东所持飒特公司股份及返还增资补偿款之情形已然出现
投资者介入目标公司的日常经营和管理，影响了业绩承诺实现	北京市高级人民法院（2019）京民终124号	中赛科技公司签订《股权转让协议》时，对于由彭晓雷团队负责目标公司经营、金鸿控股公司负责目标公司财务及风控的安排是清楚并接受的，金鸿控股公司收购目标公司后目标公司的经营、管理亦按照合同约定的架构进行。中赛科技公司以自己未参与目标公司经营为由要求免除业绩承诺及业绩补偿责任没有合同依据
投资者介入目标公司的日常经营和管理，影响了业绩承诺实现	上海市第一中级人民法院（2014）沪一中民四（商）终字第105号	本案中，收购方、投资方未按约任命出让方的股东担任总经理负责劳莱斯门业公司经营，直接影响到对劳莱斯门业公司能否达到约定的付款条件。即使出让方股东担任了劳莱斯门业公司总经理并负责公司经营，能否达到收益目标亦均有可能。如视为条件完全成就，有失双方利益平衡，故法院依据出让方已转让资产（主要为生产许可证照）等实际损失为基础，酌定收购方、投资方向出让方赔偿损失300万元
投资者介入目标公司的日常经营和管理，影响了业绩承诺实现	山东省高级人民法院（2018）鲁民初103号	山东新华医疗器械股份有限公司于8月15日发布公告称其"近日收到山东省高级人民法院签发的《民事判决书》[（2018）鲁民初103号]……山东高级人民法院认为，原告实际参与目标公司的经营管理显然并不符合对赌协议的一般做法，也不符合合同法的一般原则。如果九被告不能控制公司而承担因公司业绩下滑所带来的损失赔偿即违反权利义务对等原则。本案中原告作为控股股东参与成都英德的经营管理，在成都英德业绩下滑之时还要求九被告按双倍业绩补偿显然违反公平原则，对九被告关于在原告参与成都英德管理后仍按双倍进行业绩补偿失公平……考虑到英德公司经营管理的具体情况、股权转让的价值以及已免去九被告双倍补偿的处理，酌定九被告应负担一倍业绩补偿的70%责任。"

（续表）

案由	案号	案情
受国家和产业政策、宏观经济等客观因素影响，业绩承诺实现存在障碍	最高人民法院（2014）民二终字00107号	判决书在本院查明部分写道："2008年6月因金融危机影响，中国证券监督管理委员会暂停了国内企业的首次公开发行股份申请，并且朝阳飞马2008年的销售额和营业利润出现大幅下降，未能实现2008年的净利润指标，导致朝阳飞马在预定期限内上市公开发行股份已经无法实现。"
	上海市第一中级人民法院（2015）沪一中民四（商）终字第2737号	判决书在"本院认为"部分写道："鼎发公司、朱立起认为新股不能上市的原因为美国及欧盟对我国光伏产业等进行反倾销、反补贴调查，采取制裁措施，致使乐园公司作为光伏产业原料供应商受到影响，加之我国暂停新股发行，使得乐园公司无法如期上市，鼎发公司、朱立起对此并无过错。"

在各种影响业绩承诺完成的原因力出现时，如果融资方不能提供充分的证据来证明：投资方介入、政策、宏观经济因素等对目标公司经营带来的具体风险和影响；融资方采取的应对措施；将不利影响与投资方沟通的情况，法院往往很难认定这些原因力对于业绩承诺无法达成的贡献度，从而无法达到融资方不承担或者减少承担回购或者现金补偿等对赌失败所导致的法律责任的目的。

4.新冠疫情构成业绩承诺未完成主要原因力的举证方法

如前所述，在业绩承诺未实现可能出现多种原因力复杂交织、投资协议本身的不可抗力条款尚不能对融资方未完成业绩承诺给予充分免责的情况下，对于融资方来说，如果想要主张新冠疫情所造成的不可抗力占据业绩承诺不能达成的主要原因力，一方面要积极收集新冠疫情对目标公司经营影响的证据，另一方面要尽可能涤除其他原因力对业绩承诺无法完成的影响，具体的举证方法见下表：

证明目的	证明方法
新冠疫情对目标公司经营造成实质性影响	记录并告知投资方原有订单、因新冠疫情取消的订单数量； 记录并告知投资方因新冠疫情停工及延迟复工的天数，因此导致的订单交付迟延天数、造成损失的金额； 记录2019年、2018年同期环比的经营数据，由专业机构进行模拟测算，假设没有新冠疫情，2020年第一季度按照环比业绩增长趋势的模拟营业额和净利润，并证明模拟营业额和净利润本可以完成业绩承诺； 取得政府或者行业协会、贸促会出具的新冠疫情构成不可抗力证明

（续表）

证明目的	证明方法
融资方采取了积极的减损措施以应对新冠疫情	融资方可以针对行业特点，积极采取针对新冠疫情的减损措施，增加营业收入，避免投资方以未采取减损措施为由主张融资方承担业绩承诺未达到的责任。我们注意到部分行业已经采取的比较有效的减损措施包括： 在办公和营业场所采取全面的消毒措施； 全面排查员工健康状况，采取非聚集办公形式； 拓展、开发线上市场（例如，线下教育向线上教育、现场售楼向线上售楼的转型）； 精简部分业务，积极协调供应商及物流渠道、调整生产策略； 通过政府/行业协会出具不可抗力证明，减少因疫情导致的部分合同无法履行的损失； 通过人员安排的调整节省人工成本支出，如部分暂停营业的线下餐厅将员工安排至其他线上销售相关的岗位，从事打包、分拣等工作； 通过向投资方发函或者召开股东会/董事会会议的方式，将减损措施告知投资方并取得投资方的同意。如果投资方无合理由不同意减损措施的采取，亦要保留相关书面决议或者会议记录，以备日后争议发生时融资可以投资方"为自己的利益不正当地促成条件成就"（《合同法》第四十五条）主张投资方为业绩承诺无法完成承担部分责任
涤除投资者不当介入目标公司日常经营和管理，对业绩承诺的实现造成影响的情况	如果存在投资方向目标公司委派经营管理人员，而该等人员干涉/阻碍了目标公司正常经营业务开展的情形，及时和投资方沟通或者召开股东会/董事会，停止该等行为或者撤换该等人员； 进行企业内部控制和风险防控机制审核，避免在新冠疫情期间企业因受到行政处罚、侵权指控等而导致业绩下滑
涤除融资方本身经营不善，对业绩承诺的实现造成影响的情况	向投资人履行信息披露义务、保证投资人的财务知情权。包括根据投资协议的财务控制要求齐备企业会计账簿、会计凭证，按期进行审计，避免不符合会计准则的财务操作造成对赌期临界或者届满后的业绩"变脸"； 积极与投资人沟通新冠疫情减弱或者消除之后的工作经营方针与经营目标

二、融资方在发生疫情时的通知义务

即使新冠疫情确是目标公司业绩承诺无法达成的主要原因，融资方也不当然地能够取得豁免。是否及时履行通知义务，将是未来对赌纠纷中裁判机关考量的关键。

《合同法》第118条规定：当事人一方因不可抗力不能履行合同的，应当及时通知对方，以减轻可能给对方造成的损失，并且应当在合理期限内提供证

明。

从笔者团队曾办理的过往案件来看，裁判机关对于融资方作为债务人的通知义务较为关注。实践中，裁判机关倾向于认为相应通知义务是融资方基于诚实信用原则产生的附随义务，融资方必须履行该义务，否则，要承担相应的责任。融资方的通知义务，系投资方及时采取行动进行减损的前提。故此，如融资方未履行该种通知义务，则可以认定融资方在协议履行中存在过失。基于衡平原则，融资方将不能完全免除其合同责任，更有可能承担投资方由此产生的损失。

此外，部分案例中，我们注意到，在认定不可抗力事件是否对于目标公司经营产生实质影响时，裁判机关将会参考融资方相应通知内容。就是说，倘若融资方无法举证不可抗力事件对于其经营产生影响，同时亦未在合理期间内发出通知，则裁判机关在其心证过程中，将质疑是否主观上融资方亦不认为存在不可抗力事件，故未及时通知，并有可能做出对于融资方不利的认定。

可见，融资方是否及时作出通知，将严重影响其切身利益。那么，相应通知应当何时发出？其内容又应该如何措辞？根据我们的经验，存在以下因素值得考虑：

一是在发出时限方面，实践中对于何为"及时"通知，并未设置统一期限。如果对赌协议就相应期限无约定，我们建议融资方在确认疫情将导致其不能完成业绩承诺后，及早发出相应的通知；

二是就通知内容的构成，该通知旨在告知作为债权人的投资方，融资方由于疫情无法完成业绩承诺的情形。故此，相应通知除明确公司经营状况将受到疫情影响这一要素；还需明确通知投资方，由于此种影响，融资方将无法履行，或至少难以履行对赌协议下对于业绩的承诺。唯有如此，相应通知的内容构成方符合我国法律的相关要求与通知目的；

三是在发出通知的同时，融资方应收集相应证据证明疫情对其履行对赌协议下承诺所带来的影响并将材料提供给投资方。就如何取证，我们会在第三部分"实务建议"中做论述。

三、实务建议

1.特定事由发生时的业绩承诺弹性条款及善后处理条款

如本文第二部分所提到的，在对赌协议中，往往缺乏对于融资方的保护性条款。不仅如此，笔者还发现对赌双方对于遭遇如疫情等不可抗力事由时当如何举措，往往约定得较为粗率，许多协议甚至照抄了《合同法》的相关规定，一旦遭遇疫情，则该种条款将不能发挥应有作用。因此，我们建议在订立对赌协议的过程中，应相应考虑如下事宜：

（1）加入业绩承诺弹性条款，允许在发生特定事由时双方循一定机制调整业绩承诺或给予宽限期。当然，此时融资方需再给予投资方一定的补偿或追加担保。触发调整机制的事由可不限于不可抗力事件，视双方商业需要而定。此种条款的目的在于保障协议在商业上的灵活性。毕竟，法定的不可抗力事件的法律后果，仅包含协议解除、融资方豁免合同义务与融资方部分豁免合同义务三种，缺乏商业灵活性，亦可能对投融资双方均造成商业上的不利影响。

（2）投融资双方可考虑对不可抗力事件发生后，以下具体事宜进行约定：

a.发生不可抗力事件后，融资方通知投资方的期限；

b.发生不可抗力事件后，融资方通知投资方的方式（考虑时效性与发生疫情后交通邮政管制的可能性，我们建议在约定的通知方式中至少有一种应为电子邮件）；

c.发生不可抗力事件后，投融资方具体的联络人；

d.发生不可抗力事件后，融资方应向投资方披露的文件清单。

2.给融资方的建议

从现有新冠疫情及其防治情况来看，部分行业如外贸、旅游等的重创将是大概率事件。因此，对于所涉对赌协议的投融资双方来说，理性的危机意识是极为必要的。无恃其不来，恃我有以待之，在出现业绩承诺由于疫情影响无法达成的风险时，投融资双方都应从眼下着手，及时行动，方可在可能的争议中争取主动，减少损失。如一方坐等争议产生，则将不可避免陷于被动。对于融资方来说，眼下需要关注如下几个方面的问题：

第一，首要工作是评估新冠疫情对于其业绩承诺造成的影响，评估标准和相关举证方法可参照本文第二部分的论述，同时，亦可咨询相关专业人士；

第二，如确认由于新冠疫情影响，将导致对赌协议下业绩承诺无法达成，并导致回购等补偿条款被触发，则应尽快通知投资方，以完成法定义务；

第三，同时，应及时收集证据，证明疫情对于公司经营状况的影响，根据影响的情形不同，可考虑方向如下：

a. 如疫情对目标公司的影响系基于我国政府的防疫措施或指令（如征用等），则应保留政府相应规章，并尽快取得指令的原文，以免疫情平复后相应机构发生变动而无法取证；

b. 如疫情对目标公司的影响系基于境外国家的管制政策（尤见于外贸领域），则务必需要尽快取得相应政策的证明文件，须知我国的贸易对象包括许多国家，其中一些国家的相应政策并不具有连续性，事后将难以取得相应证明文件。故此，应在第一时间联络当地代理/律师取得文件，并按照规定安排公证认证等事宜；

c. 如疫情对目标公司的影响系基于间接事件，如运力被挤占或开工率不足，则需要保留融资方积极采取协调运力或寻找补充员工等的记录，以证明相应的影响确实存在，同时也可以证明融资方积极履行了减损义务。

第四，融资方亦应及时与投资方进行沟通，披露其关切的文件，打消投资方的顾虑。融资方现阶段与投资方的沟通，应立足以下两个目标：

a. 融资方依法存有减损义务，对于融资方在疫情下的减损方案（如变更经营方向、寻找支持资金、使用替代资源等），我们均建议融资方知会投资方并取得投资方的意见。这样，一方面可以整合双方资源共度时艰；另一方面也可以允许投资方充分表达意见，避免在嗣后的纠纷中，投资方指责融资方未采取必要措施，并且未咨询投资方之意见；

b. 在确定业绩承诺无法达成的情况下，融资方应考虑与投资方有技巧地进行沟通，其最终目的在于与投资方达成协议，对原协议中业绩承诺进行调整，或订立在新冠疫情背景下更为切实的目标，或对相应期限进行变更，降低风险；同时亦可了解投资方动向，避免由于缺乏沟通而导致投资方采取单方面行动，使得目标企业在面临疫情的同时尚需应对投资方的法律行动。

3. 给投资方的建议

对于投资方来说，眼下亦需考虑如下措施来降低自身风险：

首先，对于投资方来说，就新冠疫情对目标公司的影响，需要及时向融资方取得第一手资料进行评估与存档，包括企业的财报、企业的经营状况等。同时，对于融资方所提供的材料，投资方需要积极地通过第三方渠道进行验证，须知随着疫情平复许多第一手材料将难以取得。

其次，如确认业绩承诺确因疫情无法达成，则建议投资方在评估现状的基础上，积极与融资方进行沟通，本着公平、双赢的原则，与融资方达成补充协议或者由融资方提供其他增信措施。毕竟，如确认疫情影响使得对赌协议无法履行，则基于"不可抗力"规则，投资方在未来争议中并不一定能取得约定的补偿。此外，根据我们的经验，对赌协议由于所涉金额往往较大，且受融资主体限制，融资方一般在订立协议时并不能提供充分担保。因此，一旦发生目标公司整体经营不善，则融资方的偿债能力将大幅受到影响。

最后，投资方还需要关注自身的资金流，无论是调整业绩承诺，延长履约期限，还是采取激进措施收回投资款项，投资方都将面临回收投资款的期限长于预期的局面。此时，建议投资方做充分准备，保障自身资金流的健康与稳定，避免间接冲击的产生。

本次疫情终将结束，商业活动也会很快恢复如初。如何在一次重大社会事件中吸取教训，防患于未然，健全风控与应急机制，是我们必须予以关注的。

新闵
为疫情防控提供突发事件应对专业服务

面对疫情，上海市新闵律师事务所（以下简称"新闵"）勇担社会责任，积极捐款捐物，用专业助力战疫，为坚决打赢疫情防控阻击战贡献力量。

疫情暴发后，新闵第一时间高度关注，发挥在突发事件应对法律服务领域的丰富经验与特长，并以党员为骨干、12个业务部为基础，组建突出疫情应对法律服务志愿团。充分发挥党组织的战斗堡垒作用和党员的先锋模范作用，组织各专业部门为防控疫情阻击战提供法律支援，为各级政府、企业和公民提供法律支援，用实际行动展现新时期党员律师的政治本色和精神风貌。

新闵组建的突发事件应对法律服务专题小组收集全国各省市公布的疫情数据进行大数据分析，制成曲线图，研究疫情趋势；通过电话微信等方式为群众解答诉讼理由、诉讼时效等法律问题；积极协助化解社会矛盾，主动建言献策，当好"参谋助手"，为疫情防控提供法治保障；组织行政法律、社会矛盾化解、刑事法律事务部的《突发事件应对法》专业律师从法律和实务角度撰写专业论文和文章，及时解读针对疫情防控制定的法律法规、政策和疫情防控措施。

律师为疫情防控提供突发事件应对专业法律服务的实践与思考
江 净 陆俐莎

自新冠肺炎疫情发生以来，在党中央的坚强领导下，全国上下众志成城、全力防治，坚决打赢疫情防控阻击战。日前，司法部办公厅印发《关于在疫情防控工作中充分发挥公共法律服务职能作用的通知》，要求各级司法行政机关最大限度发挥公共法律服务职能作用，紧紧围绕疫情防控和维护社会稳定工作任务和要求，积极主动提供全业务、全时空的法律服务。而律师队伍作为公共法律服务体系的重要部分，面对重大突发公共卫生事件的发生，应当主动为疫情防控决策提供法律论证，及时提出法律意见建议，这是各级政府、社会乃至律师行业发展的共同要求。

一、律师为疫情防控提供突发事件应对专业法律服务的实践

（一）及时地发起倡议：为疫情防控提供突发事件应对专业法律服务

新冠肺炎是法定传染病，也是突发公共卫生事件。因此，在疫情防控时，除遵守《传染病防治法》及其实施办法以外，还应遵守《突发事件应对法》《突发公共卫生事件应急条例》等相关规定。但由于突发事件应对相关法律规定的规制对象具有一定的特殊性，即使是律师也未必熟悉相关具体规定，而公民、法人对此更是知之甚少。

因此，为了使律师更好地为各级人民政府、社会组织、人民团体、公司及个人等各类主体提供专业的法律服务和建议，1月31日，我们以市律师协会社会责任促进委员会、社会矛盾化解业务研究委员会的名义起草了《律师为疫情提供突发事件应对法律服务的倡议书》提交上海律协，倡导广大律师认真学习、研究、宣传《传染病防治法》《突发事件应对法》《突发公共卫生事件应急条例》《国家突发公共卫生事件应急预案》等与突发公共卫生事件应对相关的法律法规，发挥律师专业作用，为突发事件应对中的各类主体提供优质、高效、专业的法律服务，并认真做好突发事件应对的法制宣传。该倡议书受到上海律协领导的重视，已通过"上海律协"微信公众号发布。

（二）有效的专业研究：为疫情防控提供突发事件应对研究成果

对于《突发事件应对法》以及《突发公共卫生事件应急条例》《国家突发公共卫生事件应急预案》等突发公共卫生事件应对相关的法律法规，除专业职能部门外，各级政府和职能部门、社会组织、企业、公众不一定十分熟悉。因此，针对疫情防控不同阶段，进行学习研究和法治宣传就十分必要。

疫情防控期间，上海律协社会矛盾化解业务研究委员会组织了突发事件应对矛盾化解、多元化纠纷解决机制和信访矛盾化解三个专题小组专业律师从法律和实务角度撰写专业论文和文章，充分发挥突发事件律师及时解读针对疫情防控制定的法律法规、政策和疫情防控措施，让公民、法人和其他社会组织了解政府在疫情防控中的职责、可实施的防控措施、应履行的法定义务，积极协助政府有关部门进行突发事件应对相关法律法规规定的宣传。截至2020年4月30日，研究会已经形成研究成果52篇，包括专业论文、解读45篇，编写了近8万字的《律师为新冠肺炎疫情等防控提供突发公共卫生事件应对法律服务操作指引》，同时通过人民来信征集渠道、人大、政协等提交各类建议近7篇，有的建议得到市领导的批示和采纳。

（三）全周期献计献策：为疫情防控提供及时有效的法律应对建议

疫情期间，社会矛盾化解业务研究委员会组建的突发事件应对法律服务专题小组积极组织律师认真学习和领会习近平总书记的各类讲话和国务院联防联控机制印发的相关文件，并且每天收集全国各省市公布的疫情数据制成曲线图，进行大数据分析，研究疫情趋势。与此同时，通过多种渠道及时发现普遍性问题，并根据《突发事件应对法》相关规定，在疫情防控实际进展和不同阶段，结合党中央的会议精神，通过市区人民来信建议渠道提出专业性、有针对性、动态及时的法律意见和建议，为各级政府、街镇、村居社区等依法防控、依法发布、实施、宣传、协助实施防控措施建言献策。

1. 依法防控的建议

2月7日，我们撰写了《全面提高依法防控疫情应对治理能力的"11个要"》学习体会文章，认真学习和领悟习近平总书记重要讲话精神，被"中国律师""上海律协"公众号转载。

2月9日，为落实习近平总书记"全面提高依法防控、依法治理能力"的要求，针对疫情防控过程中出现的政出多门、措施分散、部分疫情防控措施没有以合法形式发布、发布单位不具有相应的职权依据、不同单位发布的疫情防控措施要求不一致，操作不统一、防控措施过度等问题，我们提交了《关于严格依法制定、实施和宣传疫情防控措施并平衡与复工关系的建议》，建议各级政府和职能部门、公共场所管理单位、社区、居委会、村委会等在防控疫情过程中，要依法防控，要严格依照法律规定，统一归口，依法制定和实施防控措施，并提出了五点具体建议。

2. 应急防控转为常态防控的建议

随着疫情防控工作的进一步推进，非湖北地区的疫情形势逐步出现了积极变化，防控重点开始有所转移。2月12日，中共中央政治局常委会召开会议，习近平总书记在会议中明确，湖北等疫情防控重点地区的主要任务仍是增强救援收治能力，做到应收尽收、应治尽治，非疫情防控重点地区要以实行分区分级精准防控为抓手，统筹疫情防控与经济社会秩序恢复。要按照科学防治、精准施策原则，以县域为单元，确定不同县域风险等级，分区分级制定差异化防控策略。各级党委和政府要实事求是做好防控工作，对偏颇和极端做法要及时纠正，不搞简单化，尽可能减少疫情防控对群众生产生活的影响。

2月16日，从曲线图可看，上海地区现存确诊病例（即累计确诊—累计治愈—累计死亡）已连续走平并回落，连续多天呈大幅下降趋势，治愈率达到42.6%。且当时上海地区现存确诊病例仅为湖北地区的3‰左右，可见上海的疫情防控形势已经逐渐趋于稳定，其与湖北地区保持同样的应急响应等级是没有必要的。而且，假如上海持续采取同前一阶段完全相同的一级响应措施，不仅会对生产、生活和社会管理带来极高的负担，也会给上海乃至中国整体带来"疫区"的不良国际形象，不利于对外交流。

因此，为了落实中共中央政治局常委会"科学防控、精准施策"的会议精神，做好一手抓疫情防控，一手抓复工复产，确保实现疫情防控的胜利和经济社会发展的稳定，2月16日，我们提交了《关于将疫情应急防控逐步转为常态防控尽快恢复经济建设秩序的建议》，建议根据上海实际情况，逐步实施转段，降低应急响应等级，由应急防控转为依法防控、常态防控，调整此前应急状态下的防控措施，逐步恢复复工和经济建设，确保实现疫情防控的胜利和经济社会发展的稳定。

3. 降低响应级别并修改通告的建议

2月17日，国务院联防联控机制印发《关于科学防治精准施策分区分级做好新冠肺炎疫情防控工作的指导意见》（以下简称《意见》），其中明确，要做好分区分级差异化防控，有序恢复生产生活秩序，在病例数保持稳定下降、疫情扩散风险得到有效管控后，及时分地区降低应急响应级别或终止应急响应。

考虑到上海地区的疫情防控形势已经逐渐趋于稳定，2月18日，我们再次提交了《关于降低应急响应级别并修改〈关于严格执行公共场所体温检测和自觉佩戴口罩的通知〉的建议》，建议上海地区积极落实《意见》的文件精神，在实施"外防输入、内防扩散"策略的基础上，尽快有序恢复正常生产生活秩序，逐步实施转段，将重大突发公共卫生事件一级响应调整为二级响应，适时再向下调整，直至终止应急响应，尽快恢复复工和经济建设。

与此同时，为了继续做好疫情防控工作，确保社会秩序稳定，可在降低应急响应级别之后，继续执行任何人进入本市公共场所、搭乘公共交通工具应自觉佩戴口罩，配合接受体温检测这一有效防控措施，直至疫情结束。因此，建议将上海市新型冠状病毒感染的肺炎疫情防控工作指挥部《关于严格执行公共场所体温检测和自觉佩戴口罩的通告》第三条由"本通告自发布之日起实施，至本市解除重大突发公共卫生事件一级响应机制之日为止"修改为"至本市解除重大突发公共卫生事件响应机制之日为止"，为后续降低应急响应级别之后的防控工作做好准备。

4. 化解复工复产复市后社会矛盾的建议

3月初以来，随着上海进入复工复产复市的关键时期，如何统筹推进疫情防控和经济社会发展、妥善化解社会矛盾纠纷，成为工作的重中之重。为此，我们专门撰写并向市司法局、市政法委提交了《关于在应急状态下妥善化解复工复产复市后社会矛盾的建议》，就在应急状态下复工复产后可能产生的社会矛盾、产生原因、可能引发的后果进行分析，并对如何解决矛盾纠纷提出建议。

应急状态下复工复产复市后可能产生的社会矛盾包括防控措施引发的矛盾、防疫物资不足的矛盾、企业生产经营的矛盾、劳资纠纷、合同纠纷等，如果这些矛盾未能及时得到处理，会制约复工复产复市工作的推进，且容易引发群体性社会矛盾，引发大量的诉讼、仲裁、行政诉讼、行政复议、行政裁决案件，给各级人民法院和政府造成极大的压力和负担，造成社会不稳定。

针对在疫情防控条件下的复工复产复市后产生的各类社会矛盾，可完善多元化纠纷解决机制，并主要采取非诉讼纠纷解决机制特别是以调解的方式化解矛盾，完善社会调解特别是律师调解的立法规制和体制机制保障，充分发挥律师调解在疫情防控和复工复产复市中的作用，化解各类社会矛盾。同时，我们还协助市高院、市人社局、市总工会、市市场监督局、市司法局起草和整理《上海市在新冠肺炎疫情防控期间劳动、消费纠纷化解工作指南——相关法律政策、宣传口径依据》，该文件已在上海市政法委召开的"上海市新冠肺炎疫情防控社会稳定工作协调机制会议"上以该工作协调机制名义下发至各区政法委。

二、律师为疫情防控提供突发事件应对专业法律服务的思考

（一）加强律师参与突发事件应对工作的队伍建设

律师要为政府和社会各界及时、有效提供突发事件应对的专业法律服务，首先要求律师本身具有过硬的专业素质，因此司法行政部门和律师事务所应当加强律师队伍建设，增强律师的政治敏锐性和社会责任感，提高律师在突发事件应对专业方面的能力和社会矛盾化解的能力、社会管理创新方面的能力，培养、扶持和建立一支党和政府信得过的突发事件应对专业律师队伍，为进一步拓展律师参与突发事件应对工作的广度和深度打下坚实基础。

（二）建立律师参与突发事件应对工作的工作机制

长期以来，上海律师参与突发事件应对工作、为政府和社会各界提供突发事件应对法律服务并不罕见，如1999年"4·15空难"、2009年"6·27"莲花河畔倒楼事件、2010年静安区"11·15"大火、2014年"12·31"外滩踩踏事件等，律师均参与了突发事件的后续处置并发挥重要作用，但是律师参与突发事件应对工作的经验并未得到总结，也没有形成一套独立的、系统性的工作制度，乃至这一经验并未在全市进行推广，部分区并未引入律师参与突发事件应对处置。

建议建立和完善律师参与突发事件应对的工作机制，明确律师参与突发事件应对工作的指导思想、工作原则、工作模式等，令律师参与突发事件应对工作形成常态。

（三）完善律师参与突发事件应对工作的保障机制

建议将律师参与突发事件应对工作的经费列入政府购买法律服务财政预算，与为政府提供突发事件应对法律服务的律师事务所签订法律服务协议，并给予费用补贴。同时，政府应急管理部门、司法行政部门和律师之间应建立互相沟通协调机制，正确界定和尊重律师的独立地位，保障律师在参与过程中的知情权、调查取证权等权利，共同研究突发事件应对处置方案。

新闵律师抗疫专业文章

作者	专业文章
江　净　陆俐莎等	《律师为疫情提供突发事件应对法律服务的倡议书》
江　净　陆俐莎等	《律师为新冠肺炎疫情等防控提供突发公共卫生事件应对法律服务操作指引》
江　净　陆俐莎	《全面提高依法防控疫情应对治理能力的"11个要"》
江　净　陆俐莎	《律师谈依法防控学习体会：全面提高依法防控疫情应对治理能力的"11个要"》
江　净　彭小玲	《突发事件应急响应等级及对应主体》
江　净　郭　磊	《把非诉讼纠纷解决机制推在前面——〈关于依法妥善审理涉新冠肺炎疫情民事案件若干问题的指导意见（一）〉的解读》
江　净　梁东波	《〈关于完善重大疫情防控体制机制、健全公共卫生应急管理体系的若干意见〉的解读》
江　净　陆俐莎	《关于统筹推进复工复产复市、依法审查和调整防控措施的建议》
江　净　林家安	《疫情分区分级应对标准及复工政策的解读》
江　净　张王艳	《解读〈安徽省多元化解纠纷促进条例〉》
彭小玲	《疫情应急响应启动的反思》

【新闵】

上海市新闵律师事务所，是中国及上海市司法局批准设立的最早的合伙制律所之一，管理规范、制度完善、营运科学，连续两年被闵行区司法局评为5A级律师事务所。新闵主要为各级政府、各类企事业单位、村居委等提供法律服务、化解群体性信访社会矛盾和突发公共事件，屡获"上海市先进律师事务所""上海市文明律师事务所""上海市法律援助先进单位"等殊荣。同时，新闵将党建融于所建，形成"三融合"机制和"二培养"机制，和专业法律服务、专业调解服务、专业法援服务的"三位一体"模式，构建所内党建小生态；通过"三进驻，三满意"活动，创新社会治理方式，聚焦信访矛盾化解，形成标本兼治的"五全机制"，融入社会治理大生态。新闵参与社会治理，化解信访矛盾的经验与做法取得了明显的社会效果，获得国家信访局、市委市政府、市信访办等的充分肯定与表彰。2018年，《法制日报》《民主与法制》《文汇报》《解放日报》等报刊进行了专题报道。

申蕴和

持续助力中小企业复苏

上海申蕴和律师事务所（以下简称"申蕴和"）是上海为数不多的以公益法律服务为主业的律所，常年为近120家居（村）委提供公益法律服务。在长期的实践中积累了丰富的法律服务经验。

自成立以来，申蕴和一直把为中小企业服务当作一项重要的工作加以实践。由其创立的"企业法律体检"项目、"办公楼宇法律顾问"项目，自实施以来影响极大，并在全市范围内得到推广。目前，申蕴和每年为百余家企业提供常年法律顾问服务，为数百家企业提供单项法律服务。

申蕴和在疫情期间的公益善举与以往的公益传统一脉相承，是申蕴和坚持公益服务理念不动摇的真实写照。为助力中小企业复工复产，申蕴和的律师们参加上海市促进中小企业发展协调办公室召开的"中小企业法律服务座谈会"，与企业代表进行深入细致的交流探讨；完成了对上海市近300家中小企业的电话拜访，就各家企业疫情期间遇到的法律问题答疑沟通；撰写推进中小企业复工复产的专业文章，加深企业对当前面临的法律风险的了解……

关于受疫情影响中小企业对法律服务的需求和建议

彭涛

一、背景情况

疫情突袭，给上海众多中小企业，尤其是小微企业带来了程度不同的负面影响。申蕴和作为社会法律服务机构，为积极支持本市中小企业复工复产，精准做好向中小企业提供法律服务工作，参加了上海市促进中小企业发展协调办公室召开的"中小企业法律服务座谈会"，认真听取了企业代表提出的企业在疫情期间遇到的法律风险问题，以及企业对专业法律服务的需求意见，并面对面地与企业代表进行了深入细致的交流、探讨。

自 2020 年 3 月下旬以来，申蕴和律师团队围绕和服务上海市提出的"控疫情、稳就业、促民生"战略目标，根据市经济委的布置和要求，完成了对本市 270 多家中小企业的电话拜访，就各家企业疫情期间遇到的法律问题及法律服务需求问询、记录，并给予解答、释疑、文件审核以及上门回访、接待沟通等。在提供普遍性服务的基础上精心分析，对许多有特别需求的企业提供持续跟进式专项法律服务，帮助其解决当前面临的困境，解除负面影响。通过对大量中小企业的接触和服务，加深了对其当前面临的法律风险及法律服务需求的了解和思考。

二、问题与需求

中小企业在复杂的市场竞争环境中，常常面临多种多样的经营风险，如融资中的法律风险、市场交易合同履行中的法律风险、对外投资中的法律风险、人力资源使用中的法律风险、企业财税管理方面的法律风险以及知识产权保护方面的法律问题等。

中小企业，尤其是小微企业由于受到自身规模和条件限制，不同于国企和大中型民企，企业内部没有相关的法务岗位人员把关，当他们遇到那些法律问题时，一方面需要社会法律服务机构、专业律师为他们把脉解决问题，另一方面又由于受经营困难影响，无力或不愿意付出相当费用来聘请常年法律顾问和专业律师，去帮助解决企业面临的涉法事项，以减少支出降低企业经营成本。

一些企业经营管理者，当经营纠纷发生时，往往习惯于通过各种关系私了去解决，待问题一拖再拖，解决无望才考虑找专业律师。但由于时过境迁，证据缺失，举证不力等因素影响而错过最佳维权时机，使企业陷入困境。受疫情期间经济增速下行压力增大、市场不景气等多种因素影响，小微企业生意难做，对外签订的合同不能按期履行，债权债务久拖不决，劳动用工纠纷频发等状况屡见不鲜。本文仅仅列举说明如下：

一是企业在合同履行中遇到法律问题。如：上海某某家居股份有限公司主要从事家居服饰、针织纺织品、服装鞋帽的销售，且以出口欧美市场为主。因受全球疫情蔓延影响，海内外客户陆续提出延长付款期限，减少付款金额甚至取消订单的要求，致使该企业遭受巨大的经济损失。为此企业亟需寻求法律救济途径。本所的专业律师从法律角度帮助该企业做了分析，并告知其在与客户协商不成的情况下，依法维权的方法。又如：上海某某生物技术股份有限公司，主要从事生物技术、食品科技、农业科技专业领域内的技术开发及服务等，由于受疫情影响与交通运输管制等障碍，导致企业与客户签订的合同无法正常履行。我们针对企业提出的合同履行受影响的责任问题，进行了释法说理，并告知企业因不可抗力不能履行合同的，不构成违约，可以视情况部分或者全部免除责任。

二是企业经营活动中，遇到的债权债务问题。如：上海某某股份有限公司主要从事跨国信息化服务，其与某公司项目合作中被拖欠了大量款项，为此寻求法律咨询帮助。本所专业律师在跟进法律服务中，针对项目款被拖欠事宜进行精确的法律点评和分析，指出维权途径、方法和要点。

三是企业在劳动用工方面遇到的涉法问题。今年以来，律所通过在线服务等方式，接听并解答有关涉企的劳动用工方面的法律咨询300余人次，引导当事人依法办事，有助于化解矛盾纠纷。如：上海某某技术服务有限公司，遇到一些外地员工以疫情为由迟迟不返沪来公司上班，仍要求正常发放工资的矛盾。我们向该企业详细讲解《劳动合同法》等相关的法律精神，以及国家和上海市社会保障部门的相关政策规定，建议该企业区分不同情况，依法依规处理。

总而言之，在我市众多的中小企业经营活动中，明显存在着法律风险防控不足的问题，中小企业对专业法律服务的需求也是迫切的、大量的、多方面的。

三、若干建议

（一）增强服务意识，创新工作思路

从目前实际情况来分析，上海社会法律服务机构、专业法律服务人士面向企业，尤其小微企业提供的服务，在服务方式、服务内容、服务质量、服务成效上同企业挑战剧烈竞争的市场环境对法律服务的需求是不相适应的，也是明显不足、亟待予以改进和创新的。社会法律服务机构、专业法律工作者应当抓住机遇，乘势而为，充分发挥自身专业优势和主观能动性，用心用情贴近企业、精准服务企业，千方百计为企业量身打造个性化、多方位、实效性强的专业服务。

（二）综合施策，尽力降低中小微企业法律服务成本

社会有关部门，可帮助小微企业按行业分片区建立服务联盟，由多个小微企业平均分摊聘请常年法律顾问的费用，使相当部分的小微企业能够用较少的支出聘请到社会专业法律服务机构，帮助处理合同审核、商务洽谈、经济纠纷处理等涉法涉诉事务。争取各级财政给予必要支持，在市、区两级建立完善中小企业法律服务中心（平台），加大推进各类标准化合同文本使用的力度，简化服务流程，使广大中小企业通过线上登录即可获取有关经济合同、劳动人事、专利技术、社会保障等方面的法律咨询结果。

（三）强化中小微企业法律风险防控

各级司法行政部门和有关管理部门应采取多种行之有效的方式，增强中小微企业负责人法律风险防控意识，使他们了解《合同法》《公司法》等常用的经济法律基本内容，真正意识到日常法律风险防范相对于事后的法律救济更为重要。同时依托各级工商联（商会）设立小微企业法律服务工作室，帮助小微企业内部逐步建立起"法律风险防控体系"，为他们及时防范法律风险搭脉把诊，变出事后找律师为事先防范。

（四）给特殊情况小微企业以帮扶

对部分确因生存困难，遇到债权债务等诉讼（仲裁）涉法问题处理，急需聘请专业服务机构帮助，而一时无力承担法律服务费用的小微企业，可经有关工商联（商会）签署意见，商请司法局协调有关社会法律服务机构（律师事务所），采取少收或事后给付法律服务费的方式予以帮扶。

建纬

因专注而专业，为社会贡献才智

作为专业的法律人，在疫情蔓延之际，上海市建纬律师事务所律师发布了系列"抗疫专题"专业文章十余篇，从法律专业角度，分析疫情对建设工程及房地产相关企业的影响，全面分析将会出现的法律问题并提出解决方案。建纬律师通过专业为客户排忧解难、为社会贡献才智，专业护航，服务为先。

据不完全统计，我国有近3亿的外出务工农民，其中50%以上的农民从事的是建筑或者与其相关的行业。然而，受疫情影响，多地延迟复工与开学，建筑工地的复工时间更是迟迟未定。又因行业特殊性，建设工程领域农民工的工资情况比较复杂，现出台的相关政策文件难以直接适用，农民工们的合法权益应如何保障？建筑施工企业方又该以何种标准承担工资支付？由朱树英和史鹏舟律师共同执笔的《因新冠肺炎导致农民工延迟复工的工资问题需专题研究解决》一文为双方答疑解惑。

因新冠肺炎导致农民工延迟复工的工资问题需专题研究解决

朱树英　史鹏舟

自新冠病毒肺炎疫情蔓延以来，我国正以举国之力共同对抗疫情，各级政府在防控疫情、保障后方、稳定经济等方面均及时出台了较为详细的规定，以攻克疫情、复苏经济。瘟疫无情，人间有爱。在劳动关系方面，人力资源和社会保障部、各地的人社厅（局）出台了相关的政策文件，其核心精神在于保障劳动者权益。但是，因行业特殊性，建设工程领域农民工的工资情况比较复杂，现出台的相关政策文件难以直接适用，需要专题研究解决。

一、全国各地延迟复工情况及工资支付标准

为加强新冠肺炎疫情防控工作，有效减少人员聚集，阻断疫情传播，更好地保障人民群众生命安全和身体健康，国家层面以及各地均出台了延长假期和推迟复工的政策。具体可以分为两个阶段，第一阶段为春节假期延长，第二阶段为延迟复工期间。

（一）第一阶段：春节假期延长至2月2日（湖北省至2月13日）期间的工资待遇。

国务院办公厅于2020年1月26日发布的《国务院办公厅关于延长2020年春节假期的通知》（国办发明电〔2020〕1号）规定延长2020年春节假期至2月2日（湖北省经过国务院的授权延长春节假期至2月13日），并规定因疫情防控不能休假的职工，应根据《劳动法》规定安排补休，未休假期的工资报酬应按照有关政策保障落实。随后，人力资源和社会保障部在2020年2月7日发布的《人力资源社会保障部 全国总工会 中国企业联合会/中国企业家协会 全国工商联 关于做好新型冠状病毒感染肺炎疫情防控期间稳定劳动关系支持企业复工复产的意见》（以下简称"人社部发〔2020〕8号文"）中再次予以了明确"对在春节假期延长假期间因疫情防控不能休假的职工，指导企业应先安排补休，对不能安排补休的，依法支付加班工资。"因此，根据《劳动法》和《中华人民共和国传染病防治法》相关规定，延长的春节假期的性质应为"休息日"，而非法定休假节日，在此期间未恢复工作的员工，用人单位仍应该支付工资；因疫情需要安排工作的应该补休，不能补休的应该支付双倍工资。

（二）第二阶段：2月3日（湖北省为2月13日）之后的延迟复工期间工资支付标准。

《人力资源社会保障部办公厅关于妥善处理新型冠状病毒感染的肺炎疫情防控期间劳动关系问题的通知》（人社厅明电〔2020〕5号）和人社部发〔2020〕8号文等文件对延迟复工期间的工资支付的规定，主要分为以下两点：

第一，对新型冠状病毒感染的肺炎患者、疑似病人、密切接触者在其隔离

治疗期间或医学观察期间以及因政府实施隔离措施或采取其他紧急措施导致不能提供正常劳动的企业职工，企业应当支付职工在此期间的工作报酬。

第二，延迟复工期间，鼓励优先采用休假方式，对用完各类休假仍不能提供正常劳动或其他不能提供正常劳动的职工，指导企业参照国家关于停工、停产期间规定支付工资。其后，各省份也陆续发文，均认可未能复工的，按照企业停工停产的规定，在一个工资支付周期内，企业应当按劳动合同约定的工资标准支付劳动者工资；超过一个工资支付周期，根据劳动者是否提供了劳动，按各省、自治区、直辖市规定发放工资或生活费。

二、建筑施工企业农民工用工模式及工资发放的市场具体操作

通过上文我们不难发现，目前发布的文件中关于薪酬问题的规定均系适用于劳动合同关系下的工资支付，但建设工程领域的农民工的劳动报酬是否属于劳动关系下的工资问题，需要进行具体分析。

目前我国建设工程领域中，建筑企业农民工用工模式主要有建筑企业自有的农民工（年薪和月薪制用工）、建筑企业临时农民工（计日/计件制用工）以及包工头（实际施工人）雇用的农民工三种模式，其工资发放相应各异。

第一类，建筑企业自有的农民工用工及工资发放模式。

该种模式在建筑领域比较少见，一般主要指劳务分包企业，也有少数总承包单位和专业分包单位，会长期聘用一定数量的农民工，签订劳动合同或者达成口头劳动合同协议，组成自有的施工队伍，对技术能力好、可以长期合作、年富力强的，主要是某一工种带班的农民工，给予固定的月薪或者年薪的待遇。这类劳动者一般常年在外从事建筑工作，受建筑企业的各项劳动规章制度管理，他们的工作随着建筑企业承接项目而变动，在完成建筑企业承接的某一项目后又到该建筑企业承接的另一项目继续工作。

第二类，建筑企业的临时用工模式（计日/计件制用工）和支付标准。

这类农民工在某一特定建筑企业工作时间较短，一般为某个建筑企业的一个项目提供工作，他们更多是在农闲的短时间内（短则几天，长则几个月）到某一项目从事建筑活动，按照工种和天数/件数结算工资，上工则发放工资，不上工则不发放工资，且同一工种的农民工又因为日工资的计价标准分为计件或者计时的差别导致每天的工资数额或也存在不同，其在建筑企业的工作具有

短暂性、临时性和不稳定性。

第三类由不具备用工主体资格的自然人（俗称"包工头"，法律上也称为实际施工人）雇用的农民工用工模式和工资支付标准。

这类建筑企业由不具备用工主体资格的自然人（俗称"包工头"）自行雇用的农民工用工模式，其情形主要指转包、违法分包或者挂靠的前提下，建筑企业将工程转分包或者将资质出借给不具备用工主体资格的自然人（包工头），包工头与建筑企业形成违法的发承包关系，包工头与农民工形成雇用关系。此类用工模式情形下，农民工的工资具有无序性、更大的不确定性、不稳定性的基本特点。

因此，针对当前疫情引起建筑企业的用工及农民工工资发放的具体情况，应具体情况具体应对，具体处理。

三、假期延长及延迟复工期间建筑企业农民工工资问题需专题研究解决

无论前述三种情形中的哪一种，理论上只要建筑企业与用工之间构成了劳动关系，农民工工资支付当然适用以上春节假期延长和延迟复工的规定。建筑企业农民工工资及其特点在于，在合同没有约定工资、约定的工资金额极低、没有签订合同但构成了事实合同关系、工资形式为计日/计件工资的情况下，延迟复工期间农民工工资应依据什么标准予以支付；尤其是建筑企业由不具备用工主体资格的自然人（俗称"包工头"）雇用的农民工用工模式，其工资发放情况更加复杂。

1. 在第一类建筑企业自有的农民工用工模式下，应按前述规定支付工资。

因工人与建筑企业达成了支付月薪或者年薪的书面劳动合同或口头劳动合同，与一般企业所聘请的员工并无差异，当然适用于与上述国家和地方在春节延长期间和复工期间的工资支付标准的，此处不再赘述。

2. 在第二类建筑企业的临时用工模式（计日/计件制用工）下，因建设工程领域此类用工的特殊性，参照工程停工期工资或当地的最低工资、生活费标准支付工资为宜。

此类情况用工模式下，有的建筑企业虽与此类农民工订立书面劳动合同，一般是为了检查而备用，仅公司或工程项目部留有一份，农民工手中一般并无合同，即使有，其合同一般并无具体的工资约定或约定的工资数额极低。有的并未签订劳动合同，只是在一定时间内或构成事实劳动关系。因建设工程领域人员流动性大、工资一般以现金方式结算、平时仅领生活费、春节前全额结算等特点。即便建筑企业与此类农民工依据事实情况签订了劳动合同，其对工资形式的约定也多为计日工资或计件工资，即实际工作天数与完成件数计算其所得工资，而在其未提供任何劳动的情形下，是否能据此要求建筑企业支付延迟复工期间的工资？目前尚无任何针对性的规定。但笔者认为，须基于建筑行业用工特色进行处理：

（1）建筑企业的临时用工模式下工资标准一般无直接合同依据。

即使签订劳动合同但未约定工资标准或约定的工资极低，或根本未签订劳动合同但构成事实劳动关系。在建设工程领域，农民工的工资形式多为日工资，即干多少天活拿多少钱，而每日的工资也基本不同。且其工资多以现金形式发放，农民工较难举证其日工资基数；即便能够举证的，因行业特殊性，其日工资基数也是远高于其他实业的农民工工资水平的［详见以下第（2）点］，因此不宜以其实际工资基数为标准支付。

（2）建筑行业不同于其他行业的工资形式（计日工资或计件工资）。

计日工资或计件工资仅系工资计算的方式不同，而并非"法外之地"，既然签订有劳动合同，劳动者应当有权依据相关规定获得相应的工资。建设工程领域的计日和计件与其他实业领域的计日计件又存在较大的不同：

其一，建筑工程领域分工种且日工资远高于其他实业的日工资，除普工外，还有如泥工、钢筋工、架子工等特殊工种。比如在上海，普工根据个人青壮老弱身体状况及勤勉程度，日工资市场价一般在200元/日左右甚至更高；而技术类工种，例如钢筋工，根据个人技术熟练程度，日工资市场价可达300元/日左右甚至更高。

其二，工作周期不同。建设工程施工是分阶段和周期的，比如钢筋工，一般在基础与结构施工阶段需要大规模作业，一旦进入装饰安装施工阶段，则基本不需要；粉刷工，在基础与结构施工阶段基本不需要，但一旦进入装饰安装施工阶段，则需要大规模作业；砼工，如没有另外工作面存在、可流水作业情况下，在两次砼浇筑间隔期，基本处于待工休息状态。

其三，相较于其他实业行业的农民工，建筑行业的农民工具有更大的自由度，即作为劳动者与建筑企业之间的人身束缚性不高。

因此，若依据约定的日工资或件工资支付农民工延迟复工期间的工资，从建筑企业而言可能是有失公平。为了尽快让建筑市场复苏，同时平衡劳资双方的利益，笔者认为，可参考相应的停工期工资或者当地最低工资、生活费支付标准支付。当然，在该情形下，具体如何支付工资或生活费，还需相关部门出具相关规定，方有据可依。

3.由不具备用工主体资格的自然人（俗称"包工头"，法律上也称为实际施工人）雇用农民工的用工模式和工资支付标准是一个非常复杂的特殊情况，在当前情形下应慎重处置。

（1）实际施工人雇用的农民工与建筑企业之间的关系。

根据《劳动和社会保障部关于确立劳动关系有关事项的通知》（劳社部发〔2005〕12号）第四条规定"建筑施工、矿山企业等用人单位将工程（业务）或经营权发包给不具备用工主体资格的组织或自然人，对该组织或自然人招用的劳动者，由具备用工主体资格的发包方承担用工主体责任"。但是，对于建筑企业承担用工主体责任是否就意味着双方形成了事实劳动合同关系，建筑法律界一直存在争议。主流观点认为用工主体责任与存在事实劳动合同非属于同一法律关系，是否存在事实劳动关系要依据我国劳动法的相关法律法规综合认定。

对此，最高人民法院《全国民事审判工作会议纪要》（法办〔2011〕442号）第59条规定："建设单位将工程发包给承包人，承包人又非法转包或者违法分包给实际施工人，实际施工人招用的劳动者请求确认与具有用工主体资格发包人之间存在劳动关系的，不予支持。"该条规定仅明确了劳动者请求确认与发包人即建设单位之间存在劳动合同关系的，不予支持，并未明确劳动者与建筑企业之间是否构成劳动关系。

其后，最高院人民法院网站"院长信箱"于2014年4月11日在栏目中刊登《对最高人民法院〈全国民事审判工作会议纪要〉第59条作出进一步释明的答复》（以下简称"该答复"）对前述纪要内容进一步释明，认为依据实事求是原则，在建筑施工企业与劳动者并无形成劳动合意的情况下，不应确认双方存在事实劳动关系。实际施工人的前一手具有用工主体资格的建筑企业、分包人或者转包人与劳动者之间既不存在雇用关系，也不存在劳动关系。但是，虽然不认定建筑企业与农民工之间的雇用或劳动关系，但是并不意味着农民工的权益得不到保护。

（2）建筑企业对实际施工人雇用的农民工应承担的民事责任。

根据前述观点，实际施工人雇用的农民工与建筑企业之间并非劳动关系，但是需对农民工承担用工主体责任，该"用工主体责任"究竟是何种法律责任呢？笔者认为，用工主体责任主要有两个责任：第一是工资清偿责任，第二是工伤赔付责任。

对于工资清偿责任，2010年《国务院办公厅关于切实解决企业拖欠农民工工资问题的紧急通知》（国办发明电〔2010〕4号）规定："因工程总承包企业违反规定发包、分包给不具备用工主体资格的组织或个人，由工程总承包企业承担清偿被拖欠的农民工工资责任。"同时，《保障农民工工资支付条例》（2020年5月1日起施行）第三十六条规定："建设单位或者施工总承包单位将建设工程发包或分包给个人或者不具备合法经营资格的单位，导致拖欠农民工工资的，由建设单位或者施工总承包单位清偿。"因此，若实际施工人欠付农民工工资的，施工企业应当承担支付责任。

对于工伤赔付责任。《人力资源社会保障部关于执行〈工伤保险条例〉若干问题的意见》（人社部发〔2013〕34号）第七条和《最高人民法院关于审理工伤保险行政案件若干问题的规定》第三条都规定了建筑企业将工程转包、违法分包给不具备用工主体资格的组织或者自然人，承担工伤赔偿责任。

故，实际施工人雇用的农民工与建筑企业之间既非雇用关系，亦非劳动关系；但建筑企业应对农民工承担用工主体责任。

（3）建筑企业对实际施工人雇用之农民工延迟复工期间工资的承担原则。

由不具备用工主体资格的包工头雇用的农民工模式下工资清偿，建筑企业原则上不承担实际施工人雇用之农民工延迟复工期间工资，对于实际施工人雇用的农民工，建筑企业工资清偿责任的前提是实际施工人欠付农民工工资，因此，在分析"建筑企业是否需支付实际施工人雇用之农民工延期复工期间工资"之前，应当先分析"实际施工人是否需支付其雇用之农民工延期复工期间工资"，若实际施工人应当支付的，则建筑企业应承担清偿责任；若实际施工人无须支付的，则建筑企业当然无须承担。

因实际施工人与其招用的劳动者之间是雇用关系，相比劳动关系，雇用关系的人身隶属性更低，更具平等性，且提供劳动的期限一般为短期，取得报酬的前提为提供了一定的劳动，并不存在"带薪休假""停工停产期工资"等制度。因此，实际施工人雇用的劳动者，若因疫情导致其在家隔离、因交通管控无法前往工地等原因导致延期复工的，基于雇用关系，因其未付出劳动，则其无权要求实际施工人给付其延迟复工期间的工资。

因此，在实际施工人并不欠付其雇用的劳动者相应工资的前提下，建筑企业可不承担实际施工人雇用之农民工延迟复工期间工资。

但是，若实际施工人原因导致农民工到达工地后因疫情影响无法复工，例如实际施工人通知其雇用之农民工前往工地复工，农民工到达后因当地政府政策被隔离，或工程在种种原因下无法复工，且实际施工人未支付该期间的工资或者遣散费的，建筑企业应基于用工主体责任承担，工资支付标准同前文所述一致。同时笔者认为，面向农民工，不论建筑企业在该通知过程中是否存在过错，其均应承担用工主体责任。但是，面向实际施工人，若建筑企业在实际施工人通知工人返工事宜中无过错的，比如尽到了延期复工的通知义务等，若其基于用工主体责任承担了农民工工资或遣散费的，其可就该部分款项足额向实际施工人追偿；否则，建筑企业亦应当依据其过错程度承担一定责任。

综上，在疫情延续期间，建筑企业自有的农民工用工应按规定支付工资。建筑企业临时用工模式下，若建筑企业与农民工之间签有劳动合同的，应按国家和地方规定支付延期复工期间工资或生活费，该工资或生活费标准以停工期工资或当地最低工资、生活费为宜。违法发承包情形下，由实际施工人雇用之农民工，在家隔离、未到达工程现场的，建筑企业原则上无须向其清偿工资；但是，在农民工到达工程现场，又由于疫情影响被隔离或者工程无法复工，且实际施工人不予支付其待工期间的工资或者遣散费的，建筑企业应基于用工主体责任承担。切实解决当前情形下农民工工资支付问题在实践中情况复杂，基于保护农民工工资的角度，需要相关部门出台具体的政策进行规范。

建纬律师抗疫专业文章

专业领域	作者	专业文章
建设工程	宋国如	《各高院疫情指导意见对比及施工单位疫情应对措施建议》
基础设施	曹 珊	《"新冠"疫情下应急、复工、新开工程面临的工程价格问题及实现路径》
房地产	吕万里	《关于新冠肺炎疫情对工业厂房租赁合同影响的法律分析及应对》
工程总承包	张志国	《各省市住建部门发布的疫情防控期间建设工程计价等事项指导性文件的对比及简要分析》
合规与风控	雷 涛	《复工在即,商户租金是否可以减免?——准确把握新冠疫情在商业租赁合同中的法律适用》
基础设施	曹 珊	《再谈建筑行业的疫情防护费问题》
房地产	吕万里	《关于新冠肺炎疫情对商业租赁合同影响的法律分析及建议》
建设工程	朱树英 史鹏舟	《因新冠肺炎导致农民工延迟复工的工资问题需专题研究解决》
不动产金融	金哲远	《疫情之下,建设工程发包方常见问题解答》
基础设施	曹 珊	《"新冠"疫情对 PPP 项目产生的影响及应对建议》
建设工程	史鹏舟	《因新冠肺炎疫情导致工期延误情况下承包人的损失主张》
国际业务	宋玉祥	《关于海外工程项目遭遇新冠病毒疫情不可抗力问题的十问十答(上)》
国际业务	宋玉祥	《建筑行业如何应对新冠疫情所产生的疫情防护费问题》
房地产	屠宇辰	《关于新冠疫情对商品房买卖类合同影响的法律分析及应对建议》
工程总承包	徐寅哲	《新冠病毒疫情构成工程合同发包人付款义务延迟履行的免责之不可抗力事由吗?》
不动产金融	郑漪波	《发生"新冠"疫情,工期可以顺延吗?》
国际业务	宋玉祥	《关于新冠病毒疫情事件的不可抗力通知格式(中英文对照)》
国际业务	宋玉祥	《新型冠状病毒疫情是否属于国际工程承包合同下的不可抗力?》
建设工程	魏博田	《当前疫情下建筑企业如何防控施工合同风险》
不动产金融	王 郁	《疫情下建设工程施工合同项下损失的保险救济探讨》
建设工程	史鹏舟 李成博	《新冠疫情下,谈谈建设工程赶工费》

汇业
用专业为企业保驾护航

大疫当前，万众一心。新型冠状病毒肺炎疫情来势汹汹，牵动着全国人民的心，也牵动着汇业律师们的心。

疫情期间，汇业律师事务所的律师们始终坚持在岗，发挥专业特长，积极宣传《传染病防治法》及其实施条例、《野生动物保护法》、《突发公共卫生事件应急条例》等法律法规，充分利用网络及通信手段强化疫情防控法律服务，开展线上法律咨询，进行针对性法律指导，加强疫情期间矛盾纠纷化解，为困难群众提供有效法律援助，充分发挥律师在防控疫情中的重要作用。

汇业律师还积极发表与疫情相关的专业文章，为企业渡过疫情难关保驾护航，截至2020年3月，汇业律师已累计发表涵盖劳动与人力资源、知识产权、公司与并购、房地产与建设工程等12个专业领域的相关文章50余篇。

在劳动与人力资源领域，汇业律师围绕延迟复工相关的休假调整、工资结算等提出建议；围绕疫情下的裁员、减薪等问题进行梳理；围绕上海市推出的减轻企业负担的政策做出专业解读。同时，汇业律师还从企业合规管理的角度，提供了协调劳资关系的具体思路。针对疫情下人力资源领域的相关问题，为企业的具体实操、政策的落实等提供了宝贵的参考意见。

围绕知识产权领域，汇业律师针对新冠肺炎背景下武汉病毒所公开声明申报中国发明专利（抗2019新型冠状病毒的用途）中涉及的相关专利问题，以及上海科技创新券抗疫新政策等方面，从专业的视角进行多角度的解答，深入分析，答疑解惑。

在公司与并购领域，汇业律师汇总了新冠疫情期间各地支持企业发展的政策,并针对疫情下中小微企业的艰难生存环境,提出在中央及地方政府政策纾困的同时既要开展自救措施以求拨云见日,也需避免病急乱投医从而招致不必要的法律风险,陷入更为复杂和困难的局面。

围绕资本市场和金融领域,汇业律师针对疫情下对赌协议履行的影响、金融借款合同、融资租赁合同在履行过程中可能遇到的问题,进行整理分析,并作出相应提示。

在房地产与建设工程领域,汇业律师针对政府公告和疫情防控指引,助力施工企业尽快实现复工复产,并就疫情形势下工程施工合同履行中出现的诸多法律问题进行解答。

在海事海商与国际贸易层面,汇业律师抓住当下热点问题,例如疫情下口罩进出口贸易路径、国际公共卫生事件等做出具体解读;针对穿山甲是新型冠状病毒的潜在中间宿主的言论,以走私穿山甲为切入点,解答相关法律问题,呼吁人与动物和谐共生;分析了国境卫生检疫执法工作的法律风险与疫情下海运行业受到的影响。此外,汇业律师还从该领域可能出现的纠纷与风险入手,提出应对建议,为海事海商与国际贸易行业的发展保驾护航。

围绕争议解决领域,汇业律师针对期间、程序时限、不可抗力的认定等具体问题,深入分析,并利用具体事例解读相关政策,帮助困境下的中外企业减轻负担与风险。

围绕生物、医疗与健康领域,汇业律师结合国内外的立法标准以及疫情下的立法趋势,详细解读了《生物安全法》与野生动物及其制品食用、交易的主要法律问题;并结合本次疫情期间进入大众视野的药品,解读了《药品管理法》;针对"钻石公主号"事件,汇业律师从国际法上对于船舶上传染病隔离的规定、日本对船上确诊患者采取的救治措施等方面进行全面分析;通过讲述一支疫苗的"前世今生"——研发到流通,为我国目前医药生物领域的法律适用提出富有价值的参考意见与指导思想。

在政府法律事务领域,汇业律师就疫情下的交通管制、慈善基金会基金的合规使用、隔离人员隔离期间的食宿费用等当下与疫情防控息息相关的热点问题,进行全方位的解读和答疑,引发热点问题背后的法律思考。

疫情带来的经济影响是巨大的,在商业零售领域,汇业律师综合梳理了因疫情导致的系列法律问题，提出相应的解决措施，如为品牌方提供了租金减免的法律路径，为旅游行业提出了应对疫情的运营建议，为酒店行业制定了疫情防控的应急预案等，助力经济复苏。

疫情的暴发引发了全世界的"口罩热"，供不应求的口罩价格持续上涨，汇业律师利用反垄断与竞争法领域的相关知识，针对口罩防疫用品价格上涨是否可以适用反垄断法执法进行了全方面的解读，澄清相关问题，说明应对策略。

汇业律师抗疫专业文章

专业领域	作者	职位	专业文章
知识产权	王 函	合伙人	《武汉病毒所申请抗新冠病毒用途专利能否成功？》
知识产权	唐嘉伟	合伙人	《科普式解答武汉病毒所新冠病毒相关专利的四个问题》
知识产权	王 函	合伙人	《从吉利德回应瑞德西韦专利争议谈药品专利强制许可》
知识产权	王则周	律师	
知识产权	王 函	合伙人	《上海科技创新券抗疫新政策助力企业降成本》
知识产权	韩燕霞	律师	
劳动与人力资源	洪桂彬	合伙人	《国务院统一延长春节假期十问十答》
劳动与人力资源	洪桂彬	合伙人	《员工春节集中返岗前，HR 应做的 10 件事！》
劳动与人力资源	周开畅	合伙人	《热议"延迟复工性质"，冷对"官方操作口径"》
劳动与人力资源	蔡蕴华	合伙人	《上海社保减负，助力企业"战疫"》
劳动与人力资源	李珍蕾	律师助理	
劳动与人力资源	蔡蕴华	合伙人	"Social Insurance Subsidies in Shanghai"
劳动与人力资源	陈 成	合伙人	
劳动与人力资源	周开畅	合伙人	《疫情防控背景下协调劳资关系的十大合规建议》
劳动与人力资源	蔡蕴华	合伙人	"Analysis on Staggered Work Hour System"
劳动与人力资源	洪桂彬	合伙人	《实操：企业做好裁员工作的 10 个前提》

（续表）

专业领域	作者	职位	专业文章
公司与并购	郭亚飞	合伙人	《中小微企业疫情下若干自救措施需关注的法律风险》
	边不拘	律师助理	
公司与并购	张燕伟律师团队	合伙人	《各地关于应对新冠肺炎疫情支持企业发展的政策汇总（截至2020年2月7日11时）》
资本市场与金融	杨彬慧	合伙人	《新冠肺炎疫情下的对赌履行》
	施文婕	律师	
资本市场与金融	王晨光	律师	《疫情当前，金融借款合同履行的若干注意事项》
资本市场与金融	毕英鸷	合伙人	《新型肺炎疫情对融资租赁行业合同履行的影响》
	文 嘉	律师	
房地产与建设工程领域	何四为	合伙人	《关于建设施工项目复工疫情防控指引暨疫情防控责任书》
房地产与建设工程领域	何四为	合伙人	《新冠疫情对商品房销售合同和工程建设施工合同履行的影响及应对措施》
	惠 超	律师	
海事海商与国际贸易	杨 杰	合伙人	《"一罩难求"下的进口口罩通关路径选择》
海事海商与国际贸易	潘志成	合伙人	《新型冠状病毒疫情被确定为PHEIC意味着什么？国际关注突发公共卫生事件解读》
海事海商与国际贸易	陈 成	合伙人	《新型冠状病毒肺炎疫情对出口型外贸企业的影响及应对》
海事海商与国际贸易	纪玉峰	合伙人	《新型冠状病毒疫情下海运行业相关法律风险》
海事海商与国际贸易	杨 杰	合伙人	《食用穿山甲＝"有毒"亦"有罪"？》
	罗晓梅	律师	
海事海商与国际贸易	杨 杰	合伙人	《海关国境卫生检疫法律风险与合规指引》
	吴 展	律师	
海事海商与国际贸易	杨 杰	合伙人	《你的口罩合规了吗？以法国为例解读出口欧盟口罩相关合规问题》
	李慧妮	顾问	

（续表）

专业领域	作者	职位	专业文章
争议解决	陈　成	合伙人	《当前疫情对我国争议解决中各项期间的影响及对策》
	童轶昊	律师	
争议解决	李慧妮	顾问	"The Coronavirus Epidemic, Force Majeure and Hardship"
	雷安东	顾问	
争议解决	陈　成	合伙人	"Ist der Coronavirus ein Fall von 'höherer Gewalt'?"
	诺淑彬	顾问	
争议解决	陈　成	合伙人	"Is the Coronavirus a Case of 'Force Majeure'?"
	诺淑彬	顾问	
争议解决	陈　成	合伙人	"Impact of NCP on Procedural Time Limits"
	童轶昊	律师	
网络、数据与新技术	黄春林	合伙人	《疫情防控有关的十大个人信息保护问题》
	吴旻奇	律师助理	
网络、数据与新技术	冯　莉	合伙人	《简评新冠肺炎疫情之下，商家是否应延长无理由退货期限》
	柴明银	合伙人	
网络、数据与新技术	黄春林	合伙人	《教育类移动应用（App）的主要法律合规问题》
	尹剑梅	律师助理	
生物、医疗与健康	黄春林	合伙人	《〈生物安全法〉主要内容、配套制度及影响前瞻》
生物、医疗与健康	黄春林	合伙人	《野生动物及其制品食用、交易的主要法律问题》
	尹剑梅	律师助理	
生物、医疗与健康	翁　琪	律师	《"钻石公主号"引发的突发疫情下的相关法律思考》
生物、医疗与健康	郭亚飞	合伙人	《从新冠疫情视角浅析新〈药品管理法〉及相关规范的适用》
	边不拘	律师助理	

(续表)

专业领域	作者	职位	专业文章
生物、医疗与健康	郭亚飞	合伙人	《一支疫苗的使命》
	边不拘	律师助理	
生物、医疗与健康	苏晓巍	合伙人	《如何生产一款合格的"消毒剂"——"消毒产品"现行监管政策及法律分析》
	赵秋瑾	律师助理	
政府法律事务	曹竹平	合伙人	《真实准确的政府信息是实现公民知情权和保障公共利益的重要途径》
政府法律事务	潘志成	合伙人	《谣言、真相与呼吸空间》
政府法律事务	廖明涛	合伙人	《新冠肺炎疫情下道路交通管制的法律合规性检视》
	牛青波	合伙人	
政府法律事务	陈 刚	合伙人	《论慈善基金会基金的合规使用——兼评武汉市慈善总会善款使用相关法律问题》
	胡贝贝	律师助理	
政府法律事务	何四为	合伙人	《新冠疫情期间被隔离观察人员费用承担问题的法律分析》
	惠 超	律师	
商业零售	林晓静律师团队	合伙人	《浅谈新冠肺炎疫情下品牌方租金减免的法律路径》
商业零售	邱加化	合伙人	《旅游取消险在新型冠状病毒疫情中的适用》
	郭梦君	律师助理	
商业零售	王 璐	律师	《新冠肺炎疫情时期酒店行业制定疫情防控应急预案之建议》
	邱加化	合伙人	《寒冬依旧,静待春天:对旅游行业应对疫情的几点运营建议》
商业零售	王 璐	律师	
反垄断与竞争法	潘志成	合伙人	《口罩防疫用品价格上涨可以用反垄断法执法吗?》

隆安
用专业帮助企业度过寒冬

在对抗新型冠状病毒感染肺炎疫情的战役中，北京市隆安律师事务所迅速响应，认真落实各项决策部署，按照习近平总书记关于全面提高依法防控、依法治理能力，为疫情防控工作提供有力法治保障的要求，积极组织律师发挥专业优势，为打赢疫情防控阻击战提供专业的法律服务。

疫情暴发后，实体经济中的商业服务业受到重创。为此，隆安劳动法专业委员会牵头组建"疫情影响下商业租赁合同法律工作小组"。仇少明、万迎军、胡良、李辽祺、张洪波、王力、张书慧、刘世君、刘珊珊、刘哲、孙婷、肖丽君、韩旭、季胜楠、刘欣琪等小组成员分工合作编写了《实务指引：涉新型冠状病毒疫情商业租赁合同关系处理》，在隆安公众号发布后，阅读量高达1.2万次。

该指文从以下方面，对疫情所涉商业租赁合同主要法律问题进行梳理分析，所涉及的主要问题如：疫情对商业租赁关系影响的法律性质，"非典"事件下商业租赁合同关系处理的裁判规则，疫情对承租方的现实影响与承租方的可选路径，疫情对出租方的现实影响与出租方的可选路径，疫情影响下商业租赁合同关系处理相关参考法律文本，商业租赁相关法律文件目录等。

本文摘录了文章的部分内容，以问答形式用"情势变更"原则解决商业租赁合同履行争议的方案。

第1问，你的租赁合同已经成立了吗？如果成立了，我们进入第2问。如果租赁事宜尚在磋商中但合同还没有成立，比如只签订了一份意向书，那么你的问题需要重新定义和归纳，且问题之解不在本章节里。因为情势变更仅适用于合同成立之后合同是否应继续履行的讨论场景中。如果合同尚未成立，情势变更理由不能用于解决你的问题。

第2问，疫情发生了，你继续履行租赁合同相关的情况发生了变化吗？如果发生了变化（这里需要具体思考发生了什么变化），且与你继续履行合同相关，我们进入第3问；如果没有发生变化，或者发生的变化与你的其他方面有关，但与你继续履行租赁合同并不相关，那么就意味着与租赁合同相关的情势没有变化，"情势变更"理由不能用来支持相关的请求。

第3问，这些变化是客观事实，而非你或者对方的主观构想吗？如果是客观事实，我们进入第4问。如果不是客观事实，而仅是我们的主观构想，换言之，我们认为一件事已经发生了，但是实际没有发生，那么情势变更就没有存在的事实基础了，无法被我们拿来当作理由。也可以换个角度，将我们主观意志可决定的原因性事件范围画个圈，最外延为界限，界内的事实可归因于当事人自身，如果是内因而非外因，则不符合情势变更的适用条件。

第4问，这个变化的程度并非轻微、一般的，而是重大的吗？如果是，我们进入第5问。如果不是重大的，仅是轻微的、一般的，那么就不是"大势"即外部大环境发生了变化，我们只能说"相关情况"有变化，不能将它升级认定为"情势"发生变化了。

第5问，这些重大的变化是双方在订立合同时无法预见的吗？非不可抗力造成的吗？不属于商业风险吗？如果三个问题答案都是肯定的，我们进入第6问。肯定的回答的例子是这样的："是的，是双方无法预见的，一次突发事件，谁提前都没想到，这是意外"；"是的，不是不可抗力，我没有受到传染，但是商场被政府应急封闭了"；"是的，不属于商业风险，这是由于政府命令导致的，是行政风险"。如果有任何一个问题的答案是否定的，比如"老实说，我们有想到过的，只是没想到真的就发生在我们身上了""是个不可抗力，我和我的员工都被不幸传染并被隔离治疗了""准确讲属于商业风险，是由市场或行业规律导致的，与疫情和政府行为无关"，那么我们不能用情势变更来寻求法律对我们的支持。这些重大变化必须不可归责于双方当事人，也就是由除不可抗力以外的其他意外事故所引起。如果可归责于当事人，则应由当事人承担风险或违约责任，而不适用情势变更原则。

第6问，在这个客观重大变化下，继续履行合同对承租人或者出租人，也就是合同的一方明显不公平吗？如果不会显失公平，我们进入第 7 问。如果会显失公平，那么可以请求法院变更或者解除租赁合同。法院会根据公平原则，并结合案件的实际情况确定是否变更或者解除。比如"封锁疫区导致中断干线交通"导致商场内的商铺即便可以继续使用，但是客流量锐减 80%，仍然要求承租人以固定租金而非流水提成方式支付的租金，出租人没有租金损失，社会的异常变动引起当事人双方的利益失衡了，双方当事人一起来分担由于异常损害所造成的风险，才是公平的。而如果采用"保底租金＋提成收入"，或者"房屋租金＋市场管理服务费"方式的，则另当别论。

第 7 问，在这个客观重大变化下，继续履行合同对于承租人或者出租人而言，不能实现合同目的吗？如果确实不能实现，那么你可以请求法院变更或者解除租赁合同。如前述，法院会根据公平原则，并结合案件的实际情况确定是否变更或者解除。如果仍能实现，那么疫情无法成为我们变更或解除合同，比如作为承租人要求减免租金，或者作为出租人不继续出租房屋的理由。我们仍然需要继续履行合同，诚信地履行。当然积极地协商总是一条寻求问题解决的最佳路径。

隆安律师抗疫专业文章

办公室	作者	专业文章
深圳	管世标　王丽娟　方君婷　李图南　邹杨亨妮　林佳欣	《Q&A 实务指引：涉新型冠状病毒疫情劳动关系处理（广东适用）》
上海	仇少明　李辽祺　刘小根　李居鹏　季胜楠	《Q&A 实务指引：涉新型冠状病毒疫情劳动关系处理（上海适用）》
北京	万迎军　牛琨　姜欣彤　肖丽君　韩旭	《Q&A 实务指引：涉新型冠状病毒疫情劳动关系处理（北京适用）》
天津	胡锐利　卢倩　李雅楠　李帅	《Q&A 实务指引：涉新型冠状病毒疫情劳动关系处理（天津适用）》
上海	仇少明	《疫情防控期间，劳动关系处理方法论：人社部稳定劳动关系意见解读》
上海	李居鹏	《与新冠肺炎相关的工伤问题解析》
沈阳	隆安所	《疫情防控期间国有企业相关法律问答（辽宁适用）》
上海	李睿	《疫情之下，严惩犯罪——一张表读懂新型冠状肺炎疫情下的刑事犯罪及其处理》

（续表）

办公室	作者	专业文章
上海	李睿	《新冠肺炎疫情下的几点刑事法律建议》
北京	权鲜枝 解加芬 侯岳岩 姜梦军 郭晶	《我国慈善机构存在的问题及监管建议——以疫情阻击战中武汉红十字会暴露出的问题为例》
上海	柴楠	《核酸疫苗遭遇"史上最严"疫苗管理法所面临的潜在挑战》
上海	章琦 郭桂峰 何琦 孙燕芬	《疫情防控时期企业知识产权事宜问答》
北京	金路循 吴艳明	《"新冠疫情"下有限责任公司股东资格继承可描述图鉴》
天津	李克东	《在新冠肺炎疫情防控影响下房地产开发企业中商品房买卖合同等履约风险及应对建议》
上海	冷亚娜	《新冠肺炎疫情后零售商与供应商面临的法律风险与策略选择》
上海	潘求亮	《疫情之下，建设工程中发包单位的应对措施》
上海	李辽祺 王海斌	《盼复工！怕复工？向法律和管理求企业战"疫"之道（附徐汇复工企业必读）》
上海	安小婵 董怡君 郭桂峰 胡良 何琦 季胜楠 贾咏华 刘冰 李辽祺 李睿 刘世君 刘珊珊 刘欣琪 仇少明 孙婷 孙燕芬 沙雨桐 陶礼童 王力 吴取彬 徐卫华 章琦 张书慧	《疫情之下，教育培训企业运营法律指引》（精选版）》

在举国防疫的特殊时期，隆安人以自己的专业优势助力国家打赢防疫攻坚战；在形势仍严峻的后疫情时代，隆安将继续把爱心融入实实在在的专业行动中，传播正能量，与客户共克时艰，为社会发展贡献力量。

北京律协
奋战三昼夜提供法律支援

在疫情防控的关键时刻，在北京市司法局和市律师行业党委指导下，北京律师万欣组织团队律师勇挑重担，研讨新冠肺炎疫情防控相关法律问题。连续奋战三昼夜起草完成1.8万余字的《新型冠状病毒感染的肺炎疫情防控法律知识五十问》（以下简称《五十问》）。

经市司法局党委认真研究修改，第一时间报送司法部、市委政法委、市卫生健康委等部门，受到了部、市领导的高度评价和相关部门的高度重视。经市委市政府批准后，市区司法局将《五十问》迅速发放到市、区两级法律援助中心、300多个司法所、各个社区。为民众宣传疫情防控期间涉及的法律知识，解答社会各界在疫情阶段提出的各类法律问题，为这场没有硝烟的战斗提供法律支援。

新型冠状病毒感染的肺炎疫情防控法律知识五十问
北京律协

一、关于防治方面的问题

1. 新冠肺炎是不是法定传染病？

是。

2. 如何判定自己是否属于新冠肺炎的可疑暴露者和密切接触者？

依据新型冠状病毒感染的肺炎病例监测方案（第二版）[以下简称"监测

方案（第二版）"]规定判断。

3. 如果自己属于新冠肺炎的可疑暴露者和密切接触者应怎么办？

依据监测方案（第二版）。

4. 单位和个人发现新冠肺炎病人或疑似病人应如何报告？

《传染病防治法》第31条。

5. 新冠肺炎病人或疑似病人的发现和报告时限是多久？

依据监测方案（第二版）。

6. 医疗保健机构、卫生防疫机构发现新型冠状病毒感染肺炎时应当及时采取哪些隔离防控措施？

《传染病防治法》第39条。

7. 医疗机构救治传染病患者时，如何实施传染病预检、分诊制度？

《传染病防治法》第50条、第52条第二款、《医疗机构传染病预检分诊管理办法》第2条。

8. 出、入境的人员在传染病防控过程中的法定义务是什么？

《国境卫生检疫法实施细则》第4条、《国境卫生检疫法》第4条。

9. 对传染病病原体污染的污水、污物、粪便等应如何处理？

《传染病防治法》第27条。

10. 新冠肺炎患者或疑似患者应乘怎样的交通工具就医？

拨打120、999等急救机构电话。

11. 火车、飞机等公共交通工具上发现新冠肺炎病人怎么办？

《突发公共卫生事件应急条例》第38条、《北京市人民政府关于进一步明确责任加强新型冠状病毒感染的肺炎预防控制工作的通知》。

12. 来自新冠肺炎流行地区的人员在防控疫情扩散方面注意事项有哪些？

《北京市人民政府关于进一步明确责任加强新型冠状病毒感染的肺炎预防控制工作的通知》。

13. 患有新型冠状病毒肺炎的病人、疑似病人和处于隔离观察期的密切接触者不服从管理时，应如何处理？

《传染病防治法》第39条第二款、第三款。

二、因隔离、治疗等引起的劳动法方面的问题

14. 新冠肺炎病人或疑似病人的工作范围是否受限制？

《传染病防治法》第16条第二款。

15. 因履行新冠肺炎预防和救治工作职责死亡，是否属于工伤？

《传染病防治法》第64条、《关于因履行工作职责感染新型冠状病毒肺炎的医护及相关工作人员有关保障问题的通知》。

16. 新冠肺炎病人、密切接触人员医学观察及生活如何得到保障？因新冠肺炎或者疑似症状被隔离期间算作旷工吗？如何发放工作报酬？

《关于做好疫情防控期间维护劳动关系稳定有关问题的通知》、《传染病防治法第41条》第二款。

17. 劳动者被确诊为新冠肺炎患者后，被隔离治疗期间，应计算在医疗期内吗？

《关于妥善处理新型冠状病毒感染的肺炎疫情防控期间劳动关系问题的通知》、《关于做好疫情防控期间维护劳动关系稳定有关问题的通知》。

18. 新型冠状病毒的肺炎患者被隔离期间劳动合同到期，用人单位是否能够解除合同？

《劳动合同法》第42条、第45条，《关于妥善处理新型冠状病毒感染的肺炎疫情防控期间劳动关系问题的通知》。

19. 由于疫情不能及时返回的情况如何处理？

《关于做好疫情防控期间维护劳动关系稳定有关问题的通知》。

三、政府职责方面的规定

20. 什么是突发公共卫生事件？

《突发公共卫生事件应急条例》第2条。

21. 各级政府卫生行政部门对新冠肺炎防控工作具有哪些监督管理职责？

《传染病防治法》第53条至第55条。

22. 在新冠肺炎暴发、流行时，各地政府可以采取哪些紧急措施？

《传染病防治法》第42条、《突发事件应对法》第49条。

23. 在什么情况下可宣布疫区，对疫区可采取什么措施？

《传染病防治法》第43条、《突发卫生公共事件应急条例》第33条。

24.我国对出、入境人员采取何种传染病预防、控制措施?

《卫生检疫法》第 15 条至第 17 条。

四、市场、价格方面的规定

25.商业、服务业经营场所的经营者应当如何预防及应对新冠肺炎并采取有效措施?

《传染病防治法实施办法》第 52 条。

26.依据《价格法》,在防控新型冠状病毒肺炎疫情的过程中经营者的哪些行为属于不正当价格行为?

该法第 14 条。

27.公民、有关社会团体、新闻单位能否对价格进行监督?

能,《依据价格法》第 37 条规定。

28.如何保障防控新冠肺炎的药品、器械等物资的生产和供应?

《药品管理法》第 92 条、《传染病防治法》第 63 条、《突发公共卫生事件应急条例》第 32 条。

29.为防控新冠肺炎,确保物价稳定,价格主管部门可以行使哪些职权?

《价格法》第 34 条。

30.在新型冠状病毒的肺炎疫情期间,哄抬物价、牟取暴利、严重扰乱市场秩序的行为应承担哪些刑事责任?

《关于办理妨害预防、控制突发传染病疫情等灾害的刑事案件具体应用法律若干问题的解释》第 6 条、《刑法》第 225 条。

31.在防控新型冠状病毒肺炎期间,经营者违反价格法应承担哪些法律责任?

《价格违法行为行政处罚规定》第 5 条、第 6 条、第 12 条。

32.生产或销售用于防治传染病的不符合保障人体健康的国家标准、行业标准的医疗器械、医用卫生材料的单位或个人,应承担哪些刑事责任?

《关于办理妨害预防、控制突发传染病疫情等灾害的刑事案件具体应用法律若干问题的解释》第 3 条。

五、有关法律责任方面的规定

33.县级以上人民政府卫生行政部门防控新型冠状病毒肺炎的法律责任是

如何规定的？

《传染病防治法》第66条。

34. 地方各级人民政府的哪些行为要承担法律责任？

《传染病防治法》第65条。

35. 国家机关工作人员由于防控新型冠状病毒肺炎工作不负责任，导致传染病传播或者流行如何处罚？

《刑法》第397条、第409条，《最高人民法院、最高人民检察院关于办理、妨害预防、控制突发传染病疫情等灾害的刑事案件具体应用法律若干问题的解释》第16条。

36. 疾病预防控制机构在防控新型冠状病毒肺炎过程中的法律责任有哪些？

《传染病防治法》第33条、第68条。

37. 医疗机构在防控新型冠状病毒肺炎过程中履职行为的法律责任的相关规定？

《传染病防治法》第69条。

38. 患有突发传染病或者疑似突发传染病而拒绝接受检疫、强制隔离或者治疗的，是否要承担刑事责任？

《关于办理妨害预防、控制突发传染病疫情等灾害的刑事案件具体应用法律若干问题的解释》第1条，《刑法》第114条、第115条。

39. 出、入境人员违反规定逃避检疫的法律责任是什么？

《国境卫生检疫法》第20条、第22条。

40. 对妨害新型冠状病毒肺炎防治，编造、故意传播虚假恐怖信息的行为应如何制裁？

《治安管理处罚法》第25条、《关于办理妨害预防、控制突发传染病疫情等灾害的刑事案件具体应用法律若干问题的解释》第10条。

41. 影响新型冠状病毒肺炎防控的单位和个人，导致传染病传播、流行，给他人人身财产造成损害的，要承担怎样的法律责任？

《传染病防治法》第12条、第31条、第77条。

六、有关法律规范的相关规定

42.《国境卫生检疫法》的相关规定是什么？

43.《国境卫生检疫法》如何规定国际条约和双边协议的适用问题？

44.《国家突发公共事件总体应急预案》的相关规定是什么？

45.《突发事件应对法》的相关规定是什么？

46.《突发公共卫生事件应急条例》的相关规定是什么？

47.《关于办理妨害预防、控制突发传染病疫情等灾害的刑事案件具体应用法律若干问题的解释》的相关规定是什么？

48.世界卫生组织的《国际卫生条例（2005）》相关规定是什么？

49.《专利法》对强制许可的相关规定是什么？

50.防控新冠肺炎的法律依据有哪些？

从遗嘱到慈善信托的"明天方案"

一名宁波男子买菜未戴口罩而被感染新冠病毒肺炎,整个过程只用了15秒;很多医护人员抱着必死的决心冲进抗击新型冠状病毒的一线,甚至连遗书都已经准备好;突如其来的疫情,让无数企业面临着经营危机,挣扎在生死存亡的边缘……

新年伊始,"离开"这一风险便时刻环绕着我们。

近些年,临终关怀、订立遗嘱、意定监护、慈善信托等社会公共议题逐渐进入公众的视野。一场突如其来的疫情更加引发了人们对生存与死亡的思考。疫情的阴霾下,无数人的心被新冠病毒肺炎揪紧,期待这场噩梦早日结束;越来越多的人不再忌讳死亡这一话题,转而关注对自己身后事的安排。

大灾面前,人的生死难料。安排好身后事,让在世亲人减少纷争,让自己的生命完美谢幕,成为每个人必须关注的问题。面对可能发生的死亡,病患渴望医生力挽狂澜,治愈疾病,也希望法律人来到他们身边,帮助他们战胜恐惧。大灾大难面前,法律能为当事人身后事的妥善安排提供哪些方式?

订立遗嘱成应对未知的首选

自从2月3日提供正常公证服务以来,新虹桥公证处家事法律服务部部长冯爱芳每天都能接到很多关于订立遗嘱,咨询婚姻关系、家庭纠纷及财产分配和继承的咨询电话。

当事人在大灾大难面前对身后事的安排完全在冯爱芳的意料之内:"疫情

期间，很多老百姓感觉世事的无常，他们开始思考如何在无法预知的未来为自己的健康、婚姻、子女、财产寻求一份法律保障。"

在《中华人民共和国继承法》中，遗嘱的形式有自书遗嘱、代书遗嘱、录音遗嘱、口头遗嘱、公证遗嘱等多种方式。通常，遗嘱继承涉案财产价值较大，遗嘱继承分配方案与法定继承均等份额有一定差别，容易引发遗嘱继承纠纷；且立遗嘱人一般为老人，受教育文化水平、法律知识运用方面的限制，在订立遗嘱时容易出现词不达意、形式要件缺乏等情形，也容易引发纠纷。加之法律效力高、专业严谨等优势，公证自然成为备受当事人青睐的遗嘱订立方式。

节后突发新冠病毒肺炎疫情，很多有办证需求的当事人居家隔离，无法到现场提交材料、起草法律文件、当面完成文件签署，很多公证业务无法开展，公证业务量大幅减少。但遗嘱公证的业务受理数量不降反升。

"人总是这样，在生死面前，会修复很多关系，也会做出很多决定。我确实发现，在疫情防控期间，有很多我认识的朋友和不认识的当事人前来咨询，想提前签署相关的法律文件，以防止遭遇不测时矛盾纠纷的发生。"冯爱芳谈到。

疫情期间，订立遗嘱成为人们解除精神压力的一剂良方。为了有效防控疫情，保障人民群众生命安全和身体健康，方便群众办事，深圳坪山公证处推出"微信视频遗嘱"在线办证服务，身体原因需要紧急办理遗嘱的市民，可以添加公证人员微信，远程呼叫公证员，办理远程视频遗嘱。

同样，为了满足疫情期间的办证需求，新虹桥公证处紧急推出在线公证业务平台，针对不同业务类型和不同紧急程度，部分业务可提供预约服务，对于身患重病或其他紧急原因而确需订立遗嘱的，则会安排公证员提供紧急上门办理服务等。

为让广大医护人员无后顾之忧，中华遗嘱库推出了"在线幸福留言"服务，任何医护人员可利用工作间隙登录中华遗嘱库微信小程序"幸福留言"，用录音、文字或者视频的方式为自己和家人留下自己在非常时期最珍贵的话语和影像。中华遗嘱库将免费保管，并在疫情结束后，由留言人决定对话语和影像的处理。

冯爱芳坦言，这次疫情给包括自己在内的很多人增加了焦虑感和忧患感："公证的功能价值在于预防纠纷、化解矛盾。这八个字的重点在于前面的'预防纠纷'。之前，虽然我们都不知道明天和意外哪个先到来，但是对此并没有紧迫感。这次疫情让我们更加清楚地认识到，只有为不可预料的明天做好充分而有力的准备，有备无患才能高枕无忧。"

遗嘱信托提供功能补位

如果单纯的遗嘱不能很好地解决特定问题，且缺乏足够的时间设立生前信托，那么，遗嘱信托不失为一个理性选择。自2001年我国《信托法》颁布后，遗嘱信托便已具备合法身份。遗嘱信托可理解为委托人希望在死后将其遗产托付给受托人，由受托人对遗产进行指定意图的管理、处分和分配的方式。

北京金诚同达（上海）律师事务所高级合伙人许海波律师已经为不少当事人办理了遗嘱信托文件，其中不乏进入疫情一线救治的医护人员。对于时下人们对遗嘱信托关注度的提高，许海波律师解读道："冠状病毒疫情的暴发，让人们突然面临生死存亡，对身后事的焦虑凸显出来。当通过立遗嘱等方式无法解决特定的焦虑或需求时，遗嘱信托就可以很好地提供功能补位。"

在大部分人眼中，信托都和富人相关，但遗嘱信托并非富人专享。对于资产总额不高的市民来说，将自己的财产办个遗嘱信托，委托给信托公司或信任的亲朋好友，已经不再遥不可及。遗嘱信托不仅适用于不想让自己的财产被立刻分掉的人，也适用于继承人没有财产管理能力的人，以此委托受托人按照符合自己意愿的方式管理、使用财产。

起源于英国的遗嘱信托，在美国生根发芽、开始商业化管理，并逐渐发展成熟。美国和英国的银行、信托机构和律所都会提供遗嘱信托的相关服务，乔布斯、戴安娜、沈殿霞等名人都曾设立遗嘱信托，由受托方按照委托人的生前意愿，对遗产进行合理运用和管理。

遗嘱信托简便易行，对于应对突发的重大灾难，具有十分重要的现实意义。通过遗嘱信托，可以根据委托人的意愿，妥善规划自己的财产，通过专业人员的建议给予专业知识及技术规划遗产配置；信托可以避开传统继承事务处理的缺点，避免继承人争夺遗产和诉讼。

2019年12月，由上海二中院二审判决的"李某1、钦某某等遗嘱继承纠纷一案"被冠以国内"遗嘱信托第一案"而引起热议。两级法院对该案论证分析，确认了遗嘱信托的效力，并在一定程度上明确了遗嘱信托的司法审查标准。

许海波介绍，从实务的角度来看，遗嘱信托在国内落地没有实质性的法律障碍。但是，该案获得司法支持仍不能使我国遗嘱信托法律制度在规则适用、信托财产转移和登记等方面摆脱困境。"遗嘱信托落地的难点主要在于财产转移登记和信托财产区分登记方面。"

对于慈善信托相关制度的修订和完善，许海波律师提出以下几个方面的建议：

第一，建议尽快对《继承法》和《信托法》进行修订，完善与遗嘱信托有关的法律规定；

第二，及时修订完善《不动产登记条例》及其实施细则，完善不动产信托登记制度；

第三，梳理、制定与遗嘱、信托有关的税收制度。

在《继承法》对遗嘱执行人制度进行完善之前，法院也可以通过解释明确遗嘱执行人的受托人地位，完善遗嘱执行人制度，和遗嘱信托制度相衔接。这些制度问题疏通以后，遗嘱信托才能更好地被推广。

慈善信托成公益突围之道

慈善有着汇集个体力量、共同应对灾难的功能。《中华人民共和国慈善法》明确规定，"只有登记或者认定为慈善组织且取得公开募捐资格的社会组织，才能开展公开募捐活动。其他组织或者个人，不得开展公开募捐活动。"在这一规定下，很多人开始把目光集中于慈善信托，为抗击疫情提供资金和物资支持。

慈善信托以实现社会慈善事业为目的，并以全社会或部分社会公众为受益人。《2019年慈善信托发展研究报告》显示，2019年，我国新增慈善信托数量119单，较2018年增长37%；慈善信托财产总规模新增9.33亿元，信托财产规模均值784.21万元。

可见，在国家政策的鼓励支持下，更多社会公众释放出探索参与慈善信托的期望和热情，更多企业和个人希望通过小规模慈善信托探索出慈善信托在其专业领域内的可行性。

基金会和慈善信托都是社会参与慈善事业的重要渠道，相比较而言，慈善信托设立门槛低、财产规模跨度大、灵活性强，可以满足不同群体、多种领域的个性化需求，且接受多重监管，账户独立且信息透明。为助力打赢抗击疫情攻坚战，已有多家信托公司纷纷设立抗击疫情慈善信托。

早在1月26日，重庆信托就设立"重庆信托·万众一心共抗疫情"慈善信托，资金将全部用于援助湖北等地疫情防控一线的医护人员和患者；中国信托业协会倡议发起"中国信托业抗击新型肺炎慈善信托"，在1月26日至28日短短三天时间里募集资金3080万元；2月7日，建信信托设立了首支专注于建筑劳务工人的"建信信托——关爱建筑劳务工人慈善信托"，募集的资金及收益将用于向全国重点防疫地区的建筑劳务工人提供新冠肺炎的安全防护用品，向建筑劳务工人普及防护知识和安全复工指引等。

除上述几家信托公司外，包括光大信托、民生信托和新华信托等多家信托公司在内，近期也纷纷推出或备案了与疫情相关的慈善信托产品。

北京观韬中茂（上海）律师事务所合伙人高明月律师曾发起成立国内首个由律师发起并冠名的"明月律师助学慈善信托"，并协助有爱心的企业家设立了近十起慈善信托。他介绍，截至2020年2月12日，民政部备案的慈善信托数量已达285条，信托财产近30亿元（不包括疫情期间刚成立但尚未完成备案的诸多慈善信托）。

高明月介绍，信托财产得以实现有效的风险隔离，不会因委托人或受托人的自身风险而受到影响，这是信托特有的优势。此外，慈善信托没有法定的设立门槛，手续便捷、运营成本低，公众都可以参与；有民政部门、委托人、受托人、监察人四方参与全流程，确保委托人的慈善意愿得到全面保障和落实；具体落地的慈善项目可以委托专业的慈善组织执行，让专业的人做专业的事情，还能做到人财分离，监督制衡。

但由于慈善信托的发展时间较短，社会认知程度仍有不足，且相关配套制度尚未健全、细化，慈善信托在实践中仍存在一些亟待解决的难点。

财政部、国税总局近日将出台新规，或使慈善信托的税收等难题得到缓解。新规有助于更多慈善资金通过信托的方式投入到救助中，"激活"慈善信托的优势。今后，国家层面还应该进一步研究并加大税收优惠力度，促进中国慈善事业的长期健康发展。

"生前预嘱＋意定监护"成待选项

2017年3月，著名作家琼瑶写了一封给儿子儿媳的公开信，让"生前预嘱"这一新兴事物第一次进入许多大陆人的视线。

琼瑶在信中叮嘱："不论我生了什么病，不动大手术；不论什么情况，绝对不能在我身上插入各种维生的管子；最后的'急救措施'——气切、电击、叶克膜……这些，全部不要！""帮助我没有痛苦地死去，比千方百计让我痛苦地活着，意义更重大！"

生前预嘱又称医疗预嘱、医疗指示预先声明，是人们在意识清楚时签署的一份声明文件，为未来自己在不可治愈的伤病末期或临终阶段，表达自己对要或不要医疗照顾、希望谁来帮助自己、希望举行什么方式的葬礼等意愿。

宽泛地说，生前预嘱是遗嘱的一种，但又与遗嘱不同。生前预嘱不涉及财产分配、继承权，主要关于患者临终时希望获得的医疗照护。通过生前预嘱选择"尊严死"能减少病重和临终者的痛苦，通常结合《意定监护协议》，由当事人指定的意定监护人来执行。

新虹桥公证处家事法律服务部部长冯爱芳谈到，目前尚无相关法律文件强制要求生前预嘱须经公证才生效。但在实践中，生前预嘱属于对处于特殊情势下的病患身体决定权、关乎身家性命的"生杀"大权的头等文件，当事人都会主动以最郑重的方式前往公证机构进行公证。

北京金诚同达（上海）律师事务所高级合伙人许海波律师介绍，患者的生前预嘱能否得到执行，即是否决定停止治疗，一般取决于其家属。如果家属不认同，则难以得到执行；如果家属之间或家属与患者因此产生分歧，只能依赖于家庭内部的协商，司法无法对此进行干预。

在这次疫情中，不乏孤寡、失独、心智障碍的特殊群体，如果不提前指定监护人，则可能导致无人监护。能够提前寻找到合适的监护人并通过书面形式做好意定监护，成为明智之选。

意定监护是指具有完全民事行为能力的成年人，可以与其近亲属、其他愿意担任监护人的个人或者组织事先协商，以书面形式确定自己的监护人。协商确定的监护人在该成年人丧失或者部分丧失民事行为能力时，履行监护职责。通过"意定监护"来进行身后事的安排也是法律方案之一。

北京观韬中茂（上海）律师事务所合伙人高明月律师介绍，在被隔离阶段，患者即已失去行动自由。一旦病情恶化，患者就可能陷入昏迷，失去行为能力，如事先做了意定监护的安排，可以第一时间保护患者的人身和财产权益。意定监护的监护人可以是个人，也可以是组织，如养老、康复及心智障碍公益组织等。

冯爱芳谈到，面对突如其来的灾难，除了遗嘱公证之外，还有很多公证方式可以帮助当事人安排好"身后事"："提供法律咨询、方案设计、起草法律文件等是法律人能为市民提供的基础帮助。由于当事人及其家庭情况、内心诉求不同，安排'身后事'的方案也是多样的，无法用一种公证满足的，至少还应当包括夫妻财产协议、声明/委托书、遗嘱监护、意定监护、持续代理、医疗指示声明、遗体捐献声明、生前信托（包含资金提存、监管、拨付）、遗嘱信托等。"

许海波特别提到，在疫情的特殊时期，公证员、律师等法律人可以通过在线沟通或撰文的方式，为公众提供法律咨询，为医护人员提供与遗嘱、信托和遗嘱信托有关的法律援助等，缓解公众和医护人员的焦虑，抗击疫情。

高明月介绍，除了遗嘱和遗嘱信托外，可以通过设立在生前即已生效的家族信托、慈善信托，用以对生前和"身后事"做出长久的规划和安排。在公益慈善方面，可以设立基金会，也可以在家族信托的体系内设立慈善子信托。

与时俱进一直都是法律人的特质。在当前背景下，法律人要适应不断出现的新情况，提高服务能力，满足不同当事人对于法律服务的需求；在突发的重大灾难面前，用专业优势给当事人以心灵慰藉，缓解其面对极端风险的恐惧和焦虑。

第四章

党建引领公益

隆安上海
营造"细水长流"律所党建公益格局

历史似车轮，滚滚向前，移山填海，润物无声，刚柔并济，党建出新知，生生不息，代代相传，砥砺前行。

隆安上海分所党员人数占比近一半，作为一个拥有坚实党员基础的基层党支部，隆安始终秉持"讲政治、顾大局、讲党性、护法纪"的宗旨，以党建为核心，党建护所建，凝心聚力、齐抓共管、持续提升政治水平和业务能力，致力于为基层、为群众提供高质量的法律帮助，将"初心"践行到行动中，共同践行"心中有信念、肩上有担当、脚下有根基"，把党建工作真正做到一种细水长流的常态。

党建共建，涟漪共振

"独木不成林，单丝不成线"，如何将基层党建丰富起来，真正能够开展构建"资源共享、优势互补、互相促进、共同提高"的党建工作新格局，隆安一直在行动，致力走出一条具有特色的"党建共建之路"：

2020年9月25日，隆安上海党总支邀约宁波通商银行上海第九支部委员会在隆安会议室热烈讨论组织现状及党建期望，提出共建工作计划，双方形成协议并现场签约。

本次共建签约以"创新党群共建平台"为主旨，希望通过开展项目合作、党员志愿服务、党建研讨会及互帮互学活动等多种方式，优势互补、互利互赢，形成"共建组织、共抓队伍、共享资源、共谋发展"的党建工作新格局。

2020年10月28日下午，徐家汇商城集团有限公司党委副书记王波、副总经理姚家伟以及经发公司党支部书记戴婷婷一行到访隆安上海，就共同推进党建工作和开展支部共建活动等事项，进行了深入探讨和交流。

王波副书记对于隆安上海在参与商圈法治建设、为商圈及集团提供法律服务，以及协助相关部门进行招商引资等方面，表示赞赏和感谢。姚家伟副总经理介绍了徐家汇商圈当前经济运行和营商环境情况，并就"浦西第一高楼——徐家汇中心"的落成所将带来的商业、金融业、法律服务业的发展，以及徐家汇商圈整体能级提升，进行了描述和展望，希望隆安上海在未来的地区发展中提供范围更广泛、层次更丰富的法律服务。

"法律为商业护驾、商业促法律发展"，双方党支部以共建为抓手，形成"共建组织、共享资源、共谋发展"的党建工作新格局，以促进双方事业的进一步发展。

2020年12月18日下午，隆安上海党总支与复旦大学法学院刑法诉讼法党支部联合党建活动在隆安上海办公室顺利召开。隆安上海执行合伙人陆高杰律师介绍了隆安律师事务所党建工作情况和律所基本业务情况，并提出要扎实做好党建工作，吸引培养优秀的律师人才。坚持政治引领，党建先行，做好新时代律师行业党建工作，以党建带所建、促业务、推改革，充分发挥党支部的政治核心作用，不断提高党建工作科学化水平。

"党建引领树正气，人才为基强发展"，党建工作极大地增强了律所内部的凝聚力，要做到统一思想，凝聚共识，发挥律师的主体作用和业务优势，为国家全面深化改革大局服务，提供法律支撑。

2020年12月25日下午，徐汇区中心医院党委书记张雪梅，党办主任黄莺，第一支部书记郑宏超，第五支部书记章志龙一行等到访隆安，隆安上海党总支书记杨坤以及王志峰、陆高杰、章琦等参加座谈。与会人员就共同推进党建工作进行了深入探讨和交流，并就三个支部的党建共建举行了签约仪式。徐汇区司法局律师行业党委书记、副局长朱志忠出席本次签约仪式。

"医学+法学，专业致党建"，医院和律师事务所都是专业机构，其根本宗旨都是更好地为社会大众提供服务。共建后，双方将把医疗健康服务和法律服务相融合，为社区居民提供组合型的保障服务。医院与律所的共建，有利于加强医院运行的合规性，也有利于提升律师的健康意识。

丰富组织生活，深学治国理政

2020年9月，为加强总支部建设，扎实推进"四史"学习计划，中共北京市隆安律师事务所上海党总支部委员会组织广大党员开展主题党日活动。

2021年3月3日，北京市隆安律师事务所上海分所党总支部召开组织生活会，并开展民主评议党员工作。支部党员学习了"党的十九届五中全会精神"和《习近平谈治国理政》第三卷等文件，通过召开座谈会等形式沟通思想、交换意见，并以支部为单位开展了批评和自我批评。

隆安支部的党员们踊跃发言，有人提出了"疫情中的党员初心感悟"，有人提出了"工作生活中党员精神的感人故事"……一段段深刻的感悟与分享，不仅丰富了党员组织生活，更是带来了一场精神盛宴。党总支部书记杨坤同志对总支一年以来的工作情况作了报告。

"拭亮心灵之镜，扫除思想灰尘"，党员的组织生活正是一场思想碰撞交流盛会，更加激起众党员"擂起奋进之鼓，坚持砥砺前行"。

阅读历史建筑，感受红色基因

有人说"建筑是时代的印记，更是隐藏了时代精神的密码"。2021年3月3日下午，隆安党总支邀请上海建科院房屋质量研究院的李占鸿站长，给党员同志们上了一堂生动的党课，主题为《阅读历史建筑，感受红色基因》。李老师将建筑学知识和党史知识巧妙结合起来，以"阅读"历史建筑的方式，通过"石库门建筑中党的诞生""里弄建筑中的青春理想""传统民居中的革命道路""四行仓库中的民族精神"以及"科技助力红色基因传承"等模块，回顾了中国共产党人为民族复兴不懈奋斗的历程。

党员们"听建筑背后的故事，品时代之沧桑，看历史之巨变，悟红色之精神"，对于那一段段印刻民族精神的历史有了更为深刻的另一番体会，既品鉴着一幢幢历史保护建筑背后所诉说的峥嵘岁月，又感动于那一段段革命先辈们与历史建筑间的动人故事，感动中激发着行动，党员们都积极表示将用自己的力量践行党员精神。

薪火相传，方得始终

"今日之责任，不在他人，全在我少年。""少年智则国智，少年富则国富，少年强则国强。"隆安作为专业的法律机构，也时刻没有忘怀过培养国家未来之栋梁的重要性。

2017年4月28日，2017年度隆安知识产权助学金颁奖典礼在上海交通大学凯原法学院隆重举行。北京市隆安律师事务所上海分所执行合伙人罗洁律师致辞并向优秀学生颁奖。隆安多年来均持续资助在校大学生完成学业，鼓励少年们实现自己的人生理想，并担负起强国之重任。受捐助的学生更是用"激情的文字"书写了"鱼知如水恩"的感谢信。正印证了"赠人玫瑰、手有余香"的佳话。

投身公益，践行大爱

"责任不是蓝天上的白云，飘逸而潇洒，片刻美好而消失；责任是润物细无声的溪水长流，绵绵而袅袅。"隆安的优秀党员律师们不断以自己的行动投身于公益，愿意以自己绵薄之力，为社会的弱势群体发声、为需要帮助的人服务，将法律之音传播到社会的各个角落：

隆安上海付忠文律师多次参加中央电视台社会与法频道《律师来了》节目的录制，因付律师在节目中表现突出，节目组为此向付律师颁发了"最佳公益代理奖"。

2020年11月19日，隆安上海华轶琳、潘求亮律师担任由上海青浦工业园区主办，上海纺科投资有限公司协办的"线下公益课堂——走进园区系列讲座"主讲人，为园区内各企业带来"民法典之企业合同风险防控"及"民法典时代下的租赁合同"主题分享。在《民法典》颁布之年，将民法精神及亮点及时带入基层。

重走初心之路，重温革命历史

和平年代的我们与"烈士"一词不自觉地渐行渐远，但是有一种精神却永远在那里，也在我们心里。

2021年，在中国共产党建党100周年之际，为开展党史学习教育，重温共产党人的初心和使命，隆安上海党总支部和宁波通商银行第九支部的党员们共同到龙华烈士陵园开展缅怀先烈活动。党员们瞻仰了烈士纪念馆、烈士就义地、烈士墓区等场所，学习英烈事迹、铭记英烈功勋、弘扬英烈精神。

再次感受着革命先辈在那个年代奋不顾身、舍小家为大家般慷慨就义，每个党员内心被激发着一种力量，激励着我们要继续弘扬共产党人用信仰坚守初心、用生命践行使命的牺牲奋斗精神！

北京市隆安律师事务所上海分所将持续"同兴隆，共平安"的精神，以优质的法律服务为上海的发展保驾护航，隆安上海分所党总支也将加强法律服务，辅助政府行政工作，利用专业优势，为政府决策、重大项目建设、防范化解风险、打造良好的营商环境做出积极探索。

盈科
党建引领创伟业，公益先行献大爱

有一种"快"，叫规模与创收，争分夺秒地追求"做中国最好的律师事务所和世界十强所"的目标，此为"盈"；有一种"慢"，叫责任与担当，持之以恒地践行中国律师的社会责任并成为凝聚盈科人的核心动力，此为"科"。

在快与慢之间"盈科"之意跃然而出。自建所以来，盈科党委始终把"政治引领、党建先行"放在首位。坚持以"党建兴所、专业立所、人才强所"为发展思路，通过党建在内部植下优秀的文化基因，使得全体成员形成统一的价值取向。

如今，党建已经成为盈科的一大品牌，扩大了影响力，增强了凝聚力，创造了生产力。

20年来，盈科规模化强所发展之路令行业侧目。与此同时，盈科所发挥党的引领作用，将社会责任全面融入律所的发展战略中，用行动谱写了一阕阕感人的乐章，讲述了一个个动人的故事，填写了一份份亮眼的践行公益、履行社会责任的"成绩单"。

如今"无公益不盈科"已成为盈科的重要标签，公益细胞已经融入了盈科发展的血液中，履行社会职责成为盈科人的责任。站在中国共产党百年华诞的重要节点上，抚今追昔，回顾盈科人的桩桩业绩、件件功绩，正是献给我们党的一份沉甸甸的厚礼。

初心与使命，在公益事业上"推"出样本

可以说，盈科所是拥有共产党员数量较多的中国律师事务所之一。

北京市盈科律师事务所成立于 2001 年，截至目前，共有分所 91 家，律师 15000 余人。其中党员 3580 名，建有 8 个党委、7 个总支、152 个党支部。亮眼的数据只是一个表象，他们充分发挥党组织战斗堡垒的作用，对内为律所的发展注入强劲动力，对外为履行社会责任发挥光与热，则是更大的亮点。

自成立以来，盈科所倡导党建引领、公益先行，坚持文化建设和诚信建设并举，把公益作为品牌，在全国分所建设中提出了打造政府、高校、商会、协会、社区五个平台，开展全方位的公益服务。在组织形式上，成立了公益委员会；对外服务社会公共治理，对内开展援助和帮扶青年及困难律师，真正实现社会效果和法律效果的和谐统一。

青年律师是盈科律师党员队伍的主力军，也是公益队伍的急先锋、突击队。他们义无反顾、激情满怀地投身于法律援助工作，定期到法律援助中心值班、办理法律援助案件、开办公益培训、开展"送法进社区、进校园、进军营、进农村"活动等。据不完全统计，截至 2020 年底，盈科律师累计办理法律援助案件 5000 余件，承办律师近 900 人。

盈科律师事务所党委书记、"50 后"的郝惠珍律师从盈科所成立的时候开始，就是名气颇大的北京电视台《法治进行时》栏目的顾问。彼时，每天中午节目播出后，就有大量电话打过来，然后盈科人一一认真解答、咨询。"这也是普法工作一直深入人心并坚持到现在的原因之一。"郝惠珍不无自豪地说。

盈科人积极投身于普法中，他们的身影出现在全国各地许多电视台，诸如《法律讲堂》《娘舅普法》《法律服务零距离》等专栏中，而《律师帮帮忙》已经做了 456 期。仅 2019 年，盈科所开展公益讲座、法律论坛就达 360 场次，受益人数达 120 万。此外，盈科律师为民营企业制定了"体检"方案，为 2000 家企业提供咨询服务。

作为共产党员、大众律师，盈科人用自身的专业优势传播法律知识，走出了一条独具特色的公益普法之路，铸就了一张盈科普法的亮丽名片。同时，盈科党委重视公益慈善，在党建统筹引领下，开拓创新了各类特色公益弱势群

体帮扶项目，维护弱势群体合法权益，为保护弱势群体撑起一片天空。

他们对口建立了扶贫援助点——每年出资 30 万元，参与建立了怀柔区汤河口镇的对口法律援助点，为北京北部山区 5 万人提供法律服务；为推动环保事业，自 2014 年起，每年捐资 10 万元认养一只大熊猫，现已连续捐款 5 年 50 万元……

他们开展关爱未成年人成长活动——走进"石家庄市少年儿童保护教育中心"，为孩子们送爱心；对服刑人员子女开展一对一帮扶；与全国妇联共同发起成立"生命关爱"项目，每年捐助 300 万元，为预防校园欺凌提供免费法律服务……

他们建立青年律师的发展基金——对执业三年律师提供创业、租房等 10 万元无息贷款，有力地推动和扶持青年律师成长；捐资建立互助金为困难律师和发生意外后的律师家属提供生活补贴。到目前捐款已达 200 万元，帮扶近百名律师……

20 年来，盈科持续打造具有创新力和公信力的公益平台，通过成立公益基金、法律援助、普法讲座、捐资助学、捐款捐物等各种形式的公益活动，致力推动公益事业的发展，奉献爱心，回报社会。

无公益，不盈科。20 年来，盈科人身体力行地践行公益，带动、呼吁周围更多的人做公益，取得了良好的社会反响和积极的社会评价，展现了盈科律师的公益情怀和责任担当。

而这一切，恰恰与党建工作密不可分，息息相连。是盈科人，将这点点滴滴、桩桩件件，当作落实党建工作、践行党员职责的题中之义，义不容辞、当仁不让。

责任与担当，在全面履职上"细"做文章

盈科人坚信，一家具有中国特色的律所发展之道必然如此——在党的引领下，将社会责任全面融入律所的发展战略中，为律所发展注入强劲动力。二十多年来，盈科始终坚持强化专业立所、党建兴所、人才强所的发展理念，切实形成了党建带所建、所建促党建的双促进双提升的良好格局。

众所周知，律师作为我国法治建设不可或缺的重要群体，肩负着重大的社

会责任和职业使命。正如盈科律师事务所创始合伙人、主任、全球董事会主任梅向荣所说："律师维护当事人合法权益、维护社会的公平正义、维护法律的正确实施，其实就是坚持社会公益价值，这是律师这一职业对社会、国家、世界应该承担的责任和使命担当。"

多年来，盈科所始终坚持全球视野，着眼全国，着眼大局开展党建工作，引领律师走向社会，回报社会，不断提升盈科社会价值。在盈科总部党委的统一领导下，充分发挥党员先锋模范作用，带动各群团组织，立足新时代的新要求，全面履行自己应尽的社会责任。

盈科人充分发挥法律专长，切实在全面推进依法治国战略中发挥重要作用。始终鼓励广大律师从法律执业人的角度，积极融入依法行政建设大潮，通过法律顾问、专家论证、行政诉讼等形式，长期为政府法治建设提供专业服务，初步建成了"事前建议、事中参与、事后解决"的法律服务机制，有效保障了政府依法行政水平不断提升。

截至目前，盈科累计为350多家政府机关担任政府法律顾问，切实为政府推进依法行政、依法执政工作的落实落地提供了专业的保驾护航。特别是在中央提出"一带一路"建设后，盈科抢抓机遇，入选20多个PPP咨询机构库，近60人入选省级PPP专家库，签约300余个项目。为政府依法行政特别是在国际领域保障国家法律利益，提供了专业服务。

值得一提的是，盈科律师参政议政热情高、能力强、成效大。他们通过参与党委、人大、政协以及相关部门的活动，提出的建议和提案涵盖社会民生、经济发展、政府管理等多个领域，为法律法规的日臻完善、现代化建设的持续发展作出了律师应有的贡献。据不完全统计，截至2020年2月底，盈科中国区律师担任各级人大代表共有26人、政协委员48人，累计提交优秀议案、提案60余件。

与此同时，盈科人还积极推进法治社会建设，参与扫黑除恶专项斗争，参与重大突发、群体性事件处置，助力矛盾纠纷多元化解，维护社会稳定。在履行社会职责方面，他们出资1000万元，推进法治进步和"一带一路"建设、设立"盈科奖学金"，为国家治理培养人才、代理公益案件……

经济发展需要法律指导，盈科律师义不容辞站上讲台、走进基层，倾尽毕生所学，只为打消公众疑虑，加强企业法律认识；政府加强弘扬法治建设，盈科律师便冲锋陷阵，参政议政，以扎实的专业基础和敏锐的法律嗅觉，为政府工作建言献策；国家提倡公益建设，不用说，这群律师早就身体力行地参加国家法治建设，用实际行动向外界郑重宣告：律师并非只会打官司，他们的身上，具备无限可能。

新时代呼唤新作为，盈科律师立足新时代对律师行业的新要求，不忘为人民服务的初心，积极服务经济社会发展助推法治建设，维护社会平安稳定，全面履行律师社会责任。

能力与实力，在抗疫战场上"化"出口碑

2020年伊始，突如其来、猝不及防的新冠疫情，宛如一场大考，让盈科积蓄的责任"小宇宙"爆发，大"疫"面前显大义，盈科上演了一场抗"疫"加速度。

1月23日，凌晨2点，一则通告从武汉新冠肺炎疫情防控指挥部发出，并迅速传遍大江南北——武汉将在8小时后正式"封城"。

2月10日"盈科法律微观"公众号上刊登了两张大红色的"荣誉榜"，盈科北京总部505名律师与154名党员榜上有名。自2月6日第一次发布"荣誉榜"以来，榜上的人数一直在增加。截至2月9日20点，盈科在全国范围内的捐款人数已达6343人，募得善款近354万元。与此同时，一系列公益活动还陆续展开，持续发酵。

从"封城"通告发布至盈科榜单刊出，这家万人大所在仅仅十多天里，不仅保障了12000多名员工的安全，也为抗疫一线输送了大量物资、善款、人力与智力。

这一幕幕让郝惠珍书记倍感难忘。还记得2003年"非典"时，中央电视台盛邀她参加了《经济与法》栏目，节目播出后收视率出人意料的好。时任婚姻家庭专业委员会主任的郝惠珍律师，就是当时参与录制的一线人员之一。17年后，相似的情形下，她又出现在了另一个战场上。"落实防控、做好宣传、树立信心，这是我们引导执行的工作重点。"作为党委书记的她，与众多党

委委员、管理层人员一道，组成了盈科的"定海神针"。梅向荣亲自指挥，统筹全局；李正作为执行负责人，全程安排与协调相关工作，每天都工作在抗疫第一线……关键时刻，全所上上下下，几乎没有谁不"顶上去"的。

"17年过去了，律师群体的专业性、自觉性都有了长足进步，整个社会的法治意识也大大增强。政府的治理能力也有了明显的提高。"郝惠珍表示，"不变的是，在这种重大事件面前，党员律师始终是立足本职、勇于担当的一面面'旗帜'。"

自疫情防控领导小组组建起，盈科党委就始终如一地多方统筹与大力推动着相关工作，284名党员签署了党员承诺书，坚决不造谣不传谣，尽自己所能做好宣传防护多方面工作。

同时，党员律师们身先士卒，冲在抗疫第一线：西宁分所的党员陈海文主动请缨，加入了一线疫情防护队，24小时轮班倒，在当地一线为村民服务；石家庄所党支部书记王英哲则深入无门卫的老旧小区，进行体温测量、人员登记以及防疫知识宣传等工作。

除了在抗疫前线身体力行，盈科律师还积极为社会贡献着专业能力与行业智慧：天津分所王一涵律师主动承担了疫情防治工作的司法解释汇编；武汉60余名党员律师组建起了公益团，为公众提供线上法律咨询和实际法律事务的解决。如：韩国向武汉捐助了一批医用物资，其中的N95口罩没有经过必要的血液渗透实验，上海分所的崔光镐律师义务翻译相关试验标准，并与韩国生产商一一核对，做到准确无误、明白清楚，顺利完成了捐助准备工作。

与此同时，2020年2月7日，盈科党委还发布了关于开展学习和落实中央依法治国委员会第三次会议精神做好疫情防控工作的通知，要求各分所党组织要组织好在线学习，深刻理解会议精神。各分所党组织把党的强大政治优势、组织优势和密切联系群众优势转化为疫情防控工作优势，推动落实属地责任，守土尽责，组织动员广大党员，践行初心使命、强化责任担当，为打赢这场疫情防控阻击战做出盈科人的不懈努力。

一个支部一座堡垒，一个党员一面旗帜。在关键时期，盈科在捐款捐物、组建党员先锋队、成立公益法律服务志愿团、提供义务服务咨询、输出专业文章等方面，为打赢疫情防控阻击战贡献专业力量，赢得了社会各界的广泛好评。

"世界是'扁平'的,每个个体都已身处这场洪流之中。"郝惠珍动情地说,"在党建的引导下,盈科律师们用自己的智慧,传递着法律人的温度、温情和专业力量,为全行业、全社会做着一点一滴的贡献,这是最让我感动的地方。"

20余年是盈科所的成长年轮,40余年是中国律师制度恢复重建的轨迹,而100周年则见证了中国共产党人一百个春秋的灿烂与辉煌。2021年注定不平凡,党的百年奋斗史足以激励每一个在法律事业道路上阔步前行的人。盈科所坚信坚持和加强党对律师工作的全面领导,是坚持律师工作正确方向,是引领和推动律师事业高质量发展的根本保证。

多年来,盈科所党建工作引领推动律师队伍建设,把党的领导贯穿到律师业务、律所发展的全过程和各环节。带领广大律师及党员积极履行社会责任,得到了各级党委和政府肯定,多次荣获"履行社会责任先进律所"、优秀党组织、社会组织优秀创新项目奖。盈科所将党建工作与社会责任相结合,充分发挥党支部战斗堡垒作用和党员先锋模范作用,他们用其专业领域独特的家国情怀和社会责任关注民生、奉献社会,用专业知识和高度的责任感投身社会公益,积极履行社会责任。

回顾过去,成绩固然可喜;展望未来,任务依然艰巨。在新时代,党中央深入推进"四个全面"战略方针,全国优化律师队伍结构,深入推进公职律师制度建设,市、区律协党委深入推进从严治党、强化行业自律建设……在这一系列良好背景下,盈科将不忘初心、牢记使命,坚持创新、坚持梦想、砥砺奋进,继续谱写属于盈科党建工作的新的篇章、新的辉煌。

在庆祝中国共产党成立一百周年的一个个喜庆日子里,盈科人必将不忘初心,砥砺前行,奉献出更大、更重、更多的一件件厚礼!

天达共和
心有所信，方能行远

天达共和律师事务所北京总部党总支及上海、深圳、武汉、杭州等各分所党支部自成立以来，坚决贯彻执行党的方针政策，探索党建工作路径，夯实党建工作基础，在市、区司法局和律师行业党委的指导下开展各项工作，充分发挥基层党组织的坚强战斗堡垒作用。天达共和坚持以党建促所建，采用"党建+公益"的模式履行社会责任，立足于提升法律服务专业能力，坚守"成功，始于助人成功"的理念，在助力国家法治建设的同时，用法律人的情怀温暖普通大众，帮扶弱势群体，助力国家教育事业和人才培养，在社会上产生了广泛影响。

以党建促所建，效果显著影响深远

天达共和坚持"党建促所建，以党建引领律所全面发展，做好政治引领、思想引领、组织引领、服务引领"。正因律所党组织及党员律师们始终坚守"政治底线、行业底线、道德底线"，引领并确保了律所发展的正确方向和充足动力，使其在快速成长过程中少走弯路，保持健康、持续、稳定发展。天达共和各办党组织保持步调一致，紧密团结在党中央周围，开展部署各项工作，在全国及各办所在地产生良好的社会影响。

天达共和所主任李大进律师任职北京市第十四届人大常委、第十二届全国人大代表、第十三届全国政协委员，曾义务代理夏淑琴老人案——打赢对日诉讼第一案。作为连续八年履职的人民代表和政协委员，李主任时刻关注民生热点,参加两会期间,提出多项提案,社会反响极大,如"关于应对重大突发公共卫生事件所面临的问题和建议的提案""关于疫情背景下为中小企业危困救助问题的提案""关于革除滥食野生动物,需重视回应群众关切的提案""关于禁止临时性野生动物展演的提案"等四项富有"抗疫印记"的提案,以期帮助提升中国社会对抗风险的整体抗压能力。李主任身兼众多要职,担任最高人民法院特约监督员、中国卫生法学会理事会副会长、中国消费者协会常务理事、中国公证员协会特邀监督员、中国质量万里行协会常务理事等,执业39年来,牢记作为一名党员的初心,在推进国家法治建设和改善民生方面做出重大贡献,产生了巨大的社会影响。

天达共和管委会合伙人党员律师张佳春长期广泛参与政府行政法律服务工作,对于行政法及政府行政工作具有深刻的理解与充分的经验,并参与多部行政法规的起草、修订、评审。

张律师目前担任国家发展和改革委员会、国家林业和草原局、北京市发展和改革委员会、人民银行营业管理部、北京市财政局、2022年北京冬奥组委会、普洱市人民政府的法律顾问,为助力定点扶贫县巩固拓展脱贫攻坚成果,积极参与国家发展改革委组织的"法治扶贫云培训"。天达共和多位律师参与助力中央企业贫困地区产业投资基金股份有限公司成功完成二期募资,引起社会广泛关注,并被《商法》评为年度杰出交易。

天达共和武汉办党支部书记杨斌律师,凭借出色的专业能力和在"党建+公益"建设中的突出贡献等,于2019年6月当选武汉市律师协会副会长,同年9月被评为"武汉市十大法治人物",并被评为界面新闻2020年度最佳律师。杨斌律师同时担任湖北省知识产权研究会常务理事、副秘书长,湖北省法学会知识产权法学研究会常务理事和湖北省律师协会知识产权法律专业委员会副主任。杨斌律师承办的"袁隆平"姓名权及不正当竞争纠纷案,入选2018湖北法院知识产权司法保护十大典型案例。杨书记以身作则,并激励武汉办党员及律师坚守初心使命,将党建工作和业务工作深度融合,以为民谋利、为民尽责的实际成效取信于民,坚定不移地践行人民律师理念。鉴于武汉办在当地的影响和贡献,武汉办党支部连续多年被评为先进基层党组织。

天达共和杭州办主任兼支部书记李燕山律师,担任杭州市律师协会拱墅分会副会长、杭州师范大学兼职教授、杭州仲裁委员会仲裁员、杭州市拱墅区法治建设监督员等社会职务。李书记时常教导党员和律师们在本专业领域内精耕细作的同时不忘初心，牢记使命，引导广大律师党员坚定理想信念，坚守人民立场，树立以人民为中心的发展理念，增进同人民群众的感情。在李书记的领导下，天达共和杭州办多年被杭州市拱墅区司法局评为优秀律师事务所，杭州办党支部连续多年被评为先进基层党组织。

以专业为基点，用法律化解民众的迷茫

天达共和坚持党对律师工作的全面领导，律师围绕党中央重大决策部署和经济社会发展大局，在其专长的业务领域内深耕细作，并加强与国内外律师同行的交流与合作，积极应对国际律师行业的竞争与挑战，取得众多引人注目的重大业绩。与此同时，天达共和将党建工作与律师履行社会责任相结合，组织律师积极参与社会公益，用律师的专业知识为广大民众排忧解难。

2017—2020年，举办公益讲堂百余场，年均公益咨询时间近2万小时。特别是疫情期间，天达共和通过"无接触"方式与客户沟通，远程为多家企业做法律培训，解忧纾困；各地办公室利用线上平台，积极组织公益直播，内容紧跟热点，联系实际，培训主题涵盖疫情下劳动关系、合同履约、法律救济、经济犯罪热点问题解析等话题，多次直播的收看人数破万；天达共和武汉办在武汉火神山、雷神山医院的建设过程中，加班加点积极为多家客户（包括主要建设方、设备、器材供应方）提供法律服务。天达共和的党员律师们积极承担起公益法制宣传的责任。

天达共和党员律师与北京市妇联党组成员、北京市妇联副主席、北京市女企业家协会会长及女企业家代表们共赴新疆和田市，与和田地区妇联、兵团十四师妇联携手参与为期一周的"京和妇女齐携手，共创美好新生活"活动。围绕涵盖婚姻家庭法律、继承法、妇女权益保障法、妇女维权知识等为当地居民开展普法教育。天达共和律师参加由中央电视台社会与法频道推出的大型法律公益服务节目《律师来了》，并荣获"优秀法律顾问奖"。

襄助教育事业，为人才培养添砖加瓦

天达共和党组织坚信"教育兴则国家兴，教育强则国家强"的理念，不断探索新的发展路径，助力国家教育事业。在不断提升本所律师执业能力的同时，关注欠发达地区律师人才培养。

高等教育是一个国家发展水平和发展潜力的重要标志。近年来，先后与武汉大学开展战略合作并捐资设立"天达共和教育基金"，向中国人民大学教育基金会捐资设立"天达共和法学发展基金"，向上海同济大学教育发展基金会捐资设立"同济大学法学院发展基金"， 在杭州师范大学举办钱塘法律评论出版基金捐赠仪式，并签约授牌共建教学实践基地等，向重庆邮电大学教育基金会捐资助学。

基础教育的发展是国家发展壮大的基石。天达共和党组织关注南疆地区的教育，持续支援南疆吐鲁番、阿克苏、库尔勒、喀什、和田部分中小学，为孩子们送上电脑教学视听设备、复读机、书包、篮球、足球、跳绳等文体用品与教学设施，帮助孩子们茁壮健康成长。在党组织的积极倡导下，天达共和多位律师连续多年为"美丽中国"公益教育基金会贫困地区教育基金捐款，向黑龙江省桦南县第一中学捐资助教。

天达共和积极参与"西部律师研修计划"项目，自2018年起，已连续三年助力西部欠发达地区律师提升执业能力和法律服务水平。根据各位研修律师的专业领域，派出在该专业领域内资历深厚且经验丰富的合伙人精心指导，同时让各位研修律师充分参与到律所的日常管理与案件、项目的承办中，力求使每位研修律师满载而归。

支持扶贫事业，为困难群众奉献爱心

天达共和积极响应脱贫攻坚战略，始终重视并开展公益事业，积极动员全体党员及律师用法律人的情怀温暖大众，为困难民众奉献爱心。

天达共和积极参与每年七一前后朝阳律协党委组织的共产党员献爱心活动，组织律师组成 "爱心小分队"，筹措爱心物资，资助河北省张家口市崇礼区北部贫困山区贫困家庭。全所协力利用各种资源，将本所一位因火灾而陷入重度昏迷的青年律师从死亡线上拉回，全所捐资几十万元，帮助其后期康复。天达共和参与四川阿坝藏族羌族自治州汶川县盘龙溪村扶贫，通过消费来自贫困地区和贫困人口的产品和服务为贫困人口增收，并催生贫困户脱贫的内生动力，使其走上长期稳定增收的道路。天达共和连续近20年每周派律师为社区义务普法，将温馨传递给每一位需要帮助的弱势群体，并常年参与朝阳妇联"爱照角落"妇女儿童脱贫攻坚工程捐赠。

疫情期间，天达共和的党员和律师在党组织的统筹下，响应号召积极捐款，为防控疫情尽绵力，献爱心。千里驰援，用实际行动践行社会责任。在得知武汉市第三医院防护物资紧缺的情况下，天达共和积极调动各方资源，紧急采购一批防护物资，共向武汉市第三医院捐赠防护服200套、消毒片22桶、护目镜900副、防护面罩900套，以缓解医护人员的燃眉之急。此外，天达共和还向武汉社区送去口罩1000个，员工们也自发向社会慈善基金组织和医院进行了捐款。随着新冠疫情在全球范围蔓延，世界各国疫情防控形势日益严峻。天达共和积极统筹资源，搭建渠道，为日本捐赠1000只医用口罩，向意大利捐赠数万元防疫物资，共筑战疫防线。

天达共和各办党组织以党建为引领推动新时代律师事业发展，坚持以人民为中心，服务改革开放、服务大局、服务群众。通过"党建+公益"模式践行社会责任，奋力谱写新时代律师工作新篇章，在业界取得瞩目成就，并产生深远影响。

国浩
用良法善治滋养人心

传递律界公益的温暖，让爱"星火燎原"。

律新社持续关注法律服务业公益事迹，今年成立公益法律服务研究中心，专门研究公益法律服务发展。为了让专业成就更好的公益，让每一个公益故事被更多的人"看见"……2021年5月30日，律新社联合上海交通大学凯原法学院等相关机构举办了第五届中国律界公益法律服务高峰论坛暨2017—2020中国律界公益优秀案例发布会。

自2021年2月中国律界公益榜单故事征集评选启动以来，律新社收到了来自全国二十多个省市自治区、近百家律所的200多篇投稿！

下面我们分享的是中国律师行业首家发布社会责任报告并坚持每年发布的律所——国浩律师事务所通过普法咨询、法律援助、捐资助学、抗疫救灾等多种方式践行公益的事迹。

国浩律师集团事务所成立于1998年6月，是经中华人民共和国司法部批准，由北京市张涌涛律师事务所、上海市万国律师事务所、深圳市唐人律师事务所基于合并而共同发起设立，并在司法部登记注册的中国第一家集团律师事务所。2011年3月，国浩律师集团事务所更名为国浩律师事务所（以下简称"国浩"）。

国浩以践行社会责任为己任，积极参与人民调解、信访、法律援助、志愿者服务等。2019年发起设立国浩公益基金，通过国浩全体员工的慈善行动推进社会公益事业发展；首个定点扶贫项目聚焦贵州省榕江县定威水族乡中心小学进行法律援助精准扶贫帮困；2020年疫情期间通过"国浩公益基金"向疫区捐赠价值近百万元的一万盒抗感染药品。国浩旨在将法治之风吹入城乡社区，送到群众身旁，用良法善治滋养人心，荡涤人心，弘扬社会正气。

国浩律师（贵阳）事务所

国浩律师（贵阳）事务所成立于1998年，是贵州著名的大型综合性律师事务所，于2010年被评为贵州省"优秀律师事务所"、2013年获得"法律援助在中国大型公益活动先进集体"，2020年获"法律援助精准扶贫"工作中做出的努力和奉献奖等。

国浩贵阳疫情期间两度捐款：捐款47390元，全部用于购买防疫物资捐赠于湖北省孝昌县；贵州省职工医院捐款57290元，用于本省一线疫情防控。针对疫情防控期间企业劳动用工、复工复产、合同履行、防疫措施四个方面发表相关文章，载于《贵州律师》《新冠肺炎疫情法律问题与依法应对》等刊物。

自2017年6月起，国浩贵阳就将黔东南州榕江县定威水族乡作为精准扶贫定向服务点。几年来，在驻点帮扶地共开展法律宣传授课32次，举办法治培训班36期，开展法律援助精准扶贫专题宣传40场次，发放法律宣传资料若干册，解答群众法律咨询784人次，办理法律援助案件39件，参与人民调解11件，办理其他非诉讼案件28件，为党委政府决策重大事项提供法律意见6件，为村居提供法律意见106件，为脱贫工程项目提供法律意见、审查合同99件次，走访贫困农户691户，驻点累计天数252天，为党委、村居工作及脱贫项目等提供法律意见共计200余件。

2019年12月25日首次举行"国浩公益基金"活动，国浩律师事务所向定威中心校承诺，每年捐赠两万元人民币作为优秀贫困学生助学金，将会持续为学校做公益直至2025年。国浩贵阳组建扶贫队伍来到中心小学，代表国浩公益基金向该校捐款2万元，并向优秀学生捐赠了笔袋、笔记本和书包。国浩贵阳作为"国浩公益基金"经办人，经与定威乡司法所、定威中心校沟通决定，2021年将采取走出榕江的方式把公益基金用在学生身上，共同开展"乡村振兴从娃娃抓起"教育公益活动。自2016年以来，未成年保护团队累计为教育系统及学校进行公益讲座100余场，惠及人数达万余人，获得一致好评和认可。

国浩律师（青岛）事务所

国浩律师（青岛）事务所是中国首批百家"全国优秀律师事务所"，还荣获"山东省优秀律师事务所""山东省老年公益维权服务示范站""青岛市青少年维权标兵"等称号。

国浩青岛先后与中国人民解放军某部队、中国人民解放军山东省军区青岛某离职干部休养所签订《双拥共建共约》，建立了双拥共建单位关系。组建了由 20 余名党、团员骨干律师为主的"国浩青岛办双拥共建志愿律师团"，积极为共建部队单位开展法律咨询、法律讲座，主动为现役军人及家属提供法律援助，解决其后顾之忧。为共建部队的涉法事务提供法律意见、援助代理诉讼和非诉讼案件等，维护了部队的良好形象。

国浩青岛高度重视法律援助工作，并积极响应国家号召于 2020 年选派优秀青年律师侯文剑参加"1+1"行动，赴甘肃贫困地区开展法律援助工作，尽心办好法律援助案件，为群众提供高水平的法律服务。

国浩律师（青岛）事务所为中国人民解放军某部队进行《维护军人军属权益法律知识讲座——大数据筛选的两个最频发案由》为题的讲座。

国浩律师（太原）事务所

国浩律师（太原）事务所是山西省唯一实行全面公司化管理的律师事务所。获"2020 年全国优秀律师事务所""2019 年、2020 年太原市律师行业先进党支部""2020 年太原市社会组织市级示范党支部"等荣誉。

国浩太原每年进行慈善拍卖、募集善款，2017 年至今募款约 19 万元，捐赠近 16 万元。举办系列义务法律咨询活动，如 2019 年 6 月 14 日举办"以法相帮，回馈社会"义务法律咨询活动，为现场群众解答各类法律问题；主动助力疫情防控。在武汉封城次日，率先发起捐款倡议，参与捐款 78 人，助力湖北抗疫捐款 5 万元；参与志愿服务下沉社区并组建了 12 个战"疫"法律服务团队，以电话微信、视频会议、在线授课、撰写涉法涉疫文章等形式为同行及业务单位就涉疫问题提供服务。

国浩太原长年坚持扶弱济困，捐助山西方舟自闭症康复研究院，改善患儿生活、教学、康复条件并无偿提供法律服务；资助特困患病家庭，解燃眉之急；参与"中华慈善日"及"安全扶贫、助学助残"活动；在太原市阳曲县北山设立"国浩义务植树林"，年年开展植树活动。

国浩律师（重庆）事务所

国浩律师（重庆）事务所成立于 2015 年 6 月，是重庆市乃至中国西部具有规模和影响力的综合性律师事务所之一，获"重庆市优秀律师事务所"称号。

国浩重庆关爱留守儿童，支持乡村教育。2020 年"六一"，党支部书记带领团队走进重庆市涪陵区石沱镇千秋村开展"爱不留守，情暖童心"关爱留守儿童公益主题活动，为千秋村的 60 多名留守儿童送去图书 200 册和乒乓球、羽毛球、篮球、智能跳绳等体育用品，并开展了一场少年普法活动。

国浩律师（天津）事务所

国浩律师（天津）事务所成立于 1994 年，于 2006 年加入国浩律师事务所。

国浩天津开展系列公益普法活动：走进河西区统计局、台北路社区开展《民法典》专题讲座，走进哈密道小学开展"模拟法庭演练"普法活动，走进佳园南里社区开展以"《民法典》带来的婚姻家庭继承八大变化"为主题的专题讲座等。

国浩律师（福州）事务所

国浩福州于 2011 年成立，于 2020 年被司法部评为"全国优秀律师事务所"。

2016 年 7 月 9 日，台风"尼伯特"重创福建省闽清、永泰等地乡村，国浩福州积极响应福建省青联等单位共同发起的赈灾助学活动，捐款 6 万元，用于保障遭受本次灾害的闽清县、永泰县困难家庭孩子继续上学；与福建省简单助学公益协会组成查访小组实地考察，深入重灾区各村居、各个家庭，查访共计 200 余名申请者，保障赈灾助学的每一笔款项都能落实到需要援助的孩子。此后，国浩福州每年均向福建省简单助学公益协会捐助 1 万元工作经费。

海普睿诚赵黎明
公益就像一盏灯，温暖着前方的路

近年来，律师作为新社会组织的重要力量，在加强社会民主法治建设、促进社会公平正义、维护社会和谐稳定等方面发挥了重要作用。在推进建设更高水平的法治陕西进程中，海普睿诚律师事务所主任赵黎明，始终站在新时代的政治高度，坚持"党建先行"的发展理念，奉行"人民至上"的价值追求，将"党建+公益"与律所整体发展共同规划，积极发挥专业优势和特长，致力维护当事人的合法权益、维护法律的正确实施、维护社会公平正义，坚持利众、利他的法律服务模式，投身公益法律服务，发挥律师正能量。

百名律师进百村，公益宣讲《民法典》

赵黎明律师深知民众的法治信仰和法治观念是依法治国的内在动力，更是法治中国的精神支柱。在《民法典》颁布后，他组织律所积极贯彻落实习近平总书记关于"要充分发挥律师事务所和律师等法律专业机构、专业人员的作用，帮助群众实现和维护自身合法权益"重要讲话精神，积极响应省司法厅、省律协关于开展"陕西律师齐动员、上门宣讲《民法典》"的号召。经过认真谋划，海普睿诚"百名律师进百村（'连校园'），公益宣讲《民法典》"活动有声有色有效地在乡村扎实推进。截至目前，律所已有120多位律师相继奔赴潼关、合阳、商州、柞水、太白、杨凌等六个区县60多个乡镇120个村组30余所学校，共开展《民法典》讲座130余场，受益群众达3万余人。同时，他组织为40余个村发放《民法典》法律知识宣传册和相关书籍3000余套。通过进乡村、进社区、进学校、进企业、进军营，真正让《民法典》走进群众身边，深入群众心中，受到社会各界一致好评。值得一提的是，由律所独家组织百名以上律师深入百个村组开展民法典宣讲活动在西部乃至全国尚属首例，得到了全国律协、省司法厅领导的支持与赞誉！

为使学习宣传《民法典》有广度、有深度、有力度，提升人民群众的法治信仰和遵法、守法、用法的自觉性，赵黎明主任在"百名律师进百村（'连校园'），公益宣讲《民法典》"活动期间，在走访群众调查研究的基础上，以问题为导向，编著了《民法典关于农村问题100问》《民法典青少年保护简明读本》两本书籍，内容丰富，贴近生活实际，为民众释疑解惑。其中，《民法典青少年保护简明读本》涵盖了学生权益保护的一般规定、以案释法等四个重要章节。通过编印发放法律书籍的方式，帮助广大农村群众和青少年了解《民法典》，从而达到崇法尚德、遵纪守法、遇事找法、办事循法的良好社会效果。

帮扶青年律师，培养法律人才

赵黎明主任始终坚持"利他、利众、共赢"的发展理念，不断营造"温暖、快乐、共享"的文化氛围，立足当前、着眼未来，把培养青年律师人才作为推进法治建设永续发展的重中之重。为了使培养青年律师战略措施掷地有声，他在律所发起连续5年每年自己出资50万元专项用于培养青年律师涉外人才。2018年起开展"青年律师人才境外研学计划"，旨在拓展青年律师的国际化视野，吸纳多元化的职业精神和文化理念，学习专业化的法律思维和法治体系，逐渐发展和培养一批业务精湛、视野宽广、素质全面的综合型、国际型法律人才。目前他已捐资100万元，先后组织20余名青年律师分两期赴新加坡、美国学习。研学计划涵盖了司法制度、行业交流、律所考察、法院旁听、学府探访及主题讲座等多元丰富的学习内容，并对"一带一路"背景下，建立国际合作桥梁和培养涉外法律服务人才大有裨益，举措硬核，效果显著。

自2021年1月起，律所又结合实际情况，为青年律师提供了公租房补贴福利。该项目系由"赵黎明基金"出资，对户籍不在西安、实习或执业不满一年的青年律师办理公租房，为他们提供住房保障，减轻青年律师的生活压力，进一步扶持青年律师发展，帮助青年律师尽快度过困难的"成长期"。

树立典型强素质，弘扬法治正能量

时代呼唤法治，人民期盼法治，改革需要法治。全面推进依法治国重在有一支扎根基层、服务群众的法治队伍。为此，赵黎明主任在 2017 年 10 月发起，由海普睿诚专项出资 60 万元，在省委普法办的支持下开展陕西首届"海普睿诚杯·十大普法模范"评选活动。以"榜样引领 法治力量"为活动主题，以基层政府、公、检、法、司、律师、人民调解、社区街道等基层优秀法治工作者为评选对象，经网络投票、组织考察、综合评定和工作领导小组办公室评审等环节，在数以千计的人员中筛选出 128 名候选人参与评选，最终评选出 10 位陕西首届"海普睿诚杯·十大普法模范"、三十名普法先进个人。2017 年 11 月 30 日，省委宣传部、省委普法办、省委网信办、省司法厅联合在西安举办了海普睿诚杯·"十大普法模范"颁奖典礼暨首批普法宣传公益大使授牌仪式。此项活动参与人数之多、涉及范围之广、影响力之大、提振基层法律工作者精气神之高是多年所罕见，对强化基层法治工作者的责任感与使命感起到了强有力的促进作用。

履职尽责勇创新，法治建言促发展

执政兴国，离不开法治支撑；社会发展，离不开法治护航。身为陕西省政协委员，赵黎明主任履职尽责，创新思维，积极建言资政，认真撰写提案。他曾提出为人大代表、政协委员配备一对一律师免费法律顾问，提高了人大代表、政协委员运用法治思维、依法履职能力，该举措属全国首创，得到司法部的肯定并在全国推广。2020 年 1 月，在陕西省政协十二届三次大会上，他以《依法保护和促进民营企业发展的建议》为题作了大会发言，创造性地提出把"民营"改为"民有"、营造资源平等的市场环境、依法规范适用司法强制措施、明确法律责任与惩戒机制并尽快制定和出台《陕西省民有经济促进条例》等建议，对消除产权歧视，加强法律保护，具有积极推进作用。赵黎明委员发挥专业优势，持续为法治陕西发展献计出力，获得了广泛好评。

心系疫区捐善款，用专业拥抱公益

2020年初，面对突如其来的新冠肺炎疫情，赵黎明主任冷静睿智，反应迅速，决策及时，组织律所在第一时间成立疫情防控领导小组，大年二十九采购2万余元紧缺的防疫消杀物资用品送给高新区一线环卫工人；大年三十，在律所工作群中发起为疫区捐款倡议，他个人带头捐款20万元，在他的带动和感召下，律所律师及员工172人在两天时间捐赠防疫善款58万余元。同时，赵黎明主任领导律所组建"防控疫情法律服务志愿者律师团"，为社会提供免费的法律咨询服务，为疫情防控提供法律保障；组织律师团队参与设立第一支由单一机构发起设立的抗疫慈善信托基金（陕国投·陕西慈善协会·迈科集团——众志成城抗击新型冠状病毒肺炎慈善信托），海普睿诚律所无偿担任信托监察人；此外，赵黎明主任注重社会舆论导向，运用新媒体、自媒体手段，组织律师围绕疫情衍生的热点、焦点、难点问题，实时撰写劳动用工、商业租赁、合同履行、金融、专利、企业风险防范、信息保护与维权、医疗、慈善捐赠等多个领域"疫情时期系列法律文章"80余篇。疫情以来，赵黎明胸怀大局为民众，主动奉献勇担当，坚持用专业的力量拥抱公益，践行法律人的社会责任。在他的精心组织和带动下，律所全体人员凝心聚力、全力以赴地支持服务新冠肺炎疫情防控工作。律所一系列的战疫行动被中国律师网、律新社、陕西律师协会等宣传报道。

后 记

"公益就像一盏灯，温暖着前方的路。"赵黎明律师一直相信着"公益"这种润物无声、水滴石穿的力量。投身于公益事业，也是律师应该积极去做的事情。公益作为业务之外的一种社会活动，是律师社会责任感及社会价值观的表达，是律师推动社会发展和进步的一种重要方式，更是一种真诚自愿的奉献，是一种崇高的精神境界，是美好的人生追求，是非常有价值的事情。无论于谁，公益不但开阔了世界观和价值观，更重要的是唤醒了世界的善意。

瀛东
党旗引领下的"瀛法帮"

"瀛法帮"是一支什么样的队伍?

在上海静安苏州河畔,活跃着这么一支年轻的党员律师志愿者队伍。他们平均年龄只有 35.7 岁,却彰显着博爱济众的仁者之心;他们工作忙碌,但仍坚持奔走于各个公益项目,用他们的智慧和热情为有需要的人们排忧解难。上海街头巷尾流传的一个个动人故事,诉说着他们的青春无悔……

他们就是来自上海瀛东律师事务所公益中心的"瀛法帮"志愿者队伍。2018 年成立之初,这支队伍便确立了行动宗旨:在党旗引领下,以"瀛"聚人心,以"法"作利器,以"帮"献真情。他们响应党的号召,把承担社会责任、开展公益活动作为志愿服务的重要内容,通过开展系列公益活动,凸显律师应有的社会担当和价值体现,努力将自身锻造成一支有责任、有良知、有情怀的新时代律师志愿者队伍。

"七五"普法弘正气,法治宣传暖人心

深入开展法治宣传教育,是贯彻落实党的十八大和十八届三中、四中、五中全会精神的重要任务。在全国法制宣传教育的第七个五年规划(2016—2020)期间,上海瀛东律师事务所坚持党建引领,深入贯彻"依法治国"基本方略,积极推进"七五"普法工作。

由瀛东所公益中心发起和组织,各专业领域年轻律师领衔的"瀛法帮"志愿者队伍,派出多名资深律师担任市、区普法讲师团成员、法治宣讲志愿者、

上海市巾帼律师志愿团，常年为机关、社区、企业、学校、楼宇进行义务宣讲及法律咨询。

作为天目西路街道区域化党建单位，"瀛法帮"志愿者队伍积极参与社区公益普法活动。2018年12月5日，公益中心主任郭社会律师带领志愿者来到静安区不夜城公园，现场为周围居民推介宪法，普及宪法知识。2019年3月5日，志愿者们积极参与到了天目西路街道"志在添睦，愿你同行"学雷锋活动中，为群众提供了免费的法律咨询服务，耐心地为他们解答，为群众排忧解难，为老年人群体分享维护自身权益的相关法律知识。2020年8月，"瀛法帮"积极参加"上海公益伙伴月"大型主题活动，合伙人姚剑瑛律师重点聚焦疫情中的法律问题为市民提供法律服务。

上海瀛东律所办公地毗邻上海火车站，每年春运期间，是外地来沪务工人员集中返乡时节。为了帮助外地来沪务工人员了解劳动保障、安全生产、妇女儿童权益保障、消费者权益保障、疾病控制预防等与民生、安全有关的法律法规政策，2020年1月14日，"瀛法帮"李彬律师等志愿者不惧低温挑战，来到上海站南广场开展"德以静心 法以安身 携手追梦"法治宣传暨"法援惠民生·助力农民工"主题专项普法活动。

从面向广泛大众法治宣传、法律援助到为困难个体定点解惑、对口帮扶等，"瀛法帮"志愿者队伍始终坚持心怀公益做好党的法宣事业，为社会和谐稳定提供了良好的法治环境。

此外，"瀛法帮"队伍还在瀛东所党总支的领导下，通过党建共建的方式推进普法活动。他们紧贴"七五"普法要求，加强与区域内单位开展党建共建，协同推进法宣工作。

2020年，为党建共建单位扫黑除恶专项斗争、《民法典》宣讲、国际反洗钱和反海外腐败合规以及全球数据安全、投融资风险防控、拟定合同法律问题、反腐倡廉等专题讲座近百场。

在"七五"普法中期检查中，上海瀛东律师事务所获得了全国"七五"普法中期先进集体"的通报表扬。2019年瀛东所也因此获得静安区天目西路街道"添睦守护之星"的称号。2020年"瀛法帮"志愿者队伍获静安区"青年突击队"称号。

"护蕾行动"引关注，呵护童真伴成长

未成年人权益保护一直都是社会各方关注的热点。近年来，媒体大量揭露出的未成年人被侵害案件层出不穷，案情涉及家暴、校园霸凌、性侵、监护权争议与财产冲突等。如何帮助未成年人加强自我保护意识、全面呵护未成年人成长成为亟需解决的社会难题。在此背景下，瀛东所怀揣公益初心，积极履行社会责任，号召发起"护蕾行动"。依托政府相关部门支持指导，整合社会各方资源，让未成年人权益保护进家庭、进校园、进社区、进楼宇、进媒体，重点打造"家庭—学校—社会"三位一体的未成年人权益保护格局。

2020年5月，正值全国"两会"热议未成年人权益保护及媒体接连曝光儿童被侵害案件之际，怀着"让天下儿童不再受伤害"的愿景，"瀛法帮"志愿者队伍作为行动先锋，携手专门成立的"护蕾行动志愿者队伍"，联合二中院、华东政法大学、上海财大法学院、区政法委、团区委、区未保办（区教育局）等多家机关、高校、群众团体等部门和单位，举办了"护蕾行动"专题研讨会，就"护蕾行动"的具体实施方案深入交流探讨，积极构建未成年人权益保护长效机制，动员更多的社会力量共同加入到未成年人保护工作中来。

志愿者们还长期关注滞留医院儿童问题。2019年7月5日，瀛东所党总支与复旦大学附属儿科医院签署党建共建协议，在此契机下，"瀛法帮"志愿者们联手起来，不仅为孩子们献上爱心，而且还开展了专项调研，到民政、卫生局、医院等相关部门了解情况，与医院各方召开座谈会，共同商议如何让滞留儿童回归社会的问题。在医院、公安等各部门努力下，志愿者们运用法律援助手段，使滞留医院的3名儿童顺利回归社会。

"瀛法帮"志愿者队伍还将"护蕾行动"带进了学校。他们不仅多次深入上海本地中小学校开展青少年权益保护宣讲如参与静安区教育局青少年法制宣传教育，他们的脚步还遍及其他边远地区。在参与协办"情满遵义、与爱同行"主题公益活动中，为沪对口帮扶的贵州省赤水、习水、桐梓三个县市学生带去一份爱心教育大礼包，捐赠价值逾150万元。郑大鹏、汪晓莉、郝肖赞、顾俊赞等高伙组成亲子爱心助学团，赴安徽省六安市金寨县桃岭乡高湾小学开展捐资结对活动。2017年8月18日，郭社会律师携手静安区天目西路街道联合发

起"书送梦想·为爱前行"为主题的公益活动,为江西宜春市飞剑潭中学募捐中学生读物 2000 本。2018 年 12 月,仲剑峰律师、陆兆律师、肖嘉斌律师作为讲师在上海棋院实验小学和科技学校(阳泉校区)主讲了"校园突发事件的处理与预防",并在上海市聋哑青年技术学校主讲了"提高安全意识,学会自我防范"的课程。他们把自己的法律知识用浅显易懂的方式传授给了下一代,为青少年权益自我保护教育出了一份力。2020 年 11 月 26 日,以周子闳律师、方洁律师、邬瑾律师为代表的志愿者队伍远赴云南省文山州砚山县阿猛镇开展"情寄彩云,心系阿猛"捐资助学活动。志愿者队伍通过实地走访,亲身了解 10 名帮扶学生的实际困难情况,向帮扶学生表达了瀛东所众律师的深深关切和殷殷期望。

社区范围内的少年儿童权益保护也是"护蕾行动"的重点。瀛东律所与团区委、天目西路街道社区少工委共同主办"护蕾行动进社区"活动。

此次活动,瀛东律师事务所党总支与河滨融景社区党总支签订了党建共建协议,瀛东所向社会发布设立了"瀛东公益日",并向"瀛法帮志愿者队伍"、"护蕾行动志愿者队伍"授旗,向"护蕾民星宣讲团"、"护蕾行动实践基地"授牌,由志愿者张姗姗律师主持为 17 组未成年人及家长开展了未成年人保护法律知识互动小讲座;由夏琦绿律师主持开展了未成年人保护法律知识趣味小游戏活动,使与会的未成年人及家长在寓教于乐中增强了自我保护意识。2019 年 5 月 31 日,"瀛法帮"志愿者队伍与曹家渡街道共同成功举办儿童节"彩绘风筝,放飞童真"活动,关怀受资助家庭儿童成长情况。在 2020 年儿童节前夕,瀛东所律师捐资 1 万余元,与静安区扶贫协会携手,共同主办静安区困难家庭"关爱宝宝"公益活动,为困难家庭的宝宝们营造儿时欢度节日的温馨记忆。

由于在未成年人权益保护领域的突出成绩和良好的社会口碑,瀛东所于 2020 年 9 月当选静安青志协第二届理事会理事单位及青少年权益保护专委会主任单位。

党旗飘扬聚力量，"微爱行动"克时艰

2020年新年伊始，一场突如其来的新冠病毒疫情席卷神州，举国上下进行着一场没有硝烟的战争。疫情面前，需要信心和勇气，更需要党组织和广大党员的榜样引领。为此，上海瀛东律师事务所党总支根据党中央和习近平总书记有关防疫抗疫以及复工复产相关要求，在所内发起"微爱行动"倡议，充分发挥党组织的战斗堡垒作用和党员先锋模范作用，通过开展形式多样的活动，参与到抗击疫情这场特殊战役之中，以微小的爱心为疫情防控增添正能量。

在全国防疫抗疫的紧急时刻，瀛东所党总支号召全体党员及律师不忘初心，在力所能及的范围内，为国家的疫情防控保卫战贡献力量。瀛东所创始人董冬冬，党总支书记张浩，党总支副书记周子闳等人，第一时间先后捐赠钱款，并发动全体瀛和律师机构成员所各位主任一起捐赠，短期内募集善款达55万元，全部通过购买专业物资运往武汉医疗机构，为抗击疫情贡献一份力量。瀛东所党员在国家危难时刻一呼百应，以"特殊党费"的形式献上自己的爱心，筹集到85名党员及群众捐款共计107938.98元，党总支用募集到的善款购买口罩等急需物资，定向支援上海援鄂医疗队和上海公共卫生中心，为抗击疫情提供帮助。

疫情就是命令，防控就是责任。"瀛法帮"志愿者队伍倡导所内全体律师积极参与各级党组织、所在社区、服务单位的志愿活动，正确引导相关单位及居民做好预防工作，做好个人防护，保障办公、生活、营业场所的卫生安全，阻断疫情传播。春节之后，随着返程客流增多，上海各个进出口的疫情防控工作压力也在上升。"瀛法帮"志愿者队伍中的两名党员主动报名参加上海音速青年志愿服务，投身上海火车站防疫第一线。

2020年1月29日起，他们便正式到岗值守，在铁路上海站三个出口、两个进口协助站区工作人员开展进站乘客体温检测和疑似患者转运工作，并开始宣传、指导旅客填写"来沪人员健康登记表"。在举国抗疫的危难时刻他们舍小家顾大家，不负使命、不负期待、不负入党时许下的誓言。还有律师志愿者通过线上招募令，成为"社区守护人"，参与到居委会安排的防疫工作，并为居委工作人员默默无闻、任劳任怨所感动，自备很多生活物资慰问抗疫一线工

作人员。

"瀛法帮"志愿者队伍还积极响应区司法局党委、区律师行业党委及市律协号召部署，充分发挥专业资源优势，为服务单位及人民群众提供法律服务，推动企业复工复产。其中，众多党员志愿者律师针对疫情下企业优惠支持政策进行解读，对供应链体系管理中可能出现的退单、供应不足、连锁违约、劳资纠纷等重大问题进行梳理并提供综合性建议方案，帮助中小微企业抗击疫情，为国家恢复经济贡献力量。在延期复工期间，志愿者队伍还针对疫情中的法律问题广泛开展学术研讨，共推出《疫情下的"哄抬物价"与刑法上的"非法经营"》《浅谈疫情引发的供应链管理问题及应对》等专业论文100余篇，并组织力量按五大模块编印成册，报送区人大、区司法局、驻地街道和有关单位，为政府部门、为诸多客户以及民众提供了疫情下的法律问题参考。此外，瀛东所还与中国人民大学法学院研究生会联合承办了"疫情中的国家治理体系和治理能力现代化"跨学科博士生沙龙，充分讨论了疫情下国家治理体系及社会发展等相关问题。

在这场没有硝烟的战争里，一个支部就是一座堡垒，一名党员就是一面旗帜。在党总支的坚强领导下，"瀛法帮"志愿者队伍认真做好隔离与防控工作，以坚定的理想信念、强烈的政治担当和勇敢顽强的工作作风，发挥法律服务的专业优势，成为一支特色鲜明的突击队，在疫情防控期间发挥了应有的作用，用行动践行了"把初心落在行动上，把使命担在肩上"的誓言。

牢记使命守初心，最美不过公益人

"瀛法帮"志愿者队伍中的广大党员律师带头遵守律师职业道德和执业纪律，在践行全面依法治国、促进经济社会发展、维护社会公平正义、服务民生和社会公益等方面发挥了先锋模范作用。其中，张姗姗律师就是一个典型的代表。作为一名共产党员和一名热心公益事业的志愿者，一直以来，张姗姗律师把帮助他人当成自己最大的快乐。她积极投身于社会法律援助事业，受聘为上海市静安区法律援助中心援助律师，在繁忙的律师本职工作以外，为市民提供专业法律咨询和排忧解难。"献爱心予弱势群体，在危难时借他们一双翅膀，维护他们的合法权益。"在过去的八年时间里，几乎每周都会有一天能够看到她挂上律师胸牌，参加公益法律援助咨询活动，在指定地点接待来访群众。内容涵盖了参与接听 12348 法律援助热线、静安区人民法院、静安区劳动仲裁委、静安区各街道司法所和居委会的法律咨询，志愿服务时间总计超过 3000 小时，接待咨询数万余人次，办理法律援助案件百余起，为数百名社会弱势个体维权。她想他人所想，急他人所急，关注社会弱势群体，利用法律的武器帮助那些需要帮助的人。近年来，张姗姗律师先后被评为全国青年岗位能手、第二届全国最美青工、第十三届上海市青年岗位能手、第十届中国青年志愿者优秀个人奖、上海市十大杰出青年志愿者、第二届上海市"最美青工"特别关注奖、第二届静安区道德模范提名奖，获得上海市优秀志愿者、静安区第三期青年英才、第二届静安区最美志愿者、静安区优秀法律援助律师等称号，并荣登"中国好人榜"。这一个个响亮的荣誉奖项的背后，都承载着这位"最美公益人"在"党建＋公益"阵地上不懈的努力和无私的付出。

当然，除了张姗姗律师以外，"瀛法帮"志愿队伍中还涌现了一批执业纪律严明、热衷公益的青年党员律师。他们积极投身公共服务事业，在践行全面依法治国、促进经济社会发展、维护社会公平正义、服务民生和社会公益等方面发挥了先锋模范作用。志愿者们的齐心协力得到了社会各界的广泛认可，这支队伍在 2020 年还获得了"静安区青年突击队"的光荣称号。

在这一切的背后，是瀛东所一直把承担社会责任、公益事业作为党建的重要内容，秉承"党建＋公益"理念，充分发挥党组织在律所管理中的积极作用，激发青年律师的善意和公益初心，"带头履行社会责任、带头践行社会公益"已成为瀛东人的共识，党旗引领下的"瀛法帮"志愿者队伍还将不遗余力地继续行走在路上……

博和汉商

打造品牌助行业，履行责任献爱心

上海博和汉商律师事务所成立于2008年，是一家致力为客户提供全方位优质法律服务的大型综合性律师事务所。律所现有执业律师逾120名，各类人员合计150余人。博和汉商的专业律师团队有出色的执业背景，律师大多毕业于国内外一流法学院，律师团队中还汇集了多位华东地区乃至全国著名的法学教授。律所以"博采众长、和合天下"为办所宗旨，因专业、高效的法律服务赢得客户高度赞誉。

在不断提升专业素养，扩大专业领域，打造专业品牌的同时，博和汉商律师始终坚守"不忘初心，饮水思源，服务人民，奉献社会"，持之以恒参加各类社会公益，承担社会责任，助力事务所高质量发展。

打造品牌活动，助力行业发展

自成立以来，博和汉商所一直重视"专业立所、品牌兴所"，打造了"博和法律论坛""BHS公益讲坛""BHS判例研讨会""BHS法科生夏令营""BHS开放日"等开放式活动，坚持品牌输出传递律所文化价值观，以提高全行业法律服务水平，为社会培养更多法律人才。

在律所特色品牌活动中，知名度最高、开办时间最长的当属"博和法律论坛"。"博和法律论坛"自2010年开办以来已连续举办十二届，因其一贯的专业性、前瞻性、开放性，在法律共同体中享有巨大影响力，现已成为律所的一张名片。从第一届的"平安世博 预防犯罪——涉黑犯罪问题理论研讨会"

到第十一届的"交叉 界分 协调——民法典时代的罪与罚"高峰论坛，再到今年第十二届的"探索 借鉴 展望——企业刑事合规的理想构型与中国路径"。作为上海最具知名度的由律所协同学术机构主办的专业性法律论坛，"博和法律论坛"主打刑事，侧重实体法，选题既具宏观指导性，又贴近法律热点，成为律师与学术界、司法实务界沟通交流、碰撞思想的平台，也得到了各方的高度好评。

2016年博和汉商所创立"BHS公益讲坛"，旨在借公益之手，以讲座的形式为法律服务欠发达地区的律师提供行业交流和培训的机会。由博和汉商所牵头组织，所内资深律师以及国内知名高校教授等组成"BHS公益讲师团"，通过走出去的方式，到其他地市与当地律师交流执业技能、分享执业感悟。"BHS公益讲师团"以每年两到三场的频率，每场两到三天的授课时间，在全国法律圈贡献自己的光和热。

时至今日，"BHS公益讲坛"已走过贵州毕节、遵义，江西上饶、赣州，安徽蚌埠、淮南，福建三明，甘肃陇南等多个地区。在交流培训的过程中，博和汉商所以及公益讲师们获得了启发，向他人传授专业技能及经验的同时，不断完善自己。同时，参与培训交流的当地法律行业从业者也表达了热情的欢迎和感激之情。

"BHS公益讲坛"自启动以来，已历经5个年头。在此期间，不论天气恶劣，还是交通不便从未间断过。2017年11月，博和汉商所前往福建省三明市开展"BHS公益讲坛"。临行前，博和汉商的一位律师接到家中突发急情的通知后，取消原定航班，紧急赶回并处理好家中事务后，又克服种种困难，直至次日凌晨才赶至三明市。第二天，该律师仍坚持为当地的律师及公证员完成授课。博和汉商人不仅通过其对法学理论的精湛理解和对法律知识的娴熟运用广受授课对象的赞誉，更将其不畏艰苦、乐于奉献的精神渗透至公益讲坛活动的每个细节当中。

此外，博和汉商所于2016年推出"BHS判例研讨会"，结合时下常见、疑难的实务问题以及当年行业热点案件进行研究分析，并邀请行业内专业人士和法律实务人员进行研讨，通过判例研讨对某一热点案件进行未来防范指导，在司法实务界具有一定影响力。2018年博和汉商所成立"BHS法科生夏令营"，夏令营每年举办一季,每季均免费为广大法学生提供学习、接触、感受律所和法律职业的一站式帮助,通过公益讲座扶助、支持、引导学生努力学习、参加社会实践,并为他们提供了实习岗位,深受法科生们的喜爱。

提升专业技能,服务社区基层

博和汉商所坚持"博采众长、和合天下"的理念,突出专业性律所的业务能力优势。自成立以来,事务所全面建设律师队伍,不断吸收高学历、高素质的法律人才,以博士生导师、硕士导师为所内核心,多数成员具有硕士研究生以上学历,坚持专业化、精细化,通过"以专业能力为核心,培养与引进相结合"的人才发展战略,经过数年积累,形成多支有竞争力的专业团队。作为法治社会建设中的重要力量,博和汉商律师在为当事人提供专业法律服务的同时,也善于用专业知识回馈社会,积极开展法律援助、公益诉讼、义务法律咨询、社区普法等一系列公益活动。

2018年上海市首例刑事附带民事公益诉讼案由博和汉商所林东品、胡婧两位律师为被告人提供法律援助。面对已逾古稀的被告,两位律师认真听取了他的意见,解答了其提出的关于刑事附带民事公益诉讼方面的问题,耐心讲解相关法律规定,并晓以利害。最终,被告人被宣告适用缓刑的量刑处罚。

博和汉商的律师团队中有一批擅长处理房屋征收补偿纠纷方面的律师,近5年来,他们在多个旧区改造项目基地设立工作站,免费为群众提供法律咨询,为被征收人员耐心细致地讲解征收政策,使得他们对政策有所了解,调整期待值并化解家庭内部矛盾,安心签约。推动了旧区改造工作的顺利进行,维护了区域的和谐与安宁。

《民法典》颁布后,针对社区对法律服务的需求和社区居民法律素质亟待提高的要求,博和汉商所积极组织推动律师走进社区,融入基层,为群众开展近百场《民法典》专题讲座。针对居民关注的热点话题进行了细致的讲解,增强了居民学法用法意识,得到了居民的一致认可。

此外,律所还为多个社区选派了律师担任驻社区法律顾问,并定期组织律师现场接受社区居民的法律咨询。为确保服务的针对性,几位律师曾多次走访居委会，与居委会干部、人民调解委员会主任进行联系与沟通，并曾参与到社区例会，与广大社区居民进行面对面的交流，搜集居民关注的热点问题，了解居民所需，保证了服务的质量与高效。

贡献"抗疫"力量，助力脱贫攻坚

2020年初，一场突如其来的新型冠状病毒肺炎疫情，席卷中国大江南北，牵动着亿万国人的心。在延长春节假期的最后一天，博和汉商所成立了"抗击疫情公益法律服务律师团"，向广大市民公布了免费咨询电话，以专业力量帮助市民正确面对疫情，为顺利复工提供法律援助。疫情给社会带来不小的影响，诸如贸易、制造业、运输业、租赁等行业无一幸免，这无疑会产生诸多的纠纷和争议，律师团的服务内容针对疫情而设，内容涵盖劳动法、民商事、行政事务、刑事法律等多个领域。周一至周五的早九点到晚六点，市民只要拨打免费咨询电话，就会有博和汉商所的专业律师志愿团第一时间提供各类公益法律服务。博和汉商所朱宇晖律师还作为组织发起人之一，在市律协企业法律顾问委员会成立了"公益法律顾问服务团"，为在此次抗疫工作中做出贡献或者遭受了重大影响的中小企业提供免费的法律服务。这一做法得到了上海市司法局、市工商联及律师协会的高度认可。

为了让更多人了解一些具有普适性的疫情相关法律问题和应对措施，博和汉商所还开辟了"官微专业文章推送""法律在线公益培训"等多种形式的法律宣传和援助服务。

身为律师，维持公义是应尽的义务，但疫情当前，除了本职的专业工作，我们也想要能够身体力行地投入到全民抗疫的战斗中去。2020年疫情期间，青年律师田思远不顾个人安危，在疫情最严峻的时刻，第一时间报名参加"普陀律师战疫青年突击队"，投身花桥高速公路匝道口防疫志愿者工作。事务所更是通过多种渠道捐款捐物，为一线抗疫战士们提供口罩、雨衣、护目镜等防护用品，尽己所能做好后勤保障工作，多位律师还自发组织了捐款捐物。

为助力疫苗接种点工作，博和汉商所青年律师积极报名参与新冠疫苗接种点志愿者服务活动。博和汉商的律师们到达普陀区人民医院后，在相关负责人的指挥下，有条不紊地开展工作，帮助医务人员维持秩序、路线指引，协助市民在手机上注册相关信息，讲解接种流程，留观引导等，保证了新冠疫苗接种工作平稳、有序、高效的进行，并获得了各方的一致好评。

多年来，博和汉商所律师坚守"服务人民，奉献社会"的承诺，坚持参与社会公益活动，积极承担社会责任，助力脱贫攻坚。博和汉商所向华东政法大学捐赠100万元，连续三年向云南禄劝累计捐款30万元，向贵州省桐梓县帮扶捐款4万元，向西藏亚东县捐赠5万元，向江西赣州筠门岭镇捐款3万元，并先后向安徽省怀远县朱林小学捐款9万元，向华东师范大学第四附属中学进行捐助，博和汉商所迁址时，将所有办公家具捐增江西省宁都县青塘小学（图书阅览室用）和江西省宁都县大沽小学（教师办公室用）。

公益是一种责任，对于提升律师在整个社会环境中的地位十分重要；公益是一种文化，已成为博和汉商法律人的一种信仰；公益是一种专业，同时为社会治理提供专业的支撑。博和汉商所会一直将公益理念铭记于心，会一直将各项公益活动坚持下去，用公益的光芒点亮法治进程！

李小华所

党建引领做公益，敬业专业促发展

为深入学习贯彻习近平新时代中国特色社会主义思想和党的十九大精神，坚持以党建引领律所发展，将党建工作与社会责任相结合，充分发挥党组织的战斗堡垒作用和党员先锋模范作用，践行律所的责任与担当，上海李小华律师事务所积极探索"党建＋公益"新模式，开展各类党建公益项目，服务民营企业、服务社区治理等，推动律所新发展。

坚持党建引领发展理念，打造资深专业律师团队

李小华律所党支部拥有一支政治立场坚定、律师业务精通、工作作风优良、让党和人民放心的律师队伍，律所主任、刑事、民事部门负责人均为党员，构成了律所的骨干力量。遇"急难险"硬骨头案件，均由政治觉悟高、业务能力强的党员律师牵头，发挥专业特长，以专业敬业服务客户。

律所以经济、金融、职务类法律风险防范及刑事辩护为专业特色，并提供外商投资、企业合规、知识产权保护、商事争议解决、公司常年法律顾问等法律服务。律所系国家工商行政管理总局商标局备案的商标代理机构，连续 9 年获得"上海市中小企业公共服务机构"认定，系美国领事馆推荐提供法律服务的律师事务所。以党员律师为核心的律师团队连续多年担任上海市社会科学界联合会、黄浦区瑞金二路街道办事处、黄浦区退役军人事务局、黄浦区工商联（总商会）等诸多企事业单位常年法律顾问，提供优质高效的法律服务，如为

黄浦区退役军人事务局、黄浦区工商联（总商会）分别出具多份专项法律意见书，涉及退役军人相关法律问题、民营企业经营法律风险防范、企业合规制度建设等。律师以专业敬业铸造律所法律服务品牌。

成立十六余年来，律所在法律实践、党建工作中不断探索，把党建作为律所发展的"红色引擎"，与律所的政治建设、人才培养、业务拓展、公益服务相结合，走出了一条"党建引领律所发展"的道路。律所连续七届获评上海市文明单位，荣获全国律师行业先进党组织、上海市五一劳动奖状、上海市先进基层党组织、上海市司法行政系统先进集体等诸多荣誉称号。

律所坚持"国际化、专业化、精品化"定位，拥有一支具有留学背景的高学历资深涉外律师团队，核心成员包括德国马克斯-普朗克国际刑法与外国刑法研究所（MPICC）访问学者、上海社会科学院法学研究所刑法室主任，中国政法大学法学博士、美国加州大学戴维斯分校法学硕士，完成美国华盛顿涉外法律培训课程的黄浦区涉外高端法律服务人才库候选人。还有来自英国利兹大学、澳大利亚悉尼科技大学法学院、华东政法大学、上海社科院、西南政法大学等知名学府及研究机构的法学教授、法学博士、法学硕士。律所主任李小华高级律师担任中国行为法学会金融法律行为研究会副会长，上海市法学会诉讼法研究会副会长、反金融欺诈研究中心学术委员，系黄浦区人大代表、法制委、监察和司法委委员，黄浦区瑞金商会会长等，被誉为"新时代法治建设的践行者和公平正义的守护人"，获评上海市律师行业优秀党员律师、2019—2020年度上海市司法行政工作先进个人。

2020年，上海市律师协会首次在全市范围内举行的律师专业水平评定中，律所四名党员律师获评专业律师认定。律所主任李小华高级律师，刑事业务部主管蒋冰冰律师、马德徽律师通过刑事专业律师评定，民商事业务部主管王琳律师通过公司法专业律师评定。据统计，黄浦区仅三家律所有三名以上律师获得刑事专业律师评定，区内154名获得专业评定的律师中，24名律师获得刑事专业律师评定，27名律师获得公司法专业律师评定。近年来，律所与日本、匈牙利以及中国香港地区、台湾地区等地律所缔结战略合作关系。各方共享信息，在多领域深度合作，为中国海峡两岸暨香港地区、海外客户提供跨境法律服务。

创新"党建 + 公益"模式，提升法律服务能级

李小华律所致力于为中小企业提供优质的法律服务，助力优化营商环境。作为首批受邀入驻"上海市企业服务云"平台的法律服务机构，上线了非诉法律服务、民商事诉讼、法律风险测评等多项服务产品和内容。律所为具有代表性的民营企业进行免费法治体检，有效防范企业法律风险，得到上海市工商联、上海市司法局的书面表彰和感谢。律所积极通过黄浦企业云、"AI 找律师"、黄浦区瑞金商会网站等平台开展法律咨询服务，提供优质、专业、公益性法律服务，体现法治是最好的营商环境。

律所每年多次在八号桥园区、淮海 755 楼宇提供"法律援助零门槛活动"，由律所党员律师、民商事业务部主管王琳、刑事业务部主管蒋冰冰为企业和员工解答法律问题。党员律师、刑事专业律师蒋冰冰成功办理两起民营企业虚开发票罪案例，律师辩护意见被全部采纳，一起被检察机关作出不起诉决定、一起被公安机关撤案处理，均充分体现了最大限度保护民营企业合法权益，落实"少捕慎诉"司法理念。律师还帮助两家企业进行合规制度建设。党员律师师福伟办理一起涉嫌故意伤害罪案，律师根据事实与法律，提出不能排除犯罪嫌疑人的行为系正当防卫的辩护意见，最终案件撤回起诉。党员律师、公司法专业律师王琳在开庭前三天接受委托，代理某房地产公司土地补偿费争议案，涉案金额 2400 余万元，律所迅速组建律师团队，短短 72 小时，律师进行了充分、细致的准备：逐字逐句分析起诉状、寻找专家论证法律条款、收集整理相关证据、完成多达 20 页的代理词……最终，王琳律师代理意见被法院全部采纳，法院一审判决驳回原告全部诉讼请求。王琳律师接受委托，代理该案二审，上海市第一中级人民法院作出判决：驳回上诉，维持原判，律师团队最大程度维护民营企业的合法权益。其他典型案件还有：代理第二中级人民法院受理的买卖合同纠纷案（标的 1500 余万元）；为受新冠肺炎疫情影响而产生的顾问单位涉外籍员工劳动争议事宜，民营餐饮集团在全国 200 多家门店房屋租赁纠纷等提供及时高效的法律服务，帮助企业顺利化解矛盾，有序复工复产。

律所加入由律新社联合上海企业法律顾问协会，长三角企业法律顾问协会联盟，上海市离、退休高级法官、检察官、中小企业专家志愿团以及多家律所

律师志愿者、法律社会组织共同发起成立的律新帮公益法律服务志愿者联盟，成为首批成员单位，将更好地发挥法律专长，为社会提供精准公益法律服务。

金融是国家经济的基础和核心，随着上海国际金融中心建设，金融法律服务更是重中之重。律所资深律师团队承办国内外极具影响力的金融大案，并从法学理论分析研究，防范金融法律风险，以及解决金融机构存在的我国广泛重视的执行难问题，开拓创新，取得律师行业领先优势。

金融界和法律界的合作，在营造市场化、法治化、国际化营商环境的背景下，既创新又务实。律所与中国农业银行、中国银行党支部签订党建联建协议，与多家金融服务机构也展开了广泛的合作。律所入选中信银行上海分行法律顾问供应商后，代理中信银行金融法律服务数十起，如中信银行股份有限公司与上海某国际贸易有限公司等单位由市二中院、浦东法院受理的申请执行案件；其中一起案件，经宝山区人民法院对被执行人采取行政拘留等措施，中信银行成功收回全部执行款，中央媒体人民法治网对此案进行了报道。

履行律师职责，以专业知识助力抗疫

2020年初，面对全国新型冠状病毒感染肺炎疫情的严峻形势，根据党中央、国务院、上海市委、市政府及黄浦区委的相关要求，贯彻习近平总书记作出的重要指示精神，在黄浦区司法局领导下，李小华律所发挥党支部战斗堡垒作用及共产党员先锋模范作用，依法有序地参与到各项防控和支援工作中，于1月30日向律所全体党员及全体律师发出倡议，组建法律服务志愿团。根据黄浦区人民政府《关于应对新型冠状病毒感染的肺炎疫情支持中小微企业平稳健康发展的工作意见》要求，律所作为黄浦区工商联法律顾问、法律服务中心主任单位，为上海中小微企业，特别是黄浦区工商联及基层商会会员民营企业以及黄浦区的居民群众，因疫情产生的法律问题，涉及合同纠纷、劳动用工等矛盾和纠纷，提供公益专业法律咨询、法律服务及法律援助。

法律服务志愿团负责人、党员律师、刑事专业律师李小华高级律师办理涉案金额30亿元的外籍被告人非法吸收公众存款罪案；担任香港籍被告人保险诈骗罪案（涉案金额1700余万元）辩护人，参与庭审并提出应精准司法、彰

显公平正义，体现疑罪从无法治理念的辩护意见。

法律服务志愿团成员、党员律师、刑事专业律师马德徽为黄浦区200余名退休民警长达10余年的股票纠纷提供公益法律服务全部胜诉。当委托人拿到判决书，股权和红利得到维护后，感谢之情难以言表。因此，他们向李小华律所赠送"股民维权 代理胜诉"匾额以示感谢。其他典型案件还有：代理标的1亿余元的土地租赁合同纠纷案；代理上海市第一中级人民法院受理的故居拆迁引发的四套房产争议案，法院采纳律师意见，撤销一审判决，成功维护当事人的合法权益。

李小华高级律师参与黄浦区工商联（总商会）法律服务中心与黄浦区"检企之桥"企业家法律服务站走访调研黄浦区工商联会员企业活动，了解会员企业防抗疫复工复产复市期间遇到的困难和疑惑，与黄浦区人民检察院第六检察部副主任、研究室负责人薛莉萍共同对民营企业受疫情影响，为解资金短缺燃眉之急，采用股权投资返利的方式向社会不特定公众吸收资金是否合法，涉及非法集资类罪与非罪的界定作出法律分析，防范企业刑事法律风险。上海法治频道全程报道了本次调研，并先后采访了黄浦区检察院薛副主任和李小华高级律师。

在黄浦区工商联（总商会）召开的"助力疫情防控，复产复工两手抓"民营经济涉法问题座谈会上，参会企业提出疫情期间复工复产的难点和痛点。李小华高级律师和黄浦区人民法院冯丽娟法官针对企业发言发表意见并回答企业家问题，主要涉及疫情期间劳动争议及人力资源管理，店铺及办公场所租金减免和物业费用减免及收取问题，律所还出具了书面《法律意见书》，详细阐释相关法律法规供企业参考。

黄浦区人大、黄浦区委宣传部、黄浦区司法局、上海律协等官方公众号，《黄浦报》、黄浦有线等媒体对律所以法律服务助力防疫抗疫、复工复产进行多次报道。

打通法律服务人民群众最后"一公里"

律所结合自身专业特点，由党员律师带头，引领全体律师履行社会责任，积极参与社区治理与基层法治建设。党员律师团队担任街道和四个居委法律顾问，认真落实法律顾问工作要求，为政府重大行政决策、重大执法活动等提供法律服务保障，参与政府重大决策法律论证、重大事项社会稳定风险分析评估、突发事件应急处置等重点工作。2020 年度，法律顾问共计为街道审核 119 份合同，为街道各项决策提供法律支持和保障。

党支部在淮中、锦江、瑞成等五个居民区建立"社区党建先锋站"，每月深入社区提供义务法律咨询，定期主讲专题法律讲座，根据居委调解社工经常碰到或集中反映的疑难问题，召开"民间纠纷涉法问题研讨会"，进行专题研讨；每月两次街道公共法律服务窗口接待；每月向瑞金二路社区（街道）全部 16 个社区免费发放《说法专刊》，通过案例分析，以浅显生动的语言向社区居民进行普法宣传。社区居民还可以凭律所制作的"联系卡"到所免费咨询法律问题。党员律师们积极参与公益服务，如每年的学雷锋义务咨询、南京东路志愿者服务站值勤等，让公益法律服务活动惠及更广大的市民们；律师每年承办法律援助案件的补贴与个人的捐助投入律所设立的"爱心基金"，定期向社区开展捐助，用于社区的扶老帮困活动。

"党建 + 公益"增强了党支部凝聚力和战斗力。在公益服务中，党建发挥引领作用，是红色的引擎。依托党建的组织优势、资源优势和平台优势，发挥党组织的号召力，党员们带头参与，吸引群众和各方力量都汇聚到党旗下，更加紧密团结在党组织的周围，更好地发挥着战斗堡垒和先锋模范作用。

"党建 + 公益"提升了律师法律服务能级，焕发律所品牌活力。在律所开展公益服务的过程中，党支部和党员全力参与服务型党组织建设，进一步增强了党组织创新活力。律所党员律师们提供高质量法律服务，是对律师"职业化、专业化、市场化、国际化"的诠释和展示。律师在党建引领下，不断提升服务能级、拓展品牌效应，为法治上海、平安上海建设贡献力量。

2021 年是中国共产党成立 100 周年，百年的艰苦奋斗史足以激励每一个在法律事业道路上前行的人。坚持和加强党对律师工作的全面领导，是坚持律师工作正确方向，引领和推动律师事业高质量发展的根本保证。作为国家法治建设不可或缺的重要力量，律师队伍有其专业领域独特的家国情怀和社会责任，关注民生、奉献社会，既是个人成长，也是社会担当。

李小华律所党支部将继续加强对律师的价值引导，营造"讲奉献、肯担当"的良好氛围，提高律师队伍的凝集力、战斗力和服务力。动员更多律师主动参与城市精细化管理中，为政府依法行政、企业健康发展、群众权力维护和社会矛盾化解贡献法律力量，不断提升专业能力和服务水平，为实现"法治是最好的营商环境"贡献力量，努力在新时代坐标上实现新作为、再创新佳绩。

申蕴和

我们都是追梦人

党旗飘飘，歌声嘹亮。走入上海申蕴和律师事务所（以下简称"申蕴和"），党建工作和公益服务的宣传栏十分引人注目。以公益法律服务闻名本市律界的申蕴和在党建工作引领下，2017至2020年曾获得上海市"十佳"公益之申项目、上海市优秀律师事务所、中小企业服务考核优秀、上海市文明单位（2019—2020年）等多项荣誉。律所在社会公益法律服务中不断增强为民之情，坚持担当作为，用足专业优势，下好务实之功，业绩亮丽。

把小事当大事干，拿百姓放心头上

多年来申蕴和家门口的服务故事越讲越好，越讲越精彩。社区公益服务成了律所工作的重头戏，成为律所心之所系，情之所牵，力之所用之地。翻开申蕴和的工作日志，一连串数字显示出律师团队的默默奉献和辛勤付出。仅以2017—2018年度工作统计数字为例：2017年度律所与普陀区112家居（村）委"结对子"担任常年法律顾问，执业律师全年走访社区2480次，在各司法所窗口值班810次，两项合计共向社区居民提供便民法律咨询近2万人次；在社区开展各类法律讲座120场次；参与调解各类民事纠纷百余起。2018年律所又与近120家居（村）委"结对子"，签约提供常年服务，执业律师全年走访社区2496次，各司法所窗口值班716次，两项合计全年向居民群众提供法律咨询14000多人次；全年开展法治讲座84场次；全年参与社区各类矛盾纠纷调解 80 余起。申蕴和为社区广大居民群众提供的法律咨询广泛涉及财产继承、劳动关系、婚姻家事、物业维权和管理、折迁安置、邻里纠纷处理等各类涉法事项，居民群众称其服务律师为法律服务的"全科医生"。与律所结对子的 100 多家住宅小区居民普遍反映，过去涉法事务处理想找专业人士，费时费力费钱，现在申蕴和专业律师服务到家门口，线上线下有求必应，每月定点定时现场解答，服务热情；平时线上通过电话、微信、互联网等方式灵活便捷，全天候方便得很。对于特殊人群的需要，社区服务律师预约主动上门提供服务。如普陀区汪家井小区有位下肢残疾老人，因财产问题处理急盼法律人士帮助，担任社区法律顾问的李律师得到消息，顶着酷暑，登门服务，去除了老人的一块心病。律所为社区开展的法治讲座接地气、有针对性、有吸引力，善于应用生动案例贴近生活实际，切入问题焦点，让居民群众听得进、听得懂、学得会。根据社区和居民群众的需求，律所及时更新法治讲座内容，从过去侧重于婚姻家事拓展到房产交易、折迁安置、青少年保护、老年维权、物业维权、防范金融诈骗等诸多方面，切实增强了居民依法办事观念和依法维权能力，也为社区综合治理打下了基础。同时配合街道社区工作开展进行主题宣讲，如《宪法》修改、生活垃圾分类、扫黑除恶等主题法治政策宣讲。

在做好社区公益服务的同时，申蕴和律所还每年向法援中心、婚姻登记中心等部门派出专业律师值班高达 144 天，全年提供公益性法律咨询服务受惠达 1.7 万人次。

2020 年新冠肺炎疫情突袭之年，申蕴和律师团队在普陀区婚姻登记收养中心公益值班项目再创新业绩，全年累计值班 288 人次，接待来访咨询人数近 8000 人，审核当事人离婚协议书近 4000 份，向百姓群众提供了便捷、公益、亲民的婚姻家事法律服务。

2017 年至 2020 年期间，律所党支部以党建促所建，律所主任彭涛带领团队在全市同行业中创下公益法律服务多个第一：执业律师人均全年从事公益服务时间最多；常年与居(村)委"结对子"签约服务数量最多；全年法援中心、婚姻登记中心等平台值班人均次数最多；为中小企业提供公益法律服务考核成绩最突出。

思想是行动的先导，认识是前进的指南

多年来，律所党支部坚持党建工作与业务工作同步推进。党支部立足律所实际，将党建工作开展融入到律所各项工作中去。一是提高思想认识，坚持正确舆论导向。律所承担社会公益法律服务工作量大面广，常年坚持下来，实非易事。律所在工作开展中并非一帆风顺，律所内部一度出现过不同声音：有的员工认为，面对行业竞争，律所要多创收，必须做上档次业务；有的认为，律所在社会公益服务方面下功夫影响了自身发展；有的甚至对公益服务不热心，能推则推。针对这种情况，党支部识到提高员工思想认识至关重要，是做好工作的前提条件和保障。党支部从引导员工提高认识入手，组织开展"发展为什么""律所社会责任""做一个合格的社会主义法律工作者"专题讨论，组织学习习近平法治思想等，使大家逐步认识到法律服务进社区是解决好百姓群众"急难愁盼"问题的需要，是服务法治上海建设、服务政府民生工程的需要，也是我们每一名执业律师应尽的社会责任。衡量一个律所成功与否，不能仅看创收多少，还要看看他在承担社会责任，服务公益事业方面的贡献与作为。员工的思想认识提高了，团队协作加强了，劲往一处使，工作中许多难题也迎刃而解了。党支部还通过其他多种形式，为公益法律服务发声、鼓劲，宣传表彰先进典型，弘扬正气。二是注重发挥党员律师表率作用。一名党员，一面旗帜，党支部重视抓好党员律师思想教育，结合律所实际使党员"两学一做"学习教育活动常态化、制度化，党员律师通过学习教育把稳了"思想之舵"，用自身实际行动在常年公益法律服务中彰显责任和担当，尽心尽力，把优质服务送到居民群众身边。律所前后两任党支部书记、执业律师在基层公益服务中都冲在前，克服困难，勇担重担。现任党支部书记王昊结合党建工作带队到社区专题调研，针对常年公益法律服务工作存在的问题和出现的新情况，综合分析提出改进意见和建议。三是开展形式多样的活动，提高员工政治站位和服务大局意识。如党支部组织党员律师和部分员工参观南湖红船、南湖革命纪念馆、中共一大会址、上海工人文化馆、组织观看经典红色电影等活动。通过一系列有教育意义、有吸引力的活动，提振员工使命感和责任感，提振员工服务基层、服务社区、服务百姓、热心公益服务的积极性和精气神。2020年在防疫战疫特

殊时期，律所党支部充分发挥政治引领作用，协助律所带动全体执业律师以出色的专业水准和高度责任心，发挥社会法律服务机构和法律工作者的积极作用。从社区应急法律服务到线上法律咨询、从专项战疫法治宣传到社区矛盾纠纷化解、从严格规范的合同审查到助力企业复工复产等多项任务，以自身专业优势主动作为，勇于担当。党员律师冲在基层社区防疫战疫第一线作表率，起模范带头作用。如党员律师谢子豪等人协助普陀区甘泉路街道有关部门强化防疫战疫法治宣传，协助编印色彩鲜明的"法治防疫，人人有责"的宣传海报，引用相关法律条文，并配以具体案例，宣传效果好，为社区依法开展防疫战疫工作添砖加瓦。为精准配合市经信委做好中小企业复工复产服务工作，申蕴和律师团队围绕市里"控疫情，稳就业，保民生"的目标，充分发挥律师在帮助解决企业涉法事务方面的专业作用，对全市272家中小企业逐一进行电话拜访，并通过电话语音、视频会话、微信文字、上门回访等方式对企业复工复产中遇到的各种涉法事项耐心解答，提供法律意见，对一些有重点需求的企业采取持续跟进服务，帮助解决实际问题。

群之所为事无不成，众之所举业无不胜

申蕴和律所社会公益服务之所以能长年坚持，久久为功，是因为能举全所之力，有一支优秀的团队，有一批热心公益服务的中青年律师。在全国优秀律师、律所创始人、曾经长期担任申蕴和律所主任彭涛牵头组织的公益法律服务专题培训中，全所律师踊跃参加，交流经验，畅谈感想，立足高远，众情振奋，展示人律师团队情怀公益的为民之情。许多律师纷纷表示：公益法律服务，天地广阔，大有可为，脚踏实地必然有所收获，努力奋斗才能好梦成真。围绕全年公益服务工作目标，党支部主动做好常态化的职工思想工作，从开展谈心活动入手，耐心听取意见，及时做好与行政上的协调沟通。对员工提出的日常管理工作上改进建议，党支部经过综合分析与归纳，及时向律所领导和部门负责人反馈，促进律所以人为本，科学管理，凝聚人心，增强共识，形成团队合力，努力画出同心圆。律所党支部善于推广员工身边先进典型，寻找身边闪光点，尤其注重引导青年律师通过公益服务扎根社会基层，接受锻炼，增长才

干，提高思想境界。律所许多员工在常年深入社区和基层，服务法治上海建设中"建功立业、争创佳绩、燃烧激情、绽放梦想"。他们与申蕴和一起奔跑，一起追梦，创造属于自己，也属于申蕴和的精彩。在加强团队建设中，党支部还通过开展活动帮助员工提升服务本领。如针对律所有一批外地来沪工作律师，听不懂上海话，自己讲话方言重，常年在社区为居民服务语言上沟通有困难的情况，律所党支部协同工会开展"上海话学习"活动，发放相关学习资料，并将上海本地员工与外地员工"一帮一"结对子，学习听讲上海话，提升了外地员工在社区公益服务质量和服务能力。

一年又一年，接续奋进。律所领导层对社会公益法律服务工作十分重视，逢会必讲，逢会必议。律所党政工负责人会议常议常抓，分析形势动态，树立问题导向，研究改进方法与措施。律所根据工作需要，逐步完善监管体系，立好规矩压实监管。律所立足于社会公益法律服务是一项长期工作，在服务上下功夫，做文章，脚踏实地，精益求精。律所从服务准则、行为规范、激励机制等方面完善制度，严格执行，将岗位责任到人，工作指标量化。为压实监管职责，律所内部特设社区工作部门，配备专职管理人员，统筹协调。在严格工作台账、工作日志制度的同时，对服务律师实行到岗离岗电子考勤，全程监督，发现服务质量问题严肃约谈责任人。除了常态化监管外，律所还对社区公益服务实行定期回访、专题汇报和年度考核评比，督促改进作风，提升服务水准。

跨入新时代，踏上新征程，公益法律服务，天地广阔，大有可为。"东方欲晓，莫道君行早，踏遍青山人未老，风景这边独好"。在成绩和荣誉面前，申蕴和将更加奋发，永不停歇，聚力新征程，创新奔未来。

海华永泰
心怀公益赤忱，传承海华情怀

"党建强、队伍强、律所强"是海华永泰一直以来秉持并践行的发展理念。随着"海派律所"的概念兴起，专业细腻的海派精神以及时尚的品牌形象，对于海华永泰整体的律师形象都起到了积极的正面作用。多年来，海华永泰始终把党建作为推动律所发展的政治保障，所建党建深度融合，在党建"领航"下持续提升品牌社会认同度，助力律所向新的发展阶层迈进。

海华永泰以"时尚党建统揽"为理念，以"底气底蕴铸魂"为宗旨，提出了"青年律师培养新方式""党建引领文化建设新路径""党建担当社会责任新模式""律所健康发展迈出新步伐"四个维度的党建新形式，将党建与所建高度融合，实现了党建工作、队伍建设和律所发展的同频共振，作为一家千人亿元大所，海华永泰拥有300名左右党员律师，占比约40%。2003年，海华永泰即设立了党支部，2017年，党支部升格为党总支，2019年5月正式成立党委。目前上海总部有党员140余人，全国有党员近300人，占事务所员工比例近50%。

作为一家有着20多年历史的海派律所，海华永泰在提供优质法律服务的同时，也一直积极履行着社会责任，为公益事业持续贡献着自己的力量。

每一步推动，都能对社会公益产生深远意义。

对于一家律所而言，比奉献更难得的，是保有持之以恒的初心。回馈社会可不仅仅是几个公益活动，而是一个庞大而严谨的系统，通过不同阶段层层递进、落地结合，真正惠及更多目标受众。海华永泰在其二十几年的发展历程中，一直重视党建与事务所文化相结合，实现党建工作、队伍建设和律所发展的同频共振。以"党建 + 公益"为例，将扶贫帮困、法律援助等融入到日常的组织生活中。该体系通过律所自身的发展和进步，以此为基础长期可持续地贡献于社会，从而用实际行动践行"取之于社会，奉献于社会"的理念。

党建引领战疫，传承海华情怀

2020年疫情发生后，海华永泰即刻予以响应，全方位应对疫情所带来的一系列问题。

海华永泰党委牵头成立了"疫情应急公益小组"，十几名高级合伙人和青年律师积极参与，启动了"捐款 + 捐物 + 系列公益法律服务"的公益活动模式，短短三个小时即募集了70余万元。；海华永泰管委会牵头，成立了"疫情防控工作小组"，负责全国十六家办公室的工作运行，督促全体海华永泰人提高疫情防控意识，并对全国员工的出行和健康信息进行每日采集与追踪，及时发布政府机关以及主管部门的相关通知和要求；海华永泰民主管理委员会第一时间为全体员工购置了医用口罩、消毒液、体温枪等物资，用于保障节后上班全体员工以及客户的健康安全。海华永泰高级合伙人聂彦萍回忆当时捐物过程仍能清晰地描绘出当时之艰辛，以及战无不胜的合作力量之强大。

疫情应急公益小组调动国内办公室和境外办公室的力量，负责统筹管理使用捐赠款项，对接前方医院、医药物资供应单位等机构，及时采购到紧缺医疗物资，并确保符合医疗卫生质量标准。以掘地三尺的劲头，为疫区医院寻找最紧缺的医疗物资……经过多方努力，海华永泰在境内采购到了医用酒精、医用手套，在意大利、澳大利亚、日本以及中国台湾地区采购到了医用防护服、N95口罩等紧缺物资。十几天的时间，从早上七八点，到晚上十一二点，甚至凌晨两三点，疫情应急公益小组成员多方联系、及时确认、应对各种突如其来的货物变化、航班变化、清关手续变化等，终于将五批物资送往湖北疫情最严重的地区。

捐钱易，捐物难，我们深知对于湖北医院来说，医用防护服、医用口罩、医用手套、防护镜等才是紧缺物资。所以疫情应急公益小组立即决定，武汉分所对接医院所需，我们则利用各种资源采购紧缺医用物资，直送湖北医院！彼时，因疫情蔓延，境内符合医用标准的防护服、N95口罩已无渠道购买，只能转向境外采购。但当我们具体执行时发现，医用标准、关税问题、医疗器械进口法律法规的问题、终端物流送达的问题等，都需要一一解决，在中国的法律架构下，律师事务所因不具备主体资质是无法完成境外医疗物资采购进口的。如何从境外运至境内并转运至定点捐赠医院，我们也经历过了方案的不断调整。比如，我们在中国台湾地区找到符合欧标且业界评价较好的医用防护服时，但是如何从中国台湾地区顺利运送湖北是第一个挑战。我们联系了湖北省慈善总会，相关工作人员对律所的捐赠问题一一予以解答，并为慈善捐赠的境内清关、转运提供全程的指导及第三方服务，当2月12日下午2:50接到海关的放行单时，疫情应急公益小组成员赶快联系物流公司提货转运。被告知因疫情管控问题，缺少转运工人。为了能够在当日实现转运，律所的两位高级合伙人欧阳群和丁海滨二话不说主动地站了出来，驱车直奔浦东国际机场，赤膊上阵，搬运了几十箱货物，一直忙到下午5点多。看着转运车辆驶出海关仓库，两位高级合伙人表示："体力劳动后的感觉非常爽！"

2月14日，湖北下雪，大家焦急万分。2月15日，尽管多地运输不畅，但中国邮政将医用防护服顺利送达黄石市中心医院和黄冈市传染病医院。医护人员说："真是雪中送炭啊！这批医用防护服解决了我们的急需，而且质量非常好！"听到医院反馈，海华永泰全体同仁深受鼓舞，很多人主动要求进行第二次募捐。

又如，在确定好欧洲的防疫物资后，但如何将采购物资从欧洲运抵国内，成为第二步需要跨越的坎途。受疫情扩大的影响，眼看许多飞往中国的航班已停运，无舱位可订。比利时传来好消息，浙江温州医科大学慈善总会和中外运联合表示愿意安排包机，免费运送该批重达5.7吨的2万件医用防护服到温州龙湾机场。与此同时，境内物流包括顺丰直达、直升机运输，更有宅急送、均瑶集团愿意免费将物资直接运送到武汉医院。此时，物资未到，但所有工作已安排就绪，我们都认为已"大功告成"。在我们满怀希望等待飞机起飞的时候，却被告知航班延误，后又因比利时暴风雨，飞机再次延迟起飞。大家此时的神经已经无比紧绷，只剩下对希冀事情顺利的默默祈祷。或许是因为生活在关上一扇门的时候，也很善于留下另一个窗口。该批医用防护服于2月12日凌晨3点被运达杭州萧山机场。对比之前来自中国台湾地区的物资，清关用了3天，保守估计，本批物资需要两至三天。让人惊喜的是，2月12日11:54，即取得海关物资放行单。当天16:31物资在大家齐心协力下，最终由宅急送送往了武汉、黄石、黄冈、麻城、荆州、深圳，还有上海的各个医院。"青山一道同云雨，明月何曾是两乡。"这场跨国采购的行动，获得很多人的帮助，大家同心协力，只为一个单纯的目的：真正帮助到在一线战斗的医护人员。"当回过头再来审视由一个美好的愿景所催生出来的现实景象时，我们实现了律商联动，跨所联合，融合国界。武汉不仅是武汉人的武汉，也是中国人的武汉，更是全球人的武汉。

此外，担任人大代表、政协委员、民主党派等重要社会职务的高级合伙人如余盛兴、封晓骏、严洁红等人亦积极献言献策、协助政府和相关部门应对疫情……正如海华永泰党委书记马靖云所言："我们希望在这场特殊的战斗中以各种方式、各种途径贡献绵薄之力！我们坚信，积力之所举，则无不胜也；众智之所为，则无不成也！"

积极履行社会责任是海华永泰发展过程中重要的衡量标准，而通过公益所传达出的深度与广度则是一个律所迈向伟大的重要评判维度。作为一家已经履行社会责任多年的上海本土律所，海华永泰一直致力于开发更多的社会公益项目来反哺社会，在儿童救助与青少年健康成长方面持续深耕，海华永泰还主动带动其律所律师、行政工作人员和社会各界力量加入其中，利用其自身影响力等优势，建立长期可持续的公益项目。

春蕾计划儿童公益，以希望浇灌幸福之花

长期以来，世界各国都将维护女性权益、提升女性社会地位作为衡量社会发展的重要维度。1989年，在全国妇联领导下，中国儿童少年基金会发起实施了致力于改善贫困家庭女童受教育情况的"春蕾计划"公益项目，该项目致力于维护女童受教育权利，推动社会文明进步。

为帮助贫困县贫困女童顺利完成学业，防止因学致贫、因学返贫现象的发

生，上海地区"春蕾计划"项目始终致力于为上海对口援建地区云南当地小学贫困女小学生以及考上大学的贫困女大学生募集资金，为她们提供学习和生活补助，使她们能和其他学子一样享有受教育的权利，得到学习和生活上的关怀和照顾。

一直以来，海华永泰律所都在热情响应全国妇联和上海市妇联的号召，积极参与该公益项目。在2020年的"春蕾计划"捐赠活动中，海华永泰亦慷慨捐助共计8万元公益金。

党性引领公益，成就海华百年

"因为我们一直致力于将海华永泰打造成不仅是专业强、创收高、规模大的品牌律师事务所，还是一个有底蕴、有情怀、有担当的精品律师事务所，这也是时尚党建的活动宗旨。"马靖云律师指出，一个有温度、有底蕴的律师事务所一定会深度思考如何担当社会责任、时代使命。

在"时尚党建 +"系列活动的引领下，海华人积极践行参与社会治理和社会公益活动，走进社区，为居民普法、担任村居法律顾问；走进海军、陆军、空军各部队，援助军属、践行军民共建；走进学校，为百余所幼儿园、小学、中学、高校提供服务和奖习资助。此外，海华永泰还希望为更多的弱势群体提供更切实的帮助。2021年初，党委又一次筹集近3万元捐助给自闭症儿童，并且每个月组织一次对自闭症儿童的陪伴与慰问……

凭借在公益事业上屡结硕果，海华永泰连续斩获"2017法律服务产业公益组织奖""2018年律界优秀公益项目奖"，并在2019年首届上海律师行业履行社会责任主题宣传活动中被评为"上海律师行业履行社会责任先进集体"。

从"时尚党建 + 社会治理"到"时尚党建 + 高校法律人才培养"再到"时尚党建 + 抗疫救灾"……海华永泰希望让每个党员律师、每个海华人深刻领悟法律人的时代使命与责任担当。

"我们希望将'时尚党建'融入我们每一位同仁的日常生活、融入我们的职业信仰、融入我们的生命价值，以一种无形的力量支撑海华永泰走得更远。"党委书记马靖云律师如此期望。

一家优秀的律所，在回馈社会的过程中成就着自身更加闪耀的价值。未来，海华永泰还将继续发挥其资源与经验优势，用实际行动助力更多公益活动。

建纬
立己达人，兼济天下

上海市建纬律师事务所成立于1992年12月，是中国大陆第一批以城市基础设施、建设工程、房地产为主要法律服务领域的专业化律师事务所之一。上海市建纬律师事务所党支部成立于1995年，历经26个春秋，总所目前已有40多名党员，现全国已设26家分所，有数百名党员。自党支部成立以来，建纬始终坚持将党组织建设与事务所发展相融合，强调党的建设在律师队伍建设中的引领作用，充分发挥党组织的战斗堡垒作用和党员的先锋模范作用。

作为一家在建设工程、房地产、基础设施建设领域深耕多年的专业律所，建纬所始终将专业能力放在第一的位置。作为法律人，我们也深知：法律服务是一门崇高而神圣的职业，律师不仅要出色地完成委托事项，更要有社会责任感和正义感。建纬所创始人、建纬律师学院院长朱树英律师曾说过："来自社会，回馈社会，建纬人要积极参与公益事业，帮困扶贫，履行社会责任。"回报行业、回报社会的理念贯穿了朱律师的整个执业生涯，这种理念也深深地影响着建纬所的每一位成员。

自建纬党支部成立以来，始终秉持着"务实"的精神，致力于将党建工作落到实处。党员同志们身先士卒，以党建引领公益，开展了一系列回馈社会的活动。建纬律师每年自发或有组织地参加慈善募捐、捐助贫困儿童等多项公益活动；在每个"学雷锋日"，建纬律师都会积极参与淮海中路街道社区志愿服务中心的志愿活动；平时，建纬律师活跃在市、区、街道法律援助中心的服务窗口以及各级党建服务中心的法律咨询室，长期坚持参加市委、市政府信访接待值班，主动承担法律援助任务。

到目前为止，建纬所累计提供法律咨询数千件，办理法律援助案件几十起，蝉联"上海市文明单位"荣誉称号，并获得了"上海市司法行政工作先进集体"、黄浦区司法行政系统"好支部"等称号。

以爱心投身社会公益

2017—2020 年，建纬所在党支部的带领下，不但积极投身社会公益，还响应党中央号召，参与东西部扶贫协作和对口支援。特别值得一提的是，在 2020 年新冠疫情的阴影笼罩全国期间，建纬所在党支部的引领下组织全员募捐、推出战疫系列公益直播，参与"我为疫情防控和促进经济社会发展建言献策"活动、加入黄浦区司法局"复工复产复市纠纷化解律师志愿者团队"，以实际行动匠心战疫，回馈社会、奉献爱心。

2017 年、2018 年，建纬所参与了由上海市华东师范大学等机构企业共同开展的"爱飞翔乡村教师培训，我圆乡村孩子小心愿"活动，为近百名乡村孩子送去了各种小礼物，实现了他们的"小小心愿"。每次建纬的微信群中发出消息，都不用 @ 所有人，每次申领到的几十个"小小心愿"都在很短的时间里被一抢而空。"我希望有一套芭比玩具，因为妈妈常年在外打工，有个芭比娃娃陪着我，就不孤单了。""我希望有一个保温杯，大冬天在学校只能喝冷水。"通过每一个小小的心愿，我们仿佛看到了这些可爱的乡村孩子，每一个孩子生来就有翅膀，需要有爱才能带着他们快乐飞翔，虽然我们无法改变他们的生活现状，但每一位建纬律师都希望能够做一些力所能及的事情，让偏远的乡村孩子们感受到爱和温暖，能够用积极乐观的心态面对未来。

2018 年 3 月，在建纬党支部书记邵万权的带领下，建纬律师们为豫园街道老年护理医院的烈属胡阿婆送上电动轮椅，方便老人出行。时年 74 岁、生活在豫园街道老年护理医院的烈属胡阿婆，虽然有护工在悉心地照料她，但是因为老人膝盖关节不好，又有视力残疾，出行活动多有不便。在详细了解了老人的情况后，建纬所的律师们马上行动起来，在党支部书记邵万权的安排下，和护理医院反复确认老人对轮椅的需求、选购好电动轮椅、组装好并在 3 月 29 日这一天亲自将轮椅送到老人跟前。

2018 年 5 月 25 日，上海市建纬律师事务所四位年轻律师来到位于南京路上的学雷锋志愿服务站，开展为期一天的志愿值守工作。此次志愿活动系响应黄浦区文明办要求，建纬律师事务所作为区司法局下属市级文明单位之一，积极报名、热心参与。尽管当天大雨滂沱，但建纬律师们风雨无阻，在小小的志愿服务亭发挥着建纬人热心公益、服务民众的志愿精神。

东西部扶贫协作和对口支援，是推动区域协调发展、协同发展、共同发展的大战略，是加强区域合作、优化产业布局、拓展对内对外开放新空间的大布局，是打赢脱贫攻坚战、实现先富帮后富、最终实现共同富裕目标的大举措。2020 年 5 月，为响应党中央、国务院和上海市委、市政府关于做好东西部扶贫协作和对口支援工作的号召，支持上海市黄浦区对口支援地区重庆市万州区的教育事业发展，建纬所为通过黄浦区区域化党建平台，认领重庆市万州区梨树中心小学校园环境综合整治项目，捐赠资金 3 万元，以帮助梨树中心小学改善校园环境，让学生们可以健康快乐地学习。

2018 年 9 月，为贯彻落实党的十九大精神，根据中共黄浦区委、黄浦区人民政府《关于本区进一步做好东西部扶贫协作和对口支援工作的实施意见》的精神，进一步加强黄浦区与普洱市的对口支援与合作交流工作，建纬所号召全员为普洱市贫困群众进行募捐。律所全体工作人员积极奉献、慷慨解囊，共同筹得现金 5 万元整，悉数捐献给普洱市扶贫办，用于脱贫攻坚，捐赠的资金将针对江城、景谷、澜沧、西盟、孟连五县进行划拨使用，为当地有需要的人们送去温暖和帮助。

2019 年末，根据上海市教育局《教师支援农村教育工作的意见》及有关文件精神，建纬所结合实际情况指派 3 名律师助理到四川省凉山彝族自治州小学进行了长达 1 年的支教活动，教授一年级 77 位学生和六年级 85 位学生语文、数学、美术和体育，同时担任六年级的班主任。在这一年中，建纬人把先进的教学理念和科学的教育教学方法带到山区小学，给学生们传递新信息、新思想、新观念。

2020 年春节前夕，面对突如其来的新型冠状病毒疫情，建纬所在党支部的引领下，开展了一系列的战疫活动。包括组织全员募捐、推出战疫系列公益直播、发布"抗疫专题"专业文章、提供专业 NCP 相关法律服务、参与"我为疫情防控和促进经济社会发展建言献策"活动、加入黄浦区司法局"复工复产复市纠纷化解律师志愿者团队",以实际行动匠心战疫,回馈社会、奉献爱心。

疫情初期,建纬所高级合伙人就通过第三方平台发起了个人名义的公益捐助,随着疫情的扩大,2月1日,建纬所党支部书记邵万权在建纬所全体员工微信群、合伙人群、党员群里发布了《"同舟共济、共克时艰"关于开展建纬律师支持抗击新型肺炎疫情募捐的倡议书》,虽然是假期,建纬团队还是一呼百应,短短48小时内,上海总所(含直营的北京、南京分所)共同募集294280元。虽然疫情对律师行业也造成了一定冲击,但上海总所高级合伙人丝毫不考虑对创收的影响,一致同意事务所捐款66万余元,连同武汉分所募集的捐款44145元,共计100万余元,定向捐赠给华中科技大学同济医学院附属同济医院及附属协和医院,各50万余元,用于一线医务人员奖励。建纬上海总所党支部在2020年3月3日又组织了党员第二轮捐款,建纬各地分所也纷纷开展了募捐活动。此次疫情期间,建纬所总累计捐款136万余元。

以专业助力社会法治

社会公益不应拘泥于形式,建纬人始终坚信法律公益是我国法治建设中的重要环节,始终注重发挥自身专业优势,以自身掌握的法律知识、专业特长来为需要法律帮助的人提供援助。

2017年10月,为响应上海青年律师志愿者大队与黄浦区青年律师联谊会共同合作,成立上海青年律师志愿者大队黄浦分队的号召,建纬所12名青年律师积极报名加入志愿分队,希望能够通过公益平台更好地履行律师的社会责任。

2018年8月,建纬律师积极参与黄浦区与长征医院的区域化党建系列活动:"法律援助进军营",建纬所的青年骨干潘佳莹律师、王勇律师被海军军医大学第二附属医院聘为本次活动公益律师,本次活动的目的在于义务走进军营,为军人、军队医务工作者及军属做好法律援助工作,满足军人军属法律服务需求,也展现黄浦青年律师的职业风采、社会责任与公益心、正能量。

建纬所党支部作为淮海中路街道区域化党建成员单位，一直以来对淮海中路街道各项工作均给予大力支持和配合。2019年年初开始，建纬所党支部每周二都会与社区党建中心进行法律援助，积极践行社会责任，彰显企业担当，为基层党建工作注入新活力，并且该活动得到了法律援助当事人及有关部门的一致好评，建纬所党支部也收到了来自淮海中路街道区域化党建联席会议的感谢信。

为服务于民，便利群众，2019年7月11日上午，由黄浦区精神文明建设委员会办公室主办、黄浦区志愿者协会及黄浦区志愿服务指导中心协办的"黄浦区网络公益行动启动仪式暨2019年淮海公园义集活动"在淮海公园举行，来自上海市建纬律师事务所的专业律师们积极参与活动，建纬所资深党员朱月英律师带领、王勇律师、李开创律师及吕万里律师参加本次活动。四位律师悉心倾听前来咨询的市民提出的疑问，为市民提供了细致、到位的法律咨询服务。现场市民的法律疑问涉及方方面面，如遗产继承、遗嘱公证、离婚、民间借贷、人身损害赔偿、劳动纠纷等，多为贴近市民日常生活的问题，尤其对于中老年人来说，房产如何继承、如何立遗嘱等是其重点关心的问题。除此之外也有市民前来咨询如装修工程欠付工程款等问题。建纬律师们针对市民提出的问题，通过对具体情况进行分析，有针对性地向咨询市民提出了解决建议，前来咨询的市民们对建纬律师的专业素养和服务态度给予了一致好评。

2019年11月30日，建纬所党员律师参加"2019年黄浦区国际志愿者日"主题志愿服务活动，再次为市民提供免费法律咨询服务。

2020年初，建纬所除了对抗疫事业进行各种捐助外，各位建纬律师秉持"超前、务实、至诚、优质"的服务理念，发挥自身的专业优势，为建设工程行业如何应对疫情影响，如何解决疫情之下的各种与法律相关的实际问题，如何重振行业信心贡献了作为专业律师的力量。

2020年2月12日，建纬律师学院院长、住建部建筑市场监管司的法律顾问、《工程总承包管理办法》起草课题组组长朱树英律师来到了"无讼学院"的直播间，进行题为"《工程总承包管理办法》在实务操作中的八个法律问题"的公益专题直播，全部收入均由"无讼学院"捐赠给疫区以支持抗疫事业。

2020年3月2日晚，朱树英律师接受"建设第一传媒"邀请参加《建设行业抗疫连线》栏目,在线解读《工程总承包管理办法》,在线观看人次超 27 万。

建纬所携手 RICS(英国皇家特许测量师学会)推出战疫系列在线公益直播:建纬所党支部书记邵万权律师于 2 月 27、28 日进行《新冠疫情对商品房买卖合同及物业租赁类合同的影响》专题讲座。建纬所副主任、不动产金融部主任宋仲春律师于 2 月 25 日进行《新冠疫情下施工单位如何维护自身利益》的专题讲座。建纬所副主任、工程总承包部主任韩如波律师于 3 月 27 日参与了"RICS 战疫情直播间国际连线"专题直播,就《大流行状态下,国内外合同索赔争议处理》提供作为专业律师的建议。建纬所的其他各位专业律师也积极通过各种平台为建设工程及房地产相关企业在疫情之下遇到的各种法律问题提供专业法律建议。

疫情防控逐渐稳定后,各地都进入了复工复产复市的关键阶段,疫情防控和复工复产复市所引发的社会矛盾纠纷逐渐增多。在这样的背景下,11 名建纬律师积极报名参加黄浦区司法局"复工复产复市纠纷化解律师志愿者团队",参与包括防控措施引发的纠纷、防疫物资不足引发的纠纷、侵权行为引发的纠纷等在内的疑难纠纷调解工作。

以"匠心"参与行业建设

随着我国建筑产业转型升级,面临着相关法律不完善的现状,正需要通过立法完善各项配套的法律法规来促进和保障产业升级。承担起作为专业律师的社会责任,发挥专业优势,积极参与国家主管部门的专业立法与行业建设工作也是建纬所一直以来的坚持。

建纬所作为住建部建筑市场监管司法律顾问,多次参与我国《建筑法》《招标投标法》《建设工程招投标暂行规定》《建设工程质量管理条例》《城市房地产管理法》的立法讨论、修订工作和住建部《建筑市场条例》《建设工程造价管理条例》《建设工程质量保证金暂行规定》等法律法规规章政策的起草、研讨与制定工作。

2017 年 7 月 25 日,建纬所受住建部建筑市场监管司委托承担起草《房屋建筑和市政基础设施项目工程总承包管理办法》的课题任务。建纬所组建的课题组以朱树英为组长，经过数十次研讨会，数易其稿，该管理办法最终自 2020 年 3 月 1 日起正式施行。一年后，也是由建纬所课题组参与修订的《建设项目工程总承包合同（示范文本）》自 2021 年 1 月 1 日起正式执行。

2020 年 3 月，国家司法部律师工作局和中华全国律师协会面向全国律师行业开展为期一个月"我为疫情防控和促进经济社会发展建言献策"活动，建纬所立即响应，以专业律师敏锐的大局意识和超强的行动能力，积极投入律师行业开展的建言献策活动。建纬所作为上海市住建委的法律顾问单位，由朱树英律师领衔的建纬专业律师团队为《关于印发〈关于新冠肺炎疫情影响下本市建设工程合同履行的若干指导意见〉的通知》提出专业法律意见，为"指导意见"的修改和完善建言献策。

法治没有止境，公益永不止步。上海市建纬律师事务所将在党支部的引领下，一如既往地奉行"源于社会，回报社会"的宗旨，遵循"党建引领、公益先行"的思路，积极推进区域化党建及社区共建，将公益事业持续下去，将志愿服务进行到底，为社会做贡献，传递正能量。

锦天城
探索新时代规模化大所党建公益之路

上海市锦天城律师事务所成立于1999年,同步建立党支部,2018年2月,经上级党委批准,正式升格为党委,下设16个党支部。随着党建工作的持续深化,截至2020年12月31日,上海总所共有党员439人,占上海总所员工总数的27.1%。其中,律师党员382人,占上海总所律师总数的35.8%。中国境内21家分所全部建立了党组织。22年来,锦天城所坚定不移抓党建,充分发挥党组织"领航作用",牢牢把握律所正确的前进方向,立足上海城市发展前沿阵地,主动服务国家重大发展战略,积极履行社会责任践行公益,逐步探索出一条规模化大所的"党建引领、公益先行"之路。

以政治建设为统领,引领公益活动大方向

旗帜鲜明地把政治建设摆在首位,不断提升党委的领导力、号召力、凝聚力和战斗力,更好地引领公益活动方向、引领围绕大局、引领服务群众、引领业务发展,切实发挥党委在律所公益活动中的"把关定向"作用。

坚持"党建引领、公益先行",以业务团队为单元设立党支部,将践行公益真正落地细化。利用微信群、支部组织生活等线上线下平台,组织党员律师积极开展各类公益活动。积极开展党员"亮身份、树形象、当先锋"活动,党员带头践行公益,充分发挥先锋模范作用。建立"以一带三"党员联系群众制

度，党员活动室面向全体律师开放，通过党员带动，全所律师手拉手、互学互鉴、共同提高公益意识，积极履行社会责任，增强了队伍凝聚力、向心力。

以履行社会责任为目标，引领律师为社会服务

深度参与全业务、全时空的法律服务体系建设，引领党员律师主动服务社会、奉献社会，具体表现在以下三方面：

一是服务区域。发挥党建共建的组织优势，与浦东银行业、张江高科技园区签署党建共建协议，建立"三方联手，双向直通"机制，利用律师专业优势，形成"以共建促党建，以党建促业务，以业务强党建"的良性循环。

二是服务社会。大胆探索律所履行社会责任模式，设立"锦天城基金会""阳光少年儿童维权基金""锦天城宋庆龄基金会""锦天城 baby club"等公益项目，持续为弱势群体提供法律援助。组织号召党员积极参与公益活动，让律师走进居民区、商圈、楼宇、街镇，在奉献社会、服务群众的实践锻炼中见世面、长才干。

三是服务大局。组建党员先锋队和律师顾问团，积极投身法治建设实践，主动服务"一带一路"、进口博览会、科创板注册制试点、长三角一体化等实施。近年来，锦天城各专业领域排名持续提升，创收和规模稳居全国前列。

以群团建设为带动，营造践行公益氛围

针对律师规模大、人数多、较分散的特点，充分依托群团组织的桥梁纽带作用，整合内外资源，促进整体联动，营造浓厚的"家"文化氛围。

完善群团组织体系。党委牵头成立锦天城女律联"锦丽荟"、团委、"青年律师联合会""老律师联合会"等，党委成员与群团组织成员交叉任职，根据不同群体特点和需求，组织开展公益活动，不断增强党建厚度和组织活力。

以上海市锦天城律师事务所女律师联谊会"锦丽荟"为例，在党委保障和支持下，"锦丽荟"开展了形式多样、内容丰富的公益活动，得到了事务所女员工的积极参与和社会好评。2020年"三八"妇女节期间，"锦丽荟"与公

益组织"阅读越精彩"联袂推出"为爱朗读——亲子阅读礼包"活动；5月29日，为庆祝"六一"国际儿童节，联合上海思麦公益基金会，共同举办了公益作品在微店"SMILES公益市集"的云端义卖活动；9月，"锦丽荟"与上海思麦公益基金会牵手上海市第二轻工业学校2020级美容美体"思麦—锦丽荟班"中职教育公益项目，开始长期资助10名来自贵州贫困山区的初中毕业女生来沪接受职业技能教育。

树立大局意识，成立锦天城公益基金

锦天城律师事务所党委坚持以党建引领公益为目标，充分发挥大局意识，2019年10月25日，促进事务所正式成立"锦天城公益基金"，初始金额为人民币1000万元。该公益基金将成为锦天城律师履行社会责任、回报社会厚爱的舞台。

同日，"锦天城公益跑"在上海市浦东新区世纪公园音乐广场举办。本次活动在锦天城群团组织"锦丽荟"和"马帮"的积极推动下，吸引了本所全国各地分所（包括北京、上海、南京、苏州、厦门、福州、郑州等）的律师以及邀请嘉宾在内的400余名参赛选手参加。由本所律师发起或深度参与和推动的6家公益组织分别就业务范围、发展方向、服务特色等进行了展示，这6家公益组织分别是：上海乐群社工服务社、上海洋泾社区公益基金会、上海思麦公益基金会、人生赛道、上海"阅读越精彩"青少年读书服务中心、上海医师志愿者联盟。

党建引领，建立抗击疫情防护网

面对新冠肺炎疫情的严峻态势，上海锦天城律师事务所党委、管理总部执委会、管理运营部，以及全国各个办公室负责人紧急启动抗击新冠肺炎疫情的相关措施，迅速响应制定预案、动员全所严防严控、践行公益驰援疫区、专业输出答疑解惑、有序复工稳定运行，多措并举做好各项疫情防控工作，切实做到战疫情、强信心、稳增长。

(一)群策群力"战疫情",党员率先、全员行动,为疫区捐款捐物

面对不断蔓延的肺炎疫情,锦天城律师事务所秉承心系社会的公益精神,始终把社会责任担在肩上,第一时间启动"锦天城公益基金",购买120万只一次性医用手套驰援疫区,在春节期间,已火速分两批送到武汉疫区一线医院,全力支持奋战在抗击疫情一线的医护人员,为打赢疫情防控阻击战贡献力量。2020年2月4日,锦天城所又紧急采购3000副护目镜驰援武汉疫区,以缓解在疫情防控一线白衣天使们急需的医疗物资困难。

为提高工作效率,事务所专门成立"疫情防控物资采购工作小组",采购小组主要由党委委员组成。采购小组成员通过各种渠道,积极采购疫区急需的医用物资。事务所从香港采购了1万套医用防护服,待货物入关,即送至四家受赠医疗机构。余西湖律师通过肖浩律师联系的客户,出资6万元购买了5000人次使用的新冠病毒检测试剂盒,并在肖浩律师的协助下,捐赠给湖北省黄冈市蕲春县红十字会。

同时,锦天城律师事务所向全体员工发出"抗击疫情、携手同行"的募捐倡议,各个办公室积极响应,纷纷捐款捐物献爱心。事务所党委引领推动,党员以身作则,发挥先锋模范作用,全体员工踊跃参加。点点爱心,汇聚力量,截至2020年2月6日,事务所已累计募得善款369万元,其中党员捐款额占66%。此外,事务所决定,再从"锦天城公益基金"中拨付100万元,驰援武汉。据此,共筹得善款469万元,其中,2月9日发起支付人民币210万元,购入1万套防护服,其中6000套支援湖北疫区,4000套提供给浦东新区卫健委。

锦天城律师事务所积极发动各类爱心公益行动,为打赢疫情防控阻击战做出贡献。

(二)落实措施"强信心",精心部署,严防严控,确保不发生律所聚集性疫情

面对新冠肺炎疫情,锦天城党委和锦天城所管理总部执委会第一时间召开网络电话会议,商讨应对新冠肺炎疫情防控工作的实施方案。疫情暴发以来,锦天城执委会已召开了三次临时会议,锦天城党委也召开两次紧急会议,以分工负责和集中统一决策相结合的形式组织落实具体工作。

一是成立"疫情防控应急工作小组",由事务所党委、管理总部执委会、

管理运营部，以及全国各个办公室负责人等组成，按照律所实际情况部署疫情防控相关工作。

二是建立"发现感染病例的应急预案"，包括与物业公司之间的信息共享和防控联动机制、与各地分所之间的疫情通报制度等，全面做好事务所的疫情防控工作，保证疫情期间事务所的正常运转，并将疫情给事务所带来的负面影响降到最低。

三是制定《疫情期间上海办公室员工防控参考指引》，详细规定了健康监测工作、疑似新型冠状病毒感染患者处理工作、员工日常预防控制工作等内容，周密落实防控疫情细节。

此外，下发《关于疫情期间办公室消毒保洁的要求》等一系列文件，配合办公大厦进行全面清理消毒工作，并积极组织动员全体员工行动起来，做好个人卫生防护，严防严控共建安全健康律所。

（三）有序复工"稳增长"，灵活方式、提高效率，提供优质法律服务

根据全市统一部署，锦天城所在科学防控疫情的要求下，在党委的引领下，安全有序地开展复工，努力为中外客户提供高效优质法律服务，在2019年上海总所业务创收22.9亿元，各地分所15亿元的基础上，2020年实现了较好的增长。

锦天城还通过发送《关于锦天城律师事务所员工复工注意事项等通知》《锦天城律师事务所致客户的一封信》《致事务所全体同仁的一封信》的方式，号召员工实行居家办公举措，鼓励采用远程沟通作业的工作方式继续提供优质法律服务，竭尽全力与客户携手并肩，纾困解难，将疫情可能带来的影响降至最低。

（四）积极反映社情民意，专业输出答疑解惑

1.锦天城律师邱梦赟向静安区政协提交了2篇社情民意（《关于限制规范野生动物交易的立法建议》《关于健全各地传染病发现初期紧急临时的场所封锁隔离措施的建议》）。其中1篇社情民意《关于限制规范野生动物交易的立法建议》获得上海市政协采用，并报送全国政协。静安政协官方微信平台对此有3篇报道（静安政协官方微信平台分别在2020年2月19日、2月2日、2月5日有1篇推文报道）。

2. 针对疫情引起的法律问题，锦天城律师事务所特开辟专栏——《疫情法律特刊》，律师们以专业视角，通过专业文章输出的方式为企业及民众答疑解惑。

在抗击疫情期间，事务所律师撰写了《企业应对新型肺炎疫情法律指南》《新型冠状病毒肺炎疫情期间导致的工期延误及财产损失责任认定规则及应对策略》《新型肺炎疫情防控情势下，房企能否延期交付预售商品房？》等系列专业文章，合计发布了 10 期疫情特刊，约 84 篇文章。

3. 锦天城律师直接参与编辑并授权西南师范大学出版社组织编写出版了一套抗疫丛书。该套丛书由《新冠肺炎疫情下法律适用指引和案例》和《新冠肺炎疫情下法律风险解读和实务参考》两本书构成，作为公益项目，书籍均有专门书号，相关电子书籍在出版社网站和锦天城官网向社会免费提供，这两本书凝聚了锦天城律师的专业公益精神，竭尽全力与客户携手并肩，纾困解难。

4. 上海市锦天城全开明律师推出免费小程序"锦信法财税"，提供免费的查询及企业帮困服务。"锦信法财税"免费版微信小程序，就上海地区及全国对企业扶持整体提供免费的查询服务，并对企业提供帮困服务，累计受益 1000 余人次。小程序按照政策类型、地区、行业将疫情期间政府相关部门推出的政策及补贴进行分类。同时包含政策一览、最新闻、政策汇编、专项补贴等子模块，方便用户进行检索。

为感谢锦天城献力抗疫，2020 年 2 月，上海市宋庆龄基金会颁发给上海市锦天城律师事务所"感谢证书"；2020 年 2 月，浦东新区新冠肺炎疫情防控工作领导小组办公室、浦东新区卫生健康委员会出具"捐赠接收证明"，感谢上海市锦天城律师事务所捐赠物资；2020 年 1 月，汉川市新冠肺炎防控指挥部办公室向上海市锦天城律师事务所致"感谢信"等。

充分发挥锦天城律师事务所党组织的战斗堡垒作用，举起法律的利剑助力疫情防控，并坚定抗疫信心，共克时艰、勠力同心，为打赢疫情防控阻击战贡献一份力量。

政治引领，为法治中国建设贡献力量

锦天城党委自成立以来，就旗帜鲜明把政治建设摆在首位，把提高党建质量贯穿党的建设全过程，把党建服务于律师业发展作为总目标，以党建促所建作为着力点。致力于"四个坚持"，即坚持以政治建设为统领，把握律所发展"大方向"；坚持以完善制度机制为抓手，筑强律所发展"防火墙"；坚持以群团建设为纽带，营造律所发展"好氛围"；坚持以履行社会责任为目标，增强律所发展"新动能"。

2019年6月30日，在全国律师行业党建工作先进典型表彰暨经验交流会上，锦天城党委被司法部授予"全国律师行业先进党组织"荣誉称号。锦天城全体党员将不辜负这一荣誉称号，努力营造有自己特色的党建工作，引领事务所政治坚定，业务卓越，为实现全面依法治国贡献一份力量。

律师是公益的桥梁，锦天城在履行社会责任的道路上从未停歇，经过22年发展，锦天城已由一个只有45名律师的小所，成长为拥有3400余名律师的国内颇有影响力、中国东南地区大型的国际化律所之一，并始终将时代职责与社会责任扛在肩上。

站在时代的新起点，锦天城人将守初心如磐，挥洒真情播种希望，在公益路上继续前行！

君悦

党建公益无疆界,君悦党员勇担当

"党建"是律所文化的一个重要组成部分,中共上海市君悦律师事务所党支部自成立以来,始终坚持"以党建促所建,以党建带所建"的方针政策,团结和带领君悦律师坚持正确的思想路线和发展道路,做中国特色社会主义法治的建设者和捍卫者。同时,君悦党支部也积极推进新时代"党建+公益"新模式,将公益融入党建,让党建走进基层,引导党员律师在服务群众中更好地发挥先锋模范作用。

践初心,战疫情,党员在行动

2020年春节,因为一场突发的新型冠状病毒肺炎,万家灯火中没有了过年的喜庆。无数的心被疫情牵动,武汉、孝感、黄冈、随州、荆州……当全国各地陷入防疫隔离,当全国人民共抗疫情的时刻,君悦律师们亦未缺席。2020年1月29日,君悦所党支部在君悦党员群发出了"与君同行,共助武汉"君悦律所爱心捐助倡议书,号召党员们带头捐款,发挥党员先锋模范作用和战斗堡垒作用。党支部书记张伟华律师带头捐赠了2万元,其他支部委员们如李健律师、徐培龙律师及老党员刘正东律师也捐赠2万元。短短一天时间,截至1月30日晚,募集到党员捐赠人民币180712元,君悦所全体员工(含党员)捐赠人民币405600元。经党支部委员会提议,并经每位捐赠党员同意,决定将每位党员捐款中的30%,共计54213.60元作为特殊党费(专项用于此次疫情救助)交给上级党组织,其余部分交由事务所定向汇给以下渠道用途:

（1）武汉人民医院和武汉中南医院两个抗击新型肺炎的重要医院（含其此次抗击疫情中临时下辖的中小医院）；

（2）通过上海华东医院等向武汉派出医疗援助队的医院资助上海医疗援助队。此外，君悦所老党员刘正东律师又向上级党组织支付了10万元抗疫特殊党费。

君悦党员们在此次捐赠活动中表现出的勇于担当和奉献的精神令人感动。钱款不在多少，涓涓细流，聚沙成塔！众志成城，为武汉加油，为中国鼓劲！只要坚决贯彻落实党中央决策部署，全面贯彻坚定信心、同舟共济、科学防治、精准施策的要求，就一定能战胜此次疫情。

让党旗在防控疫情斗争第一线高高飘扬。

送温暖，献爱心，党员帮困助学生

2019年4月25日下午，上海市君悦律师事务所党支部书记张伟华带领吴玲、徐娟、陈海三位党小组组长做代表，奔赴天山路街道天支居委会慰问帮困学生小刘。

在现场君悦党员和小刘的妈妈进行了座谈，小刘妈妈介绍了家庭生活现状，小刘已经六年级了，学习情况还不错，原来住处因为政府动迁住上了新房子，感谢君悦党支部一直对其家庭的帮助。交谈中，徐娟律师还就小刘妈妈在生活中遇到的遗产继承等法律问题进行了现场法律咨询解答。

2019年4月29日，上海市君悦律师事务所高级合伙人、党支部委员徐培龙及党小组组长蒋佳妮、党小组组长王晓磊作为党员代表，赴天山路街道友谊居委会慰问帮困学生小王。

君悦党员和小王同学进行了轻松友好的谈话，在提供经济帮助的同时，也非常关心王同学的生活状况与精神状态。小王同学告诉君悦党员，自己已经考入大专，学习动漫设计专业，还在相关设计竞赛中获得了好成绩，希望自己有一技之长后可以凭自己的能力减轻家庭负担，同时也感谢君悦党支部一直对其家庭的帮助。君悦党员由衷地为小王同学的成长和觉悟感到高兴。据君悦老党员介绍，君悦党支部从小王同学幼儿园开始帮困，看着他长大成才。君悦党支部也会将这项优良传统保持下去,承担起更多社会责任。

公益普法进校园,守护学子毕业季

2019年6月24日上午,上海市君悦律师事务所迎来了上海市进才中学学生处的陈洁梅老师以及七名法学社的学子,君悦所的党员律师和青年律师代表与进才中学师生共同开展了座谈交流活动。在本次活动中,君悦所党支部领导下的团支部与进才中学团委达成了共建关系。

座谈会伊始,在简单的欢迎与对在场律师的介绍过后,进才师生们观看了君悦所的宣传短片,了解到君悦所的实力与开放共享的办公理念。此后,师生们在君悦律师的陪同下参观了律所宽松、舒适、现代化的办公环境,近距离感受到了律师真实的工作状态和君悦所创新性的工作氛围。

法学社的同学们平日对法学就有一定的兴趣与了解,多位同学立志未来选择律师作为自己的职业目标。周若蒙律师给进才学子们科普了律师制度的沿革,以生动的语言娓娓道来,让同学们在欢笑中不乏深思。

系统地了解律师职业的前世今生后,张静婷律师与进才学子们分享了自己的执业历程与感悟,将成为一个律师的条件、一个青年律师的工作日常、自己在执业过程中的收获与成长真诚地讲述给大家,无形中拉近了青年律师与在校学生之间的距离。

互动环节中进才学子踊跃提问,话题从律师的团队工作、个人能力的培养到个人信仰与委托人利益冲突时的解决方法。君悦律师为进才学子一一解惑,生动的科普和真诚的分享极大地激发了同学们对律师职业的兴趣。

活动最后,进才中学的陈洁梅老师与君悦所的陈海律师分别代表进才中学团委与君悦所团支部签署了共建协议。进才师生带着君悦律师们的祝福与期望圆满结束了一上午的参观与座谈交流活动。

作为一家负有社会责任感的大型综合性律师事务所,君悦律所在以专业服务社会发展的同时,还将肩负起应有的社会责任,为法治中国的建设以及青少年法律教育的推进继续贡献力量。

党建引领促拥军，法律服务进军营

为维护军人军属合法权益，助推法治军营建设，2019年8月28日，上海市君悦律师事务所党支部前往武警上海市总队执勤第一支队执勤三大队开展"法律服务进军营"主题党日活动。君悦所党支部书记张伟华、支委会委员李健和张斌等律师代表参加了此次活动。此次主题党日活动还得到了党建之友胡光主任和刘习赟副主任的大力支持。

本次活动设置了法治座谈会、观看官兵训练、法律咨询等环节。座谈会上，张伟华书记表示，开展"法律服务进军营"活动是君悦所的优良传统，君悦党支部将继续传承和发展这一传统，充分发挥党员律师的法律专业和先锋模范作用，积极参与拥军工作，身体力行支持国防事业发展。军民鱼水情，君悦的律师们将持续为我们"最可爱的人"提供法律咨询服务。武警上海市总队执勤第一支队执勤三大队王副主任对君悦律师为军人答疑解惑，送法到军营表示感谢，也希望今后常来常往。

了解了官兵们的生活学习情况后，便进入律师们为武警官兵提供法律咨询的活动环节。君悦律师为官兵们进行了"一对一"的法律咨询服务，法律咨询涉及婚姻家庭、房产征收、人身伤害、交通事故、社保等各类问题，君悦律师们认真听取问题，耐心详细地释明法律，解答困惑，并给予了相关法律意见和建议。

此次"法律服务进军营"主题党日活动，紧密结合官兵们的现实法律需求，是拥军工作的务实举措，进一步增强了广大官兵的法治观念，切实提高广大官兵的法律素养和维权意识，营造了法治建设的良好氛围，为增进军民团结，切实维护部队官兵及家属的合法权益提供了坚强保障。

活动结束后，大家纷纷在"君悦党员群"中发表自己的感想，真是"君悦律师进军营，互学互助一家亲，党建引领聚人心，尽显军民鱼水情"！君悦律师们都表示这样的活动非常有意义，将会持续参加。

学雷锋树形象，党员公益进社区

2021年3月5日是毛泽东同志题词号召"向雷锋同志学习"58周年纪念日。为进一步弘扬雷锋精神，上海市君悦律师事务所的党员律师们纷纷出动，为社区居民带来种类丰富的学雷锋志愿服务活动。

这一天也是上海市女律师联谊会与上海市妇联设立的"上海市巾帼律师志愿团"接待的普通一天，本所苏天慧律师一早就来到市妇联法援中心接待窗，为一名退休妇女解答关于法院生效法律文书执行的相关法律咨询。苏天慧律师认为：学雷锋树新风，就是每个人从自身做起、从小事做起、从工作做起，充分发挥自身示范作用，带动身边更多的人加入到学雷锋行列。

本所除苏天慧律师外，还有王翌敏律师、陆旭霞律师、吴蓓律师等多名党员女律师参加"巾帼律师志愿团"，她们运用专业知识服务人民群众，在工作中践行雷锋精神。

作为春天花园居民委员会的常年法律顾问，纪兴隆律师定期为小区居民及居委会、业委会提供日常法律咨询等服务。3月5日，春天花园居民委员会党支部组织了"三五学雷锋，我们在行动"的主题活动，作为一名党员，纪兴隆律师积极参加活动，向社区居民宣传法治理念、讲解法律知识。纪兴隆律师表示，无论是学雷锋日还是普通的工作生活，身为党员律师，都应充分发挥律师的专业优势，全心全意为人民提供更好的法律服务，以实际行动弘扬新时代雷锋精神。

作为长宁区周家桥街道虹桥万博花园居委会法律顾问，陈海律师应邀参加了居委会"三五学雷锋"主题活动，向居民提供义务法律咨询。陈海律师表示，"以我所学，服务社会"，履行社会责任是律师职业的应有之义；在工作之余，能够为身边的居民朋友提供一些力所能及的帮助，我感到很开心。

经过半个多世纪的锤炼，雷锋精神已经沉淀为中国精神的重要内容，成为一面永不褪色的旗帜、一座永放光芒的灯塔。2021年，君悦党总支将继续高举雷锋精神的旗帜，努力践行社会主义核心价值观，用更多的时间和精力在公益的路上前行，以实际行动来共同书写新时代的雷锋故事！

党建公益无疆界。作为一家创新型综合大所，君悦不仅致力于为客户提供最专业的法律服务，更时刻牢记肩负的社会责任。未来，君悦党支部将继续坚持调动每一位党员律师参与到"党建＋公益"活动中来，切实引导党员律师在公益服务中践行初心、奉献爱心，激发党建新活力，充分发挥律师党员的先锋模范作用。

新闵
党建引领"三融合","五全机制"新探索

律师参与信访工作是推进信访工作法治化、深化信访工作制度改革的重要内容。近 20 年来，上海市新闵律师事务所根据中央关于重视律师行业党建工作的要求以及党和政府构建法治信访、阳光信访和责任信访的要求，充分发挥党员的先锋模范作用，带领全所律师投身于信访矛盾化解领域的法律事务，积极参与社会大调解格局的构建。

党建引领"三融合"

近年来，新闵所建立了党建工作与律所业务开拓、与律师队伍建设、与律师践行社会责任相融合的"三融合"机制，并在从事信访矛盾化解业务过程中逐步将骨干律师培养成党员，将党员律师培养成骨干律师，建立了一支有业务能力、愿意积极参与社会矛盾化解、承担社会责任的优秀律师团队，创建了两大信访矛盾化解的平台。

发挥社会组织参与社会治理作用是枫桥经验的重要组成部分，2005 年，新闵所根据闵行区委区政府要求，经区司法局批准在区民政局登记了民非企性质的全国首家专业律师为主体的信访矛盾调解组织上海新闵调解事务所，2011 年 7 月 14 日，又成立了民办非营利性组织上海江净法律援助工作室。服务三位一体律师所提供专业法律服务、调解所提供专业调解服务、法援室提供专业法援服务，10 余年来化解 30 人以上的群体性信访矛盾 300 余起，为 5000 余

名人员提供了法律援助，为此，新闵所主任江净律师在2007年被闵行区推荐并被评为上海第二届十大平安英雄，2020年被评为上海市"最美退役军人"。

"五全机制""三进驻"

为了在矛盾源头治理上下功夫，标本兼顾预防与化解信访矛盾，新闵所组织律师进驻基层社区，进驻信访窗口，进驻两拆（拆迁、拆违）基地，全面参与信访矛盾 "止新化旧"的理论研究与探索，实践归纳与总结，逐步建立和完善了律师信访ADR（即非诉讼纠纷解决机制）的"五全机制"，即：以调解为手段，为信访活动中"全主体"提供专业法律服务和调解服务，形成律师参与信访矛盾预防与化解"全配套"保障机制，在信访工作"全流程"和源头治理"全方位"、标本兼治"全过程"中提供预防与化解信访矛盾的法律服务，达到"止新化旧"（即减存量、控增量、防变量）目标。

（一）服务对象"全主体"——模式多元化

信访工作所涉及的主体包括信访部门、信访人、信访相对方和信访责任单位。实践当中，律师参与信访工作，大多是为信访部门提供法律服务。其实，律师也同样能够为信访人、信访相对方、责任单位提供信访法律服务，实现信访服务对象的全覆盖。

近年来，新闵所律师探索参与信访代理，引导信访人理性表达诉求，依法维护权益，解决合法合理合情诉求，提出化解方案，化解信访矛盾。真正达到为党和政府排忧，为责任单位解难，为信访群众维权，三满意局面，符合十八届四中全会提出的"健全多元化化解纠纷机制"的要求。

2010年，长宁区新泾镇马桥头九个村因集体资产处置、分配不公引发3000多户近万名村民多年集访，经区、镇政府同意，由信访人委托上海市新闵所律师代理信访人对该案进行全面核查，出具了法律意见书，法律意见书同时交给信访办、责任单位、信访人，为所有主体服务。法律意见书中还提出了化解方案。

（二）服务保障"全配套"——模式功能化

新闵所在20余年参与信访工作的过程中，不断总结和探索、建立和完善专业社会组织、专业律师队伍、专业服务模式、专业服务保障、专业服务规范、专业服务制度、专业研究平台、专业激励机制等全配套的法律服务保障机制，成功把律师的社会责任转变为党和政府对律师的信任，把律师的义务转变为业务，把律师参与信访工作由形式转变为长效工作模式，把律师参与信访工作的丰富经验转变为制度，并通过专业研究平台和人民建议的形式向政府提出标本兼治的政策建议，达到矛盾"止新"的目标。

（三）信访工作"全流程"——模式法治化

2005年起，新闵所就从化解积案着手探索"化旧"，以信访志愿团每个工作日接待来访群众，解答法律问题，分流涉法涉诉来探索"止新"，然后通过审核信访事项初访答复、复查、复核、核查终结材料，对信访案件进行核查、分析、评估，明确责任单位和相应的法律责任，提出法律意见并根据需要出具书面法律意见，参与调解化解信访矛盾，逐步形成了为信访工作提供"全流程"法律服务模式。

2016年，新闵所为闵行区马桥镇彭渡村505户动迁矛盾集访案提供信访接待、积案化解等"全流程"等法律服务，由43名律师耗时9个多月对505户居民动迁情况进行大数据分析，评估各方法律风险，提出了20余套化解方案，出具了十几稿法律意见书，最终确定了让政府满意、信访人接受的化解方案，并采取一户一档、一户一方案的方式有效推进，解决了动迁补偿不到位不公平的信访诉求。截至目前，该化解方案的签约率已经接近80%，已无大规模集访事件，整体情况平稳。

（四）源头治理"全方位"——模式共治化

由于信访矛盾均来自社会管理和经济建设活动中，例如突发事件、重大工程、拆迁拆违、社区管理、企业转型、撤村改制等事件，都极易引发大量的群体信访矛盾，因此闵行区还探索了律师从信访流程的外部提供"全方位"的法律服务，参与社会矛盾"源头治理"的预防与化解，真正形成党委领导、政府负责、社会协同、公众参与、法治保障的信访矛盾预防与化解的社会治理体系，使信访矛盾预防化解共治化。

1996年航华小区煤气爆炸9死2伤案、1999年"4·15空难"、2009年"6·27"莲花河畔倒楼事件、2015年浦江镇香樟苑爆炸案，闵行区均组织律师在第一时间参与了突发事件处置，为受害者处理赔偿事宜，最终赔偿有序进行，预防与化解了大量的信访矛盾。

20 余年来，闵行区律师为地铁五号线轻轨、地铁九号线、十号线、十二号、磁悬浮、世博基地等重大市政工程提供动拆迁和建设以及配套商品房建设等法律服务，为闵行区和松江区的拆违与"五违四必"整治提供法律服务。其中新闵所律师为华美路 100 弄、华漕镇许浦村、九亭 7.98 平方公里的五违整治区和"九泗洞"11.6 平方公里整治区等提供法律服务，共协助拆除违法建筑近 1000 万平方米，为闵行区浦江镇、华漕镇、莘庄工业区共 120 家村居提供法律服务，还化解了大量因物业管理、企业转型、撤村改制等引发的群体性社会矛盾。

（五）标本兼治"全过程"——模式精细化

为了更好地做好信访矛盾源头治理，闵行区通过向事前预防延伸，探索"化解与预防"相结合模式，达到"止新化旧"目标，积极引入律师为政府、信访部门提供：事前评估与预防——在方案的设计上，从根本上防止新矛盾的产生，同时对可能产生的风险进行评估，提出治理的方案；事中预警与化解——及时预防与化解产生的新矛盾，预防矛盾的激化；事后跟踪化解——对于产生的矛盾及时化解，预防矛盾的激化。最终，从标本兼治上，"全过程"预防与化解信访矛盾提供法律服务，使信访矛盾预防化解精细化。

2016 年 8 月至今，新闵所组织 28 名律师组成律师服务团，为洞泾镇砖桥贸易城地块"五违四必"环境综合整治工作全过程提供专项法律服务，涉及商户 2100 余户、经营户 6000 余户，违法建筑总面积涉及 50 万平方米。新闵所律师团的工作包括参与设计整治方案、起草并修改相关法律文本、清退经营户、与商户进行谈判等。截至目前，6000 余户承租户的清退工作已全部完成，50 万平方米的违法建筑全部拆除，2100 余户商户的谈判签约工作也正在顺利推进当中。

工作成效：

2009 年，新闵所信访法律服务经验做法得到了时任市委书记俞正声和市政法委书记吴志明的充分肯定，并在全市得到推广。市委主要领导倡导"引入律师参与市领导调研信访突出矛盾工作"，其中，新闵所 25 名律师组成律师团队作为时任市长韩正的特别助手，参加市领导对41件信访积案调研活动并出具了法律意见书，为化解信访积案打下了基础，新闵所信访法律服务品牌得到了全市认可。

2018年，新闵所受聘成为上海市信访办法律顾问，目前已出具600余份信访复查复核法律意见书。新闵所也为近五年闵行区信访工作取得成绩作出了贡献，全程参与了信访接待、初访答复、信访复查、分级分责、积案化解等各项信访工作，新闵所指派律师每个工作日在信访办窗口参与信访接待，为群众提供法律咨询，并参与领导接访，提供法律意见。2017年至今，新闵所律师参与了闵行区华漕镇每一件信访事项的受理和答复审核，对信访案件是否受理、是否分类处理给出专业意见，并对信访处理意见进行把关。

2016年至今，共为闵行区信访办出具信访复查核查法律意见书300余件，化解了诸多重大疑难信访矛盾。

2020年，新闵所被评为2018—2019年度上海市信访系统先进集体。

创新启示：

信访矛盾和社会矛盾的解决，要追求法理和情理的兼顾，解决矛盾有时不能只依赖司法途径，可以由律师发挥第三方专业作用，站在当事人中间，站在政府与百姓中间，解决法理与情理兼顾的问题。新闵所20余年律师参与信访工作实践证明，律师信访ADR"五全机制"，是上海律师参与信访工作、信访矛盾和社会矛盾预防与化解的有效机制，是在党建引领之下，律师参与信访工作的机制创新，更是律师参与社会治理、参与预防与化解社会矛盾的一次全面创新。

同时，律师信访ADR"五全机制"来源于实践经验归纳与总结，符合十八届四中全会"健全多元化化解纠纷机制"的要求，深入贯彻落实了司法部、国家信访局《关于深入开展律师参与信访工作的意见》，符合信访工作和信访矛盾预防和化解的实际需要，也符合上海市"6+1"基层治理的文件精神，能够有效地从源头上预防和化解信访矛盾，具有有效性、可行性、操作性、复制性。

中夏
兼具温度、亮度、广度的"夏之光"

> 做正确的事，正确地做事，要发挥好专业之于公益的力量。
> ——上海中夏律师事务所主任张鹏峰律师

她以"捐资助学"为己任，热心公益，身体力行；她以"极智"党建为文化，弘扬爱国情怀，坚定政治信念；她以精益求精为理念，深耕行政法和政府法律服务领域十五载——她就是上海中夏律师事务所。

中夏所创立于2005年，是一家以行政法和政府法律服务领域为核心品牌，房地产法律服务、公司法律服务、知识产权法律服务为特色的专业精品律所，荣获"全国优秀律师事务所""上海市十佳律师事务所""上海市优秀律师事务所""上海市司法行政工作先进集体""上海市文明单位"等荣誉称号。在时代浪潮中勇担社会责任，做一家有温度的律师事务所，一直是中夏所的目标。作为一家拥有32名党员、党员占执业律师总人数45%的律师事务所，在"东方大律师"张鹏峰主任的带领下，中夏所的党员律师一直是中夏所公益服务的骨干，而用心投入公益服务，也促进了中夏所党支部的凝聚力，让党员们对党的目标和纲领有了更深刻的领悟，将之作为自身的行为准则。中夏党支部喊出了"夏之光"的公益服务口号，即：党员要做中夏的法律公益之光、中夏公益要秉承中夏所追求的律所理念——精益求精，如同盛夏阳光一样炽热，有温度、有亮度、有广度。

我心我愿，情暖"幼苗"

2021新年伊始，上海中夏律师事务所党支部代表与闵行区江川街道司法所的同志们不畏疫情，一同向"我心我愿"受助学生送去新年慰问。七年来，中夏所一直是"我心我愿"公益项目的积极推动者与贡献者。"我心我愿"公益项目是一项针对社区矫正对象子女教育的特殊爱心帮扶项目。在这些社区矫正对象家庭中，未成年子女往往面临巨大的经济和精神压力，她们是最无辜又受伤害最深的群体，他们不仅因家庭经济来源锐减乃至丧失而陷入经济困境，同时还缺失了家庭应给予他们的关爱与照顾。中夏所因长期于新收犯监狱的义务法律咨询服务，对这一令人痛心的社会现象有较深刻的认识和感受。因所见，有所念，中夏所于是作为联合发起人之一，同闵行区江川街道司法所等单位一同发起了"我心我愿"项目，长期资助服刑人员贫困家庭学生的学业直至其高中毕业，并帮助受援家庭的孩子树立信心，努力学习，从而更好地回报社会。

自2013年起，中夏所不仅为"我心我愿"项目提供资金捐助，党员们还考虑到被帮扶对象成长过程中的心理关爱需求，以党支部书记为代表作为帮扶学生们的"知心叔叔"，随时听取他们的心声和诉求，为之答疑解惑，帮助他们自信、自强、自立。时至今日，"我心我愿"项目最早几批受助学生均已经成功升学、就业、迈向光明的前途。

"我心我愿"项目是中夏所"夏之光"系列"公益+党建"活动相结合的模式的一个缩影。少年强则国强！"帮助一个孩子，就是为一个孩子找到了希望，帮助一个家庭找到了未来，也是为一个国家找到了明日之栋梁！"所以，助力贫困孩子求学是中夏所"夏之光"系列"公益+党建"活动坚持不懈的公益项目。

心怀桑梓，助学教育

中夏所主任、创始合伙人张鹏峰律师长期致力于教育公益，通过设立奖学金、捐资建造图书馆和修缮校舍等爱心举动，帮助了众多宁夏中小学生和在当地从事教育工作的优秀园丁。他的公益奉献，使得数百名塞上学子特别是家庭贫困的女同学得以改善求学环境乃至改变原有人生。受其影响，中夏自建所以来，一直未忘"幼吾幼以及人之幼"，中夏党支部更在其中发挥了骨干作用。

"夏之光"所着眼的"所见、所念、所行"就是要求党员志愿者们用心投入、换位思考、在公益行动中"眼到、心到、行动到"。特别是在扶助少年学子的传统项目中，学习"扶贫先扶志，扶贫必扶智"的纲领，将"经济资助、生活关怀、三观眼界"均作为"夏之光"的扶助目标。

除了"我心我愿"等助学项目，中夏所还与宁夏青基会、中卫市团委、教委共同策划了以"百川入海阔，万里出门新"为主题的"塞上学子沪上行"夏令营。中夏所不仅出资承办，更由党员律师们精心安排和轮流陪伴带领参与夏令营的孩子们参观上海的高新科技企业、一流高校和众多红色革命纪念景点，启发鼓励孩子们以博大胸怀和高远志向树立自己的人生目标。

2020年7月，中夏所张鹏峰主任从闵行区司法局处得知对口帮扶的云南香格里拉市贫苦学生学费紧张，便毫不犹豫委托党支部副书记周国涛律师同闵行司法局的同志一并前往云南，在香格里拉市政府组织下，中夏所向香格里拉市红十字会捐款人民币10万元，用于定向资助在校贫困学生，帮助解决学习、生活上遇到的经济困难。

精研业务，弘扬法治

中夏所作为一家在全市乃至全国领跑政府法律服务的专业精品律师事务所，大量执业律师特别是党员律师们都同时专精行政法业务和其他法律业务。基于这样的专业特长，中夏所长期以来都有大量律师是上海市第三中级人民法院和铁路运输法院的行政法律师志愿者，免费为"民告官"的原告群体提供诉讼咨询和答疑服务；还与闵行区颛桥镇共建颛桥法治主题公园，由律师志愿者利用休息时间提供普法和法律咨询；更是全市最早将公益法律服务下沉至村居的律师事务所之一，不仅为村民、居民解答生活中的法律问题，还指导协助村民、居民打造和完善村规民约，实现"情理法"相融合的村民、居民自治。

在这些助力基层法治的公益服务中，中夏党支部的党员律师们是中夏公益服务的中坚力量。他们长期默默付出，在繁忙的工作之余并不吝于奉献自己宝贵的休息时间。普法宣讲和免费法律咨询是他们的常规项目；邻里纠纷调解是他们的晚间日常；村居热点法制活动更少不了他们的身影。"夏之光""所见、所念、所行"的公益口号，更是已经融入他们的本能。

2019年，中夏所党支部在前往烈士陵园例行祭扫时，得知闵行区烈士陵园成立了"闵宣烈"小分队，准备在区各社区开展"缅怀·传承·展望"为主题的暑期爱国主义教育进社区巡讲活动，加强红色教育。党员律师们立刻想到了自身所服务的村居，主动提出配合联系巡讲安排，并由其中的合伙人律师们带领，快速制作了一期《中华人民共和国英雄烈士保护法》的精品法律宣讲课，加入"闵宣烈"小分队的巡讲活动，以专业能力为社区红色教育出一分力。

基层法治的公益活动，特别是邻里纠纷的调解工作，往往琐碎繁杂，所需律师奉献的时间甚至可能超过不少"大案子"。但是中夏所的党员志愿者们，不仅尽心尽责做好相关工作，更为宝贵的是，他们甘愿默默奉献、不求名利、不做宣传。往往直到某一村居的感谢信寄到了律师事务所、重归于好的居民们组团前来赠送锦旗时，大家才得知他们做了这么多服务于民的成绩。

守护"逆行"，担当使命

2020年1月23日，新型冠状病毒疫情告急，武汉宣布封城。1月24日除夕之夜，上海快速反应，紧急派出了第一批援鄂医疗人员，共136名。他们勇敢的逆行身影让人们感动、安心、敬佩！虽然因为春节假期，同事们均分散于祖国各地，但中夏所的微信群里，大家不约而同地提出了"我们也应该做一些事，让逆行者感受到法律人的温度"的讨论。1月29日下午，中夏所党支部及工会共同发起了"众志成城，共克时艰"抗击新型冠状病毒感染肺炎疫情的关怀基金募捐倡议活动。为向支援前线的136名第一批上海支援武汉医疗队队员表达由衷的敬意，中夏所全体成员积极响应、纷纷出力；中夏宁夏分所也强烈要求加入献爱心的行动，汇款表心意。不到20小时，筹集捐款总额136万余元。时任中夏党支部书记的徐军律师更是不辞辛苦，于30日一早即对接上海市卫建委和上海市红十字会，与上海市红十字会签了定向捐助上海支援武汉医疗队队员的捐资协议，并完成转账交付任务。24小时内，中夏全体律师致敬上海医疗队全体队员的心愿圆满达成。

共同战疫,并不仅是安坐于家中的捐款。中夏所除了快速安排好所内防疫按日上报工作,更多次召开线上会议,商讨如何尽己所能应对疫情。

中夏所的党员律师带头走向志愿者岗位,周国涛律师、童丽雯律师等第一时间报名参加其所在居委会的志愿者,协助开展疫情联防联控巡逻、宣讲;徐军律师发现应急情况下物资一时无法被配到位,身边的疫情防控社区工作者和志愿者在风雨中坚守岗位,立即购买了帐篷送去;张鹏峰律师带领的行政法团队第一时间针对抗疫工作相关法律开展研究,对市政府办公厅的众多咨询问题迅速予以了答复,并向市政府办公厅提交了《关于当前疫情防控有关问题的建议》,获得市政府领导的高度肯定和采纳……

"这次疫情必然构成不可抗力,对社会经济运行的冲击不可避免,我们能为之做些什么?"中夏所的党员律师们就此展开了积极讨论,"夏之光"号召成立"中夏抗新冠疫情法律服务志愿团",实践面向社会的义务法律服务。中夏所其他专业律师也纷纷加入,当天即认领了主要法律领域的全部分工。志愿团通过网络公布志愿律师的私人手机号、微信号,以便有紧急法律需求的公众可以随时联系到律师求助。志愿团律师积极梳理汇总疫情防控相关法律法规和文件通知,对相关法律政策进行了深入和完整的研究整理后,编纂出"共克时艰"系列疫情问题的研究汇编供免费下载;志愿团律师总结归纳被咨询的热点问题,发布如《关于疫情影响下经营性物业免租及退租问题之浅见》《以案释法,疫情之下租金能否减免》《疫情下"共享用工模式"之法律探究》等专业文章,进行详尽的纠纷处理指导;考虑到有不少善良的捐赠者有向境外捐赠抗疫物资的意愿,考虑到不同法域之间法律规则的差别,志愿团还为他们提供了必要的捐赠免责协议模版等。

特别是当上海发生"首例殴打防疫志愿者涉刑案"时,志愿团李晓茂律师免费为受害志愿者代理,以维护抗疫志愿者的合法权益。为了志愿者的便利,李律师多次上门服务,让"逆行者"感受到法律人的温度。最终,该殴打志愿者的被告人,以寻衅滋事罪被判处有期徒刑一年六个月,对不法者起到了良好的震慑作用,有效减少了志愿者们工作的障碍。

中夏所是一家自立所以来就执着于公益的律师事务所。公益是一项长久的、持续的事业，它已成为中夏律师事务所文化的重要组成部分。而中夏党支部"党建带公益、公益促党建模式"更是为之注入了更多活力。"所见，所念，所行"已成为每一位中夏人的自我要求和准则！

2021年是中国共产党成立100周年，回顾中国共产党百年的艰苦奋斗史，鼓舞着"夏之光"继续践行服务社会的目标，将更多温暖带给身边需要帮助的人们。

金诚同达

党建统战共融互促,创新律所党建模式

北京金诚同达律师事务所成立于1992年底,金诚同达律师事务所党支部成立于1994年,是律师行业中最早建立基层党组织的律所之一。目前,北京总所共有中国共产党党员150余人。2018年5月,金诚同达设立党总支委员会,成立了四个党支部。2020年,根据上级党委的工作部署,金诚同达第四党支部吸收了朝阳区其他律所的8名党员,成立了联合支部。

自2011年底以来,金诚同达逐步摸索总结形成了"以党建带统战,以统战促所建,党建统战共融互促"的党建工作新模式。金诚同达积极搭建统战工作站,由党总支书记庞正忠同志任组长,无党派人士刘红宇律师和民主党派代表王朝晖律师为副组长。统战工作站下设"青年律师联谊会""归国律师联谊会""献计献策工作小组""活力俱乐部"等机构,形成了"层层负责、上下沟通、整体推进"的管理机制,做到了党建统战工作全面有效覆盖。

把好思想"总开关",以党建带所建

中共十九大以来,金诚同达党组织积极安排党员群众认真学习习近平新时代中国特色社会主义思想,树立"四个意识",坚定"四个自信",做到"四个服从",确保律所员工政治立场坚定,理想信念常在。

成立29年来,金诚同达的历任决策委主任、法定代表人均为中共党员。历届管委会中,党员占大多数。这样的人员结构为在金诚同达开展党建工作

奠定了坚实的基础。为了延伸党组织的工作触角，将党务与业务紧密结合，各党支部书记由老党员担任，并吸收青年党员担任支部委员，形成了老党员带青年党员的工作格局，把新鲜血液输入到党组织的生命机体中来。

在发展进程中，金诚同达始终把制度建设作为文化建设的核心。金诚同达党组织和管委会制定并颁发了《关于成立统战工作站的决定》《统战工作站管理办法》《归国律师联谊会活动办法》《青年律师联谊会章程》等一系列统战工作的制度文件，明确了事务所统战工作的指导思想、目标任务、工作对象、工作方法和相关的保障措施。通过文件的形式，实现了统战工作组织活动的制度化和规范化。

金诚同达党组织认识到，在律师事务所搞党建，除了党员律师起先锋模范作用以外，还有超过60%的党外人士。因此，在上级领导的提点下，党员律师与无党派人士刘红宇律师等于2011年11月21日设立了"统战工作站"，把党员与统战对象紧密联系并组织起来，积极开展活动。基于金诚同达青年律师占到70%以上，海归律师占四分之一的群体特点，统战工作站选举产生了青年律师联谊会和海归律师联谊会领导班子。

金诚同达非常重视对非中共党员骨干律师和中共党员非骨干律师的培养、选拔，积极推荐他们参加上级组织的各种座谈会、培训班等；为了留住归国人才、培养青年人才，金诚同达完善制度，设立了内部人才培养战略，建立了律师从初级律师到高级律师，从7年级律师到合伙人，从合伙人到高级合伙人的无"天花板"晋升通道。事务所设立专项基金，现在已经累积1000余万元，用于人才引进和孵化。自人才孵化机制设立以来，已有十余名律师从中受益，事业发展良好。

金诚同达有多名合伙人担任全国人大代表、全国政协委员及地方人大代表、政协委员，为使各位律师更好地参政议政，统战工作站下设"献计献策工作小组"，为代表委员们收集、调研、筛选、撰写、修改、反馈提案议案提供团队支撑。统战工作站依托党组织，组织联谊会、工作小组、俱乐部，在开展本所统战工作的同时，也注重发挥律师优势，向外拓展服务空间。

发挥专业优势，助力中国法治建设

在不断追求卓越法律服务和自身发展壮大的同时，金诚同达亦时刻不忘发挥自身的专业优势，回馈社会，助力国家法制化建设。金诚同达党组织和管委会，通过政治理论学习、业务制度建设、党员模范带头作用，要求每一位律师珍视每一份委托，做好每一个案子，为当事人合法权益保驾护航，为国家经济发展添砖加瓦，为中国法治事业奉献智慧。

金诚同达拥有一支正能量的公益队伍：全国人大代表、全国政协委员为公益发声，关注妇女儿童权益保护，推动公益诉讼发展；加入司法部同心·法律服务团，将免费的法律服务送到边远地区；联合发起"西部律师研修计划"，助力律师行业共同进步；走进基层公益法律服务站点，为社区群众讲授专业的法律知识；合作办学，助力高校法治人才培养等。

2021年3月，金诚同达合肥分所开展了一场别开生面的"'3·15'消费者权益保护法"普法宣传活动，为市民们耐心解答他们生活中所遇到的有关消费欺诈、物业纠纷、劳务纠纷等方面的法律问题；6月，金诚同达党员律师前往北京市密云区巨各庄村向当地村民开展普法活动，向村民积极普及关于"婚姻家事、继承""房产资产、土地承包""人身伤害、治安管理处罚"等方面的法律知识。10月，金诚同达成都分所党员律师前往凉山彝族自治州木里藏族自治县开展一年一度的四川同心法律服务活动。活动持续三天，为当地民众、政府工作人员和医务工作者提供了切实可靠的法律讲解、法律答疑以及法律讲座，并赠送法律宣传书籍300余份，为提升民族地区法治意识，维护当地社会稳定贡献了自己的专业力量。

除"送法到基层"对群众进行普法宣传外，金诚同达还积极提供公益法律援助服务，为促进社会公平正义、和谐健康贡献专业力量。

2020年，安徽省法律援助中心公布了2019年"优秀法律援助案件"10件，金诚同达祁克东律师获得优秀法律援助案件精品奖。在该公益法律援助案件中，两位当事人因贩卖、运输毒品罪在一审中被判处死刑，本所祁律师发挥专业精神，就多方面为其发表辩护意见，并多次向承办法官说明当事人的相关情况。最终，省高院二审采纳了辩护人祁律师的辩护意见，改判被告人死刑，缓期两年执行。

2021年8月,金诚同达大连分所为疫情下被船长抛弃因而滞留海上的中外籍船员提供公益法律援助,成功维护了船员们的利益。由于疫情下各国陆续施行严格的疫情防控政策,其中,下船强制隔离及遣返交通费用高昂等因素间接造成了很多低成本经营的船东直接弃管船舶。"联太"轮(JOINT PACIFIC)的14位船员也因船东失联弃管而陷入了困境:船上供给即将告罄、船舶因船籍期满失效而无法办理入境靠泊手续、船上船员也无法正常办理下船入境手续等。此外由于船东长期欠薪,多数船员家庭经济困难,情绪极为不稳定,救援情况复杂。金诚同达接到"联太"轮船员的求助信后,第一时间组建了法律援助团队,代表船员与各机关部门接洽,就船员的交接班、遣返、船舶补给等问题拟定方案并快速协调落实。最终,在当地各政府机关和部门的支持协作下,法律援助工作得以顺利推进,成功维护了外轮滞留船员的生命安全和合法权益。

金诚同达的律师们不仅积极响应党和律协号召,走进社区普法,提供公益法律援助,还积极为我国立法、执法、司法活动建言献策,促进我国法制建设向更加民主化、科学化方向发展。

全国人大代表、金诚同达高级合伙人方燕充分发挥党员律师的带头作用,在疫情期间牵头组织汇编《新型冠状病毒肺炎疫情防控法律法规汇编及法律实务指南》,全文333页,共计22万余字,囊括《突发事件应对法》《传染病防治法》等多部法律法规、规范性文件和近200个实务操作指南,分别从依法行政、依法治企、依法维权三大方面,对行政机关、企业单位以及人民群众这三大主体在疫情期间的行为规范及法律风险防范等问题,进行了专业翔实的分析和解读。

2021年两会期间,方燕律师作为人大代表还提出二十多条建议,内容涉及人口老龄化、建立养老信托、完善慈善医疗救助机制、完善收养制度、遭受性侵害的未成年被害人及其家庭权利救济、规范家政服务行业、完善商事仲裁监督制度、完善食品药品安全民事公益诉讼惩罚性赔偿制度、深化知识产权司法体制改革、推进公检法律同堂培训以及优化我国上市公司中小股东权益保障机制等。

勇担社会责任，不忘初心与坚守

2022年是金诚同达成立30周年。过去几十年，伴随着中国改革开放、加入世界贸易组织，成功举办奥运会等系列大事件，金诚同达也随着祖国命运逐渐发展壮大，不断吸纳更多成员加入，发展出更多业务领域，成为一家国内领先的大型综合性律师事务所。取得今天的成绩，除了金诚同达人的努力与拼搏外，还有来自党、政府、社会组织、事业单位、企业、高校等的支持。也因此，金诚同达在各地积极展开"党建+公益"活动，回馈社会，凝聚继续前行的力量。

金诚同达不仅参与了新冠疫情捐助、希望小学捐助、"汶川大地震"公益捐助、非公经济捐资、助学、助老项目等，还关注自闭症儿童，守护"来自星星的孩子们"；设立奖学金，与大学共同培养人才；开展公益支教，产业帮扶，资助西部律师进京研修，助力国家脱贫攻坚等。

2018年6月，金诚同达等10家北京知名律所分别出资40万元资助西部律师进京研修，并每年接待西部律师入所研修。为切实帮助研修律师完成研修任务，金诚同达组建了以党总支牵头，各业务部门、职能部门支持的对接小组。高级合伙人郑晓东律师、汪涌律师、王进律师、汪先平律师、吴涵律师作为指导老师，与研修律师形成"一对一"的辅导小组，助力研修律师夯实业务基础，了解新型业务内容，开拓视野。

2020年新冠疫情暴发后，面对全国范围内的医疗物资短缺，金诚同达在党组织的统筹下，第一时间成立应对疫情工作小组，号召全所人员募捐善款。短短两天时间，金诚同达共募集资金100万元，并将善款全部用于采购紧缺物资，亲自协调运输抵达一线。此外律所还为一线人员采购了包括食品、日用品等在内的多种生活物品。在日常工作中，金诚同达全国各地的律师还化身护航员，提供线上线下法律援助服务，发表专业文章，解答专业法律咨询，助力企业复工复产。

金诚同达创始合伙人刘红宇律师还参与到"行走中国公益俱乐部"当中来，发起"播种者支教行动"、"山里孩子爱北京"公益夏令营以及"让父母回家"产业帮扶公益行动。支教活动通过组织品学兼优的留学生到贫困山区去，为山里的孩子们带去更丰富的知识、更加广阔的视野，同时也让支教志愿者们更加关注贫困地区，更加热爱祖国。而"山里孩子爱北京"公益夏令营项目则邀请山区孩子前往北京参观著名景点，开阔眼界，同时组织志愿者为孩子们树立榜样，在孩子们心目中点燃一支火苗——"以后也要成为对社会有用的人"。"让父母回家"产业帮扶公益项目，目的是通过帮扶和促进当地产业的发展，增加更多的就业机会，让留守儿童的父母能尽快回乡就业，陪伴孩子成长。2019年3月16日，"第三届公益法律服务高峰论坛暨2018律界公益榜单颁奖活动"将刘红宇律师牵头发起的"行走中国公益支教项目"评为"2018年度优秀公益项目"。

"立足专业、力所能及、积极参与、企业责任"是金诚同达一直以来秉持的公益观，"以党建带统战，以统战促所建，党建统战共融互促"是金诚同达的工作模式。多年来，金诚同达已经把党的领导和公益观念深深植入律所的制度和文化当中去。在公益观和党建工作模式的双重作用下，金诚同达对内形成了强大的文化凝聚力，对外赢得了社会各界的美誉：事务所和党组织多次荣获司法部、全国律协、北京市司法局、北京律协、朝阳区司法局、朝阳律协授予的众多荣誉称号，包括"北京市优秀党组织""朝阳律协十大党建品牌""北京市律协优秀党员""朝阳区律协优秀党员"等。

"不要走得远了，就忘记了当初为何出发。"金诚同达将谨记办所初心，与社会各界携手，牢牢把握中国共产党和人民赋予的历史使命，继续为促进中国法治建设贡献自己的力量，为社会做出更多贡献！